海上设施工作人员海上交通安全技能

——海上交通基本安全

HAISHANG SHESHI GONGZUO RENYUAN
HAISHANG JIAOTONG ANQUAN JINENG
——HAISHANG JIAOTONG JIBEN ANQUAN

中国海事服务中心 组织编审

主编 / 戚发勇 倪成丽 王玮祺

大连海事大学出版社
DALIAN MARITIME UNIVERSITY PRESS

图书在版编目(CIP)数据

海上设施工作人员海上交通安全技能. 海上交通基本安全 / 戚发勇,倪成丽,王玮祺主编. — 大连 :大连海事大学出版社, 2022.8(2024.12 重印)
ISBN 978-7-5632-4295-5

Ⅰ. ①海… Ⅱ. ①戚… ②倪… ③王… Ⅲ. ①海上交通—交通运输安全—教材 Ⅳ. ①U698

中国版本图书馆 CIP 数据核字(2022)第 144091 号

大连海事大学出版社出版

地址:大连市黄浦路523号 邮编:116026 电话:0411-84729665(营销部) 84729480(总编室)
http://press. dlmu. edu. cn　E-mail:dmupress@ dlmu. edu. cn

大连永盛印业有限公司印装　　大连海事大学出版社发行

2022 年 8 月第 1 版　　2024 年 12 月第 2 次印刷
幅面尺寸:184 mm×260 mm　　印张:17　　字数:416 千

出版人:刘明凯

责任编辑:刘若实　　责任校对:孙笑鸣
封面设计:解瑶瑶　　版式设计:解瑶瑶

ISBN 978-7-5632-4295-5　　定价:51.00 元

编　委　会

前　言

为加强海上交通安全管理,提高海上设施工作人员专业技能,保障海上人命和财产的安全,防止海洋环境污染,中华人民共和国海事局依据《中华人民共和国海上交通安全法》,制定了《中华人民共和国海上设施工作人员海上交通安全技能培训管理办法》(于2022年3月1日起施行,以下简称《管理办法》)并依照该办法制定了《海上设施工作人员海上交通安全技能培训大纲》(以下简称《培训大纲》)。

为配合《管理办法》的实施,提高海上设施工作人员海上交通安全技能的培训质量,中国海事服务中心邀请国内具有丰富教学、培训经验和航海实践经验的知名专家学者,共同编写了本套培训教材。本套教材依据《培训大纲》编写,符合大纲对海上设施工作人员的培训要求,具有权威性、准确性、系统性、实用性。在详述理论知识的基础上,以丰富的案例和实践经验重点介绍实际工作中的应用,以此培养海上设施工作人员实践中理论结合实际的能力。

依据《培训大纲》的结构,本套教材分为《海上设施工作人员海上交通安全技能——海上交通基本安全》和《海上设施工作人员海上交通安全技能——海上设施避碰与通信》两本。本套教材可作为海上设施工作人员海上交通安全技能培训之用,亦可作为海上设施工作人员日常工作、学习的参考书。

本套教材的编写和出版工作,得到了各海事管理机构、教育培训机构及海上设施相关单位的关心和大力支持,特表谢意。

中国海事服务中心

2022年5月

编者的话

随着海洋技术的突破和市场需求的带动，海洋新兴产业实现飞跃式发展，成为驱动经济发展的重要引擎。海洋石油产业以外，衍生出海上新能源、海上旅游、海洋空间利用、海洋生物科技等未来前景广阔的新兴产业。与之相应的是，今天的海洋工程产业已发展到相当大的体量，涉及油气、风电等多个领域，对人类社会经济生活的影响日益广泛和深入。

海上作业离不开海上设施。海上设施，是指水上水下各种固定或者浮动建筑、装置和固定平台，但是不包括码头、防波堤等港口设施。海上设施远离大陆、作业环境复杂恶劣、作业危害因素多、作业空间狭小，设备设施集中，有大量的易燃易爆物质，不可预见的自然灾害也比较多，事故危害大，救援困难，这些都对海上设施工作人员的应急应变能力提出了较高的要求。

海上设施工作人员往返岸基和海上设施时，国际国内普遍采用直升机与近海供应船两种方式，无论是乘坐直升机还是近海供应船，都具有一定的风险，这也要求海上设施工作人员掌握相应的知识和技能，提高应急应变能力。

为加强海上交通安全管理，提高海上设施工作人员交通安全意识和专业技能，保障海上人命和财产的安全，防止海洋环境污染，依据《中华人民共和国海上交通安全法》，交通运输部制定了《中华人民共和国海上设施工作人员海上交通安全技能培训管理办法》。该《管理办法》明确，海上交通安全技能培训是指海上设施工作人员应接受的消防、救生等技能的基本培训和避碰、信号、通信等技能的专业培训。在中华人民共和国管辖水域内停泊、作业的海上设施上的所有工作人员应接受基本培训，承担避碰、信号与通信有关职责的工作人员还应接受专业培训。

根据《海上设施工作人员海上交通安全技能培训大纲》，中国海事服务中心组织编审了《海上设施工作人员海上交通安全技能——海上交通基本安全》。本书由大连海事大学戚发勇、倪成丽，营口海事局王玮祺主编，中国海事服务中心刘长青、金建元主审。大连海事大学乔志、李博、金奎光、贾京凯、邹熙康，中海油安全技术服务有限公司杨立军参与了本书的编写。全书由戚发勇负责统稿。

《海上设施工作人员海上交通安全技能——海上交通基本安全》全书内容共分为五章：第一章法规基本知识，第二章安全与应急，第三章个人求生技能，第四章基本急救知识，第五章防火与灭火。本书适用于海上设施工作人员海上交通安全技能培训，也可供海上设施相关企业内部培训使用。

本书编写过程中得到了海事机构、海上设施工作人员培训机构、相关企业等单位的关心和大力支持，特致谢意！在此也特别感谢中海油田服务股份有限公司高级动力定位师窦长虹为本书的编写提供了大量资料和建议。由于时间仓促，书中难免存在错误和疏漏，欢迎广大读者和专家批评指正。

编　者

2022 年 7 月

目　录

第一章 法规基本知识

海上设施工作人员应该对工作相关情况进行全面了解，掌握相关法律法规的要求。知法懂法才能守法，才能更好地避免事故、保护好人命财产安全、保护海洋环境，才能更好地维护自身合法权益。

一、《中华人民共和国海上交通安全法》

制定《中华人民共和国海上交通安全法》的目的是加强海上交通管理，维护海上交通秩序，保障生命财产安全，维护国家权益。2021 年 4 月 29 日修订的《中华人民共和国海上交通安全法》包括十章：总则；船舶、海上设施和船员；海上交通条件和航行保障；航行、停泊、作业；海上客货运输安全；海上搜寻救助；海上交通事故调查处理；监督管理；法律责任；附则。这里仅选取与本课程有关内容。

（一）海上设施安全及防污染等相关规定

1. 从事船舶、海上设施航行、停泊、作业以及其他与海上交通相关活动的单位、个人，应当遵守有关海上交通安全的法律、行政法规、规章以及强制性标准和技术规范；从事船舶、海上设施航行、停泊、作业以及其他与海上交通相关活动的单位、个人依法享有获得航海保障和海上救助的权利，承担维护海上交通安全和保护海洋生态环境的义务。

2. 中国籍船舶所有人、经营人或者管理人应当建立并运行安全营运和防治船舶污染管理体系。

3. 中国籍船员和海上设施上的工作人员应当接受海上交通安全以及相应岗位的专业教育、培训。

4. 中华人民共和国国务院交通运输主管部门根据船舶、海上设施和港口面临的保安威胁情形，确定并及时发布保安等级。船舶、海上设施和港口应当根据保安等级采取相应的保安措施。

5. 海上设施停泊、作业，应当持有法定证书、文书，并按规定配备掌握避碰、信号、通信、消防、救生等专业技能的人员。

6. 在中华人民共和国管辖海域内进行施工作业，应当经海事管理机构许可，并核定相应安全作业区。取得海上施工作业许可，应当符合下列条件：

(1)施工作业的单位、人员、船舶、设施符合安全航行、停泊、作业的要求;

(2)有施工作业方案;

(3)有符合海上交通安全和防治船舶污染海洋环境要求的保障措施、应急预案和责任制度。

7. 海上施工作业或者水上水下活动结束后,有关单位、个人应当及时消除可能妨碍海上交通安全的隐患。

(二)海上设施中险情上报及参与搜寻救助的责任

1. 海上遇险人员依法享有获得生命救助的权利。生命救助优先于环境和财产救助。

2. 船舶、海上设施、航空器及人员在海上遇险的,应当立即报告海上搜救中心,不得瞒报、谎报海上险情。船舶、海上设施、航空器及人员误发遇险报警信号的,除立即向海上搜救中心报告外,还应当采取必要措施消除影响。其他任何单位、个人发现或者获悉海上险情的,应当立即报告海上搜救中心。

3. 发生碰撞事故的船舶、海上设施,应当互通名称、国籍和登记港,在不严重危及自身安全的情况下尽力救助对方人员,不得擅自离开事故现场水域或者逃逸。

4. 遇险的船舶、海上设施及其所有人、经营人或者管理人应当采取有效措施防止、减少生命财产损失和海洋环境污染。船舶遇险时,乘客应当服从船长指挥,配合采取相关应急措施。乘客有权获知必要的险情信息。船长决定弃船时,应当组织乘客、船员依次离船,并尽力抢救法定航行资料。船长应当最后离船。

5. 船舶、海上设施、航空器收到求救信号或者发现有人遭遇生命危险的,在不严重危及自身安全的情况下,应当尽力救助遇险人员。

6. 参加搜救的船舶、海上设施、航空器及人员应当服从现场指挥,及时报告搜救动态和搜救结果。未经海上搜救中心同意,参加搜救的船舶、海上设施、航空器及人员不得擅自退出搜救行动。

7. 遇险船舶、海上设施、航空器或者遇险人员应当服从海上搜救中心和现场指挥的指令,及时接受救助。遇险船舶、海上设施、航空器不配合救助的,现场指挥根据险情危急情况,可以采取相应救助措施。

(三)海上设施的海事事故调查及处理

1. 船舶、海上设施发生海上交通事故,应当及时向海事管理机构报告,并接受调查。

2. 海上交通事故根据造成的损害后果分为特别重大事故、重大事故、较大事故和一般事故。

3. 有关人员应当根据事故调查处理需要配合海事管理机构做调查。

4. 中国籍船舶在中华人民共和国管辖海域外发生海上交通事故的,应当及时向海事管理机构报告事故情况并接受调查。

5. 船舶、海上设施在海上遭遇恶劣天气、海况以及意外事故,造成或者可能造成损害,需要说明并记录时间、海域以及所采取的应对措施等具体情况的,可以向海事管理机构申请办理海事声明签注。

二、《中华人民共和国海洋环境保护法》

制定《中华人民共和国海洋环境保护法》的目的是保护和改善海洋环境，保护海洋资源，防治污染损害，维护生态平衡，保障人体健康，促进经济和社会的可持续发展。2017 年 11 月修订的《中华人民共和国海洋环境保护法》共十章，接下来简单了解第六章和第八章的有关要求。

（一）防治海洋工程建设项目对海洋环境的污染损害

1. 海洋石油钻井船、钻井平台和采油平台的含油污水和油性混合物，必须经过处理达标后排放；残油、废油必须予以回收，不得排放入海。经回收处理后排放的，其含油量不得超过国家规定的标准。

2. 海洋石油钻井船、钻井平台和采油平台及其有关海上设施，不得向海域处置含油的工业垃圾。处置其他工业垃圾，不得造成海洋环境污染。

3. 勘探开发海洋石油，必须按有关规定编制溢油应急计划，报国家海洋行政主管部门的海区派出机构备案。

（二）防治船舶及有关作业活动对海洋环境的污染损害

1. 在中华人民共和国管辖海域，任何船舶及相关作业不得违反本法规定向海洋排放污染物、废弃物和压载水、船舶垃圾及其他有害物质。

2. 船舶必须配置相应的防污设备和器材。

3. 船舶应当遵守海上交通安全法律、法规的规定，防止因碰撞、触礁、搁浅、火灾或者爆炸等引起的海难事故，造成海洋环境的污染。

4. 船舶及有关作业活动应当遵守有关法律法规和标准，采取有效措施，防止造成海洋环境污染。

5. 船舶发生海难事故，造成或者可能造成海洋环境重大污染损害的，国家海事行政主管部门有权强制采取避免或者减少污染损害的措施。对在公海上因发生海难事故，造成中华人民共和国管辖海域重大污染损害后果或者具有污染威胁的船舶、海上设施，国家海事行政主管部门有权采取与实际的或者可能发生的损害相称的必要措施。

6. 所有船舶均有监视海上污染的义务，在发现海上污染事故或者违反本法规定的行为时，必须立即向就近的依照本法规定行使海洋环境监督管理权的部门报告。

三、其他有关法规

（一）《中华人民共和国海上交通事故调查处理条例》

《中华人民共和国海上交通事故调查处理条例》是为了加强海上交通安全管理，及时调查处理海上交通事故，根据《中华人民共和国海上交通安全法》的有关规定，制定的条例。1990 年 3 月 3 日交通运输部令第 14 号发布。《中华人民共和国海上交通事故调查处理条例》对海上交通事故相关方的行政处罚问题做出了原则性规定，共包括六章：总则；报告；调查；处理；调解；罚则，另有特别规定和附则。《中华人民共和国海上交通事故调查处理条例》规定船舶、设施发生海上交通事故，必须立即用甚高频电话、无线电报或其他有效手段向就近港口的海事主管机关报告，明确了报告的内容和需要向海事主管机关提交的必要的文书资料。发生海上交通事故，被调查人必须接受调查，如实陈述事故的有关情节，并提供真实的文书资料。对海上交通事故的发生负有责任的人员，海事主管机关可根据其责任的性质和程度依法给予处罚，需要追究其行政责任的，提交其主管机关或行政监察机关处理；构成犯罪的，由司法机关依法追究其刑事责任。

（二）《中华人民共和国海上海事行政处罚规定》

《中华人民共和国海上海事行政处罚规定》是为了规范海上海事行政处罚行为，保护当事人的合法权益，维护海上交通秩序，根据《海上交通安全法》《海洋环境保护法》《行政处罚法》及其他有关法律和行政法规制定的规定。2021 年 9 月 1 日公布的《中华人民共和国海上海事行政处罚规定》对《中华人民共和国海上交通事故调查处理条例》做了进一步细化，包括行政处罚的违法情形、处罚种类和处罚额度。海事行政违法行为的行政处罚，包括：责令改正；罚款；吊销违法船舶所有人、经营人或者管理人的有关证书、文书；暂扣船长、责任船员的船员适任证书；吊销船员适任证书等。

（三）《中华人民共和国海洋石油勘探开发环境保护管理条例》

《中华人民共和国海洋石油勘探开发环境保护管理条例》是为实施《中华人民共和国海洋环境保护法》，防止海洋石油勘探开发对海洋环境的污染损害而制定的。该条例适用于在中华人民共和国管辖海域从事石油勘探开发的企事业单位、作业者和个人，以及他们所使用的固定式和移动式平台及其他有关设施。为实施《中华人民共和国海洋石油勘探开发环境保护管理条例》，国家海洋局制定了《中华人民共和国海洋石油勘探开发环境保护管理条例实施办法》，2016 年 1 月国土资源部对该办法进行了修正。

四、《国际船舶安全营运和防止污染管理规则》（ISM 规则）

ISM 规则是在海上安全和防止污染方面加强管理的一项国际标准。它要求公司建立安全管理体系，包括：制定安全和环境保护方针；明确公司人员和船员的责任和权限；指定公司与船舶联系人员；培训公司人员和船员使他们胜任工作；定期演习，做好应急准备；维护保养好船舶和设备；报告和分析不符合安全管理体系的情况和海难事故甚至险情，不断采取改进措施；加强文件控制，保证执行现时有效规定；定期进行内部审核和接受政府主管机关或其认可机构的外部监督。ISM 规则采用国际质量管理原理，将公司安全运行活动归纳成一套安全管理体系，实现活动规范化、工作程序化和行为文件化，从而将一切安全和防污染活动置于严格控制之下。凡是建立和实施符合 ISM 规则的安全管理体系的船公司将得到一份符合证明（DOC）。同样，船舶将得到一份安全管理证书。

交通运输部规定申请 DOC 的平台公司，必须对所管理平台的安全和防污染负全责。钻井平台经理（或高级队长）是平台上的最高领导，ISM 规则中对船长的责任与权限要求均对其适用。

早在 ISM 规则实施之前，国际油气生产者协会（OGP）总结了一套相对成熟的安全和环境保护标准，在行业内推行，称之为健康、安全和环保管理体系（HSE 管理体系）。目前 HSE 已经成为石油行业的标准管理体系。这个管理体系和 ISM 规则在本质上是相同的，都是通过识别风险、降低风险、建立统一的工作程序、应急计划等措施来保证安全的。

第二章 安全与应急

第一节 应急应变知识和程序

海上工作受天气、海况、潮汐等多种因素影响，安全事故频发，而一旦发生险情，很难获得实时的外界救援，更多的是依靠船员和海上设施工作人员应急。海上设施工作人员应该熟悉海上安全应急预案，了解和掌握应急应变知识和程序，为任何紧急情况做好准备，才能够最大程度地减少甚至避免事故的发生，而一旦发生险情，才能够从容正确应对。

一、应急预案

应急预案是针对具体设备、设施、场所和环境，在安全评价的基础上，为降低事故造成的人身、财产与环境损失，就事故发生后的应急救援机构和人员，应急救援的设备、设施、条件和环境，行动的步骤和纲领，控制事故发展的方法和程序等，预先做出的科学而有效的计划和安排。

船舶或海上设施可能面临的紧急情况包括：台风等自然灾害威胁；火灾爆炸事故；碰撞、触礁、翻沉、搁浅等海损事故；井喷事故、硫化氢或其他有害物质泄漏、直升机事故、人员落水后伤亡事故、溢油事故等。针对可能存在的风险，船舶和海上设施会制定相应的应急措施，指导海上人员应急行动。

（一）初次到船舶或海上设施来的人员应了解的事项

每个初次到船舶或海上设施来的人员包括临时人员登上船舶或海上设施时，应了解下列事项：

1. 应急情况所必需的准备；

2. 严格遵守应变部署表中的各项要求，特别是关于各自在各种应急情况下的具体行动、各自的救生艇筏的位置、去指定位置的应急和火灾报警信号、放弃设施和船舶的命令等；

3. 要注意在紧急情况时的声响报警信号和对此应做的反应；

4. 自己的和备用的救生衣及保温救生服（若备有）的存放位置和使用方法；

5. 从高处跳入海里的危险性和应选择的跳入方法，特别是在穿着救生衣时；
6. 逃生设施的位置，包括引导至救生艇筏存放位置的设施；
7. 留在船舶和海上设施期间参加训练的必要性；
8. 重要的防火措施。

(二)应变部署表

每一位在船舶或海上设施工作人员均应尽快熟悉应变部署表的内容，明确自己在应变时的岗位、职责、任务等。应变部署表一般在船舶或海上设施各个显著部位展示，包括控制室和起居处所。应变部署表详细说明通用报警系统的信号以及这些报警发出时每人在各种作业模式下应采取的行动，明确他们应去的地方和需履行的一般职责(如有)。

应变部署表中一般包括下列事项的职责：

1. 水密门、防火门、阀、进/排气孔、泄水孔、舷窗、天窗、舷门和其他类似开口的关闭；
2. 救生艇筏和其他救生设备的属具配备；
3. 救生艇筏的准备工作和降落；
4. 其他救生设备的一般准备工作；
5. 集合乘客(来访者的集合地点：海上移动平台)；
6. 通信设备的使用；
7. 指派处理火灾的消防队的人员配备；
8. 关于使用消防设备和装置的专门职责；

海上移动平台应变部署表中增加了两项内容：

1. 直升机甲板上的应急职责；
2. 在碳氢化合物或硫化氢溢出失控时的专门职责，包括紧急关断。

(三)应变须知

在集合站、控制位置、工作处所和起居处所张贴有应变须知和示意图，用来告诉所有人员救生衣的穿着方法和保温救生服的穿着方法(如适用)。

(四)应变部署卡

每个人床头张贴根据应变部署表编制的应变部署卡(床头卡)，如表 2-1-1 所示。告知该床位居住人员集合地点、乘坐的救生艇艇号、各种应变信号及应变时必须采取的行动等。

(五)“T” 卡作用与使用方法

目前海洋石油作业设施上均配备“T”卡，人员上了海洋石油作业设施以后，到医务室医生处领用“T”卡。“T”卡存放于救生甲板上的“T”卡箱内，卡上标有姓名、房间号、救生艇编号等内容。配备“T”卡是为了在撤离设施过程中，能够及时掌握和了解人员信息。根据海上石油作业设施的不同要求，“T”卡的使用目前主要有以下两种方法。

表 2-1-1　应变部署卡

应变部署卡　EMERGENCY CARD 船名 M/V:________________ 艇号 Boat No. :________________集合地点 Muster station:________________
火警信号:· · · · · · · · · · · · 短声连放一分钟 Fire alarm: alarm short blasts continued for one minute. 随后:一长声(船前部失火),二长声(船舯部失火),三长声(船后部失火),四长声(机舱失火),五长声(上甲板失火)Thereafter, one long blast stands for fore part, two for middle part, three for aft part, four for engine room, five for upper deck. 注意事项 Notice:
弃船求生信号:· · · · · · · · ——七短声一长声,重复连放 1 min Abandoning ship alarm: seven short blasts with one long blast repeated for one minute. 注意事项 Notice:
人员落水信号:— — —连续三长声 Man overboard allarm: three long blasts. 随后:一短声(右舷落水),二短声(左舷落水)Thereafter, one short blast stands for starboard, two for portside. 注意事项 Notice:
解除报警:—— 一长声 Signal for dismissal: long blast.

1. 翻面法

翻面法的正面和反面一般是不同颜色的(如图 2-1-1 所示)。人员在撤离设施时,登上救生艇筏前,将“T”卡箱内标明自己基本资料的“T”卡水平翻转 180°,使卡的反面朝外,表明人员已经登上救生艇。

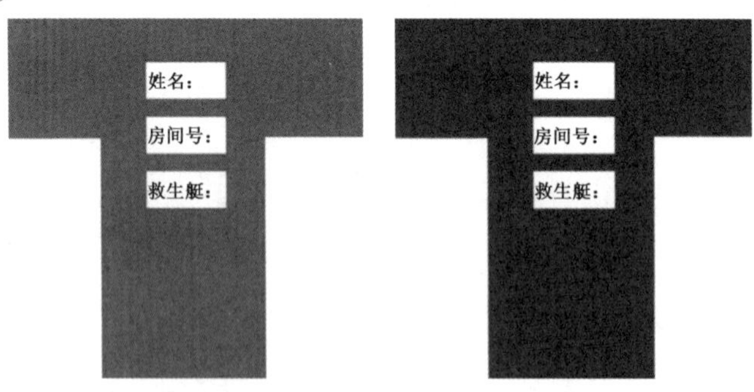

图 2-1-1　“T”卡

2. 取走法

在撤离海上设施过程中,人员在登上救生艇前,将“T”卡箱(如图 2-1-2 所示)内标明自己基本资料的“T”卡取走,“T”卡箱内相应位置空缺,表明此人已经登上救生艇。

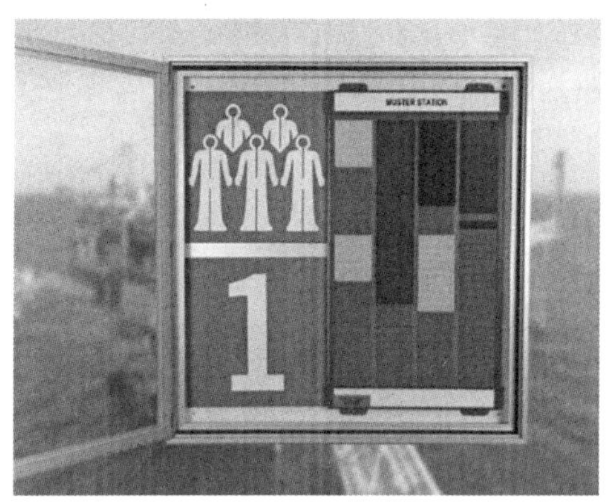

图 2-1-2 “T”卡箱

二、脱险通道和集合地点

为了保证人员安全和方便应急抢救,脱险通道一般不止一条并彼此远离,使人员易于到达露天甲板和登艇站。

脱险通道是事先确定的,并在包括梯道和出口在内的脱险通道所有各点(包括拐弯和交叉处)标以明显的引导标记符号(如图 2-1-3 所示)。在重要场所,会在多处公布该场所的脱险通道示意图,使得所有人员都能了解在各种紧急情况下的脱险通道。

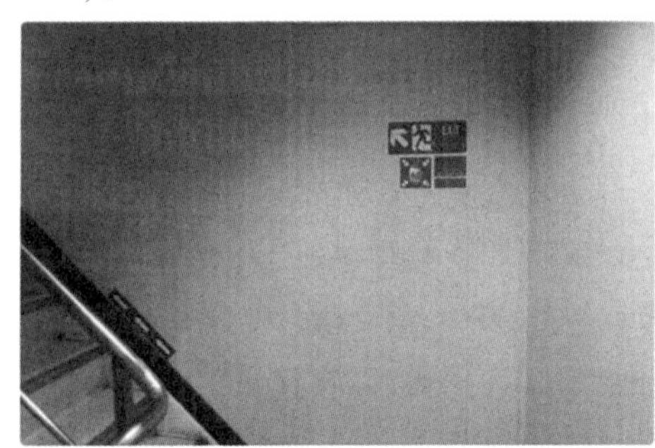

图 2-1-3 脱险通道

所有人员为了自身安全,都应熟悉脱险通道,主动掌握本人住舱和工作场所的脱险通道,并保持其安全状态,在任何情况下都要保持脱险通道畅通和无障碍。要按规定对脱险通道进行巡检,留意脱险通道是否畅通,一旦发现有妨碍撤离的故障或障碍物,应立即清除。保持逃生引导标记符号无污损、无遮挡,信息准确,定期对应急照明系统进行功能试验,对工作区水密门和生活区防火门进行检查保养,确保其灵活可靠。

集合地点(如图 2-1-4 所示)主要是供弃船或撤离海上设施使用。集合地点设在容易从起居和工作场所到达的地方,一般靠近救生艇筏登乘地点,通往集合与登乘地点的通道、梯道和出口有应急照明系统,能够提供足够的照明。

图 2-1-4 集合地点和集合地点符号

三、船上通信与报警系统

（一）电话系统

电话系统（如图 2-1-5 所示）是在紧急情况下需采取行动的处所之间，设有的能互通信息的内部语音通信设备。

图 2-1-5 电话系统

（二）公共广播系统

公共广播系统能将广播信息有效地发送到各居住舱室、服务处所、走廊、公共处所、控制站及甲板，不需要接收者进行任何操作。

（三）通用报警系统

所有通常可以到达的位置（包括开敞甲板）都能清楚收到报警，在噪声较大的处所内还应带有灯光或闪光报警设备，通用报警系统发出的信号由公共广播系统发出的指令予以补充。

（四）自动探火与失火报警系统

自动探火与失火报警系统一般装设在所有起居处所和服务处所内，自动探火与失火报警系统探测器（如图 2-1-6 所示）探测到火灾时，在火灾盘上和火灾现场进行报警，同时能自动或手动进行相应的关断。探测器通常装在舱室天花板上，切勿故意损坏或悬挂衣物，以免本室失火时不能自动报警而危及生命，妨碍及时施救。

图 2-1-6 自动探火与失火报警系统探测器

（五）手动火灾报警装置

手动火灾报警装置的安装地点一般在人们易于到达的地方和脱险通道的关键部位，在海上设施机器处所、井口、油气处理区、原油储存区、输油终端以及其他认为必要的地点也设手动火警按钮（如图 2-1-7 所示）。手动火警按钮一般封闭在墙壁上的有机玻璃盒内。需要时，应果断掀起或击碎玻璃面罩，用手按动火警按钮。

图 2-1-7 手动火警按钮

（六）可燃气体和硫化氢探测和报警系统

海上设施一般还装有可燃气体和硫化氢探测和报警系统。可燃气体探测器安装在危险区及通风和助燃空气的入口处，当某一安装了可燃气体探测器的处所的可燃气体浓度达到爆炸下限的 15%~20%时，系统发出声、光报警；当浓度达到爆炸下限的 45%~50%时，系统发出危险声、光报警，并做出相应切断。有毒气体（硫化氢）探测和报警系统能够在主要控制地点发出危险声、光报警。如果主控制台的报警在 2 min 内没有得到应答，则有毒气体（硫化氢）报警和直升机甲板状态灯自动启动。

（七）冷藏处所关闭报警

如果冷藏处所的门不能从内部开启，厨房内会设有声、光报警器，以保证工作人员偶尔被闭锁在冷藏库内时能发出求救信号。

（八）灭火剂施放前报警

对经常有人员在内部工作或出入的处所，设有施放灭火剂的自动听觉和视觉报警装置。

(九)救生用通信系统

在救生艇筏集合和登乘地点与主控制站和/或驾驶台(如设有)之间,设有能传送命令的相互通信系统。该通信系统由可携式设备(如图 2-1-8 所示)或固定安装的设备组成。

图 2-1-8　甚高频双向无线电话

四、报警信号

(一)船舶常用报警信号

当船舶出现会危及生命、船舶及机器安全的情况时,会通过报警器或号笛等声响信号发出报警信号通知船员立即采取应急措施。船舶常用报警信号如表 2-1-2 所示。

表 2-1-2　船舶常用报警信号

报警类型	信号类型
消防	短声连放 1 min,为指明火警部位,在消防报警信号之后,鸣一长声表示船的前部,二长声表示船的中部,三长声表示船的后部,四长声表示机舱,五长声表示生活区
弃船	七短一长声,重复连放 1 min
堵漏	两长一短声
人落水	三长声,之后一短声或二短声分别表示右舷和左舷有人落水
溢油	一短两长一短声
解除报警	一长声

短声一般为 1 s,长声一般为 4~6 s。

对于其他紧急情况的报警信号,由公司根据情况规定,船上人员应通过培训和演习熟悉这些报警信号及本人的相应职责。

(二)海上石油设施常用报警信号

1. 标志报警

标志信号(如表 2-1-3 所示)通过写有“硫化氢”(“H_2S”)字样的绿、黄、红颜色的三种长方形警示牌来显示。

表 2-1-3　标志信号

空气中含硫化氢浓度	显示
小于 15 mg/m^3(10 ppm)	挂标有硫化氢字样的绿色警示牌
15 mg/m^3～30 mg/m^3(10 ppm～20 ppm)	挂标有硫化氢字样的黄色警示牌
大于 30 mg/m^3(20 ppm)	挂标有硫化氢字样的红色警示牌

2. 视觉报警

视觉信号(如表 2-1-4 所示)通过固定安装在海上石油设施各处的状态灯(如图 2-1-9 所示)来显示。

表 2-1-4　视觉信号

信号名称	颜色及设备	状态	时间
综合报警(含火警、人员落水、溢油、恐怖活动等)	红色状态灯	闪烁	无信号周期规定
井喷	红色状态灯	闪烁	无信号周期规定
油气泄漏(含硫化氢泄漏)	黄色状态灯	闪烁	无信号周期规定
撤离报警(包括弃船、弃平台、终端或人工岛撤离等)	蓝色状态灯	闪烁	无信号周期规定
遇险求救	火箭降落伞火焰信号、橙色烟雾、手持红色火焰、无线电示位标、雷达应答器、手电筒和日光信号镜	1. 依据设备的要求使用。 2. 在救生艇筏上可利用日光信号镜反射日光发出莫尔斯求救信号	
解除报警(正常状态)	绿色状态灯	常亮	无信号周期规定

图 2-1-9　平台走廊视觉信号状态灯

3. 听觉报警

听觉信号(如表 2-1-5 所示)能通过传感器自动触发报警按钮或者通过手动报警按钮报警,报警信号会切入公共广播系统,也可以选用适用的其他声响报警。

表 2-1-5 听觉信号

信号名称	声响特征	符号描述	信号周期
综合报警(包括火警、溢油、恐怖活动等)	连续短声,加"综合报警 General Alarm"中英文语音广播	· · · · · · ·	10 s+广播 5 s
井喷报警	一短声两长声,加"井喷报警 Blow out Alarm"中英文语音广播	·——	10 s+广播 5 s
人员落水或人员失踪	三长声,加"人员落水报警 Man Overboard Alarm"中英文语音广播	———	12 s+广播 5 s
油气泄漏(含硫化氢泄漏)	一短声一长声,加"油气泄漏报警 Gas Leak Alarm"中英文语音广播	·—	6 s+广播 5 s
撤离报警(包括弃船、弃平台、终端或人工岛撤离等)	七短声一长声,加"撤离报警 Abandon Alarm"中英文语音广播	· · · · · · · —	18 s+广播 5 s
解除报警	连续长声,加"解除报警 Alarm Release"中英文语音广播	—	至少 10 s+广播 5 s

注:1. 油(气)生产平台可将井喷和人员落水或人员失踪报警归类为综合报警。

2. 一般短声 1 s,长声 3 s,短声和/或长声之间停 1 s。声音信号和中英文语音广播之间停 1 s。

4. 广播报警

可以通过公共广播系统向整个海上石油设施用语音播放报警信号,安装在海上石油设施的各有关部位的报警电话,也会切入公共广播系统发出语音报警。

五、听到报警信号后的行动

听到紧急报警后能否有效行动,取决于平时的应急培训和演习效果。把应急计划的要求和目标变成所有人员的熟练行动,才能有效地保障应急成功。

(一)确认报警

听到紧急报警,首先应立即弄清属于何种紧急情况。最好的办法是一边打开房门,一边迅速穿着衣服(如图 2-1-10 所示),沉着冷静地听完两组报警。切忌没有弄清情况而盲目行动,导致延误宝贵的时机和造成不必要的人身伤害。切忌不穿着衣服就行动,这在任何应急中都会造成人身伤害。切忌携带应急不需要的物品而妨碍行动,一些人在弃船或弃设施时因不舍钱财,而延误了宝贵的求生时间。

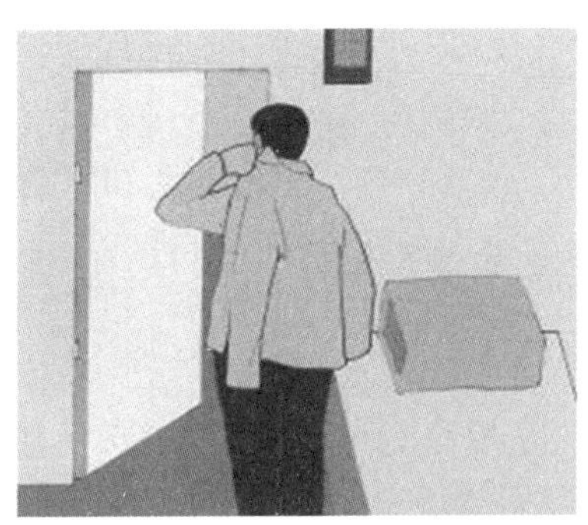

图 2-1-10 打开房门并迅速穿着衣服

(二)迅速行动

当确认报警性质后,应立即确认自己应采取的行动。平时持之以恒的演习是应急时迅速行动的基础。听到报警信号后,所有人员必须迅速到达指定的集合地点(如图 2-1-11 所示)。任何的拖沓都会丧失最初的抢救时机,导致事态扩大而无法控制,甚至丧失撤离时机。

图 2-1-11 迅速到达指定的集合地点

(三)服从指挥，保持镇静

应急情况复杂多变,需要船长、海上设施负责人和现场指挥在应急计划的基础上,根据事态发展灵活指挥。服从指挥能使应急行动忙而不乱,步调一致。服从指挥意味着全体人员形成一个坚强的整体,在任何情况下都能给人以信念、力量。

在任何应急情况下,保持镇静是取得成功的必要条件,恐慌只会使事态恶化。恐慌还会使士气瓦解,使人脑过度紧张而严重妨碍正常的思维和行为能力,甚至丧失理智,放弃把握客观存在的成功机会。

(四)遵循应急预案，采取正确行动

应变部署表和应急计划是应急的行动规范,是对可能发生的紧急情况,根据以往的经验教训,结合本船或海上设施的实际情况,在反复考虑的基础上确定的应急预案。在应急时,应始终以此为基础。在应急的初始阶段,应严格遵循应急预案,而后由指挥人员根据事态发展做适当调整。

（五）有序撤离

有的海上设施承载人员众多，遇险时容易出现拥堵和踩踏情形，可能导致人员伤亡。因此在整个过程中，海上设施工作人员应积极配合，听从指挥，保证有序快速撤离。

六、培训及演习的价值

培训是提高海上设施工作人员安全意识、安全技术水平和安全管理水平的有效途径。通过培训，可以提高海上设施工作人员做好安全生产的责任感和自觉性，掌握安全生产的客观规律，学会预测、预防和消除事故，为保护海上设施工作人员人身安全，保证船舶和海上设施安全，提高劳动生产率，创造良好的条件。

一般来说，人的工作能力在紧急情况下通常会降低，这种不利情形只有通过反复、真实的演习才能得到弥补。演习是确保安全营运的重要环节，也是提高应对突发情况的重要举措。船舶和海上设施必须制订各种切合实际的应急演练程序和计划，定期开展应急演习，通过对海上设施工作人员的实际训练和指导，一方面使全体人员熟悉预案、熟悉应急基本程序，提高技能，提高海上设施工作人员在困难局面中的应急处理能力，同时提高管理人员的组织和指挥能力。另一方面，通过演习验证预案的可行性，不断改进提高预案，使预案更符合实际应急应变的需要。这样才能达到演习目的，确保在紧急情况下执行正确的程序，减轻紧急情况的影响，保证应急行动正确、有效。

七、应急程序

发现紧急情况的人员应通过大声呼救的方式让更多的人知晓紧急情况的存在，并及时报告值班人员，相关人员及单位要按相关规定向公司、当地政府和海事部门报告。

应急报告的基本内容包括险情种类，事故发生程度、时间、地点、原因、环境概况，实施应急计划进行自救的情况。

应急决策的主要基本原则：疏散无关人员，减少人员伤亡；保持联系通畅，随时掌握动态；阻断危险物源，防止二次事故；调集救助力量，控制事态发展；权衡损益风险，决策当机立断。

（一）碰撞应急

近海供应船和海上设施长期在海上作业，环境条件恶劣，碰撞事故时有发生。碰撞事故发生后，会导致财产损失、环境污染和人员伤亡等严重后果。

如果船舶发生碰撞，应急程序和措施如下：

1. 船舶临近碰撞和发生碰撞，应迅速发出报警，通知船长和机舱，召集全体船员，船舶立即进入应急状态（如图 2-1-12 所示）。

2. 大副迅速确定碰撞部位损坏情况，查看有无进水、人员伤亡、油污染情况及程度。确认碰撞发生的时间与地点、双方大概的危险程度、对方的船名、呼号、船籍港、始发港与目的港、载货情况、船东名称及地址、当时的潮汐与能见度等情况。

3. 如果碰撞部位在机舱，轮机长应迅速进入机舱，查明碰撞部位及机器受损情况。

4. 将上述情况迅速报告公司和附近港口主管机关并与他们保持有效的联系。

图 2-1-12 碰撞

5. 大副和轮机长指派专人监视破损，及时向船长报告监测结果，以便船长确定施救方案和判断是否需要外援。

6. 当一艘船撞到另一艘船，造成被撞船主水线以下船壳破坏时，一般不应迅速倒车使两船分离，以免加速进水，可采取慢车顶推，并将被撞船破洞处处于下风侧。这样可以减少风浪对破洞处的冲击，减少破洞进水量，可以使被撞船有更多的时间采取有效的应急措施。

7. 针对碰撞损失的情况迅速组织自救；或根据公司指示采取相应的措施。当碰撞导致人员伤亡、货物倾斜移位、机械设备损坏、船舶搁浅/触礁、进水下沉、污染、倾覆等紧急情况时，应转入相应的应急操作。

8. 碰撞的任何一方或附近船舶都应当在不危及自身安全的情况下，积极救助遇险船，全力抢救落水及伤亡人员，并在现场附近守候和搜寻，直至双方人员及船舶已脱离危险或无救助必要，并要在接到港口主管机关或公司指示后方可离开现场。

9. 如被撞船损坏严重有沉没危险时，应迅速撤离对方所有人员后脱离，避免其沉没时压住本船船头祸及本船的可能。如附近有浅滩，应根据需要将被撞船推顶离开主航道/深水水域至浅水水域抢滩。如不满足抢滩条件，被撞船船长应及时宣布弃船。

10. 如实慎重记录航行日志等法律文件。

如果船舶撞上海上设施，海上设施应急程序和措施如下：

1. 发现有船舶撞上海上设施时，应立即通知中控，尽量记住船舶颜色、类别、IMO 编号等信息。中控通知海上设施负责人和设施上的全体人员。

2. 海上设施负责人和碰撞船舶进行联系，安排人员到适当观测点观察碰撞情况；及时和报房、总监、守护船联系；通知守护船只靠近碰撞船舶。

3. 如果海上设施有严重损坏，对生产产生严重影响，且有倒塌的可能性或沉没的危险，则需要执行弃海上设施程序。

4. 发生导致人员伤亡、机械设备损坏、进水下沉、污染、倾覆等紧急情况时，应转入相应的应急操作。

5. 如果海上设施小范围变形，则应将碰撞情况进行文字和图片描述传送给安全监督和总监。

（二）火灾爆炸应急

近海供应船或海上设施发生火灾、爆炸，可能会导致人员伤亡、结构损坏、海洋污染，应采取如下程序应急：

1. 示警

发现火情，要大声呼喊“着火啦”，然后立即向值班人员报警，并迅速采取最初有效行动；值班人员报告船长或海上设施负责人并向全体人员发出报警（如图 2-1-13、图 2-1-14 所示）。报警信号可通过自动报警装置或手动报警装置发出，如发现火灾区域附近没有火灾报警器，可通过电话、对讲机等手段迅速报警。

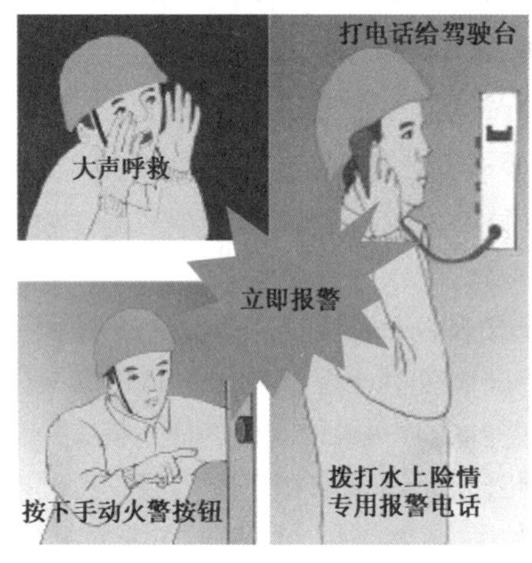

图 2-1-13　立即报警

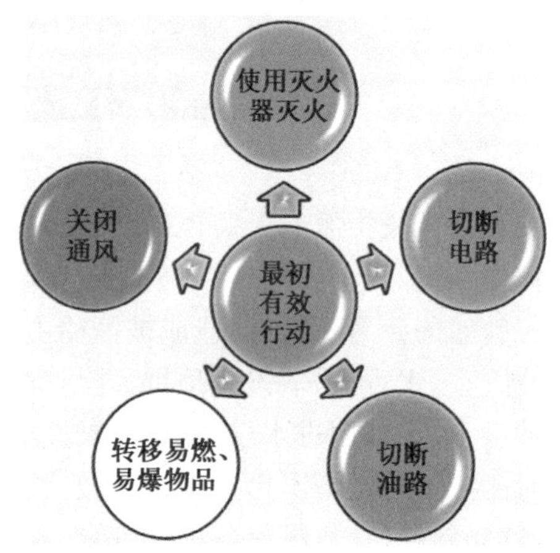

图 2-1-14　采取最初有效行动

2. 迅速行动

发生火灾后，应立即启动消防应急程序，以保证在最短的时间内对火灾进行控制和扑救，防止火势扩散与蔓延，确保人员安全和设施安全。

海上设施根据需要采取应急关断措施。应急关断是指海上石油设施发生火灾时，迅速切断井口阀门或其他应当保护部位的某些装置，达到保护井口和设施、减少燃烧物的目的。应急关断分为四种关断级别：一级关断为弃海上设施关断，二级关断为火灾关断，三级关断为生产关断，四级关断为单元关断。

全体人员听到报警信号后应按应变部署表规定携带消防器材，迅速到达指定位置（如图 2-1-15 所示），并做好灭火的一切准备工作。

图 2-1-15　迅速行动

3. 探明火情

火灾发生后,必须派人探明火情,以便有效地采取措施进行灭火。弄清火警部位、火种性质、火情和趋势,以及火警部位周围的有关物品等情况,探明火情是指挥人员决策的基础(如图 2-1-16 所示)。

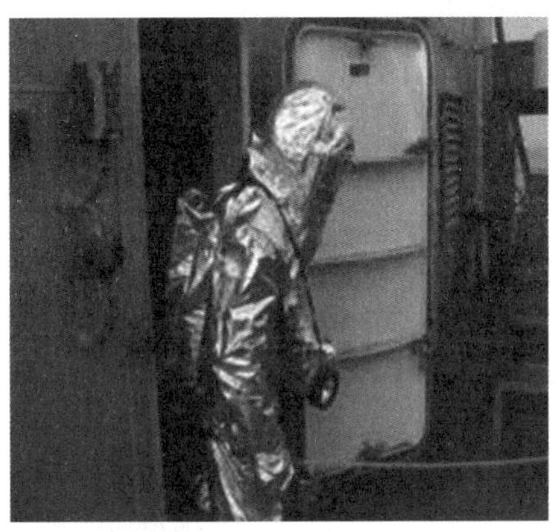

图 2-1-16 探明火情

4. 及时报告

及时向就近的地方当局和上级部门报告(如图 2-1-17 所示),并向周围船舶或飞行过程中的直升机通报或求救,保持信息传达迅速畅通。海上设施可以通知守护船待命,如果守护船具有对外消防能力,可指挥守护船参与灭火。

图 2-1-17 及时报告

5. 确定施救方案

指挥人员根据现场反馈信息,确定施救方案。在火情不明时,盲目打开起火处所的门、窗和舱盖会导致火势进一步扩大。

6. 指挥施救

在组织指挥扑救火灾中要采取正确、有效的施救措施,避免不必要的人身伤亡。指挥人员要根据火情发展,及时组织力量和调整部署(如图 2-1-18 所示)。

图 2-1-18　及时组织力量和调整部署

船舶灭火过程要限制盲目射水，并应及时排出积水，避免船舶因积水过多而减少了稳性和浮力，导致船舶倾覆（如图 2-1-19 所示）。

图 2-1-19　灭火过程要限制盲目射水

7. 灵活应对

船长和海上设施负责人根据现场情况做出决策，确定是否需要弃船或放弃设施。如果可能出现危害较大的爆炸、喷溅、设施坍塌、沉没、倾覆等危害时，应果断下达撤离命令，保证人员安全。一定要确保有效的疏散、逃生和救援，以避免或尽量减少重大事故。

（三）进水与沉没应急

近海供应船和海上设施，一旦进水来不及堵漏可能会面临沉没的危险，需积极采取正确措施自救，按下列程序应急。

1. 发现漏损进水，应立即发出报警，召集全体人员。

2. 应急人员按应急计划的分工携带规定的器材，迅速赶到现场，做好应急准备。

3. 迅速查明漏损部位、损坏情况和进水量，确定施救方案。同时船长应向公司及港口主管机关（如果在港口及附近）报告，并保持联系。

4. 发现船体破损进水后，应立即通知机舱对破损舱室进行排水。机舱要根据情况注入、排出、移驳压载水等方式保持船体平衡。

5. 实施有效的堵漏措施。在排水的同时，应迅速关闭主甲板以下的全部水密门窗，并根据破口的位置、大小等具体情况采用合适的器材和适当的堵漏方法进行堵漏。

6. 如条件允许，可驶进就近港口维修。

7. 若进水严重，应请求第三方援助，如有必要尽可能择地抢滩。抢滩后，继续进行排水、堵漏等工作。

根据船舶破损情况及堵漏方法的不同，船舶堵漏器材也不一样，常用的堵漏器材有：堵漏毯、堵漏板、木板、木撑、木塞等。常用的堵漏方法如下：

1. 裂缝：裂缝处不可直接打入木楔（如图 2-1-20 所示），以免扩大裂缝。应先在裂缝两端各钻一小孔，再将橡皮、棉絮等软物覆于裂缝上，压以木板，用木柱等方式支撑和固定。

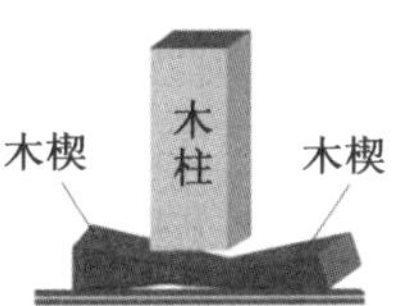

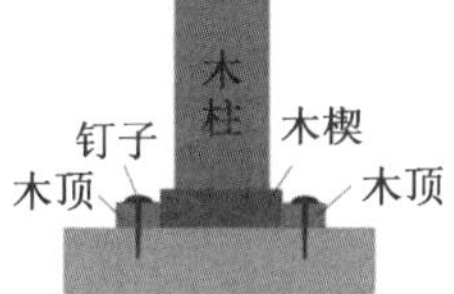

图 2-1-20　木楔的使用方法

2. 小破洞：可于船内用相当大小的木塞用布料或棉絮包裹，直接塞进破洞（如图 2-1-21、图 2-1-23 所示）。如果一个堵漏塞不够用，可用数个堵漏塞。稍大一些的破洞可以使用活页堵漏板堵漏。（如图 2-1-22、图 2-1-24 所示）

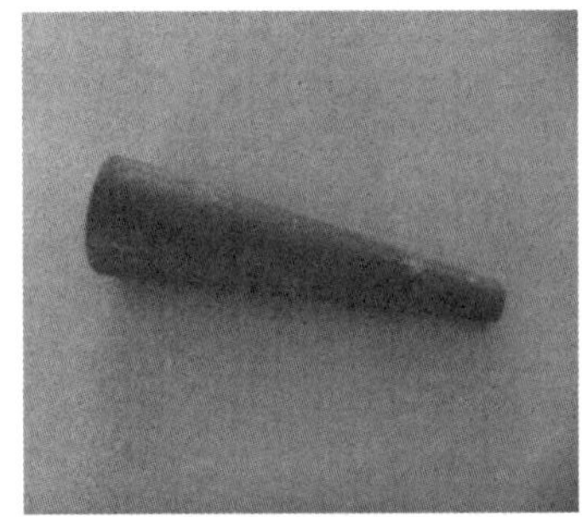

图 2-1-21　木塞

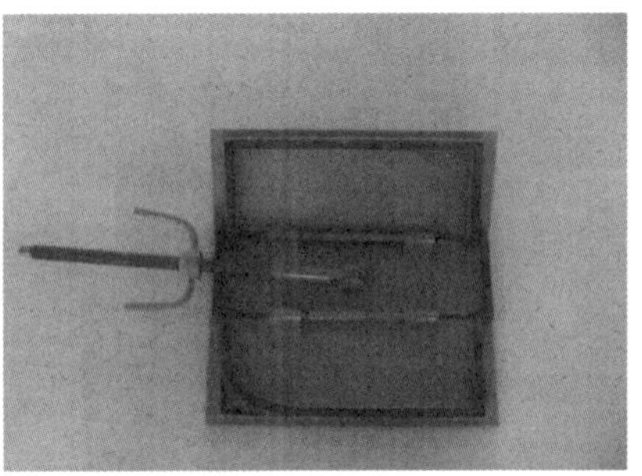

图 2-1-22　活页堵漏板

(a)

(b)

(c)

图 2-1-23　木塞的使用方法

(a)用软布包住木塞；(b)将带软布的木塞塞进破洞；(c)用锤子将木塞打进破洞

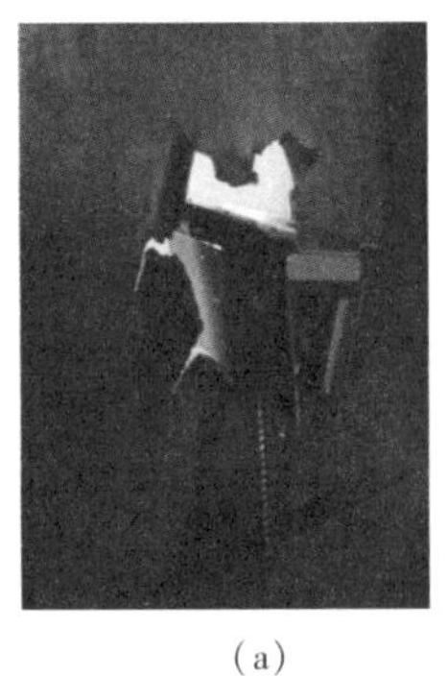
(a)

(b)

(c)

(d)

图 2-1-24 活页堵漏板的用法

(a)将堵漏板合上从舱内送出舱外后,将其打开放在合适的位置上;(b)将铁片垫子穿过螺栓;(c)将木垫子穿过螺栓,并开始拧紧螺母;(d)摆正堵漏板和垫子,拧紧螺母

3. 大破洞:如果船内可以操作,可用床垫等卧具填塞,再覆以木板用木柱支撑固定(如图 2-1-25 所示)。如果破洞水压太大,应在船体外破洞处敷设堵漏毯减少进水量,再在船内用支架进行堵漏(如图 2-1-26 所示)。

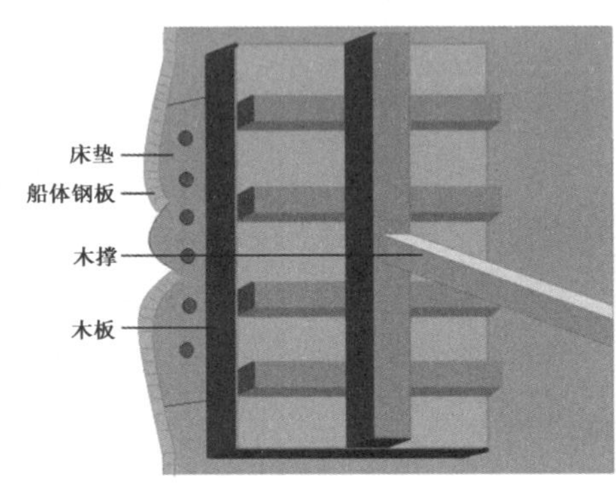

图 2-1-25 床垫堵漏

图 2-1-26 减少进水量后进行船内堵漏

如果船内没有操作空间,在船外用堵漏毯(如图 2-1-27 所示)能有效地减慢船舶进水和下沉速度,为机舱排水、加固相邻舱壁、抢滩、等待救援争取时间。堵漏毯一般用至少两层帆布作面缝制而成,四角设强力耳环供张索受力。堵漏毯使用时,下端应坠以重物,使之能垂到船底。过底索应有足够长度从船首绕过船底,与前张索、后张索、控制索配合,使堵漏毯覆盖于破洞处,然后用绞车等收紧和固定各张索。在堵漏毯被破口钢板或船体突出物挂住时,应妥善处理,避免硬拉而撕破堵漏毯。堵漏毯使用方法,如图 2-1-28 所示。

图 2-1-27 堵漏毯

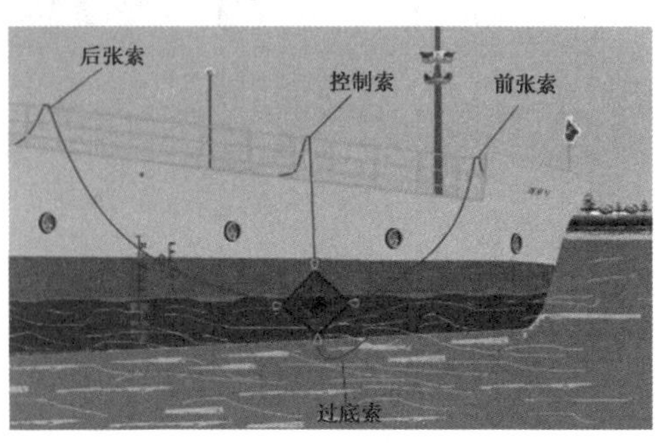

图 2-1-28 堵漏毯使用方法

（四）溢油应急

作为海上溢油应急处理的一部分，海上设施溢油应急处理与船舶的溢油应急处理，无论是设备的种类和使用，还是应急处置的方法，都基本相同，都要尽最大可能切断溢油来源，控制事故，防止污染蔓延扩大，并做好补救措施，回收消除海面浮油，减小对船舶和海上设施的威胁，降低海洋污染。不同的是海上设施，比如，石油钻井平台溢油的污染源控制比船舶溢油更困难。但也有有利的一面，目前海上设施供应船的功能日趋多元化，有的供应船还具有海面油污处理和溢油回收功能。

发生污染事故，应当立即就近向海事管理机构如实报告，同时启动污染事故应急计划或者程序，采取相应措施控制和消除污染。

1. 报告的要求：当船舶或海上设施实际发生或可能发生污染事件时，船长或海上设施负责人应立即报告最近的海事管理机构，并通知船舶或海上设施所有人等主要联系人员。

2. 应急处置措施：发生溢漏事故时，迅速采取应急处置措施，以控制和减少溢漏。溢漏包括操作性溢漏和事故性溢漏，操作性溢漏是指在正常装卸和内部驳运油类/有毒液体物质过程中所引起的管系溢漏、舱柜满溢等污染事故。事故性溢漏包括搁浅、火灾/爆炸、碰撞、船壳损坏、严重倾斜、进水/沉没、触礁等情况下发生的溢漏。

（1）操作性溢漏主要包括以下应急反应措施：

①立即停止有关操作，关闭管系上的有关阀门。

②发出报警信号，启动应急反应程序，根据应变部署表各司其职。

③确定溢漏源，进行溢漏量评估及原因分析。

④向海事管理机构及有关联系人报告所发生的溢漏事故。

⑤制止或减少溢漏，防止溢出的油类/有毒液体扩散。

⑥清除溢漏物并做好回收溢漏物的处理；如果溢漏量较大，除现有人员的应急反应外，应联系溢油污染清除单位或其他应急力量协助清理。

⑦清污完毕后，应征得海事管理机构同意后方可重新作业。

（2）发生事故性溢漏必须优先采取的措施

①最优先的措施是保证人命安全，首先检查是否有受伤人员，判断是否需要救助，决定是否弃船或海上设施。

②检查是否有溢漏或判断是否可能有溢漏，如果有此情况，那么在保证船舶或海上设施以及人命安全的条件下，应立即采取控制溢漏措施。

③根据周围环境判断如果船舶或海上设施继续停在出事地点可使事态进一步恶化，则应将其移到安全场所。

④对各种事故采取应急措施时，都必须考虑船舶或海上设施的应力和稳性。

⑤当船舶结构受损极其严重时，为防止和控制溢漏，应采取减载措施。

⑥在所有的溢漏事故中，应采取措施防止火灾和爆炸事故的发生。

（3）发生事故性溢漏时的应急反应程序

①船长或海上设施负责人应立即向全体人员发出应急反应部署命令，全体人员按应急反应部署规定的职责，迅速到达自己的岗位。同时考虑船舶或设施的安全。

②船长或海上设施负责人按规定立即向海事管理机构报告并根据情况向港口有关部门以

及与本船或海上设施有关的部门通报。

③为减少溢漏量,应按照不同溢漏原因采取不同的控制措施。

④如必要并可行,可将舱内余油/有毒液体驳入其他完好舱室或调驳到其他船,以防止继续溢漏。

⑤如果溢漏量较大,仅由现有人员组织反应难以获得理想效果,应联系污染清除单位或其他应急力量协助清理。

⑥当海上设施因突发事件发生大面积漏油事故时,应第一时间报告主管机关,根据现场情况及时撤离海上设施作业人员。

3. 船长或海上设施负责人应积极主动与沿岸有关部门和海事管理机构协作,服从海事管理机构的有关决定和指导。

4. 船舶或海上设施有沉没危险或者决定弃船或弃设施时,应当尽可能地关闭所有液货舱或者油舱(柜)管系的阀门,堵塞相关通气孔,防止溢漏,并向海事管理机构报告燃油、污染危害性货物以及其他污染物的性质、数量、种类、装载位置等情况。

5. 造成水域污染的,应当主动配合事故调查机构的调查。污染事故的当事人和其他有关人员应当如实反映情况和提供资料,不得伪造、隐匿、毁灭证据或者以其他方式妨碍调查取证。

6. 污染事故的当事人和其他有关人员提供的书证、物证、视听资料应当是原件原物,不能提供原件原物而提供抄录件、复印件、照片等非原件原物的,应当签字确认。

(五)人员落水应急

海上设施工作人员在海上工作生活,由于各种原因有时会发生人员落水。大多数落水事件发生在人员登离海上设施过程或在露天甲板行走、站立或斜靠在栏杆边。人员落入水中后会面临溺水、低温效应以及海洋生物等危险,如不能及时得到救助,其生命就会受到严重威胁。

1. 发现有人落水时应采取的应急行动

(1)报警:发现人员落水时,目击者应立即大声呼救"有人落水",并向海上设施中控或船舶驾驶台值班人员报告。

(2)发出报警:海上设施中控人员通知海上设施负责人,海上设施负责人将情况向生产监督和总监汇报,并通知守护船;船舶驾驶台值班人员通知船长。值班人员发出人员落水报警,清点人数,确认落水人员姓名和人数。

(3)做标记:白天立即在上风方向抛下救生圈或其他任何可供漂浮在水面落水者攀附的物体。夜间立即抛下一只带有自亮浮灯的救生圈;保持探照灯对准落水者。

(4)加强瞭望搜寻:应始终关注落水人员情况,保持落水者在视线范围内。在恶劣天气或者夜间的时候,容易失去落水者的位置。搜寻落水者的最好的方法是对其保持连续视觉跟踪。

(5)救助:若天气情况和现场条件允许,船舶和海上设施可以放下救生艇进行营救,海上设施也可以安排人员穿好救生衣乘坐吊篮到水面进行营救;如条件不允许,海上设施负责人将情况通知守护船只,请求进行营救。守护船是营救落水人员的重要工具,收到人员落水的报警或通知时,必须立即采取有效措施赶赴人员落水地点救护。

(6)请求支援:如果多人落水或失踪,在首先全力自救的同时发出求救信号,并报出事地点坐标以及当时的风向、潮流等情况,请求附近其他船舶协助搜救。

(7)对于寒冷海域落水人员,在将落水人员救上船舶或海上设施后,应该尽快采取防冻保温措施,并应防止折断或扭伤落水人员冻僵的肢体,根据情况采取快速复温或自然复温方式配合药物治疗。例如,请求将伤员送回陆地治疗,要随时注意飞机或船舶到达时间,适时做好准备工作,避免准备不周造成延误。

2. 落水者的行动

落水者落入水中后,首先要使自己更容易被发现。如果没让自己被注意到,那么得到救援的可能性就会很小。即使在平静的水面上,落水者也因只是露出部分身体,而很难被发现,因此落水者应留在落水区域,特别是在夜间和视线不佳时,落水者应留在原落水水域便于瞭望人员跟踪。如果是弃船后水面待救,遇险人员应主动集结,以配合救援工作的顺利开展。

三个帮助落水者得到搜寻者注意的关键词:更高、更亮、更响。落水者可以通过高举并挥动手臂、T 恤衫、手绢或任何可能抓到的鲜艳颜色物体使自己更容易被船舶瞭望人员看到。通过大声呼喊、拍打水面(同时也能被看到)、对向船的方向,有规律和节奏的吹响哨笛方式让船舶瞭望人员听到。

第二节 安全作业方法

一、遵守安全作业方法的目的及重要性

安全作业方法,是在系统考虑作业的各种因素的基础上,能使"人、机(物)、环境、管理"四大安全要素和谐相处的安全做法的总称,通常称之为安全操作程序、须知、规程、注意事项、规章、制度、办法、要求、操作指南、经验方法、习惯做法等。安全作业方法中,主要包括:人员分工职责;对操作对象的认识和安全器材要求;操作的先后顺序;关键动作的要求和所要达到的目的等。遵守安全作业方法,目的是顺应事物的客观规律,安全地完成作业任务。

遵守安全作业的方法,作业者始终是得益者。作业(操作)者因避免可能发生的事故,确保了自身免遭人身伤害,避免了船舶或海上设施事故,从而确保了海上工作人员的安全,避免了可能引发的污染海洋事故,从而确保了自身和公司其他职员的就业和工资奖金收入。从宏观角度看,遵守安全作业方法,维护了公司利益,保护了人类赖以生存和发展的海洋环境。可谓一荣俱荣,反之则是一损俱损。可见,遵守安全作业方法,责任和意义都非常重大,而对于海上工作人员,想做到遵守安全作业方法并不难,只要具备社会责任感、一定的安全作业知识和技能,严格遵守操作规程,就能安全优质地圆满完成作业。

二、个人防护装备

个人防护装备(PPE)是为防御物理、化学及生物等外界因素伤害所穿戴、配备和使用的各种防护用品的总称。个人防护装备是海上设施工作人员安全工作的重要保障,很多痛心疾首的事故就是因为疏忽个人安全防护造成的。

(一)头部防护

安全帽(如图 2-2-1 所示)是对人体头部受坠物及其他特定因素引起的伤害起防护作用的

帽子。安全帽由帽壳、帽衬、下颌带和帽箍等组成。帽壳呈半球形,坚固、光滑并有一定弹性。打击物的冲击和穿刺动能主要由帽壳承受。帽衬是帽壳内部部件的总称,包括帽箍、吸汗带、缓冲垫、衬带等。帽壳和帽衬之间留有一定空间,可缓冲、分散瞬时冲击力,从而避免或减轻对头部的直接伤害。冲击吸收性能、耐穿刺性能、侧向刚性、电绝缘性、阻燃性是对安全帽的基本技术性能的要求。

使用前应检查安全帽上是否有外观缺陷,各部件是否完好、无异常。不应随意在安全帽上拆卸或添加附件,以免影响其原有的防护性能。帽衬调整后的内部尺寸、间距、佩戴高度应符合安全要求;安全帽在使用时应戴正、戴牢,锁紧帽箍,配有下颌带的安全帽应系紧下颌带,确保在使用中不发生意外脱落(如图 2-2-2 所示);使用者不应擅自在帽壳上涂油漆、汽油及溶剂等;不应随意碰撞挤压或将安全帽用作除佩戴以外的其他用途,例如:坐压、砸坚硬物体等;在安全帽内,使用者应确保永久标识齐全、清晰。

安全帽的维护应按照产品说明进行,安全帽上的可更换部件损坏时应按照产品说明及时更换;安全帽的存放应远离酸、碱、有机溶剂、高温、低温、日晒、潮湿或其他腐蚀环境,以免其老化或变质;安全帽不应放在热源附近,防止帽体变形;安全帽应保持清洁。

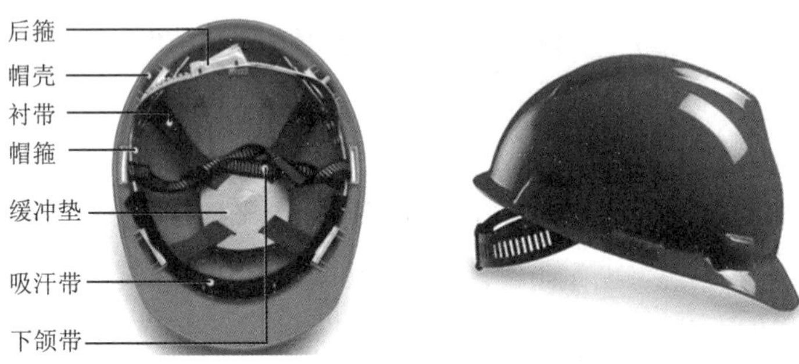

图 2-2-1　安全帽

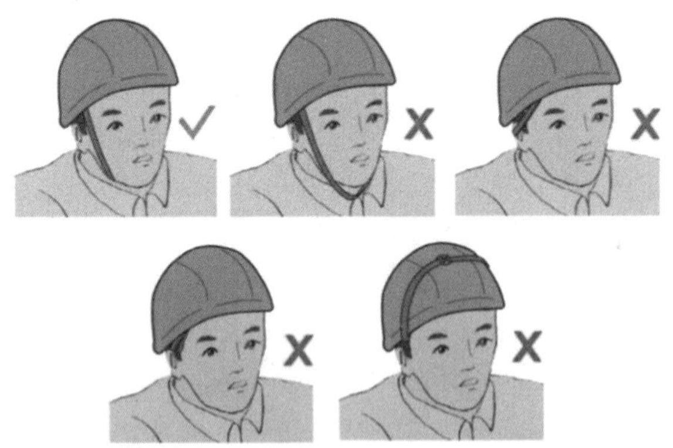

图 2-2-2　安全帽应正确佩戴

(二)手的防护

防护手套(如图 2-2-3 所示)用于不同工作环境下的手部防护。选用防护手套前,首先要对所从事的工作进行风险评估,评估该防护手套是否适合于防护工作的使用,是否可以有效地预防有关危害,尽量消除可能伤害手部的有害因素。可能接触尖锐物体或粗糙表面时,选具有防切割性质的防护手套；可能接触化学品时，选用防化学腐蚀、化学渗透的防护手套；可能接触高温或低温表面时，选用隔热防护手套；可能接触带电体时，选用绝缘防护手套；可能接触油或湿滑表面时，选用防滑防护手套。

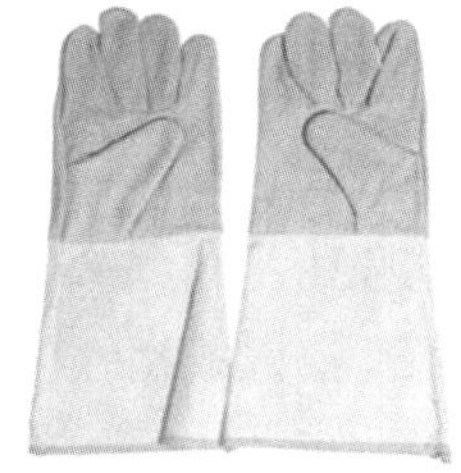
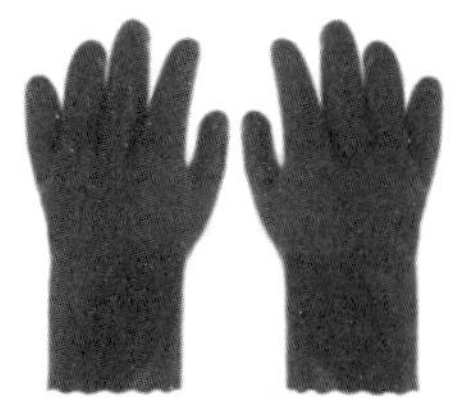

图 2-2-3　防护手套

使用前，佩戴者应检查防护手套有无明显缺陷，损坏的防护手套不允许继续使用，比如：裂痕、缝合处开裂、严重磨损、变形、烧焦、融化或发泡、僵硬、有洞眼、发黏或发脆等。戴各种防护手套时，注意不要让手腕裸露出来，以防止在作业时有害物溅入造成伤害。操作各类机床或在有被夹挤危险的地方作业时严禁戴防护手套（如图 2-2-4 所示）。防护手套应储存在清洁、干燥通风、无油污或阳光直射、无腐蚀性气体的地方。

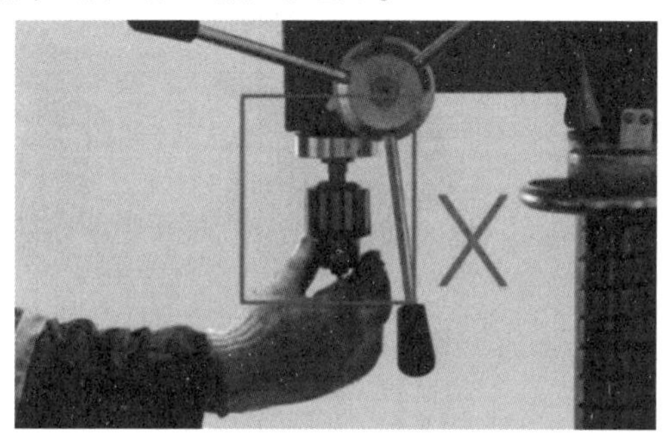

图 2-2-4　操作各类机床时严禁戴防护手套

（三）眼睛防护

护目镜（如图 2-2-5 所示）的作用是保护作业人员的眼睛，防止外来伤害。护目镜的种类很多，有防尘眼镜、防冲击眼镜、防化学眼镜和防光辐射眼镜等。防尘眼镜在尘埃较多的环境下使用，一般镜片强度要求不高，用一般平光玻璃镜片制作；防冲击眼镜主要用于防御金属或砂石碎屑等对眼睛的机械损伤，眼镜片和眼镜架结构坚固，抗打击，框架周围装有遮边，其上应有通风孔；防化学眼镜主要用于防御有刺激或腐蚀性的溶液对眼睛的化学损伤，可选用普通平光镜片，镜框应有遮盖，以防溶液溅入；防光辐射眼镜主要用于电焊、气焊的作业人员。

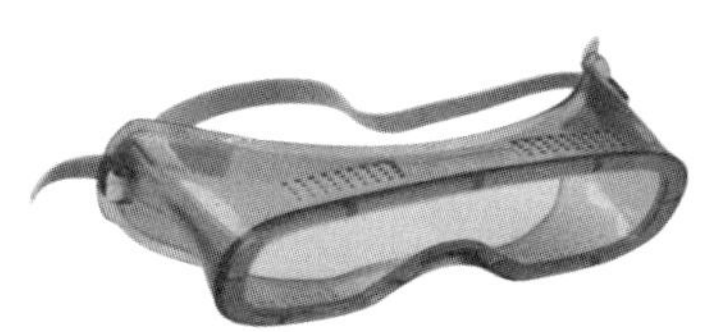

图 2-2-5　护目镜

护目镜要选用经产品检验机构检验合格的产品。护目镜的宽窄和大小要适合使用者的脸型;镜片磨损粗糙、镜架损坏,会影响操作人员的视力,应及时调换。护目镜要专人使用,防止传染眼病。焊接护目镜的滤光片和保护片要按规定作业需要选用和更换。防止重摔重压,防止坚硬的物体摩擦镜片和面罩。

(四)听力防护

听力防护器具可分为耳塞、耳罩和防噪声头盔三类。

1. 耳塞(如图 2-2-6 所示):可插入外耳道内或插在外耳道的入口。它分为可塑式和非可塑式两种。

2. 耳罩(如图 2-2-7 所示):形如耳机,把耳部罩住使噪声衰减的装置,适用于噪声较高的环境。耳塞和耳罩可单独使用,也可结合使用,结合使用比单独使用噪声衰减效果更好。

3. 防噪声头盔(如图 2-2-8 所示):可把大部分头部保护起来,如再加上耳罩,防噪声效果就更好。这种头盔具有防噪声、防碰撞、防寒、防暴风、防冲击波等功能,适用于强噪声环境。

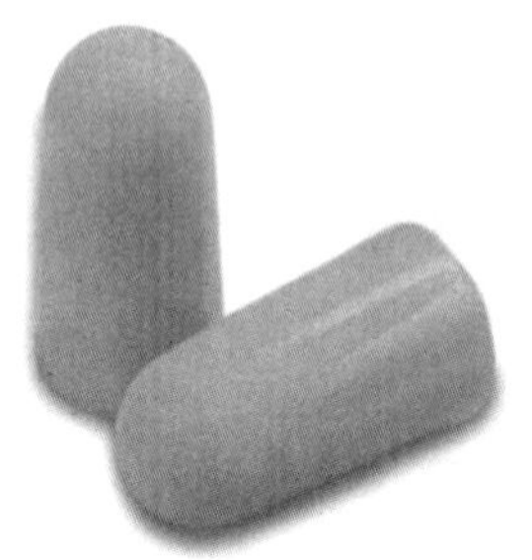

图 2-2-6　耳塞

图 2-2-7　耳罩

图 2-2-8　防噪声头盔

(五)呼吸防护

呼吸防护器具主要包括日常防护型口罩、自吸过滤式防颗粒物呼吸器、自吸过滤式防毒面具、消防员用自给式呼吸器等。在没有防护的情况下,任何人都不应暴露在可能危害健康的空气环境中。应根据国家有关的职业卫生标准,对作业中的空气环境进行评价,识别有害环境性质,判定危害程度选择适合的呼吸防护用品。

1. 日常防护型口罩

日常防护型口罩(如图 2-2-9 所示)适用于普通人群在日常生活中空气污染环境下滤除颗粒物所佩戴。正确佩戴符合标准的日常防护型口罩可以使呼入体内的空气质量达到良级以上水平。

图 2-2-9　日常防护型口罩

2. 自吸过滤式防颗粒物呼吸器

自吸过滤式防颗粒物呼吸器(如图 2-2-10 所示)是预防作业环境中颗粒物对从业人员造成伤害的有效个体防护器具。

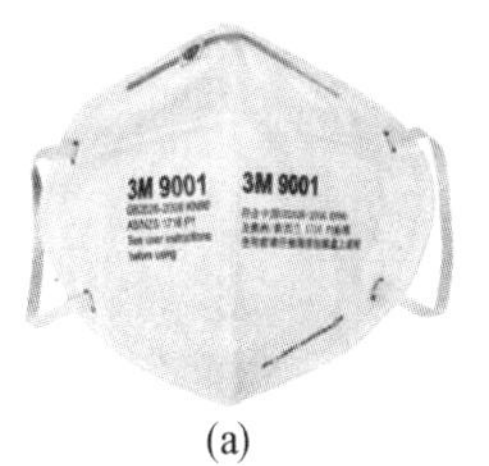

(a)

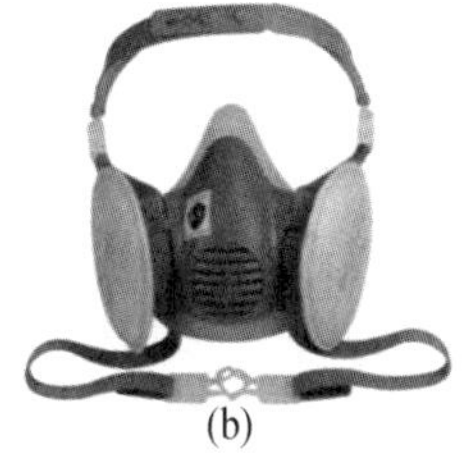
(b)

图 2-2-10　自吸过滤式防颗粒物呼吸器

3. 自吸过滤式防毒面具

自吸过滤式防毒面具(如图 2-2-11 所示)是一种能够有效地滤除吸入空气中的化学毒气或其他有害物质,并能保护眼睛和头部皮肤免受化学毒剂伤害的防护器材。其主要由过滤件(如表 2-2-1 所示)和面具等组成。在使用这种防毒面具时,由于面具的呼吸阻力、有害空间和面具的局部作用,可对人体的正常生理功能造成不同程度的影响。健康人员在平时尚可忍受,在一些特殊情况下,就可能会带来一定的不良后果。因此,对不适合戴面具的人员,应根据病情限制或禁止使用防毒面具。对患有心血管、呼吸系统疾病,贫血,高血压,肾脏病患者等,应尽量缩短佩戴时间。使用者必须明确使用防毒面具现场的工作环境,包括有毒有害化学物质的种类及具体的浓度。

佩戴防毒面具时,使用者首先要根据自己的头型大小选择合适的面具。佩戴防毒面具时,将中、上头带调整到适当位置,并松开下头带,用两手分别抓住面具两侧,屏住呼吸,闭上双眼,将面具下巴部位罩住下巴,双手同时向后上方用力撑开头带,由下而上戴上面具,并拉紧头带,使面具与脸部贴合,然后深呼一口气,睁开眼睛。

检查面具佩戴气密性的方法是:用双手掌心堵住呼吸阀体进出气口,然后猛吸一口气,如果面具紧贴面部,无漏气即可,否则应查找原因,调整佩戴位置直至气密。

佩戴时应注意不要让头带和头发压在面具密合框内,也不能让面具的头带爪弯向面具内。另外,使用者要注意,没有剃刮干净的胡须会影响气密性。

表 2-2-1　过滤件防护气体类型和过滤件颜色

过滤件类型	过滤件防护气体类型	过滤件颜色
A	用于防护有机气体或蒸汽	褐
B	用于防护无机气体或蒸汽	灰
E	用于防护二氧化硫和其他酸性气体或蒸汽	黄
K	用于防护氨及氨的有机衍生物	绿
CO	用于防护一氧化碳气体	白
Hg	用于防护汞蒸气	红
H_2S	用于防护硫化氢气体	蓝

4. 呼吸器

呼吸器(如图 2-2-12 所示)广泛用于浓烟、毒气或缺氧等各种环境。它以钢瓶内压缩气体为气源,具有重量轻、体积小、使用及维护方便、佩戴舒适、性能稳定等优点。呼吸器应限于受过专门培训的人员使用。

图 2-2-11　自吸过滤式防毒面具

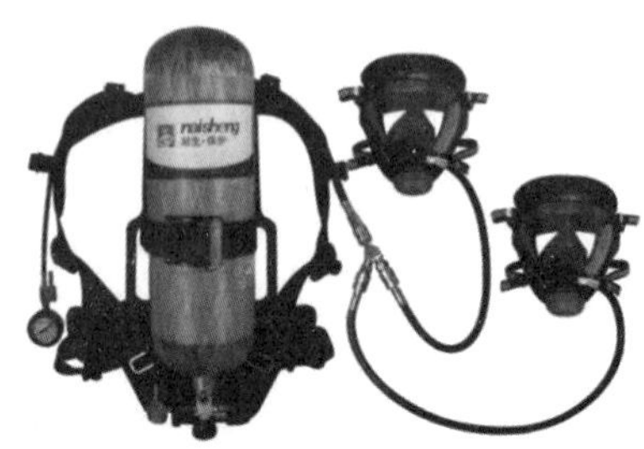

图 2-2-12　呼吸器

在必须配备逃生型呼吸防护用品的作业场所内的有关作业人员和其他进入人员,应接受逃生型呼吸防护用品使用方法培训。不允许单独使用逃生型呼吸防护用品[如紧急逃生呼吸装置(Emergency Escape Breathing Device,EEBD)]进入有害环境,只允许从中离开。进入有害环境前,应先佩戴好呼吸防护用品。在有害环境作业的人员应始终佩戴呼吸防护用品。后面第五章第二节将具体介绍空气呼吸器和紧急逃生呼吸装置的使用方法。

(六)脚的防护

工作鞋(如图 2-2-13 所示)用于保护足部免受伤害,主要有保护足趾鞋、电绝缘鞋、防静电鞋、耐化学品鞋、防油鞋、防水鞋、防滑鞋、防寒鞋、防刺穿鞋及多功能防护鞋等。

图 2-2-13　工作鞋

在实际生产中,多功能的工作鞋较为常见,比如:焊接防护鞋。为避免足部受到伤害,应根据工作场所的防护需求,正确选择相应的防护鞋种类。

(七)坠落防护

安全带(如图 2-2-14 所示)是防止高处作业人员发生坠落或发生坠落后将作业人员安全悬挂的个体防护装备。由系带、安全绳和连接器及金属构件组成,可加装缓冲器或速差自控器或自锁器(如图 2-2-15 所示)。

图 2-2-14 安全带（带缓冲器）

图 2-2-15 坠落悬挂安全带示意图

高空作业或必要时，须系好安全带，使用人员必须经过专业培训，确保能正确使用安全带，如图 2-2-16 所示。安全带应拴挂于牢固的构件或物体上，应防止挂点摆动或碰撞。使用坠落悬挂安全带时，挂点应位于工作平面上方，如图 2-2-17 所示。

图 2-2-16 正确佩戴安全带

图 2-2-17 安全带要挂在适当的位置

这里重点介绍双钩安全绳、速差自控器和自锁器。

1. 双钩安全绳

双钩安全绳（如图 2-2-18 所示）是用于对高空作业人员进行保护的安全装备；其用于配合安全带进行使用，可以勾挂在安全带位于人体背后的挂环上，当工作人员失足之后，将工作人员吊住，避免人员发生坠落危险。

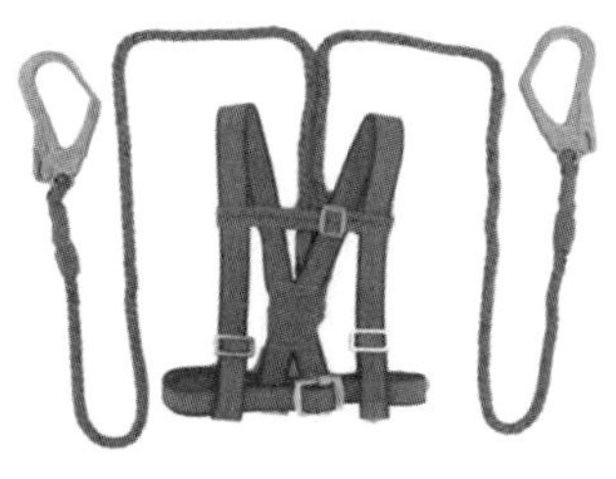

图 2-2-18 配双钩安全绳的安全带

现有的双钩安全绳主要包括左绳体、右绳体、固定挂钩和连接挂钩；左绳体的一端和右绳体的一端固定连接；固定挂钩有两个，分别固定连接在左绳体和右绳体的另一端上；连接挂钩固定于左绳体和右绳体的连接处。

使用时，首先将连接挂钩勾挂在安全带位于人体背后的挂环上，两个固定挂钩分别勾挂在船舶或海上设施的两个位置处，高挂低用，挂点必须位于不低于使用者腰带的位置，移动时，先摘下一个固定挂钩，在合适范围内选择安全挂点挂好，再摘下另一个固定挂钩，选择另一合适挂点挂好，如此依次交替反复，这样在摘挂一个固定挂钩时工作人员不慎失足，另一根安全绳仍可以将工作人员吊住，确保人体每一刻都处于防坠落保护中。

2. 速差自控器

速差自控器（如图 2-2-19 所示）是利用人体下坠的速度差进行自控。在正常使用时，安全绳将随人体自由伸缩，不需经常更换悬挂位置。在器内机构的作用下，安全绳一直处于半紧张状态，让使用者轻松自如，无牵无挂地工作。一旦人体失足坠落，安全绳的拉出速度加快，器内控制系统立即自动锁止，对人体毫无伤害，负荷一旦解除又能恢复正常工作，工作完毕后安全绳将自动回收到器内，便于携带。

图 2-2-19　速差自控器

速差自控器使用注意事项：

（1）速差自控器应高挂低用，悬挂于使用者上方固定的坚固钝边结构物质上，应防止摆动碰撞。

（2）使用时，把安全绳上的挂钩挂入安全带上的半圆环内。

（3）使用速差自控器进行倾斜作业时，原则上倾斜不超过 30°，必须考虑能否撞击到周围的物体。

（4）使用速差自控器前应对安全绳、设备外观做检查，并试锁 2～3 次，确认正常后方可使用（试锁方法：将安全绳以正常速度拉出应发出"嗒嗒"声；用力猛拉安全绳，应能锁止。松手时安全绳应能自动回收到器内，如安全绳未能完全回收，只需稍拉出一些安全绳再松手即可）。如有异常，应停止使用。

（5）严禁将绳打结使用，速差自控器的绳钩必须挂在安全带的连接环上。

（6）必须远离尖锐物体、火源、带电物体等。

（7）速差自控器上的各部件，不得任意拆除、更换，使用时也不需添加任何润滑剂。

（8）在使用速差自控器过程中要经常性地检查速差自控器的工作性能是否良好；绳钩、吊环、固定点、螺母等有无松动；壳体有无裂纹或损伤变形；钢丝绳有无磨损、变形伸长、断丝等现象，如发现异常应停止使用。

（9）速差自控器在不使用时应防止雨淋，防止接触腐蚀性的物质。

（10）速差自控器使用时，钢丝绳拉出后工作完毕，收回器内时中途严禁松手，避免回速过快造成弹簧断裂钢丝绳打结而不能使用，钢丝绳收回器内后即可松手。

3. 自锁器

自锁器又叫作导向式防坠器，附着在刚性或柔性导轨上，可随使用者的移动沿导轨滑动，由坠落动作引发制动作用的部件(如图 2-2-20 所示)。刚性导轨是使用金属支架等装置按一定间隔固定在梯子或其他结构上以限制其横向移动，附着自锁器的刚性部件。柔性导轨是固定在上方挂点的柔性连接部件，自锁器可在导轨上滑动，发生坠落时自锁器可锁止在导轨上。柔性导轨可以是纤维绳、钢丝绳或织带等。柔性导轨可按一定间隔固定在梯子等结构上，也可在两端固定，或在下端附加配重以提供一定的张力。

(a)自锁器

(b)海上设施使用自锁器

图 2-2-20　自锁器的使用

除上面提到的防护装备外，个人防护装备还包括用于身体防护的防护服，防止溺水的救生衣、救生圈等，以及防止体温过低的保温服和抗暴露服等。

三、可能造成损害的作业

(一)高空舷外作业

上高作业时，作业人员失去平衡或绳子断裂等原因可能导致从高处跌落；上高作业时，从高处掉落的材料或工具可能对作业区下面的人员造成人身伤害；室外作业时，作业人员长时间暴露在大风或寒冷中可能被冻伤；作业时接触到高温表面可能导致作业人员烫伤。舷外作业可能由于人员落水而导致损伤。上高和舷外作业前，必须事先通知有关责任人。

上高和舷外作业注意事项如下：

1. 作业前应进行风险评估，确认工作环境符合作业条件。作业前应办理上高、舷外作业许可证。

2. 高空作业人员的身体状况应满足基本条件和要求，具有一定高空、舷外工作经验，或在有经验的人员指导或陪同下进行。

3. 应穿戴得体的工作服、防滑鞋、安全带等防护装备，必要时需张设安全网，安全网应尽可能搭在上高作业点下方。舷外作业时除穿戴常规的个人防护设备外，还应穿戴救生衣。当有人舷外作业时带有救生绳和自亮灯的救生圈应处于随时可用状态。

4. 应指定专人负责组织、指挥，不得随意离开。作业前，负责人应向全体作业人员布置工作内容和安全注意事项，必要时应进行操作示范；作业中要胆大心细，谨慎操作，相互照顾，确保安全。

5. 应派专人在现场附近照顾配合，禁止一个人单独进行作业。

6. 打绳结方法要正确，并认真完成。注意防止滑脱，特别是合成纤维绳。绳索不应在高温表面或锋利边缘上运行使用。座板及任何安全带装置的上下移动，不能使用绞缆机。安全带和滑车索的锚点（固定点）应牢固，并无法移动。

7. 工具和材料应放入密封容器如工具袋（桶）内，通过手工和绳子传递，不应抛投。

8. 禁止一只手携物，另一只手扶直梯上下；上下座板应借助梯子完成，而不是利用悬挂在座板上的绳索，并且刚性梯子应放置在牢固的底座上并固定。

9. 作业处的工具和设备应固定，并放置在不易跌落的地方，不能放置在边缘。

10. 上高作业时应保证壁梯无损伤；当上层有人作业时应尽量避免在其下方停留或作业。如属必须，应佩戴安全帽。现场照顾人员应佩戴安全帽；座板升降绳下端绑固于甲板固定物；安全绳和座板升降绳分开系固。

11. 同一垂直面上不得同时作业，确实需要同时作业时必须设置安全隔离层，上下梯子时，不得多人同时攀爬。

12. 舷外作业还应注意，如在浮具（工作筏）上作业，船上应挂慢车信号；浮具两端系缆有专人照料，并通知作业人员防范过往船只的波浪；浮具上应备有救生圈，作业人员应穿好救生衣；作业人员应从绳梯上下，禁止随浮具升降。

13. 在风速超过 15 m/s 等恶劣天气，影响施工安全时，禁止进行高空作业。

14. 上高舷外作业设备应与油漆和化学品分开存放，每次使用前都要由合格的人员进行检查。作业前必须对作业用具如系索、令圈、滑车、座板、安全带、绳梯等严格检查有无损伤或内蚀，绝对禁止将就使用；这些设备不能挪作他用。

（二）热工作业

热工作业包括在船舶和海上设施上进行各种气焊、电焊、铅焊、锡焊、塑料焊等焊接作业及气割、等离子切割机、砂轮机、磨光机等各种金属切割作业，使用喷灯、液化气炉、火炉、电炉等明火作业；烧、烤、煨管线、熬沥青、炒砂子、铁锤击（产生火花）物件、喷砂和产生火花的其他作业；生产装置和罐区连接临时电源并使用非防爆电气设备和电动工具。

1. 一般规定

（1）热工作业实行申请报告制度，作业前应进行危害识别、制定热工作业方案及应急处置方案并经审批。

（2）作业应严格执行作业前检查、作业中监督、作业结束后清场确认的制度。

（3）作业人员应经过专业安全知识教育，应了解现场作业内容，熟悉方法和安全技术措施，特种作业人员应持有有效的特种作业资格证书。

（4）应指定作业监护人协调、监督和落实作业过程中安全措施的执行情况。作业监护人员应熟悉热工作业方案及应急处置方案，在实施作业过程中，不得离开作业现场。

（5）热工作业施工现场应按照热工作业方案的要求配备相应的消防器材。

（6）热工作业的审批报告、各种记录应至少保存一年。

（7）在井喷、溢油等紧急情况下进行热工作业时，应按照企业制定的应急预案的相关内容组织实施。

（8）热工作业涉及进入封闭处所、临时用电、舷外作业、高空作业等时，应制定安全措施并办理相应的作业许可证。

（9）移动式海洋石油设施在船厂修理、改造期间热工作业，应按与船厂签订的合同规定执行。

(10)移动式海洋石油设施在港口或锚地期间热工作业,应按当地海事部门的规定执行。

2. 安全检查

(1)热工作业实行安全措施确认制度。作业前,安全监督人、热工作业人员及有关人员对热工措施进行逐项落实,确认无误后方可作业。作业现场条件发生变化或中途停工 1 h(含 1 h)以上,应再次对现场安全措施进行逐项确认。

(2)核对作业人员的持证情况。

(3)参加作业的所有工作人员应正确穿戴符合安全要求的劳动防护用品。

(4)需热工作业施工的设备、设施和与热工作业直接有关的阀门及电气设备应采取必要的隔离锁定措施,其控制由设施负责人安排专人操作并进行标识,热工作业未完工前不得擅离岗位。

(5)热工作业施工区域应设置警戒,并告知设施上的所有作业人员。

(6)热工作业所使用的氧气、乙炔管线及附件应齐全并合格,氧气瓶与乙炔瓶应至少分开 5 m 放置并可靠固定,不应接触油污、高温、明火;夏季应防止暴晒,空瓶与实瓶应分开放置,并有明显标志。

(7)消防器材应齐全、完好、性能可靠。

(8)凡需要热工作业的储罐、容器等设施应采取必要的清扫或隔离措施,作业前 30 min 内应进行内部和周围环境气体检测(气体检测应包括可燃气体浓度检测、有毒有害气体检测、氧气浓度检测),同时应测爆合格和保持有效的通风。

(9)应清除距热工作业区域周围 5 m 之内的可燃物质或用阻燃物品隔离。

(10)采用电焊进行热工作业施工的储罐、容器及管道等应在焊点附近安装接地线,其接地电阻应小于 10 Ω。施工现场电气线路布局与要求应符合《电气装置安装工程爆炸和火灾危险环境电气装置施工及验收规范》(GB 50257—2014)的要求。

(11)电焊机等电气设备应有良好的接地装置,并安装漏电保护装置。

3. 安全监督

(1)热工作业期间应严格实行安全监督制度。

(2)热工作业人员离开现场时应切断电焊机电源,关闭氧气、乙炔气阀门,并清理现场。

(3)热工作业人员在作业点的上风作业,应位于避开油气流可能喷射和封堵物射出的方位。但在特殊情况下,可采取围隔作业并控制火花飞溅。

(4)在热工作业施工全过程中,热工监护人应至少每间隔 1 h 跟踪检测可燃气体浓度并做好相应记录;热工作业点及操作区域空气中可燃气体浓度应低于其爆炸下限的 25%。

(5)热工作业期间,如发现有危及热工作业人员人身或设施安全的异常情况时,应立即停止热工作业。

4. 完工确认

热工作业结束后,作业监护人应对现场进行检查,确认无火灾隐患存在并签字确认后方可撤离。

(三)金工作业

1. 金工作业时思想必须高度集中,不得做与工作无关的事情。

2. 作业时必须穿工作服或紧身服,上衣下摆不能敞开,袖口要扎紧,戴好防护眼镜,禁止戴防护手套操作。

3. 在车床、钻床作业时应严格遵守操作规程,工件应夹持牢固,夹头扳手用完应立即从夹头上取下。

4. 在磨制工具与砂轮机作业时(包括除锈、除炭时),作业者应戴防护眼镜和口罩,并和砂轮旋转方向略偏一角度。

5. 禁止使用手柄不牢的手锤。

6. 工作完毕后,养成随时切断设备电源的好习惯,做好设备、量具、工具等的整理工作。

(四)进入封闭处所

封闭处所是指用于出入的开口受限或通风不佳或者不是为作业人员持续停留而设计的处所,任何封闭处所内的气体都可能是缺氧的或富氧的和/或含有易燃和/或有毒气体或蒸气。人员贸然进入封闭处所,常会发生人员窒息或中毒死亡事故。(如图 2-2-21 所示)

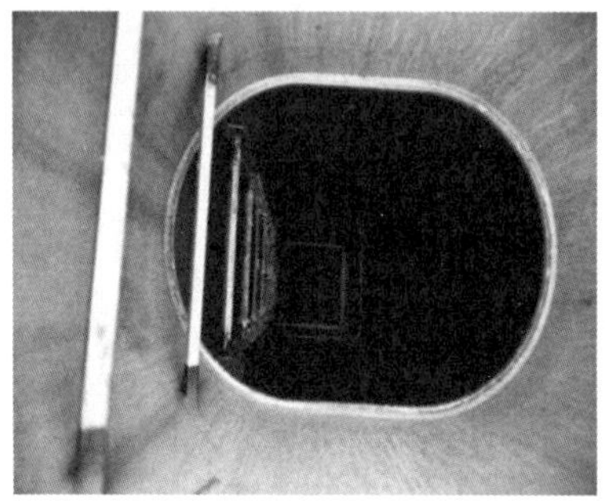

图 2-2-21 封闭处所

1. 风险评估

为确保安全,工作人员应对将要进入的空间中的任何潜在危险做出初步评估,判断出现缺氧、富氧、易燃或有毒空气环境的可能性(如图 2-2-22 所示)。除非能够确实证明处所是可以安全进入的,否则应假定即将进入的处所存在危险。

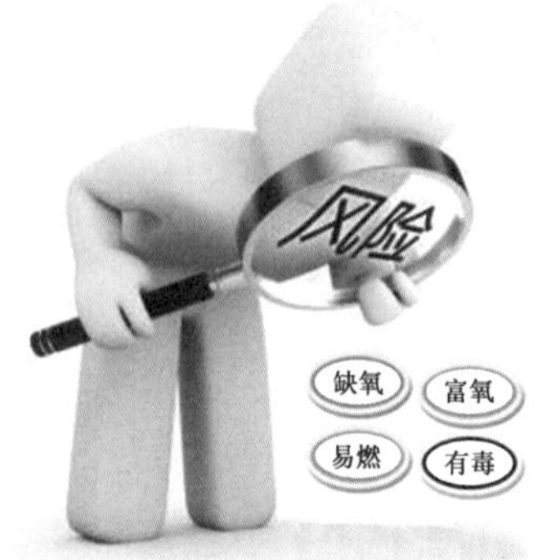

图 2-2-22 对风险做出初步评估

2. 进入许可证

拟进入封闭处所的人员应该在进入前获得由指定责任人员签发的许可证(如图 2-2-23 所示)。未经允许或未采取相应安全措施时,任何人均不得打开或者进入封闭处所。涉及热工作业、临时用电、高空作业等时,必须办理相应的作业许可证。

图 2-2-23　获得进入封闭处所的许可证

3. 进入封闭处所的一般预防措施

(1)无须进入时,通向封闭处所的门和舱口应始终锁闭防止进入。

(2)当打开封闭处所的门或舱口盖来提供自然通风时,应当在入口处安排守护人员或者用绳子或铁链拦在入口处并悬挂警告标识,以防止人员意外进入(如图 2-2-24 所示)。

(3)在确定可安全进入封闭处所时,应确保:

①通过评估确定了潜在的危险,并尽可能隔离或消除。

②封闭处所已经通过自然方式或机械方式彻底通风(如图 2-2-25 所示)。

图 2-2-24　防止人员意外进入

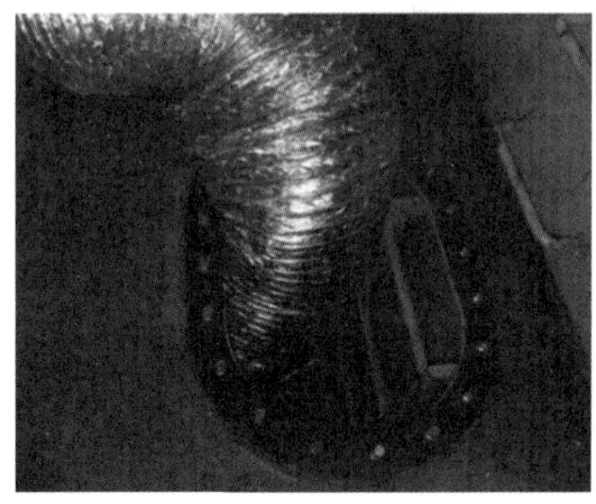

图 2-2-25　彻底通风

③处所内的氧气水平经测试显示正常,处所内易燃或有毒蒸气的水平达到了可以接受的程度。

④处所设有安全保护并有良好的照明,可以进入。

⑤对在进入封闭处所期间各方所使用的通信系统,已进行了商定和测试。

⑥有人员进入封闭处所时,应该在入口处安排一名守护人员;守护人员应熟悉作业区域的环境和工艺情况,有判断和处理异常情况的能力,掌握急救知识。在作业人员进入封闭处所作

业前,负责对安全措施落实情况进行检查,发现安全措施不落实或不完善时,有权拒绝作业。应清点出入封闭处所的作业人数,在出入口处保持与作业人员的联系,守护人员必须实行全过程守护,在作业期间不得离开作业现场或做与守护无关的事。当发现异常情况时,应及时制止作业,并立即采取救护措施。

⑦处所入口处的救援和急救设备已安排到位(如图 2-2-26 所示),同时也商定好了救援计划。

图 2-2-26 准备好救援和急救设备

⑧进入人员应认真查看许可证内容,充分了解作业的内容、地点(位号)、时间和要求,熟知作业中的危害因素和安全措施。进入人员需正确着装并带好装备,以便于进入并完成后续任务(如图 2-2-27 所示)。

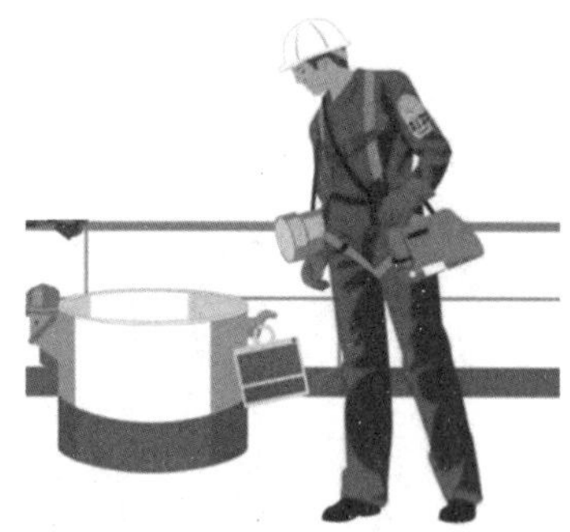

图 2-2-27 正确着装并带好装备

⑨进入封闭处所作业,不得使用卷扬机、吊车等运送作业人员;作业人员所带的工具、材料须登记,禁止与作业无关的人员和物品工具进入封闭处所。

⑩取得经签发的进入许可证。

(4)只有接受过培训的人员才能被指派进入封闭处所,或者承担守护人员或救援小组成员的职能。

(5)在使用前,应对所有与进入封闭处所相关的设备进行检查,并确保其处于良好工作状态。

(6)作业人员在安全措施不落实、作业监护人不在场等情况下有权拒绝作业,并向上级报告。

4. 空气检测

为了能够进入封闭处所,应进行气体检测(如图 2-2-28 所示),气体检测在对封闭处所停止通风 10 min 后进行,并获得以下所需数据的稳定读数:

(1)使用氧气含量计测量氧气体积百分比达到 19.5%,不超过 23.5%;

(2)如果初步评估确定处所内可能存在可燃气体或蒸气,经适当精度的可燃气体测试仪测量,不超过可燃下限(LFL)的 1%;

(3)暴露在有毒蒸气或有毒气体中,读数不超过职业暴露极限(OEL)的 50%;

(a)

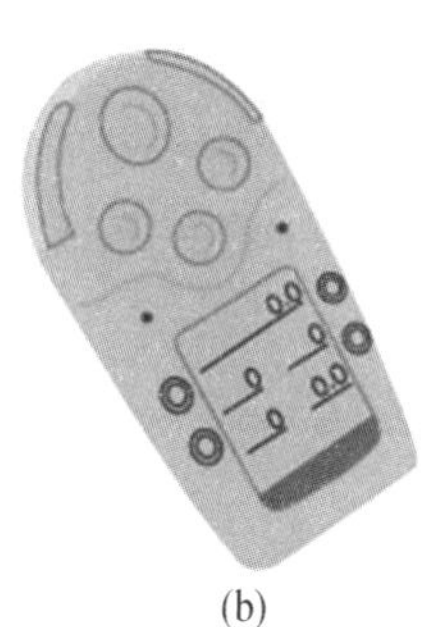
(b)

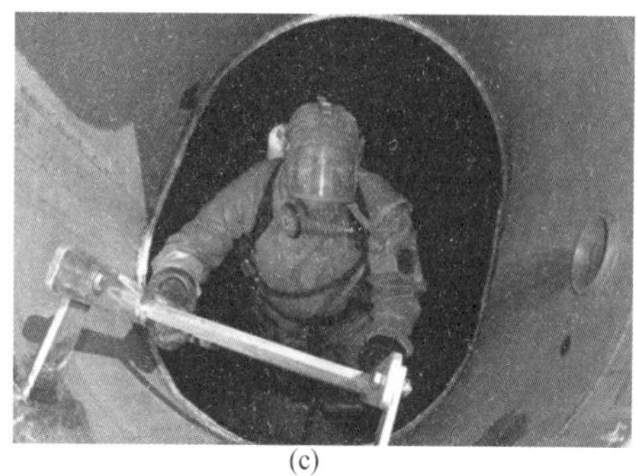
(c)

图 2-2-28 气体检测(进入封闭处所内测量应佩戴隔绝式呼吸器)

5. 进入封闭处所后的预防措施

(1)封闭处所内有人员进入时,应经常对空气进行检测,并在状况发生恶化时提示处所内的人员离开,并采取措施防止误入。

(2)在人员进入封闭处所后以及在人员临时休息期间,应持续对处所进行通风。休息过后再次进入封闭处所时,应再次对空气进行检测。如果通风系统发生故障,处所内的所有人员必须立即离开。

(3)管道送风前应对风源进行分析确认,严禁向内充氧气。进入封闭处所内的作业人员每次工作时间不宜过长,应轮换作业或休息。

(4)在作业中发现异常情况或感到不适应、呼吸困难时,应立即向守护人员发出信号,迅速撤离现场,严禁在有毒、窒息环境中摘下防护面罩。

(5)一旦出现紧急情况,在救援到达并对现场情况进行评估、确保可以安全进入处所来实施救援之前,任何在场人员不得进入此处所。只有训练有素和装备完善的人员才可以在封闭处所内从事救援工作。

(6)发生人员中毒、窒息的紧急情况,抢救人员必须佩戴适宜的呼吸器进入封闭处所,严禁无防护救援,并至少有 1 人在处所外部负责联络工作。

6. 进入已知或怀疑空气不安全的处所的附加注意事项

(1)人员拟进入的未经检测的处所均被视为非安全场所。

(2)如果怀疑封闭处所的空气中的氧气含量不符合标准或已确认为不安全,如非必要,不得进入。进入封闭处所的人员数量应为执行相应工作所需要的最低数量。

(3)只有接受过设备使用培训的人员,在配备了适宜的呼吸器的情况下,才允许进入此处所,进入时不应使用过滤式防毒面具(如图 2-2-29 所示)。

图 2-2-29　经过培训并正确佩戴相关设备方可进入

四、常见工伤事故

（一）常见的工伤事故

海上常见的工伤事故有击伤、坠落、人落水、轧伤/压伤、触电、窒息/中毒、烧伤/炸伤等。

1. 击伤

击伤事故主要是人与物之间的接触能量超过了人体承受能力所致。例如：站位不当被受力或破断的缆绳击伤；抛锚时紧靠锚链而被高速飞出的锚链击伤；敲铲或敲除焊渣时不戴防护镜而被溅出的碎屑击伤眼睛；大风浪中横摇剧烈时被工作场所或居所未固定的物体飞出击伤；用抛掷方法传递物品工具时被击伤等。

2. 坠落

常见的坠落事故：人员在高处作业时嫌麻烦不用安全带或使用不当而坠落摔伤（如图 2-2-31 所示）；未采取安全措施就冒险攀高而摔伤；因使用严重锈蚀或损伤的直梯导致踏步断裂而摔伤；作为人员在高空的支承物的栏杆和构件，因严重锈蚀而发生断裂、脱落，导致人员坠落等。

图 2-2-30　高处作业时嫌麻烦不用安全带

3. 人落水

常见的人落水事故：登离船舶或海上设施过程不慎落水；舷外作业不用安全带或使用不当

而掉落水中；舷梯或桥板未使用安全网或使用不当导致人员落水；未及时架设舷梯或桥板、或无人照看和调整而导致人员落水；使用的绳梯严重损坏或不会使用而使人掉落水中；倚靠严重锈蚀的栏杆或防浪墙而掉入水中等。

4. 轧伤/压伤

常见的轧伤/压伤事故：在检修转动的机械时，衣服、手指等被卷入而伤害人员；收绞缆绳时，操作者距卷筒过近，被收力回抽的缆绳拉入卷筒而轧伤；修理机械或开关舱时，因操作者配合不当而被轧伤；疏忽作业现场环境，被高垒或直立的货物或物具倒塌压伤等。

5. 触电

常见的触电事故：因乱拉电线和私接电器而触电；因违章带电操作而触电；因损伤电线电器而触电；在健康不良、过度疲劳、严重晕船的情况下，因进行带电操作而触电等。

6. 窒息/中毒

常见的窒息/中毒事故：人员擅自进入长久封闭的处所，因缺氧或吸入积聚的有害气体而窒息；在未充分通风和无人接应的情况下，因进入大量存放农产品的封闭处所而窒息等。

（二）常见工伤事故的原因分析

1. 违反安全操作规章制度，检查不到位，措施不落实，无知、盲目，疏忽大意造成对人员的伤害。

2. 丧失安全意识和自我防范的警觉性，目无纪律、目无安全、自以为是，造成不必要的伤亡事故。

3. 缺乏团结协作精神，未能互相照应、互相提醒，安全隐患没有及时消除，安全事故在所难免。

4. 安全监督机制不健全，现场指挥或负责人检查、监督不力，超前预测和预防能力不强。

5. 机械事故，外界的客观因素引发的工伤事故。

6. 因人员自身的身体健康状况和过度疲劳而引发的工伤事故。

（三）防范工伤事故的措施

1. 加强“人—机—环境—管理”系统诸要素的管理，预防常见工伤事故。我们知道，80%以上的海上安全事故是人为因素造成的。究其原因，有失误、有侥幸、有盲目、有失职。要想从根本上根除这些不良人为因素，必须时刻做到四个字——“小心谨慎”。预防工伤事故，可从“人—机—环境—管理”系统中的各要素着手：

（1）对“人”，重在通过教育和培训，增强工作人员的安全意识，提高职业安全素质和应变能力，减少或避免不安全行为的发生；人是安全生产的关键。

（2）对“机”，重在防止和消除机（物）的不安全状态，消除安全隐患，满足安全生产的要求；船舶和海上设施的设备和机械是保障安全生产的一个重要环节，设备和机械在使用中的自然损耗、缺陷、隐患及人为操作不当造成的隐患均是发生事故的因素。

（3）对“环境”，重在创造安全的工作环境，必要的生活环境，营造良好的氛围，使全体员工保持良好的精神状态；不利的环境是事故产生的因素之一，而作为生产过程的每一个环节，应不断改善环境，从而消除事故在这一方面的不利因素，良好的环境有助于过程的运作。

(4)在“管理”上,重在健全安全管理和规章制度并保证切实执行,有效落实。

2. 加强安全教育学习,注意增强自我保护意识和能力。

(1)所谓安全教育,是指用教育手段认识安全的本质含义和重要性,获得必要的安全知识和操作技能,以提高安全生产意识、自我保护意识、安全技术水平和安全管理水平的过程。

(2)我们在工作中必须始终奉行“安全第一、预防为主”的方针,自觉遵守安全规章制度和各项操作规程;在工作中时刻保证安全的警觉性,避免随意性和盲目性,掌握足够的知识和技能,及时准确地判断和处理不符合项、险情和事故。

(3)让安全文化教育在心灵的深处发生质的改变,让大家自觉地变“要我安全”为“我要安全”,安全不再仅仅是一种责任和义务,更多的是一种需要,是一种海上工作公共道德范畴的代名词,从而使习惯成自然,经验变本能,继而形成一种氛围。

3. 规范作业,注意安全。

(1)作业之前做“四查”:查身体情况是否良好;查着装是否符合要求;查用具是否适用;查周围环境是否安全。

(2)作业准备“六充分”:工作内容充分领会和理解;工作步骤及准备充分就绪;作业现场充分清理和整顿;机械、器具及工具、材料充分清点检查;有关规则及注意事项充分了解;安全装置和保护装置充分检查。

(3)作业之中“六务必”:作业方法务必符合规定要求;务必掌握现场周围的情况;保护用具务必正确使用;务必熟悉工具的正确使用方法;务必注意作业时的安全位置;共同作业中务必相互联系,步骤协调。

(4)作业之后再检查:查用完的工具、器具保养后是否存放于规定位置;查现场是否进行良好地清理和整顿;查有无麻痹大意、疏忽松懈现象;查机械器具出现异常,工具不良或损坏是否已向主管领导报告等。

五、恶劣天气海况下的作业安全

1. 大风、海浪、涌浪等各种恶劣海况

大风是引起海浪、涌浪等各种恶劣天气的主要原因之一,也常常与雨雪等现象相伴,会对海上设施和供应船设备及人员安全造成严重威胁,可造成作业中断,引发安全事故,导致船舶走锚、摇摆、颠簸,也可能导致船舶与海上设施或其他船舶间的碰撞,甚至会导致船舶和海上设施倾覆或进水沉没。

供应船和海上设施要根据船舶及设施状态、作业性能做出相应的作业风速、生存状态限制,制定相应的安全措施,包括作业限制风速、生存限制风速、台风应急程序、避风港选择等。

在预报恶劣天气到来前,大型吊装、起下管柱、高空作业及水面作业等应提前采取避让措施,按照应急预案执行;发生应急预案未包括的紧急情况时,应停止作业;当出现需要紧急救助性作业时,由现场最高管理者请示上级决定,不具备请示条件的,由现场最高管理者视具体情况决定。

2. 雨、雪、雾、冰雹、酷热、严寒等特殊天气现象

雾天由于能见度较低,影响作业,可能造成船舶与海上设施相撞等事故。雨雪天船舶和海上设施甲板、结构物表面打滑,影响人员安全及作业。特殊天气可能引起人员生理反应,影响

人员情绪,进而影响作业安全。特殊天气也往往会影响设备的作业性能。

应对特殊天气的安全措施:加强天气监测及预报,提前做好预防措施。人员劳动保护用品应配齐,安全保障措施必须到位。遇大风、浓雾、暴雨、雷电等恶劣天气时,应立即停止露天热工(动火)作业。在易结冰水域作业的海上设施、船舶应满足作业海区的环境条件要求,作业前应制定详细的防范措施。在结冰期,移动式油气生产设施、作业设施应根据海域的环境特点和设施抗冰能力及结冰情况安排作业。因特殊情况需要在结冰期进行施工作业的重大建设项目,由企业所属二级单位提出申请,报直属企业有关部门审批后,方可组织施工作业。

第三节 海上设施保安

一、海上设施保安基本知识

《中华人民共和国国际船舶保安规则》适用于从事国际航行的中国籍客船、500 总吨及以上的货船、500 总吨及以上的特种用途船和移动式海上钻井平台,以及从事国际航运业务的中国公司以及进入中国管辖海域的外国籍船舶。《中华人民共和国港口设施保安规则》适用于为航行国际航线的客船、500 总吨及以上的货船、500 总吨及以上的特种用途船和移动式海上钻井平台服务的港口设施保安工作。《中华人民共和国国内船舶保安规则(试行)》适用于国内航行船舶及其公司。

(一)《中华人民共和国国内船舶保安规则》与《中华人民共和国港口设施保安规则》相关内容

根据《海上设施工作人员海上交通安全技能培训大纲》要求,这里只简单介绍《中华人民共和国国内船舶保安规则》和《中华人民共和国港口设施保安规则》相关内容。

1.《中华人民共和国国内船舶保安规则》相关内容

(1)《中华人民共和国国内船舶保安规则》共包括五章,分别是总则、船舶和公司的保安要求、保安报警和保安信息、监督检查和附则。

(2)船舶保安等级从低到高分为三级,分别是保安等级 1、保安等级 2 和保安等级 3。保安等级 1 是指应当始终保持的最低防范性保安措施的等级。保安等级 2 是指由于保安事件危险性升高而应在一段时间内保持适当的附加保护性保安措施的等级。保安等级 3 是指当保安事件可能或者即将发生(尽管可能尚无法确定具体目标)时应在一段有限时间内保持进一步的特殊保护性保安措施的等级。

(3)船舶应当配备船舶保安设备。保安设备或其等效代替措施的具体配备要求和技术标准由国家海事管理机构确定。

(4)为达到船舶保安目标,船舶应建立船舶保安体系。

(5)船长在职责范围内做出的维护船舶安全或者保安的决定,不受公司或者任何其他人员的限制。其中包括拒绝人员(经确定为政府正式授权的人员除外)及其物品上船或者拒绝装货。不论处于何种保安等级,船长在任何时候对船舶的安全均负有最终责任。

(6)船舶发生重大变化时,应当及时重新进行保安评估。

(7)公司根据船舶保安评估情况,编制《船舶保安计划》,《船舶保安计划》应当保密。

(8)公司保安员和船舶保安员应当按照本规则的有关要求,完成海事管理机构规定的船舶保安培训,具备履行其职责的知识和能力。

(9)为了保证《船舶保安计划》有效实施,船舶应至少每隔 6 个月进行一次保安演练。如果一次有 25%以上的船员发生变更,而这些人员在最近的适当间隔期中没有参加过该船的保安演练,则必须在发生变更后的一个星期内进行演练。船舶每 12 个月应进行一次保安演习,任何两次演习之间间隔不得超过 18 个月。保安演习可以采用实地或者模拟的形式,也可以与相关演习结合进行。保安演习可代替一次保安演练。

(10)船舶应当建立专门的船舶保安记录簿,记录并保存有关保安活动。

(11)当出现威胁船舶、船港界面活动或者船到船活动安全的任何可疑行为或者情况,船长或者船舶保安员应当向保安事件发生地的船舶保安联络点或船舶所属公司进行船舶保安报警。

2.《中华人民共和国港口设施保安规则》

(1)《中华人民共和国港口设施保安规则》共包括十一章,分别是总则、保安等级、保安评估、保安计划、港口设施保安符合证书、港口设施保安主管、保安声明、港口设施保安培训、训练和演习、保安信息联络与共享、监督检查与法律责任、附则。

(2)港口设施的保安等级划分与船舶保安等级划分相同,计划入港或者在港的船舶保安等级不得低于该港口设施保安等级。高于港口设施的保安等级时,需协商确定适当的保安措施,签署《保安声明》。《保安声明》由港口设施保安主管与船长或者船舶保安员签署,并根据保安等级变化做相应的改变或者重新签署。

(3)港口设施保安主管在船舶入港之前和船舶在港口期间,与船舶保安员或者船公司保安员联系,了解该船舶的保安等级,并掌握有关船舶保安等级的任何变化,应当将港口设施保安等级及其任何后续变化通知港内靠泊船舶和将要靠泊的船舶,并向船舶提供必要的保安信息。

(二)海上设施工作人员的基本保安职责

1. 海上设施保安员

参照《中华人民共和国国内船舶保安规则》,海上设施保安员应履行下列职责:

(1)承担海上设施的定期保安检查,确保海上设施保持适当的保安措施;

(2)实施《海上设施保安计划》;

(3)对《海上设施保安计划》提出修改建议;

(4)为海上设施上人员提供培训,加强海上设施人员保安意识和警惕性;

(5)报告保安事件;

(6)与公司保安员和有关港口设施保安员联系、协调实施《海上设施保安计划》;

(7)确保正确操作、测试、校准和保养保安设备(如有);

(8)组织实施海上设施保安演练。

2. 负有指定保安职责和责任的人员

负有指定保安职责和责任的人员由公司明确,应熟悉海上设施在保安方面的规定和要求,熟悉所在海上设施保安应急计划，明确保安事件发生时的反应程序，熟悉所在海上设施保安应变部署，明确自己在不同保安应急时的职责，了解规避保安措施的技术，识别潜在保安风险和威胁，有效履行职责，协助保持海上设施保安计划所设定的状态。定期对海上设施进行保安检查。正确维护、测试、校准和操作保安设备与系统。

3. 其他人员

海上设施上所有人员均应接受保安培训，增强保安意识，保持足够警惕，有责任向海上设施负责人和海上设施保安员及时报告所有发生在海上设施上的非法或怀疑非法的行为，并协助实施保安计划，海上设施负责人或海上设施保安员出于海上设施保安的需要可决定海上设施上其他人员的临时保安职责。

（三）与海盗及武装劫持有关的术语和定义

1. 海盗行为

私人船舶或飞机上船员、机组成员或乘客为了私人目的在公海或任何国家管辖范围以外的地方对其他船舶或飞机或该船上、机上的人或财物非法使用暴力、扣留或掠夺等行为。

2. 武装劫持船舶

除了海盗行为以外，任何非法的暴力行为或扣押或掠夺行为，或是威胁，无论直接针对船舶、人员，或者针对船舶上的财物，并在一国可以对此行为行使管辖权的范围内。

（四）海上设施保安事件和应急反应一般程序

当海上设施发生保安事件或保安状况受到威胁或破坏时，应急反应的一般程序为：

1. 任何人员发现任何保安威胁或破坏保安的可疑情况均应及时向海上设施保安员报告。

2. 海上设施保安员接到报告后对可疑情况进行调查和分析，若情况紧急，可立即采取全体人员集合的行动，向全体人员介绍可能的保安威胁及提高警惕的必要性，要求他们报告任何可疑的人员、物品或行为。

3. 根据调查和分析结果采取应急行动。

4. 禁止进入受事件影响的区域。

5. 除应急反应人员外，禁止其他人员登上海上设施。

6. 若有必要，在全设施采取保安等级 3 时的保安措施。

7. 暂停除维持海上设施安全和保安措施所必需的操作以外的非关键性操作，以集中人员和精力应对保安威胁或破坏。

8. 若确认存在保安威胁或破坏，应按要求向附近船舶、海上设施和岸上保安当局发出报警，并向公司保安员和主管机关、港口国或沿岸国联络点附近保安当局报告。

9. 一旦保安事件威胁到海上设施或设施上人员的安全，若撤离所在海上设施更为安全，则可在港口设施保安当局的许可和监控下，将没有保安任务的人员撤离海上设施。

二、保安风险和威胁识别

（一）规避保安措施的方法和手段

犯罪分子为了能够达到其目的，会想尽办法规避我们现有的保安措施。为了能够更好地保护海上设施和设施上人员的安全,我们应该对犯罪分子常用的规避保安措施的方法和手段有一定的了解。

1. 危险物品的传递交付

(1)枪支

犯罪分子为了避开检测,会使用各种手段隐匿枪支和武器,蒙混过关。比如:会将枪支武器拆解成零部件后分批携带、传递和交付;或者使用微型枪支;有的手枪还可能被改装成打火机、钥匙链、口红、钢笔等形状(如图 2-3-1 所示),方便携带又难以发现;或者携带陶瓷枪,不含有金属。这大大增加了检测的难度,常规的 X 射线检查有时也很难发现,在检查随身携带行李时需特别谨慎。

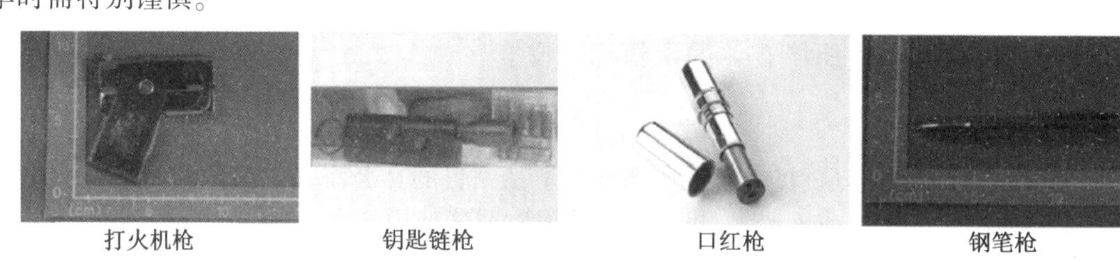

图 2-3-1　各种伪装枪支

(2)爆炸物

爆炸物可能被犯罪分子隐藏在伪装袋、箱子底部或其他部位以逃避检查,曾有犯罪分子将爆炸物藏于裤裆中躲避检查。目前技术先进的安检仪能比较容易地检测出此类隐藏爆炸物,但如使用老式 X 安检仪,将更多地依靠操作者的技能,操作者需经过专门培训并具有丰富的经验。检查此类危险物时,首先要通过箱子的外观和重量差异进行初步判断,必要时打开箱子仔细检查,并应注意箱子是否带有夹层。

曾有犯罪分子将炸弹隐藏在伪装伤腿中,利用注射器注射酸性物质与其中的两种高能炸药混合后产生化学反应爆炸(如图 2-3-2 所示),而这种 50 g 的炸药就足以把飞机机身炸穿。

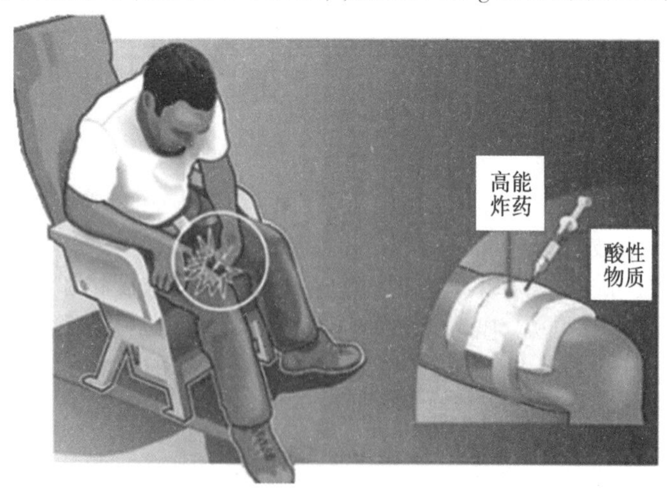

图 2-3-2　炸弹隐藏在伪装伤腿中

(3)刀具

犯罪分子通常将刀具改装或伪装,或隐藏携带。比如:将刀具拆成刀片和刀柄分别携带,将刀具伪装成梳子、打火机、手杖等(如图 2-3-3、图 2-3-4、图 2-3-5 所示)。此时应使用安检仪和金属探测器进行检测。

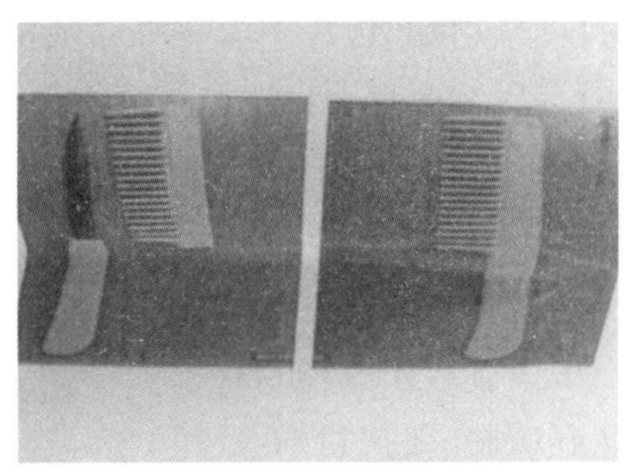

图 2-3-3 伪装成梳子的刀具

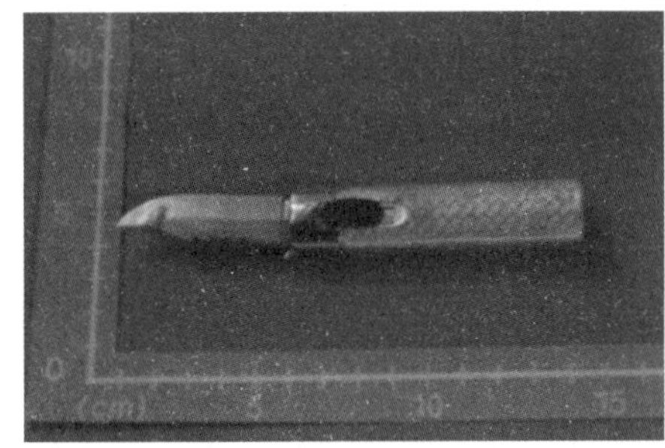

图 2-3-4 伪装成打火机的刀具

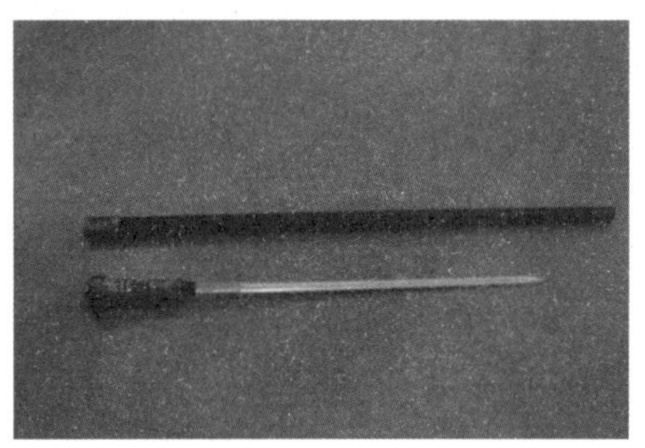

图 2-3-5 伪装成手杖的刀具

2. 未经授权登上海上设施

(1)常用通道侵入

侵入者经常会在夜间通过常用通道悄悄进入,武装海盗可能凭借武器强行登上海上设施。为预防此类非法登上海上设施的行为,我们可以在夜间保证充足的照明,并配以足够的值班人员,保持有效的巡逻。必要时可部署入侵监测系统或值班报警系统。对于武装海盗则须制定更加详细、周全的防范预案。

(2)伪造身份证明文件

侵入者可能会伪造身份证明文件,假冒公务人员或海上设施工作人员从事非法活动。为防止伪造,这类证件有必要采取防伪措施。但使用人工检查的方式确认每个乘客的身份,根据乘客出示带照片的身份证件,比对本人和证件上的照片时,由于证件照片和人脸相貌的差异较大,工作人员有时很难辨别乘客的身份。因此,这道安全防线需要借用电子化身份证件信息管理系统和生物特征识别技术。同时在进行登海上设施检查时,应仔细核对,查看各类证明文件,以便发现破绽。

(3)冒充官员

犯罪分子可能身穿制服冒充官员登上海上设施。因此,海上设施值班人员不能仅凭身穿制服就相信其为正式官员,还需要认真检查其身份证件,必要时需要报告海上设施负责人或向公司或主管当局询问了解。

（二）识别潜在保安威胁

对海上设施潜在的保安威胁进行识别时，要考虑海上设施营运环境下的政治、经济因素以及当时社会恐慌等可能造成的海上设施潜在的保安威胁。

典型的海上设施保安威胁包括：

1. 闯入海上设施后

（1）对设施上人员或目标进行自杀性攻击。

（2）控制海上设施并利用海上设施攻击其他目标。

（3）劫持海上设施、人质，达到威胁、要挟目的。

（4）杀害海上设施人员，制造恐怖事件。

（5）制造污染或释放有毒害物质、污染物。

（6）制造爆炸、纵火，破坏或摧毁海上设施。

（7）通过蓄意操作、行动破坏或摧毁海上设施。

（8）破坏海上设施主要功能。

（9）盗劫海上设施设备、财产，包括伤害人员等。

2. 从外部攻击海上设施

（1）从水上、水下或码头接近海上设施，安放爆炸物。

（2）利用其他船舶或码头设备（如吊车或码头运载工具）撞击海上设施。

（3）从远处向海上设施发射或射击炮弹、榴弹、导弹。

（4）利用潜水装置接近海上设施，破坏海上设施、舵、螺旋桨等水下装置，使海上设施沉没或不能移动等。

3. 海盗行为

（1）劫持海上设施。

（2）杀害海上设施人员。

4. 使用海上设施非法运送物品和人员

（1）运送武器或武装人员。

（2）运送毒品、毒资。

（3）运送偷渡人员。

（4）非法运输制作武器或毒品的材料等。

（三）识别武器、危险品和危险装置

武器、危险品和危险装置的种类繁多，这些物质或装置通常都能够引起重大人身伤亡或造成财产重大损失或毁灭，对海上设施和人员安全构成严重威胁。

1. 武器、危险品和危险装置分类

可能被用于攻击海上设施的武器、危险品和危险装置包括以下类别：

（1）武器：按武器的用途可划分为轻武器、导弹、火炮、军用飞机、坦克与装甲车、舰船、警用武器、生化武器及核武器等。

(2)危险品:危险品主要是指具有爆炸性(如炸药、雷管、导火索等)、燃烧性(如汽油、煤油、油漆、硫黄等)、腐蚀性(如硫酸、盐酸、过氧化氢、苛性钠等)、放射性、窒息性等性能的物质,此类物质通常具有作用快、威力大、破坏性强等特点。

(3)危险装置:危险装置中常见的是爆炸装置,它一般由包装物、炸药和起爆系统三部分组成。

2. 危险物品和装置的识别

识别危险物品或装置的前提是及时发现可疑物品,进而对可疑物品进行辨识,确定是否属于危险物品或装置,特别是是否存有爆炸物或爆炸装置。

(1)一般原则

发现可疑物品或装置时,海上设施的人员应遵循以下原则:

①不要触摸、移动、摆弄或采用任何方法干扰。

②不要向可疑物品泼水或抛投任何其他物品。

③避免在可疑物品附近发出声热振荡或颤动。

④不要在可疑物品附近使用无线电装置。

⑤使用垫子和/或沙袋,以减少气流影响,但不要遮盖可疑物品。

⑥考虑关闭经挑选的防火门以减少气流影响。

⑦通知公司并向主管当局报告。

⑧若在海上航行,应迅速驶向附近的港口。

(2)识别程序

在识别可疑物品时,应遵循以下程序:

①先观察,后询问,再动手。

②先使用探测仪,后利用人工方法。

③先外表检查,后内部探测。

④先远距离探测,后近距离辨认。

(3)识别可疑物品常用方法

识别可疑物品常用方法主要包括现场观察法、仪器探测法、生物探测法。现场观察法是海上设施识别危险物品和装置的主要方法,是通过视、听、嗅等方式对可疑物品或装置进行外观检查的方法。

①视:通常由表及里、由近及远、由上到下进行无遗漏的外表观察,检查可疑物品或装置有无包装、标记,包装、标记是否正规、完整且清晰可见,识别、判断有无隐藏爆炸装置。

②听:在寂静的环境中仔细聆听有无异常声音。

③嗅:判断可疑物品或装置是否有异常气味。如黑火药通常含有硫黄,会释放臭鸡蛋(硫化氢)的味道;自制硝铵炸药会分解出明显的氨水味等。

(四)处理保安敏感信息和保安通信

1. 处理保安敏感信息

(1)常见保安敏感信息

保安敏感信息是指有关海上设施保安方面的重要信息,一旦这些信息泄露或丢失将对海上设施构成重大保安威胁。对于不同的海上设施类型、不同海上环境，保安敏感信息可能不同，但通常都包括以下内容：

①海上设施保安计划。

②海上设施限制区域。

③海上设施保安设备存在位置、操作方法。

④关键设备和关键操作。

⑤安全舱及重要安全通道。

⑥海上设施保安薄弱点。

⑦特殊海上设施物料信息。

⑧海上设施各类应急措施。

⑨可能影响海上设施保安的任何其他机密信息。

(2)处理保安敏感信息的原则

在处理上述保安敏感信息时应遵循以下原则或注意以下事项：

①海上设施保安员为海上设施保安直接负责人，相关保安信息通常应向海上设施保安员报告并由其发布或处理。

②时刻保持基本的保安意识和警觉，并采取措施防止所了解的保安敏感信息泄露或丢失。

③确保履行自身保安职责，收集可能影响海上设施保安的机密信息。

④发现任何可能的保安威胁或可能影响海上设施保安的任何嫌疑，假定它是真实的并毫不迟疑地报告。

2. 保安通信

(1)海上设施保安内部通信

海上设施保安内部通信更多地体现在保安值班人员关于海上设施保安信息的内部报告上。值班人员在值班期间发现任何可疑情况均应立即报告海上设施保安员或海上设施负责人。报告的内容包括发现时间、地点、可疑事件类型等；报告的形式可以是口头的，也可以通过手提对讲机、电话、广播等，并须按要求做好记录。

(2)海上设施保安外部通信

海上设施保安外部通信主要指海上设施与港口设施保安员、公司保安员以及保安联络点的通信和交流，包括正常保安信息交流和保安事件报告。在实践中，通常由海上设施保安员或船长对外进行通信和交流。

三、海上设施保安行动和措施

(一)非侵入式检查

非侵入式检查是为了防范或制止危害海上设施安全的行为，保障海上设施人员生命和财产安全而采取的一项预防措施。非侵入式检查通常包括以下几种：

1. 身份证件检查

合法有效的身份证件是证明登海上设施人员身份的最直接的证据。通过对海上设施人员进行证件检查，可以了解当事人的身份，并通过对证件真伪的判定，确定当事人的可疑程度以及可能对海上设施带来的潜在威胁。

(1)身份证件的种类包括居民身份证、护照与签证、所属单位签署的工作证等其他身份证件。

(2)证件检查的注意事项

①观察证件照片与本人的相符程度。

②注意证件内容是否简明而详尽,是否有防伪标志,做工精细与否,是否有复印迹象。

③边查边问,同时注意被查者的反应。

④保持适当安全距离,并做好安全防范。

⑤可通过其他已被确认身份的人员进一步验证被查者身份。

⑥需要时报请负责的上级领导或海上设施负责人,必要时通过港方人员或代理确认。

2. 安检门检查

安检门是一种检查人员有无携带金属物品的探测装置(如图 2-3-6 所示),所有拟进港登船、登海上设施人员均需从门框内通过,身上携带的各种金属物品都会被检测。随后,检查员会对有怀疑的人再做搜身检查。金属安检门只能识别金属违禁物品,其缺点是无法检测陶瓷、玻璃、塑料制成的非金属武器,击晕装置和钝器,也无法识别易燃易爆品、腐蚀性液体等。

3. 手持金属探测器近身检查

手持金属探测器(如图 2-3-7 所示)用于检查人身携带金属的具体位置,可配合安检门使用,当安检门报警发现金属物品时,用手持式金属探测器即可找到藏有金属物品的准确位置。

图 2-3-6 安检门

图 2-3-7 手持金属探测器

4. 物品检验

物品检验主要是对箱包等行李物品的检验,实践中通常的做法与所应坚持的原则包括以下几种:

(1)人、包分离原则。一般采取将全部手提物品放在输送带上,通过安检仪器检验。检验人员通过监视显示屏观察物品,对可疑物品再实行开箱检验。

(2)物品检验的步骤应遵循“一看、二听、三闻、四摸、五拆包”原则。

(3)对需要开箱检验的物品,应遵循“轻开、慢拉、谨慎开启”原则。

(4)坚持轻拿、轻放、顺序查验的文明礼貌检验原则。

（二）搜身方法

1. 搜身的概念

搜身是指在制服和缉捕犯罪分子或犯罪嫌疑人的前提下，对其人身进行的搜索和检查。搜身通常由享有执法权力的机关、部门行使，并必须符合法定的条件和程序。

各国法律均明确规定严禁非法搜身。其目的在于保护公民的合法权益和人格尊严，但并不排斥对事实的调查，关键在于搜身行为的合法性。例如，机场对乘客人身和行李的检查。

2. 搜身的目的

（1）为了查明和清除可能隐藏在犯罪嫌疑人身上的各种凶器。

（2）为了查获犯罪嫌疑人携带的罪证。

（3）为了探明被检查人员是否携带枪支、弹药、凶器、易燃易爆物品、剧毒品，以及其他威胁飞机、船舶、海上设施安全的危险物品。

3. 搜身方式

对拟登海上设施的可疑人员进行搜身，必须坚持安全有效的原则。常见的搜身方式有以下三种：

（1）展背靠墙搜身法：该法是利用墙壁或其他支撑物来完成的。让可疑人员靠在墙边，双腿尽可能叉开，低头朝下，用双手指尖触墙，搜查者从后面自上而下摸索其全身的方法（如图2-3-8所示）。

（2）俯卧式搜身法：在没有依靠物或可疑人员欲反抗时使用。要求可疑人员面向下卧倒，双手交叉置于脑后，两腿尽可能分开，搜查者揪住可疑人员的头发和交叉在头后的手指，用一只膝盖置于其髋部再进行搜身（如图2-3-9所示）。注意不能将一只脚放在可疑人员的两腿间，防止其剪腿反攻将自己摔倒。

（3）下跪式搜身法：在没有依靠物时使用。要求可疑人员跪在地上，手指交叉置于头后，搜查者擒住可疑人员交叉双手的小指与头发，一只膝盖放在犯罪嫌疑人的背后，另一只手进行搜身（如图2-3-10所示）要注意，如果搜查可疑人前胸和腹部时，不要在其正前方摸索，要在其背后蹲，一只手抓握可疑人员双手，另一只手由其肋侧前伸、摸索，而后左右手交换，再对其另一侧摸索，避免被可疑人员控制双手而令其跑掉。

图2-3-8　展背靠墙搜身法

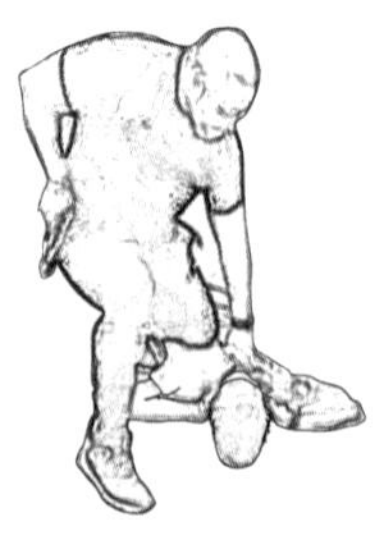

图2-3-9　俯卧式搜身法

图2-3-10　下跪式搜身法

4. 搜身时应注意的问题

（1）搜身时必须保持高度的警惕。

(2)搜身时,不能让可疑人员原地站立,应命令其靠住物体。在没有倚靠物时,应采用下跪式搜身法。

(3)对可疑人员应进行全面搜身。一般按从上到下、从前至后的步骤进行,不能只搜上身,不搜下身。

(4)搜身一般要求用手挤压、触摸翻动。

(5)搜身必须认真、彻底,不能搜出一件凶器就放弃,应继续仔细检查。

(6)搜身时要注意凶器隐藏部位,尤其应注意帽子、衣领、护腕、腋下、小腿内侧等可能隐藏凶器的部位。

(三)监视限制区域的技术

监视限制区域的技术包括:保持适当照明;安排人员值班、保安和甲板值班,包括巡逻;使用自动闯入探测设备和监控设备。自动闯入探测设备使用时应能在有人或监控区域启动听觉和/视觉报警。海上设施保安计划应规定各保安等级时要求的程序和设备,以及确保监控设备持续有效运行的方法。

(四)控制进入海上设施限制区域的措施

控制进入海上设施限制区域的措施如表 2-3-1 所示。

表 2-3-1 控制进入海上设施限制区域的措施

保护措施	保安等级		
	1	2	3
监视和/或锁闭限制区域的入口@	是	是	是
指派人员看守限制区域或巡逻	否	是 *	是#
限制进入入口邻近的区域	否	是	是 * *
在该区域内使用监控设备	是	是	是
对限制区域进行搜索	否	否	是
增加巡逻频次和监视限制区域的细则包括: @ 除船长或主要高级船员决定的因操作需要不能锁闭的除外;逃生路线的门必须从逃生方向没有钥匙也能开启,以满足逃生需要。 * 指派人员看守和巡逻限制区域。 # 指派人员轮班看守限制区域和/或指派人员轮流巡逻限制区域及其附近区域,增加一倍的巡逻频次。 * * 限制其他区域的进入			

(五)监控海上设施周围区域的措施

监控海上设施周围区域的措施如表 2-3-2 所示。

表 2-3-2　监控海上设施周围区域的措施

保护措施	保安等级		
	1	2	3
设置保安岗哨和/或保安巡逻	是	是	是＊
在日落和日出期间以及能见度受限期间照亮甲板和入口,以便对寻求登海上设施人员进行充分的视觉辨识@	是	是＊＊	是＊＊
在港时照明充足,海上设施人员可看见码头和舷外海面,包括设施上及周边区域	是	是＊＊	是＊＊
尽量多打开灯光照明,包括舷外加装对海面的照射,但不影响航行安全	否	是	是
与港口设施协调执行水边小艇巡逻和岸上的步行巡逻或车辆巡逻	否	是#	是#
指派潜水员检查海上设施和码头的水下设施	否	否	是#

@　与港口设施协调提供照明的范围。

＊　增加保安人数和频次(在原来的人数上增加一倍,或频次增加一倍),包括:在海上设施作业减少期间增加保安巡逻次数以确保监视不中断;小艇舷外水面巡逻以确保监视不中断。

＊＊　在提高保安等级时,保安人员应和港口码头设施方面协调增加照明,确保岸上的照明充足。增加的照明可包括:使用聚光灯和泛光灯,以加强甲板和设施周围区域的可见度;使用照明加强周围水域和水面的可见度。

当港口设施提出要求或应对特定威胁信息时可实施此措施

(六)监督海上设施物料装卸的措施

监督海上设施物料装卸的措施如表 2-3-3 所示。

表 2-3-3　监督海上设施物料装卸的措施

保护措施	保安等级		
	1	2	3
验证待装物料与物料申请单(或物料主管确认单)所载品名和数量相同	全部	全部	全部
对物料和物料区域进行常规保安检查,确保物料完好无损及无隐患	全部	全部@	全部@
与港口设施部门联系,检查封条或其他用于防止物料破坏的防护措施	是#	是+	是
检查物料和供应品	是#	是+	全部
限制或停止物料的装卸	不	不	是
拒绝物料上海上设施	不	不	是
随时准备与反应人员和设施人员合作	不	不	是
核验海上设施上所有危险物料或有害物质的清单及其位置	不	不	是

@　对物料及物料区域进行强化检查,增加检查内容及详细程度。

可以通过随机的验证完成,可验证物料和/或供应品的 5%~20%。

+ 增加检查的频率和详细情况,如 25%~50%

(七)对登抵海上设施人员及其个人物品的控制措施

对登抵海上设施人员及其个人物品的控制措施如表 2-3-4 所示。

表 2-3-4 对登抵海上设施人员及其个人物品的控制措施

保护措施	保安等级		
	1	2	3
凭登海上设施证、工作指令、调查令、政府证明或其他方式核查登海上设施人员的登海上设施原因	是	是	是
在登海上设施前准确识别海上设施工作人员、临时上设施人员 *、商贩、访客和其他人员	是	是	是
拒绝没有明确目的的访客上海上设施	不	是	是
识别即将在海上设施上工作的新到人员	是	是	是
停止登离海上设施	不	不	是
检查登海上设施人员、行李、随身物品和个人衣物,防止携带违禁武器、易燃物和爆炸物	是#	是@	所有
要向所有海上设施上人员进行保安简介,介绍具体的保安威胁、保安警惕的必要性及如何报告可疑的人、物或活动	不	是	是
指派人员看守指定的检查区域	不	是	是
只有海上设施工作人员和其他经授权人员可登海上设施	不	是	是 * * *
所有向海上设施提供服务的人员在海上设施期间应有相关人员陪同	不 * *	是 * *	是 * *
* 临时登海上设施人员应向他们提供保安须知。 # 此检查为随机检查,可抽查 5%~20%的登海上设施人员。 @ 增加抽查比例到 25%~50%并加强检查的详细程度。 * * 登海上设施人员均需经过身份识别和得到许可才可登海上设施。 * * * 只允许那些对保安事件或威胁做出反应的人员,还有准备与反应人员和设施人员合作的人登海上设施			

(八)海上设施保安设备及其与岸联系方法

1. 海上设施保安设备

国家海事管理机构目前还没有确定保安设备或其等效代替措施的具体配备要求和技术标准,船舶常见的保安设备包括船舶保安报警系统、自动识别系统、自动闯入探测装置、电视监控系统、防爆保安检查设备、保安照明系统等。海上设施保安设备根据每个海上设施的具体情况配备。

(1)船舶保安报警系统

国际海事组织相关公约和决议规定,相关船舶必须配备船舶保安报警系统(Ship Security Alert System,SSAS),以便在遭遇劫持或武装攻击时启动该系统,及时向主管当局发送船对岸保安报警。该系统至少包括两个启动点,其中一个在驾驶台,并且这些启动点都能发射船舶保安报警。该系统允许使用隐蔽启动点向有关当局报警,但不在船上拉响报警也不向任何他船发送保安报警。

(2)自动识别系统

自动识别系统(Automatic Identification System,AIS)是一种船舶导航设备。为船舶航行安全和航行管理提供了一种新型有效的手段,AIS也是船舶必不可少的保安设备。AIS又称为全球无线电应答器系统,它主要是在两个专用的VHF频道上工作,在无法使用这两个频道的地区,AIS可以借助来自岸基设备的信息自动切换到指定的其他频道上,AIS连续发送、接收并显示船舶静态信息,如船名、呼号、船舶尺度等;动态信息,如船位、航向、航速等,以及船舶航次信息,如船舶吃水、货载情况、目的港等。通过AIS、岸基VTS可以了解船舶完整的交通动态,监控和跟踪这些船舶,并与其交换数据。

(3)自动闯入探测装置

自动闯入探测装置是指自动感知危险情况发生的设备,它通常是安装在海上设施上所需要防范的场所内(如限制区域),主要由传感器和前置信号处理器组成,并可在保持连续值守和监控场所提供视觉或声响报警。因为安装简便,价格便宜,红外入侵探测装置使用最多。

(4)电视监控系统

闭路电视监控系统(CCTV)可以通过遥控摄像机及其辅助设备(如镜头、云台等)直接观看被监视场所的一切情况,同时,电视监控系统还可以与保安报警系统等其他安全技术防范体系联动运行,使其防范能力更加强大。

(5)防爆保安检查设备

防爆保安检查设备是用来对各种爆炸装置、枪支、弹药、凶器等危险、违禁物品进行探测的技术装置。它主要包括:金属探测器、X射线透视设备和炸弹探测设备。

(6)保安照明系统

保安计划中通常将照明系统的名称、型号、安装位置、用途在保安设备部分做出详细的说明。

2. 海上设施与岸联系方法

(1)海上设施负责人和海上设施保安员在任何时候均应确保至少一种远程通信方式的畅通,以便能保持与公司保安员、港口设施保安员、船/船界面操作中的对方船舶保安员和船旗国、沿岸国、港口国保安当局的持续有效的通信联络。海上设施负责人应选用适于当时条件的可行的通信方式保持持续有效的通信。

(2)海上设施负责人和海上设施保安员还应在任何时候保持一种备用的保安通信方式,处在保安等级3时,还应与港口设施保安员或船旗国、沿岸国、港口国保安当局协调增加一种备用的通信方式。

(3)在港时海上设施负责人和海上设施保安员应通过各种途径获取港口设施保安员或保安当局或执法者的联系方式,以使所在海上设施在发生保安事件和威胁时能及时向他们报告。

(4)在港时海上设施应与港口保安当局建立有效联系,如港口设施始终有人在海上设施上,其与港口设施联系的方式也可作为本海上设施与港口设施保安员的联络方式,而且,这种方式往往更为直接和有效。

(5)应定期对通信联系进行测试,如发现通信联系失败,应立即采取措施予以纠正;若无法纠正,海上设施负责人和海上设施保安员应立即向公司保安员报告。

(6)在高保安等级下,海上设施上禁止使用私人或便携式的无线电通信设备。

(7)在已发生过袭击或推理显示可能发生袭击或任何危险状态下的区域,应持续不断地保持与海军和岸上主管机关的无线电联系,安全频率为:VHF16 频道,2 182 kHz。

(8)当海上设施负责人得出海上设施的安全受到威胁时,应通知应急救援中心,使用 VHF16 频道,2 182 kHz 发布“所有状态”“应急信息”或他认为其他适当的无线电联系方式(如:INMARSAT)。这些信息应使用适当的应急信号(PAN PAN)优先发出,或在 VHF70 频道和/或 2 187.5 kHz 使用 DSC 寻呼。当袭击发生时,海上设施及其人员处于严峻的危险中,应马上得到援助。海上设施负责人有权启动海上设施保安报警系统并利用适当的危险报警系统(Mayday,SOS,DSC,等等)发布危险信号。危险信号只能应用于危险发生时,而不应用于其他紧急情况。

第四节 防止海洋环境污染

一、海上设施及近海供应船对海洋环境的损害

(一)海上设施及近海供应船可能造成的污染

海上石油开采业迅速发展,海上油田工地上各种作业船舶众多,海洋污染日趋严峻,海上设施和近海供应船对海洋环境的污染主要包括含油污水、生活污水、垃圾等,也会产生粉尘、化学物品、废气等污染。

1. 近海供应船可能造成污染

供应船和海上设施之间外输油水作业过程中可能发生的溢漏;供应船作业频繁,主推进器和侧推器长时间高负荷运转及渔网绞缠造成的推进器损伤而形成的滑油冒漏;船舶甲板或机舱机械故障导致的溢漏;工作船机舱舱底油污水的溢漏;生活污水的污染;船舶燃油不完全燃烧造成的污染;船底防污油漆对海洋的影响;供应船生活垃圾;运输货物的包装材料的管理不善。

2. 海上设施可能造成污染

海上设施造成污染,主要是各种平台和海上浮式装置导致污染。平台与工作船外输或浮式生产储卸油装置(FPSO)与外输船舶作业过程中的溢漏;平台机械作业及机器处所形成的油类残渣和油污水;钻井或采油过程中油管中的残油;钻井或采油过程中发生的突发事件和事故,如井喷等;泥浆作业中所用的散料如水泥、重晶石、土粉、石灰石、泥浆等对海洋环境的影响;平台泥浆作业过程中使用的大量化学制剂对海洋的污染;平台增产作业中使用的酸性液体和盐水对海洋环境的影响;平台作业过程中产生的废料如岩屑等;平台的生活垃圾及运输物品的包装材料等。而大型储油船类似一个中等规模的化工厂,作业过程中对环境会造成影响。

(二)海上设施及近海供应船对海洋环境的损害后果

垃圾如果直接抛投入海,漂浮在海面的垃圾会遮挡悬浮生物所需的阳光,漂浮垃圾多时,

不仅影响海洋环境“容貌”，而且会堵塞一些鱼类的鳃、损伤船壳和螺旋桨，直接影响到船舶航行的安全；有些垃圾会沉入海底，使海底慢慢变成一个“垃圾场”，破坏海底的生态环境；有些垃圾将病菌、毒物带入海洋中，海洋生物可能被感染；有些垃圾在水中慢慢分解，消耗水中溶解氧或产生毒物。

石油污染会破坏海洋水质，严重危害鱼、虾、贝类及其他海洋生物的生存，破坏水产养殖业发展。油污还会使海鸟的羽毛丧失防水保护的作用，翅膀粘有油污难以飞行，并且油污使鸟类食用的许多海洋生物死亡，严重地破坏了海鸟的栖息生存环境，威胁着它们的生命。油污浮在水面会降低阳光辐射量，影响水生植物的生长，进而又会影响以水生植物为食物的其他生物，从而影响整个海洋环境的生态平衡，最终殃及人类。

生活污水污染不像石油污染那么直观，因此常常被人们忽视，其实，生活污水流入海洋，大量细菌、寄生虫甚至病毒进入海洋中，使海洋生物感染，其中一些有机成分和悬浮成分对海水中氧气有很高的生化需求，包括沉淀于海底的固体颗粒也要消耗氧气，会破坏海水的自然净化过程，会严重导致海水富营养化，破坏海洋生物群的组成，水中溶解氧减少，影响鱼类的生存。

由于海洋生物独特的生物特性，它们对环境中的重金属及有毒的有机化合物均有不同程度的富集作用。如果海洋环境受到污染，海水及海底沉积物中的各种污染物都有可能进入海洋生物体内。人们如果食用了被污染的海产品，海洋中的污染物就会通过这个途径进入人体，从而产生对人体的危害。

二、海洋环境的多样性和复杂性

在海洋中，蕴藏着包括矿产、油气、水和生物等多种形式的资源，并且资源储量极其庞大，已成为人类未来生存和发展的资源库。

浩瀚的海洋哺育着种类繁多、形态各异、大小不同的海洋生物(如图 2-4-1 所示)。

图 2-4-1　海洋生物的多样性

目前已知的海洋生物有 20 多万种。根据它们的生态习性或生物学特性，我们可以将它们分为浮游生物、浮游植物、浮游动物、底栖生物、游泳动物、海洋鱼类、甲壳动物、软体动物、哺乳动物、深海动物等。它们分布在海洋中的不同地理区域或不同水层，组成了海洋生物的大千世界。整个海洋生物资源蕴藏量很大,有人估计,海洋每年约可生产 1 350 亿吨有机碳。在不破坏海洋生态系统平衡的情况下,每年可为人类提供 30 亿吨水产品,足以养活 300 亿人口。但是,目前的海洋生物开发利用的范围只占整个海洋面积的 10%,仅向人类提供 2%的食物,绝大多数海域尚未开发,即使在已经开发的海域里,也还有很多种类由于科学技术水平的因素,至今还无法利用它。

一般来说,物种的多样性和复杂性与群落的稳定性有关,物种丰富,其群落相对比较稳定,一个物种多样性水平高的群落,其系统结构较为完善。物种多样性可以保证捕食者有多种选择的空间,而被捕食者就有更好的生存机会。物种多样性使得物种间存在竞争,优胜劣汰的自然选择下使得物种向更高级进化以适应环境。物种是生物多样性最关键的成分,每一个物种都有其存在的生态意义,人为造成物种的灭绝,是对生态系统的一种破坏。所以我们要爱护海洋,保护海洋生物的多样性。

三、海洋环境对人类的影响

海洋占地球表面积的 71%,孕育了地球上的原始生命,为人们提供了丰富的生产、生活资源和空间资源,是全球生命支持系统的重要组成部分。在全球经济迅速发展和人口激增的情况下,海洋对人类实现可持续发展起到了重要的作用。

海洋向大气中提供着四分之三的氧气;海洋调节着全球气候,充裕的水汽和适当成分比例的空气通过大气经环流向两极输送,通过世界风带遍全球;随着世界人均耕地的减少,海洋中丰富的鱼类、贝类和藻类能向人类提供充足的食物;海洋有着巨大的环境净化能力;海洋为人类提供了优良的休息和旅游场所。

海洋是重要的水上通道;海底矿藏是工业发展的后盾;海洋是化工原料和医药资源的重要供应地;海洋是人类用水的最大源泉;海洋还是良好的科学试验场所。

21 世纪是人类全面开发海洋的世纪。保护海洋环境是保护人类的现在和将来。但随着海洋资源的开发和使用,海洋也受到了严重的污染,其中石油污染表现得尤为突出。

四、防止海上设施及近海供应船造成污染的基本要求

《MARPOL 公约》规定,公约适用于在海洋环境中运行的任何类型的船舶和固定或浮动平台。我国相关要求规定,海上风机作业平台需要满足《MARPOL 公约》对应附则的要求。对于从事国际作业的海上移动平台应符合《国际航行海船法定检验技术规则》的相关要求。对于近海供应船和从事国内作业的海上移动平台应符合《国内航行海船法定检验技术规则》的相关要求。在中国水域作业的海上移动平台除符合上述相应要求外,还应符合《海洋石油勘探开发污染物排放浓度限值》的规定以及国家其他有关法律法规。其他海上生产设施应该满足《海上生产设施防污染法定检验指南》的要求,海上生产设施包括以开发海上石油天然气田为目的的海上固定平台、单点系泊系统、海底管线、浮式生产储卸油装置(FPSO)、海上输油(气)码头和人工岛等海上结构物。

(一)《MARPOL 公约》有关要求

1. 防止油类污染

除为保障船舶安全或救助海上人命缘故、船舶或其设备遭到损坏缘故、主管机关为降低污

染损坏的特殊原因而批准外，不得将油类或含油混合物排放入海。

(1)所有船舶机器处所排油操作控制

①400 总吨及以上的船舶一般排放要求

不得将油类或含油混合物排放入海，除非符合下列所有条件：

a. 不在特殊区域内；

b. 船舶正在航行途中；

c. 含油混合物已通过本附则规定的滤油设备处理；

d. 未经稀释的排出物的含油量不超过 15 ppm；

e. 油船的含油混合物不是来自货油泵舱的舱底；

f. 油船的含油混合物不混有货油残余物。

②小于 400 总吨的船舶一般排放要求

应将油类和油性混合物留存在船上以便随后排放至接收设备或按照下列规定排放入海：

a. 船舶正在航行途中；

b. 船舶经主管机关设计认可的设备正在运转并保证未经稀释的排出物的含油浓度不超过 15 ppm；

c. 油船的含油混合物不是来自货油泵舱的舱底；

d. 油船的含油混合物不混有货油残余物。

(2)油船货油区域排油操作控制

①一般排放要求

a. 油船不在特殊区域之内；

b. 油船距最近的陆地 50 n mile 以上；

c. 油船正在航行途中；

d. 油量瞬间排放率不超过 30 L/n mile；

e. 排入海中的总油量不超过这项残油所属货油总量的 1/30 000；

f. 排油监控系统及污油水舱设施正在运转；

g. 清洁压载水和专舱压载水可以直接排放入海。

②小于 150 总吨的油船一般要求所有油性混合物留存在船上，随后排入接收设备。

这里要注意的是，“最近陆地”是指按国际法划定的领海基线，不是我们平常理解的陆地。

(3)油类记录簿

150 总吨及以上的油船、400 总吨及以上的非油船，应备有油类记录簿第Ⅰ部分(机器处所作业)；150 总吨及以上的油船，还应备有油类记录簿第Ⅱ部分(货油/压载作业)。油类记录簿均应符合规定的格式。

上述每项作业由高级船员或有关作业负责人记入油类记录簿并签字，每记完一页由船长签字。记完最后一项后留船保存 3 年。油类记录簿应存放在船上随时可取来检查的地方。

《国内航行海船法定检验技术规则》的排放要求与《MARPOL 公约》要求基本相同，增加“船舶不在零排放水域内”要求。

2. 控制散装有毒液体物质污染

根据物质对海洋资源或人类健康产生危害的程度将其分为 X、Y、Z、OS(Other Substances，其他物质)四类，X 类严禁向海洋环境排放，Y 类采取限制措施，Z 类采取较为宽松的限制措施,其他物质无危害,不受限制。

对于申请载运散装运输和装卸有限数量有害有毒液体物质的近海供应船舶,禁止向海里排放3型船舶[3型船舶是指用于运输国际散装运输危险化学品船舶构造和设备规则(《IBC规则》)中规定的对环境或安全有足够严重危险的货品的化学品船]允许运载的有毒液体物质的残余物,或法规明确规定的物品,或含有这些物质的压载水、洗舱水等其他残余物或混合物。任何含有有毒液体物质的残余物和混合物应排放至港口的接收设施。

运输有毒液体物质的船舶应持有一本货物记录簿、一本程序与布置手册和一份经海事管理机构批准的船上有毒液体物质海洋污染应急计划。

3. 防止海运包装有害物质污染

"有害物质"是指在《国际海运危险货物规则》中列为海洋污染物的物质。近海供应船应满足防止海运包装有害物质污染规定,一般要求如下:

(1)包装应根据有害物质的性质,以便使其对海洋环境的危害减至最低限度。

(2)盛装有害物质的包装件,应耐久地标以正确的学名(不应仅用商业名称),并加以耐久的标记或标签,以指明该物质为海洋污染物。

(3)所有关于海运有害物质的文件应用该物质的正确学名。

(4)每艘装运有害物质的船舶,应有一份特别的清单或舱单,列明船上所装的有害物质及其位置。

(5)有害物质应予正确积载和系固,以便使其对海洋环境的危害减至最低限度,且不损害船舶和船上人员安全。

(6)对某些有害物质,由于科学和技术的原因,可能需要禁止装运,或对某一船舶的装运数量加以限制。在限制数量时应充分考虑船舶的大小、结构和设备,同时还应考虑这些物质的包装和自身性质。

(7)禁止将以包装形式装运的有害物质抛弃入海,但为保障船舶安全或在海上救护人命所必须者除外。

4. 防止生活污水污染

生活污水是指船舶上由人员或动物产生的污水,包括:任何形式的便器的排出物和其他废物;医务室(药房、病房等)的洗手池、洗澡盆以及这些处所排水孔的排出物;装有活体动物处所的排出物;混有上述排出物或废物的其他废水。生活污水排放要求一般包括:

(1)船舶在距最近陆地3 n mile外,使用主管机关认可的系统,排放经粉碎和消毒的生活污水,或在距最近陆地12 n mile外排放未经粉碎和消毒的生活污水。但在任何情况下,都不得将集污舱中储存的或来自装有活体动物处所的生活污水即刻排光,而须在船舶以不低于4 kn的航速航行时,以适当的速率排放;排放速率须由主管机关根据本组织制定的标准予以批准;或

(2)船舶所配备的经认可的生活污水处理装置正在运转,该装置已由主管机关验证符合本附则的操作要求,其排出物须不在水中产生可见的漂浮固体或使周围海水变色。

(3)经生活污水处理装置处理后的排放污水应满足国家规定的生活污水污染物排放限值标准。

(4)当生活污水混有其他需约束的废弃物或废水时,还应符合其他相应要求。

5. 防止垃圾污染

(1)禁止排放垃圾入海的一般规定

除另有规定外,禁止一切垃圾排放入海。一切塑料制品,包括但不限于合成缆绳、塑料垃圾袋和塑料制品的焚烧炉灰渣,均禁止排放入海。禁止将食用油排放入海。船舶仅在航行中才应允许在尽可能远离最近陆地将下述垃圾排放入海:

①在距最近陆地不到 3 n mile 以内(含)的海域,应将食品废弃物收集并排入接收设施。

②在距最近陆地 3~12 n mile(含)的海域,应通过粉碎机或磨碎机将食品废弃物处理后排放。这种业经粉碎或磨碎的食品废弃物,应能通过筛眼不大于 25 mm 的粗筛。

③在距最近陆地 12 n mile 以外的海域,食品废弃物可以排放。

④在距最近陆地 12 n mile 以内(含)不能用通用的卸载方法回收的货物残余应收集并排入接收设施,在距最近陆地 12 n mile 以外的海域可以排放。根据本章附录规定的衡准,这些货物残余不应包含任何被分类为对海洋环境有害的物质。

⑤对于动物尸体应尽可能远离最近陆地排放入海,但在最近陆地 12 n mile 以内(含)的海域,应收集并排入接收设施。

可将货舱、甲板和外表面洗涤水中包含的清洁剂或添加剂排放入海,但这些物质必须对海洋环境无害。如果垃圾与其他被禁止排放或具有不同排放要求的物质混在一起或被其污染,那么应适用其中更为严格的要求。

(2)对从固定或移动平台排放垃圾的特殊要求

①除本条②规定外,禁止从固定或移动平台和停靠这种平台或与其相距在 500 m 以内的一切其他船舶排放任何垃圾入海。

②位于距最近陆地超过 12 n mile 的固定或移动平台和停靠这种平台或与其相距在 500 m 以内的一切其他船舶,可允许将食品废弃物排放入海,但前提是这些废弃物已通过粉碎机或磨碎机。这种业经粉碎或磨碎的食品废弃物应能通过筛眼不大于 25 mm 的粗筛。

(3)公告牌、垃圾管理计划和垃圾记录簿

①总长在 12 m 及以上的船舶和固定或移动平台须张贴公告牌,告知船员和乘客垃圾的排放要求。

②100 总吨及以上的船舶,以及核准载运 15 人及以上人员的船舶以及固定或移动平台,应备有一份垃圾管理计划,该计划应对垃圾收集、储藏、加工和处理以及船上设备的使用等提供书面程序,并应指定负责执行该计划的人员。

③400 总吨及以上的船舶和经核准载运 15 人或以上的船舶、航行于其他 MARPOL 公约缔约国管辖范围内的港口或近海装卸站的船舶,以及固定或移动平台,须配备垃圾记录簿,以记录每次排放作业或焚烧作业情况。

6. 防止造成空气污染

(1)臭氧消耗物质

对臭氧消耗物质的任何有意释放均应予以禁止。有意释放包括在保养、维修、修理或处置系统或设备的过程中发生的释放,但有意释放不包括与臭氧消耗物质的回收或再循环相关的最低释放量。

(2)氮氧化物(NO_x)

除应急发电机组柴油机、救生艇柴油机以及应急设备或装置使用的柴油机外,每一台在2000年1月1日或以后建造或经过重大改装的船舶上安装的船用柴油机,氮氧化物的排放量应在规定的限制值内。

(3)硫氧化物(SO_x)

①船上使用的任何燃油的硫含量均不应超过0.50% m/m。

②当船舶在排放控制区域(ECA)航行时,船上使用的燃油的硫含量不应超过0.10% m/m。

③使用不同燃油以满足排放控制区SO_x排放限制要求的船舶,应持有书面的燃油转换程序,并将燃油转换作业记录在主管机关规定的航海日志中。

(4)挥发性有机化合物(VOCs)

按规定接受蒸汽释放控制的所有液货船,应配备由主管机关根据IMO制定的安全标准批准的蒸汽收集系统,并在装此种货物期间使用此种系统。

(5)船上焚烧

船上禁止焚烧的物质:

①MARPOL公约附则Ⅰ、Ⅱ、Ⅲ的货物残留物和相关的被黏染的包装材料;

②多氯联苯(PCBs);

③含有超过微量重金属的垃圾;

④含有卤素化合物的精炼石油产品;

⑤不是在船上产生的污泥和油渣;

⑥废气滤清系统的残余物;

⑦除获得形式认可的焚烧炉外,禁止其他焚烧炉焚烧聚氯乙烯(PVCs)。

《海上生产设施防污染法定检验指南》中规定,以开发海上石油天然气田为目的的海上固定平台、单点系泊系统、海底管线、浮式生产储卸油装置(FPSO)、海上输油(气)码头和人工岛等海上结构物应满足下列要求。

(二)《海上生产设施防污染法定检验指南》有关要求

1.防止油污染

(1)一般规定

①海上石油天然气生产设施的含油污水,不得直接或稀释排放。经过处理后排放的污水,含油量必须符合国家有关含油污水排放标准。

②海上石油天然气生产设施的残油、废油、油基泥浆、含油垃圾和其他有毒残液残渣,必须回收,不得排放或弃置入海。

③海上石油天然气生产设施应备有由主管机关批准格式的防污记录簿,根据要求做好记录,以备检查。

④从事海洋石油勘探开发的作业者,应根据油田开发规模、作业海域的自然环境和资源状况,制订溢油应急计划,并报主管部门批准,防止和控制溢油污染,减少污染损害。

⑤海上生产设施应配备符合规定的设备,保证排出的含油污水满足其所在海域的要求。

⑥海洋油气矿产资源勘探开发作业中应当安装污染物流量自动监控仪器,对生产污水和

机器处所污水的排放进行计量。

⑦海上生产设施可能产生油污染的设备四周,不应采用格栅甲板,应根据具体情况设置适当高度的围堰,保证含油污水不直接排向舷外,并设有有效的开闭排系统。

⑧海上生产设施的机舱、机房和甲板含油污水,在渤海禁止排放,全部实施铅封。其他海域要求排放浓度低于 15 ppm。

(2)机器处所含油污水的排放

①海上生产设施机器处所应装有符合要求的滤油设备和当排出物的含油量超过 15 ppm 时能发出报警并自动停止含油混合物排放的排油监控装置。

②凡需排放含油污水的海上生产设施,均应设置一个或几个足够容量的舱柜,以接收不能处理的残油。该舱柜的设计和建造应能便利其清洗和将残油排入接收设备。

③为了使接收设备的管路能与海上生产设施的机舱舱底和油泥舱残余物的排放管路相连接,在这两条管路上均应装有符合标准的排放接头。

④对于机器处所设计成零油污排放的海上生产设施,其油污水需经过开排和/或闭排系统进入生产流程进行处理,则可以免除前 3 条要求的防油污设备的配备。

2. 防止生活污水污染

(1)一般规定

①生活污水应经处理后排放。

②海上生产设施应配置生活污水处理装置。

③无人海上生产设施可以不设防止生活污水处理装置。

(2)防止生活污水污染排放的要求

①海上生产设施生活污水的排放要求,如表 2-4-1 所示:

表 2-4-1 海上生产设施生活污水的排放要求

项目	海域等级		
	一级海域	二级海域	三级海域
化学需氧量(COD)	≤300 mg/L		≤500 mg/L
粪便	经消毒和粉碎处理		—

注:一级海域适用于渤海、北部湾,国家划定的其他海洋保护区域和其他距最近陆地 4 n mile 以内的海域。二级海域适用除渤海、北部湾,国家划定的其他海洋保护区域外,其他距最近陆地大于 4 n mile 且小于 12 n mile 的海域。三级海域适用于一级和二级海域以外的其他海域。化学需氧量(COD):是在一定条件,用一定的强氧化剂处理水样所消耗的氧化剂的量。

②生活污水的排放还应满足主管机关的特殊要求。

③生活污水排海的旁通管路控制阀处应设有明显的标志,表明仅在应急情况下打开排放。

④生活污水处理装置排海管线上应当安装污染物流量自动监控仪器,对生活污水的排放进行计量。

3. 防止垃圾污染

(1)一般规定

①一切塑料制品(包括但不限于合成缆绳、合成渔网和塑料袋等)和其他废弃物(包括残

油、废油、含油垃圾及其残液残渣等),禁止排放或弃置入海,应集中储存在专门容器中,运回陆地处理。

②不得在海上生产设施上焚烧有毒化学制品。在设施上烧毁其纸制品、棉麻织物、木质包装材料时,不得造成海洋环境污染。

③海上生产设施应对垃圾进行分类处理和储存。

(2)防止垃圾污染排放的要求

①生产垃圾禁止排放或弃置入海。

②生活垃圾中的食品垃圾一级海域内禁止排放或弃置入海,二级和三级海域内颗粒直径小于 25 mm 的可以排放入海。

③生活垃圾中的其他垃圾禁止排放或弃置入海。

④海上生产设施应将垃圾相关信息填到防污记录簿中。

(3)垃圾管理计划

①海上生产设施均应张贴告示以使设施人员知晓垃圾处理的规定。告示应以设施人员的工作语言书写。

②海上生产设施均应备有一份设施工作人员必须遵守的垃圾管理计划。该计划应就收集、储藏、加工和处理垃圾以及设施设备使用等提供书面程序,还应指定负责执行该计划的人员,并用设施的工作语言书写。

五、防止油污染器材

发生油污染海域事情,应立即向当局(我国为海事局)报告。首先应该防止溢油继续溢漏,然后使用围油设备实施围控抑制溢油的扩散,再采取措施使用吸油材料将溢油回收,最后使用溢油分散剂等除油材料将残油清除。

(一)围油栏

1. 围油栏基本结构和种类

围油栏是用于围控水面浮油及漂浮物的机械漂浮栅栏。其可用于防止溢油扩散、缩小溢油面积、转移溢油和保护水域环境。船用围油栏大都为固体浮体式和充气式。围油栏的结构一般包括浮体、裙体、配重、接头等。根据围油栏的不同类型,可增加受拉构件、泄水孔、柔性隔、鳍、提手、支撑杆、固锚座等构件。围油栏的基本结构如图 2-4-2 所示。

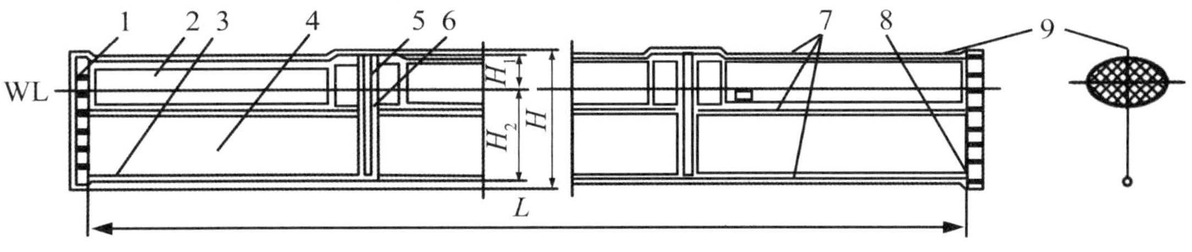

图 2-4-2 围油栏基本结构示意图

1—接头组件;2—浮体;3—配重;4—裙体;5—柔性隔;6—支撑杆;7—受拉构件;8—固锚座;9—鳍;H_1—干舷;H_2—吃水;H—总高;L—结长;WL—吃水线

我们应根据水域环境条件选择合适高度的围油栏，见表 2-4-2：

表 2-4-2　不同水域环境条件下围油栏的高度

不同水域	平静水域	平静急流水域	遮蔽水域	开阔水域
总高 H/mm	$150 \leqslant H \leqslant 600$	$400 \leqslant H \leqslant 800$	$600 \leqslant H \leqslant 1\ 100$	$H \leqslant 1\ 100$

2. 围油栏使用方法

围油栏使用时需把多节围油栏连接起来。连接方法有卸扣连接、螺钉连接等。

围油栏在甲板上连接好后，尽可能用装卸设备吊放入海，或用其他能避免围油栏与船体摩擦的方式投放。围油栏下水前必须整理裙体和绳系，避免扭曲和缠结，确保围油栏下水流畅和水中姿势正确（如图 2-4-3 所示）。投放时，水面应有小艇配合，避免堆积。

如果有足够数量的围油栏，溢油尚未大面积扩散，通常采取围控措施，即把溢油包围在船旁；如果围油栏数量不足以围控，可用两艘小艇拖带围油栏进行扫油，包围较多溢油后，腾出一小艇清除围住的油污。如果有三艘小艇，则可采取两艘小艇扫油，第三艘小艇在围油栏内除油的方案。

除油结束后，应谨慎地回收、拆解和清洗围油栏，晾干后按厂家要求存放。

图 2-4-3　围油栏

（二）吸油材料

目前使用的主要吸油材料有无机材料、天然有机材料、人造聚合材料等（如表 2-4-3 所示）。

表 2-4-3　主要吸油材料

分类	主要材料	特点	吸油量	吸油性能
无机材料	蛭石、火山灰等	便宜，易获得	自重的 1~2 倍	差
天然有机材料	木屑、稻草、芦苇等	适于吸收风化的原油或重油	自重的 5~10 倍	较好
人造聚合材料	泡沫、纤维等（如吸油毡）		自重的 6~30 倍	优

这里主要介绍木屑、草袋、吸油毡的使用方法。

1. 木屑、草袋的使用

木屑、草袋属于天然有机吸油材料，具有吸油的表面，能够成功地吸着自重 5～10 倍的溢油，最适用于吸着风化原油和重油。木屑和草袋吸水性强，应储存于干燥通风处，谨防潮湿，严禁雨淋。

木屑和草袋用于吸着船上溢油时，可一边派人采取关阀、移驳等阻止继续溢油的措施，一边在溢油下游处铺设草袋和木屑围堵和吸油。油流大时应构筑围堰并在其上加压重物以防冲决；向回收（上游）的溢油抛掷足够的草袋和木屑，用扫帚等反复搅拌木屑使之充分吸油；清除上游已吸油的木屑和草袋，再次播撒木屑并搅拌，直至甲板溢油全部被吸干净。以同样方法处理下游的围油处所（该方法同样适用于有毒液体物质的处理，但处理人员应采取防毒措施）。已吸着溢油的木屑和草袋应集中堆放和迅速处理，防止二次污染和积热自燃。通常是在船上焚烧处理或卸岸处理。

用木屑和草袋吸附水中溢油时，应：

（1）先用围油栏围控溢油，没有围油栏的船舶可用漂浮的化纤缆绳代替，以控制溢油和吸油材料的漂散，方便吸油作业和回收吸油材料；

（2）用小艇向溢油面播撒木屑或草袋；

（3）在吸油后应立即捞出木屑和草袋，因其吸水量大，长时间留在水中会因吸水后重量变大而沉入水下；

（4）已吸油的木屑不易回收，可用两艘小艇用拖网方式慢速拖曳少量围油栏聚拢木屑，边拖边捞，也可自制回收装置或请专业船回收；

（5）最后一边收缩围控设施，一边用小艇捞起积聚在围控设施处的木屑；

（6）从水中捞起的吸油材料应尽快焚烧处理。

2. 吸油毡的使用

吸油毡是能在水面黏附、吸收，收集船舶、港口及其他事故所造成溢油的固体吸油材料。吸油毡通常用聚丙烯等人造聚合物材料制作，也有用棉花纤维的。其主要用于海事船舶、水面溢油应急处理；尤其适用于处理大面积原油的溢漏油事故。吸油毡吸油量通常为自重的 10 倍以上；吸水量在 20 ℃时应小于自重的 10%；在通常保管情况下性能变化很小；使用后容易回收；可以燃烧处理。其一般都具有易吸油、不亲水、比重小、吸油前后浮于水面不变形的独特优点，且具有吸油倍数高、吸油速度快、无污染、焚烧不产生毒废气，易于储存、耐高温、可重复使用等优点。

海上使用吸油毡，通常在围控状态下，用小艇向溢油多处呈水平投放，在一面吸油后翻面充分吸油。对吸足油的吸油毡应及时回收。最好使用足够数量的吸油毡，使其处于吸油未饱和状态而不断吸油。当余油稀薄时，应逐步缩小围控范围。使用吸油材料时，不得使用溢油分散剂，以免降低吸油能力。回收的吸油毡应及时焚烧处理，并防止滴出的含油污水第二次污染水域。

（三）溢油分散剂

溢油分散剂是可将水面溢油乳化、分散或溶解于水体中的化学制剂，是目前使用最多的溢油处理剂，通常由表面活性剂的混合物和溶剂组成。溢油分散剂分为常规型分散剂和浓缩型分散剂。浓缩型分散剂分为可经水稀释和不可水稀释。溢油分散剂的使用多采用直接喷洒的方式。

1. 使用溢油分散剂处理水面漂浮油或事故溢油的情况

(1)水面漂浮油或事故溢油可能向海岸、水产养殖地以及其他对溢油敏感的水域移动,威胁着商业、环境或舒适性的利益,并且在到达上述敏感区域之前既不能通过自然蒸发或者风、浪、流的作用而自行消散,也不能用物理方法围堵或回收处理;

(2)对于物理的、机械的方法难于处理的溢油,采用溢油分散剂促使其向水体分散所造成的总的损害比把油留在水面上不处理的损害小;

(3)溢油发生在水深大于 20 m 的非港区水域;

(4)水面漂浮油或事故溢油的类型及水温适合于化学分散(一般来说,水温需高于拟处理油的倾点 5 ℃上),气象、海况等环境条件宜于分散油扩散;

(5)在已经发生或可能发生油火灾、爆炸等危及人命或设施安全的不可抗拒的情况下。

2. 不宜使用溢油分散剂的情况

(1)溢油为汽油、煤油等易挥发的轻质油,或呈现彩虹特征的薄油膜;

(2)溢油为高蜡含量、高倾点的难于化学分散的油;

(3)溢油在环境水温下不呈流态或经过几天风蚀后形成具有清晰边缘的油包水乳化物的厚碎片;

(4)溢油发生在封闭的浅水区或平静的水域;

(5)溢油发生在淡水水源或对水产资源有重大影响的区域。

第五节 个人综合素养

一、建立和保持有效交流

(一)沟通障碍

在沟通的基本流程中,每一阶段都可能存在障碍。

1. 发送者的能力:信息发送者在发出信息前必须经过合适的编码成为某种让接收者可以感受和理解的信号或符号,如语言、文字、图表、照片、手势等,发送者编码存在问题或者发送信息不清或传送有问题,都会使接收者产生误解。

2. 信息交流方式:信息交流双方对信息交流方式的选择也会影响交流的质量,不管是直接交流还是间接交流,都有其局限性。

3. 信息交流使用的媒介:比如我们使用的对讲机、电话的清晰度,会直接影响我们交流的质量。

4. 接收者的能力:接收者对信息的理解和接受程度,受到其专业水平、知识水平、工作经验以及社会文化背景等诸多因素的影响。对于相同信息,不同的人可能会有不同的理解。这既与发送者编码的质量有关,也与接收者的接受和解码能力相关。

5. 接收者反馈阶段:反馈就是接收者把收到的理解的信息,再返回到发送者那里。接收者能否准确反馈信息,直接影响发送者的信息发送。

6. 发送者接收接收者的反馈:发送者通过接收者的反馈对信息的传送是否成功,以及传送的信息是否符合原本意图进行核实。反馈构成了信息的双向沟通。如果发送者发现接收者反馈有问题,那么就需要再一次发送信息。在船舶通信中,重复指令作为反馈是必不可少的。

7. 文化差异:来自不同国家和地区的人在一起工作,存在的文化差异会影响信息发送者和接收者的认知,并进而影响以后所发生的任何交流。如果一个人的价值观、传统、社会与政治关系和世界观与另一个人的不同,那么对于相同主题和在内容上相同的任何其他事情也会表现出一种截然不同的反应。

(二)有效沟通的原则

1. 运用反馈:许多沟通问题都是由理解不准确或者误解造成的。反馈可以有效改善这些问题。因此,在沟通时,不要唱独角戏,不要以为自己说的话别人就能听懂、听全。说完之后,可以问一问对方,让他描述或复述一下,这就是反馈。反馈可以有效提高理解的准确性。

2. 简化语言:有效沟通不仅意味着要让人们听到,还要让人们听懂。很长的话,过多的术语、行话,过多的书面语等,常常会让人不知所云。所以要注意说话的措辞和逻辑,力求使欲发送的信息清楚、明确,努力用最简单、对方能够听得懂的话来表达想表达的意思。

3. 抑制情绪:人在过分激动、焦虑或悲伤的时候,既不利于说,也不利于听。情绪会使信息的传递严重受阻或失真。所以要沟通有效,就要善于调节和控制情绪,力求使之保持在一个平和的状态。

4. 积极倾听:很多人把沟通等同于说,这其实是个误解。有的人很能说,但常常说半天人们都不知道他究竟想表达什么。沟通是信息的交流,是意义的传达。在沟通时不仅要会说,而且还要会听。西方有这样一句话强调了听的重要性:“上帝给我们两只耳朵、一张嘴,目的是让我们多听少说。”单纯地听还不够,还要能够倾听。单纯地听是被动;而倾听则是对含义的一种积极主动的搜寻,它要求听者全神贯注。

(三)掌握建立和保持有效沟通的能力

1. 有效表达技巧

沟通的效果主要取决于发送方,发送方必须明确沟通的目的,正确地表达自己,使对方明白;设法一开始就引起对方的注意,言语和身体语言应保持一致;在沟通开始交代时间、地点和人物,沟通中强调重点;使用对方熟悉的语言和词汇;沟通中如有必要,要重复或改述;了解沟通中的障碍有助于更好进行信息交流;发送方必须具备有效利用说、写、演、画和使用声响设备的能力;发送方应要求对方反馈他所理解的信息,接收方的反馈可以核查沟通的效果,这个核查责任由发送方来承担。

2. 有效倾听技巧

倾听是接收方的责任。倾听能获得信息,发现问题,防止主观臆断,能够激发对方的谈话欲,也能发现说服对方的关键。学会倾听更能够获得友谊和信任。

应抱着开放式态度，充分关注对方，用心倾听，了解发送方真实意图；不要急于下定论和急于反驳，听完再澄清；认真记录并整理出一些关键点、细节，并适时总结；不但要听对方讲什么，而且更要能体察对方想说什么；不打断对方的发言，在倾听时控制自己的主观意见和想法，并且能够设身处地地从对方的角度出发，为对方着想。

3. 提高语言技能

对于船员来说，提高语言技能首先是掌握这门语言，然后是熟练地使用这门语言。语言技能的提高主要包括两个方面：一方面是努力提高语言的书面交流能力，另一方面是提高语言的口语交流能力。

(1) 书面交流的基本要求

书面交流的最基本要求是准确，它包括用词贴切、造句规范和书写正确。用词贴切就要求该用哪个词就用哪个词，对于意义相同或相近的同义词，更要谨慎选择，否则就会词不达意，影响信息的传递。造句规范就是要求组词成句要符合语法规则，口头交流中的语句重复、成分残缺、语序混乱等在书面交流中是不允许存在的，会妨碍对方的接受和理解。书写规范就是不要写错别字。书面交际是以文字传递信息的，要注意用词准确无误。书面交流还要求自然，尽量接近口语。书面色彩太浓，会影响信息的传递。

(2) 口语交流的基本要求

要吐音清楚，把每个音节都真切地送到对方的听觉器官，避免因语音差别而产生歧义，这是把话说得让人听懂的关键。选择词语一定要通俗，让人一听就懂，使用双方都熟悉的词语，便于沟通感情和传递信息。语言清晰，首先要思路清晰，只有这样，说话才不会颠三倒四，自相矛盾。体态、手势、表情等直接作用于人的感官，是口语交际的重要辅助手段，也是口语交际的特长和优势所在。如果运用得体，不仅可以弥补口语表达的不足，还可以吸引听话人的注意力，加深对方的印象，但在运用时要自然得体，不可故作姿态。

(3) 口语交流注意问题

①注意突出重要信息：口语表达的语音具有易逝性特点，信息保留时间短，因此应注意突出重要信息，用准确、清晰、洪亮的语音发送表达内容，运用语音的停顿形成交代层次，控制语速，运用重音刻意强调重要信息，运用必要的重复以强调、渲染、突出重要的表达内容，做到语流顺畅、语势连贯、语意完整，以形成整体的口语表达效果。

②注意纠正信息失真：口语表达所传递的信息容易被曲解，这是因为听者受某种干扰或自身原因而漏听、误听造成信息接收不准确、不完整而形成的。一方面要注意口语的正确性和明晰性，力求做到准确、明白、清楚、无误；另一方面要注意检查交流对象的接受情况，进行必要的重复、回复。

③注意排除外界干扰：外界干扰一是周围环境嘈杂，二是周围环境出现转移听者注意力的事物。因此要选择合适的时间和空间条件，以达到理想的交流目的。

二、保持良好的人际关系和工作关系的重要性

由于环境、对象、利益关系不同，人际关系也有不同的表现形式。由于海上生活和工作环境的特殊性，海上设施工作人员的人际关系有着显著的职业特征和特殊的交往原则。正确处理好海上设施工作人员的人际关系，有利于工作安全和提高工作效率，也有利于提高海上设施工作人员的工作积极性、潜能和创造性的发挥。良好人际关系对海上设施工作人员的重要意

义主要表现为：

（一）良好的人际关系有利于形成群体感知

良好的人际关系有利于形成同舟共济、克服困难的共识，以确保工作安全高效地完成。在每一个群体中，人们也许只是自觉或不自觉地意识到他们所遵循的共同规范，但是，这种潜意识的群体力将会促进人们自觉的意识，使之产生对群体的向心力。人们相处的关系如果是积极而友好的，那么每个人的潜力所赋予的合力会得到充分的发挥。常言道“人心齐，泰山移”，尤其是当海上设施遇到应急事件，这种合力是全体成员团结协作、克服困难、夺取胜利的重要条件之一。

（二）良好的人际关系有利于减少工作上的内耗

海上设施工作人员之间沟通信息、调节情绪、互相弥补、互相激励，从而提高工作效率。工作人员在工作中，不仅需要严格的制度、明确的分工，还要有和谐的人际关系。人与人之间的猜忌、冷漠、排斥、冲突不仅会使人分散精力、浪费时间，而且还会造成毫无价值的心理内耗。古代圣人孔子曰：“礼之用，和为贵。”如果海上设施上人际关系比较和谐，那么，有了意见就能及时沟通，出了矛盾就能及时解决。

（三）良好的人际关系有利于完成复杂的工作任务和形成完美的人格

互补型组合的人际关系有利于海上设施工作人员之间取长补短，相互配合。比如，一个性格内向的人结交一个性格外向的朋友，以便在日常工作中遇到困难时得到帮助；而性格内向的人又可以对性格外向的人产生某种抑制作用。因此，人际交往中的相异未必不相交。在日常生活中，每个人的生活经历、知识、能力、性格各自有别，各有长短。要完成一项复杂的工作，必须联合起来。海上设施犹如一个小社会，成员群体由不同的年龄、不同的性格、不同的经历、不同的文化水平、不同的兴趣爱好的人组成。良好的互相配合，互为补充，构成一个对立统一、多彩而又和谐的整体。

人在某种条件下存在着互补吸引，即人们往往选择具有某些需要和特征的人以补充自己的不足。人际交往的互补组合性可分为知识互补和性格互补。知识的互补主要指不同学科、不同知识的互相补充，这是当前科学技术飞速发展、高度分化的必然要求。一个大型海上设施，犹如一座大型现代化工厂，要管理好它，需要多种学科、多种知识的人才相互配合，密切协作。

（四）良好的人际关系有利于形成融洽、和睦、友好的工作气氛和环境

海上设施工作绝对不是单一个体行为所能承担，而是一个完整的合作活动的组织系统。成员应时时注意处理好人际关系，加强同事与同事、上级与下级的沟通，要重视感情投资。一个人在苦恼的时候，一句暖人心的话语，一个亲切的笑容，都能激起对方感情上的满足，产生强烈的信任感。海上设施工作人员在大海上长时间工作，客观条件会引起人们心理上的烦躁情绪，在孤独、焦虑的情况下，特别需要加强人与人的感情交流和信息互换，特别需要关心、理解和友谊，特别需要融洽和谐的工作环境。事实已经证明，人际关系越是和睦，人们之间的感情差距就越小，相互之间的信任度就越高，群体内的凝聚力就越大。

(五)良好的人际关系有利于身心健康,促进个性的健康发展

人不能离群索居,离开交往,就会导致身心发展的残缺不全。人的交往需要经常充实新的内容,使心理需要不断向更高层次发展。工作节奏的简单乏味,海况恶劣,噪声、孤独等客观条件的影响,会使海上设施工作人员闷闷不乐、烦躁不安,有的甚至遇事发火,酗酒解闷。这种心境的恶性循环,不仅影响生产安全,而且个体的身心健康也会受到损害。因此,海上设施工作人员应当了解人际交往的特点和掌握人际交往的技巧,正确对待海上生活的特殊性,加强自我修养,创造和谐的人际环境和保持良好的心境。

三、危害安全的不良心理因素

(一)工作和生活的特殊环境对海上设施工作人员心理的影响

在海上设施环境中工作的员工易产生一些心理障碍或缺陷,一般有如下的表现:

1. 紧张:紧张是由外界因素引起心理状态超出稳定状态的个体异常反应。在工作过程中面对各种复杂情况和压力,工作人员会产生紧张的心理,这种在工作过程中产生的心理紧张称为职业紧张。产生的原因是当个人的主观动机或愿望与客观环境所提供的"满足"存在差距,或个人的体力、知识、经验或技能与工作需求(如工作负荷、复杂性及个人应负责任等)不相适应,而无力控制或无法预见时,便可造成职业心理压力。从事石油开发的职业风险高,不可预见因素多,突发险情,对安全的担忧,海上工作期间与社会及家庭生活隔离,高噪声,强振动的工作环境,间断性工作与休息的工作制度,特殊的倒班制,乏味的生活,单调的饮食,局限的工作与生活空间,不良人际关系等,都极易产生职业紧张心理。职业紧张可导致情绪(焦虑、抑郁、易怒、疲劳)、行为(孤僻、攻击性、易悲伤和无激情)、思维(难于集中注意力和解决问题)和机体症状(心悸、恶心、头痛)改变。如果长期紧张,可发生神经、内分泌、心血管系统和免疫功能改变,导致精神行为改变,给身心带来危害。

2. 恐惧:身处在孤独寂寞的环境中,面对狂风大浪和突发事件、事故,受许多人力所不能抗拒的自然因素影响,人们容易产生恐惧心理。

3. 孤独寂寞:受活动空间限制和接触人群的单一,使人们容易产生孤独感和寂寞感。

4. 烦躁:长期单一的工作和单调的生活,使在海上设施上工作的人员容易产生烦躁的心理,待人接物也容易急躁,甚至在人与人的沟通上会出现障碍。机械噪声强度较大,能引起人体应激反应,干扰休息与睡眠,可导致自主神经功能失调及各器官系统的病变,易使人焦躁、烦乱、心神不安等。

5. 疲劳和职业厌倦:长期在单一环境下工作,员工会产生心理疲劳和职业厌倦的感觉,会影响工作的准确性和效率,也会给自身心理带来危害。

(二)危害安全的不良心理素质主要表现

1. 意志不够坚强,不能正视面临的困难和矛盾。

2. 自我适应和调节能力差,面对复杂多变的环境惊恐失措。

3. 自我控制能力不强,缺乏理智,盲目冲动。

4. 悲观心理。面对困难和紧急局面不能迎难而上,消极应对,思维判断能力降低。

5. 骄傲自满和麻痹大意的心理共存。

6. 虚荣心强,对知识一知半解,在糊里糊涂中发生意外事故。

7. 侥幸心理。做事不脚踏实地,不严格遵守规定,侥幸过关,最终导致事故发生。

(三)海上设施工作环境的心理健康调节

企业应该重视海上员工心理健康调节,而员工更应该主动自我调适,学习和掌握一些自我心理健康调节的方法。

1. 主动进行心理治疗和咨询,积极参加心理健康讲座和心理健康检查,丰富心理健康知识,提高心理承受能力。

2. 听音乐,音乐是人类最美好的语言。听好歌,听轻松愉快的音乐会使人心旷神怡,沉浸在幸福愉快之中而忘记烦恼。

3. 多看积极正能量的书籍,读感兴趣的书,读使人轻松愉快的书,不断加强自身修养,提高心理素质。

4. 改变不良生活方式,远离酒桌、牌桌,保持充足的休息。

5. 自我调节,根据个人兴趣爱好选择参加文明高雅、健康向上的活动,丰富业余生活,增进与其他员工交流,融入社会群体中。

6. 积极参加应急演练,提高应急应变知识与技能,树立信心,增强意志,减缓心理紧张情绪。

7. 忘记也是保持心理平衡的好办法。忘记烦恼、忘记忧愁、忘记苦涩、忘记失意、忘记昨天、忘记自己、忘记他人对你的伤害、忘记朋友对你的背叛、忘记脆弱的情怀。忘记你曾有的羞耻……这样你便可乐观豁达起来。人生的道路是曲折坎坷的,对于荣辱、富贵、贫穷、诽谤、嫉妒、酸楚等社会附加物,一笑置之,那么你就得到解脱了,心理就平衡了。

8. 多进行沟通交流,主动缓解精神压力。倾诉可取得内心感情与外界刺激的平衡,去灾免病。当遇到不幸、烦恼和不顺心的事之后,切勿忧郁压抑,把心事深埋心底,而应将这些烦恼向你信赖、头脑冷静、善解人意的朋友倾诉,自言自语也行。

四、团队和冲突

海上设施上的工作就是团队协同工作,团队工作的效率取决于团队每个成员工作的有效性。

(一)团队建设

1. 团队的概念

团队是由全体成员组成的一个共同体,该共同体合理利用每一个成员的知识和技能协同工作,解决问题,达到安全的共同目标。在这个团队中,所有成员为了共同的目的而努力工作,形成了特定的团队。团队成员之间在心理上有一定的联系,彼此之间相互影响。团队形成应具备这样一些基本要素:全体成员有共同的目标,为完成共同的目标,相互之间彼此合作,这是构成和维持团队的基本条件。成员之间相互依赖,所有成员具有团队意识,每个成员都具有责任心。

2. 良好团队工作的原则和方法

良好的团队应当具有明确的目标,每个团队成员为实现这些目标都应具备相关的技能,具备实现理想所必需的技术和能力;团队成员之间能够进行良好的沟通,并且相互信任,能通过畅通的渠道交换各种语言和非语言信息;团队成员维护团队的利益,忠诚于团队,能够为团队做出承诺;团队能够顺利接纳新的成员,能够临时与第三方进行良好的合作;良好的团队还应当有优秀的领导,良好团队的领导者不一定依靠指示和控制团队成员来达到领导团队的目的。

在团队工作中,建立积极、健康、紧密的个人关系应遵循如下原则:

(1)改变自己,影响他人:不要试图改变任何人的缺点,而要充分发挥每个人的优点。

(2)关心他人,胜过自己:良好人际关系的第一法宝,就是关心别人。

(3)团队利益,高于其他:以自我为圆心、以个人利益为半径画圈,画不大;以团队为圆心、以众人利益为半径画圈,可画得无限大。

(4)宽以待人,严于律己:爱心、承诺、付出、自律,便得到尊重和友谊。

(5)推崇忠诚,成为品德:推崇能获得力量,忠诚能赢得信任。

(6)沟通咨询,成为习惯:沟通是人际关系的第一要务;咨询是通向成功的捷径。

(7)负面影响,决不传递:消极的思想和言论是团队中的瘟疫。你要将积极的思想向下、往旁传,将消极的垃圾埋掉。

(8)换位思考,善于倾听:面对问题,要从三个不同角度思考,首先是对方的角度,其次是问题本身的对与错,最后才是自己的认识。倾听比向对方说教往往效果更佳。沟通中听占50%,问占25%,答占25%。

(9)赞美激励,不断造梦:赞美是人际关系的第一通行证;激励是团队动势的最好的加油站。你只有让更多的人梦想成真,你才可以真正梦想成真。切记:梦想的力量是无穷的,你应是造梦大师。

(10)尊重他人,群策群力:让每一个人都感到他非常重要。

3. 阻碍团队工作的因素

(1)不明确的目标:设定目标是提升效率的第一要务,目标设定是为了避免人性苟且偷安的弱点,是可以驱动人类行为的动力,能激发人的潜能。如果团队没有一个清晰可见的目标,团队成员就会因为迷茫而缺乏必要的动力,从而影响整个工作的完成进度及质量。

(2)成员固有的行为方式:一个团队不见得会对所有看得见的情况保持一致的态度,每个人生活的环境、思维习惯等的差异就决定了冲突的不可避免性,要成为一个成功的团队,就必须制定相关的规范,约束每个成员,使其改变固有的行为方式,符合团队的规范。

(3)小团体或个人英雄主义:个人能力的最大限度发挥,是个人英雄主义的体现。而团队精神的核心在于协同合作,强调团队合力,注重整体优势,远离个人英雄主义。给予团队成员个性创造和个性发挥足够的空间,适度倡导个人英雄主义,可以唤醒成员个体意识,促进团队成员之间形成个个争先的积极局面;而过度地倡导个人英雄主义,则不利于团队协作和成员之间的团结,会形成一盘散沙的局面。小团体主义只从本地区、本部门、小团体的利益出发,为了眼前的短浅的利益而不顾、无视甚至对抗整体利益和集体意志。

(4)团队成员内部的冲突:冲突普遍存在,造成这种情况的原因也是多方面的,比如:团队成员没有真正分享、认同团队的使命和目标。

(5)团队的激励:不仅包括对集体层面的激励,也包括对团队成员个体层面的激励。

(6)团队成员的熟悉程度:团队决策效率的提高,取决于成员之间的熟悉程度。

(7)沟通的问题:如果没有一个有效的沟通机制,那么团队必将走向分裂。当一个人做事的时候,思想与行动是一致的;当两个人共事时,由于每个人对同一件事情的看法是有差别的,如果没有有效的沟通来平衡或消除这个差别,就会导致团队行为不协调,如果把这个效应扩大到一个团队,负面影响就更大了。

(8)环境的问题:团队的内外部环境通过作用于团队的人才资源及其群体结构,影响团队的运行过程,是影响团队绩效的关键因素。

(二)冲突的解决

为了使团队有效地完成组织目标和满足个人需要,必须建立团队成员和团队之间的良好和谐关系,即彼此间应互相支持,行动应协调一致。但是,现实的情况是,个人间存在着各种差异,对同一个问题就会有不同的理解和处理,于是就会产生不一致,或是不能相容。也就是说,冲突在组织或团队内是客观存在的。

冲突可以定义为:个人或团队内部,个人与个人之间,个人与团队之间互不相容的目标、认识或感情,并引起对立或不一致的相互作用的任何一个状态。

冲突是普遍的现象,它可能发生于人与人之间、人与团队之间、团队内部的人与人之间、团队与团队之间等,也存在于团队成员与环境之间、新旧观念与行为之间等。冲突是双方意见的对立或不一致,以及有一定程度的相互作用,它有各种各样的表现形式,如暴力、破坏、无理取闹、争吵等。

要有效解决团队的冲突,需要遵循以下三条原则:第一,要分清楚冲突的性质。建设性冲突要适当鼓励,破坏性冲突则应该减到最低程度;第二,要针对不同类型的冲突采取不同的措施;第三,充满冲突的团队等于一座火山,没有任何冲突的团队等于一潭死水,因此既要预防团队的冲突,也要激发团队的冲突。预防冲突的具体方法有:加强组织内的信息公开和共享;加强团队成员之间正式和非正式的沟通;正确选拔团队成员;增强组织资源;建立合理的评价体系,防止本位主义,强调整体观念;进行工作轮换,加强换位思考;明确团队的责任和权利;加强教育,建立崇尚合作的组织文化;设立共同的竞争对象;拟订一个能满足各团队成员的共同目标;避免形成团队成员之间争胜负的情况。

五、职业道德和劳动纪律

(一)职业道德的基本要求

职业道德规范是劳动者在长期的劳动实践中反复积累、逐步形成的,它是社会对劳动者在劳动中必须遵守的基本行为准则的概括和提炼。它源于劳动者的道德生活实践,又高于道德生活实践,因而对劳动者在劳动中的道德行为有着巨大的调控和导向作用。

《中共中央关于加强社会主义精神文明建设若干重要问题的决议》规定了我们今天各行各业都应共同遵守的职业道德的五项基本规范,即“爱岗敬业、诚实守信、办事公道、服务群众、奉献社会”。其中,为人民服务是社会主义职业道德的核心规范,它是贯穿于全社会共同的职业道德中的基本精神。社会主义职业道德的基本原则是集体主义。因为集体主义贯穿于社会主义职业道德规范的始终，是正确处理国家、集体、个人关系的最根本的准则，也是衡量个人职业行为和职业品质的基本准则，是社会主义社会的客观要求，是社会主义职业活动获得成功的保证。

职业道德的基本要求：

1. 爱岗敬业

爱岗敬业是职业道德最基本、最起码、最普通的要求。爱岗敬业作为最基本的职业道德规范，是对人们工作态度的一种普遍要求。

所谓爱岗，就是热爱自己的本职工作，并为做好本职工作尽心竭力。爱岗是对人们工作态度的一种普遍要求，即要求职业工作者以正确的态度对待各种职业劳动，努力培养热爱自己所从事工作的幸福感、荣誉感。

所谓敬业，就是用一种恭敬严肃的态度来对待自己的职业。任何时候用人单位只会倾向于选择那些既有真才实学又踏踏实实工作，持良好态度工作的人。这就要求从业者只有养成干一行、爱一行、钻一行的职业精神，专心致志搞好工作，才能实现敬业的深层次含义，并在平凡的岗位上创造出奇迹。一个人如果看不起本职岗位，心浮气躁，好高骛远，不仅违背了职业道德规范，而且会失去自身发展的机遇。虽然社会职业在外部表现上存在差异性，但只要从业者热爱自己的本职工作，并能在自己的工作岗位上兢兢业业工作，终会有机会创造出一流的业绩。

当下，无数的海上设施工作者继承和发扬老一辈的优良传统，以海洋工业建设过程中涌现出的先进典型人物为榜样，爱岗敬业、恪尽职守，勤学苦练、奋力拼搏，持续改进、创先争优，以更加饱满的热情、更加昂扬的斗志，充分发挥聪明才智、尽情展现人生价值，用青春和智慧、激情和汗水不断谱写无愧于前辈、无愧于时代的辉煌新篇章。

2. 诚实守信

诚实守信是做人的基本准则，也是社会道德和职业道德的一个基本规范。诚实就是表里如一、说老实话、办老实事、做老实人。守信就是信守诺言、讲信誉、重信用，忠实履行自己承担的义务。诚实守信是各行各业的行为准则，也是做人做事的基本准则，是社会主义最基本的道德规范之一。

3. 办事公道

办事公道是指对于人和事的一种态度，也是千百年来人们所称道的职业道德。它要求人们待人处事要公正、公平。在处理问题时，要站在公正的立场上，按照同一标准和同一原则办事。即处理各种职业事务要公道正派、不偏不倚、客观公正、公平公开。对不同的服务对象一视同仁、秉公办事，不因职位高低、贫富亲疏的差别而区别对待。

4. 服务群众

服务群众是指听取群众意见，了解群众需要，为群众着想，端正服务态度，改进服务措施，提高服务质量。做好本职工作是服务人民最直接的体现。要有效地履职尽责，必须坚持工作的高标准。工作的高标准是单位建设的客观需要，是强烈的事业心和责任感的具体体现，也是履行岗位责任的必然要求。服务群众就是为人民群众服务，是社会全体从业者通过互相服务，促进社会发展，实现共同幸福。服务群众是一种现实的生活方式，也是职业道德要求的一个基本内容。服务群众是社会主义职业道德的核心，它是贯穿于社会共同的职业道德之中的基本精神。

5. 奉献社会

奉献社会就是积极自觉地为社会做贡献。这是社会主义职业道德的本质特征。奉献社会自始至终都体现在爱岗敬业、诚实守信、办事公道和服务群众的各种要求之中。奉献社会并不意味着不要个人的正当利益,不要个人的幸福。恰恰相反,一个自觉奉献社会的人,他才真正找到了个人幸福的支撑点。奉献和个人利益是辩证统一的。奉献社会是一种对事业忘我的全身心投入,这不仅需要有明确的信念,更需要有崇高的行动。当一个人任劳任怨,不计较个人得失,甚至不惜献出自己的生命从事某种事业时,他关注的其实是这一事业对人类、对社会的意义。

(二)劳动纪律

劳动纪律是指劳动者在劳动中所应遵守的劳动规则和劳动秩序。劳动纪律是用人单位为形成和维持生产经营秩序,保证劳动合同得以履行,要求全体员工在集体劳动、工作、生活过程中,以及与劳动、工作紧密相关的其他过程中必须共同遵守的规则。

劳动纪律主要包括:

1. 履约纪律:严格履行劳动合同及违约应承担的责任。

2. 考勤纪律:按规定的时间、地点到达工作岗位,按要求请休事假、病假、年休假、探亲假等。

3. 生产、工作纪律:根据生产、工作岗位职责及规则,按质、按量完成工作任务。

4. 安全卫生纪律:严格遵守技术操作规程和安全卫生规程。

5. 日常工作生活纪律:节约原材料、爱护用人单位的财产和物品。

6. 保密纪律:保守用人单位的商业秘密和技术秘密。

7. 奖惩制度:遵纪奖励与违纪惩罚规则。

8. 其他纪律:与劳动、工作紧密相关的规章制度及其他规则。

所谓"不以规矩,不能成方圆",因为有纪律,我们才有秩序,各项工作才能得以开展。这是法律给予用人单位的权利,也是员工的义务,只有这样才能保障自己的权益,且不侵犯他人的权益。当然,如果单位定的规章制度违反法律法规,严重侵害了员工利益,也是无效的。遵守公司规章制度是保证公司有序发展的重要前提。在工作中,海上设施工作人员要熟读员工手册及规章制度,并且要自觉遵守公司的各项规章制度,只有这样才能避免因违规而给公司造成的损失,最终影响自己的职业发展道路。

六、药物滥用和酗酒的危害及控制

(一)药物滥用的危害

"药物滥用"与我们平时所说的"滥用抗生素""滥用激素"等中的"滥用"概念截然不同。药物滥用,一般是指人们反复大量的使用与医疗目的无关的具有依赖性潜力的药物,是一种悖于社会常规的非医疗用药。这类药物的欣快作用,能使人产生一种松弛和愉快感,一旦产生依赖性(成瘾性),便会不可自制地不断地追求药物,以感受药物产生的精神效应,同时避免一旦断药产生的"戒断症状",进一步发展成为非用不可的强迫感受,陷入不能自控的上瘾境地,导致用药者产生精神错乱,并产生一些异常行为,其后果极其严重。

按照国际公约(《1961 年麻醉品单一公约》和《1971 年精神药物公约》)可以将具有依赖性的药物(或物质)分为两大类:一类是麻醉药品,如海洛因、大麻和大麻脂、阿片和吗啡制剂、可待因等;另一类是精神药物,如各种致幻剂和四氢大麻酚、中枢兴奋剂、巴比妥类药物、苯二氮䓬类药物等。此外,还有一些物质,如烟草、酒精、挥发性有机溶剂等,也具有依赖性特性,但未列入国际公约管制。

1. 药物滥用对身体和精神的危害

(1)成瘾性:由于反复使用一种药物,身体对该药的反应降低,以致药物耐受性提高,多次使用,容易上瘾,形成依赖性。在突然中止用药或减少用药剂量后,使用者会产生多种不良反应。

(2)产生毒副作用:滥用药物的自身毒性和过量及频繁使用,会产生毒副作用,严重损害人体器官,伴有机体的功能失调和组织病理变化;抑制胃、胆、胰消化腺体的分泌,从而影响食物的消化吸收,滥用药物者会出现食欲缺乏;亦可引起肺颗粒型病变、肺纤维化、肺梗死、肺气肿、肺结核等肺部感染;易引发癫痫、重度骨质疏松症等。

(3)会引起中枢神经的过度兴奋而衰竭或过度抑制而麻痹。精神极度亢奋或萎靡不振(嗜睡、感觉迟钝、运动失调),出现幻觉、妄想、定向障碍等。易患中毒性精神病,严重者会神志不清,甚至导致死亡。而长期使用则可能引起大脑器质性病变,形成器质性精神障碍,包括人格障碍、遗忘综合征和痴呆。而中枢神经受损也会殃及机体的各器官系统,滥用药物者会使器官极度衰竭,丧失工作能力和生活自理能力。

(4)感染性疾病:静脉注射毒品给滥用者带来感染性并发症,最常见的有化脓性感染、乙型肝炎及艾滋病。此外,还损害神经系统、免疫系统,易感染各种疾病。

2. 药物滥用对家庭、社会的危害

滥用药物的严重危害,会导致使用者丧失工作能力和生活自理能力,最终成为家庭和社会的负担。此外,滥用药物者购买药物将自己的积蓄耗尽后,可能千方百计地向亲人、朋友借钱或骗钱,最后发展到偷、抢,贪污或者参与贩毒、制毒。不管多么幸福的家庭,一旦出现吸毒者,这个家庭就会陷入灾难的深渊,乃至妻离子散,家破人亡。

滥用药物所致最突出的精神障碍是幻觉和思维障碍。他们的行为特点是围绕毒品转,常常会有暴力倾向,如打架、斗殴和言行失控等行为;多数滥用者有违法犯罪行为,如为了毒品去卖淫、抢劫、杀人。毒品蔓延地区犯罪率直线上升,而且多是杀人越货的恶性案件,严重威胁社会安定、和谐和人民生命财产安全。与吸毒密切相关的种毒、制毒、贩毒行为常常以有组织犯罪的形式存在,不仅危害社会的稳定,扰乱社会秩序,而且对局部经济甚至对全球经济产生不可估量的损失。

(二)酗酒的危害

酗酒是指经常过量饮用酒精饮料,饮酒成瘾,沉溺于饮酒尤其是强迫性过量饮酒。酗酒的危害主要有:

1. 抑制大脑和神经:易致人精神恍惚、倦怠无力、幻听、幻视、记忆减退、智力下降、严重者会损害各组织细胞,降低机体免疫力,易患多种疾病。

2. 损坏肝脏：大量的临床试验证实，酒中的乙醇对肝脏的伤害是最直接，也是最大的，它能使肝细胞发生变性和坏死。一次大量饮酒，会杀伤大量的肝细胞，引起转氨酶急剧升高。若长期饮酒，还容易导致酒精性脂肪肝、酒精性肝炎甚至酒精性肝硬化，甚至肝癌。

3. 酒精中毒：短时间大量饮酒，可导致酒精中毒，中毒后首先影响大脑皮质，使神经有一个短暂的兴奋期，胡言乱语。继之大脑皮质处于麻醉状态，言行失常，昏昏沉沉不省人事。如进一步发展，生命中枢麻痹，心跳呼吸停止以致死亡。

4. 易患食道炎、胃炎、溃疡病：酒精对食管和胃的黏膜损害很大，会引起黏膜充血、肿胀和糜烂，导致食道炎、胃炎、溃疡病。还会诱发急性胆囊炎和急性胰腺炎。

5. 诱发脑卒中：酒精影响脂肪代谢，促使血胆固醇和甘油三酯升高。大量饮酒会使心率增高，血压急剧上升，极易诱发脑卒中。

6. 酒精中毒性精神病：当血液中的酒精浓度达到 0.1%时，会使人遇事冲动；达到 0.2%～0.3%时，会使人行为失常。长期酗酒，会导致酒精中毒性精神病。

7. 可致酒精性心律失常：酒精能使酗酒者出现心律失常，年龄越大，饮酒量越大，心律失常程度越严重，恢复越慢。长期饮酒还会使心脏发生脂肪变性，损害心脏收缩功能，引起继发性心肌病，可能造成猝死。

8. 导致骨质疏松症：抑制甲状腺素分泌，使肠道对钙、维生素 D 的吸收率下降，最终导致骨质疏松症。

9. 营养失调：长期饮酒还会造成营养失调和引起多种维生素缺乏症。因为酒精中不含营养素，所以经常饮酒者会食欲下降，进食减少，势必造成多种营养素的缺乏，特别是维生素 B_1、维生素 B_2、维生素 B_{12} 的缺乏，还影响叶酸的吸收。

10. 降低肾功能：酒精毒素积蓄，从而引起尿少、尿灼痛，甚至发生肾炎、肾结石、尿毒症、肾病综合征，以致肾衰竭。

11. 危害胎儿：酒精对精子和卵子也有毒副作用，不管父亲还是母亲酗酒，都会造成下一代发育畸形、智力低下等不良后果。孕妇饮酒，酒精能通过胎盘进入胎儿体内直接毒害胎儿，影响其正常生长发育。

12. 妨碍公共安全和酿成犯罪：酗酒后驾驶车辆、船舶，会对社会、公众的生命和财产构成潜在威胁，构成了以危险方式危害公共安全的行为和涉嫌危险驾驶罪。也有酗酒后，寻衅滋事，打架斗殴，甚至引发恶性的刑事案件，严重扰乱社会治安，破坏社会安定和谐。

（三）药物滥用、酗酒的防范措施

1. 树立科学人生观、价值观，养成健康生活方式，增强社会责任感。

2. 保持良好的生活方式和健康的身心状态，降低药物滥用和酗酒的概率。

3. 加强学习，充分认识药物滥用、酗酒的危害。不要去错用、误用和试用毒品。

4. 所有饮酒者都应戒酒或有节制地饮酒。饮酒的量限制在每次每小时不超过 8.871～11.83 mL。这个量是人体的肝脏每小时能够正常代谢的量。超过这个量就会对身体产生副作用。

5. 严格要求人员遵守相关法律法规，发现问题，及时报告和处理，确保海上设施安全。

6. 滥用药物和酗酒直接影响到海上设施工作人员履行值班职责或有关安全、防污染等职责的健康和能力。当值班人员被发现受到药物或酒精的影响时，将不允许其履行值班职责或有关安全、防污染和保安值班职责,直至他们履行这些职责的能力不再受到影响为止。

七、缓解并采取必要的措施控制疲劳

疲劳会降低作业的效率和质量,疲劳会使工作人员无意识地产生不安全行为而引发事故,危及人身安全和海上设施安全。疲劳会妨碍工作人员对危险的感知和判断能力,妨碍消除危险的能力的发挥,使危险不能得到及时有效的消除。当发现自己或其他人员出现疲劳情况时,应立即告知领导。对于这一点很重要,因为这将有助于自己就疲劳预防和判断事宜和领导进行坦率的交流。

(一)疲劳的表现

疲劳对人的影响包括如下方面:

1. 身体方面:无法保持清醒,人会不由自主地出现“打瞌睡”或睡着的现象;手眼协调能力差,大脑不能清楚支配手的动作;讲话困难,发音不清、慢慢吞吞或混淆;感到胳膊和腿很沉或行动迟缓;进行举、推或拉的动作时力气不够用;手中的工具、零部件掉落的次数增加;不明原因感到身体不适(头疼、头晕、心悸或心跳节奏不规律、呼吸急促、食欲缺乏、失眠、盗汗、腿部疼痛或抽筋、消化不良等)。

2. 情感方面:冒险欲望加大;不容忍行为和反常行为情况加大;会产生不必要的担忧;做好工作的动力减少;情绪变化增多,会有烦躁、疲惫、抑郁情况出现,会由欢快变为沉默,面容呆滞,略显疲惫。

3. 思想方面:距离、速度、时间等方面的判断力差;无法准确说明情况(例如,关注简单问题、未想过情况的严重性或未对危险进行预测);对正常情况、异常情况或紧急情况反应慢或无反应;注意力持续时间短;思路欠清晰;容易走神。

(二)疲劳成因

1. 睡眠不足:人只有通过睡眠才能维持和恢复良好的工作效率。出现睡眠不足时,人就会感到疲惫,而且警觉性也会受到影响。

2. 睡眠质量差:睡眠质量不好会导致出现疲劳情况。这种情况多见于睡眠中断和/或人体需要睡眠时自己却无法进入睡眠状态。

3. 工作期间短暂休息时间不充足:除了通过睡眠可恢复工作效率外,工作期间通过短暂休息也能恢复工作效率。休息时间匮乏或为了尽早完成工作而导致指定的休息时间延后都会产生疲劳。

4. 休息不好:休息时受到干扰,如突然被唤醒会导致出现疲劳情况。

5. 压力:引起压力的因素包括个人问题,比如,想家、与其他同事之间发生的问题、工作时间长等。压力的出现会引发疲劳或加大疲劳程度。

6. 工作乏味、重复:人感到乏味时就会出现疲劳现象。当所从事的工作内容毫无挑战性、重复性高、过于枯燥乏味和/或肢体运动受到限制时,人就会产生厌烦心理,从而达到倍感疲劳的程度。

7. 噪声或振动:人在噪声或振动的环境下不能进行睡眠或休息,因为这种环境会对身体压力情况造成影响,进而引发疲劳。

8. 食品：进食的时间、次数、内容、质量都会影响到人的健康状况。

9. 身体状况和疾病：身体状况和疾病都会引发疲劳或加重疲劳情况。疲劳造成的后果应视疾病性质或身体状况以及所从事的工作类型而定。例如，人在感冒时，反应就会变慢，同时，手眼协调能力也会受到影响。

10. 摄入化学品：酒精、咖啡因和非处方药物均会造成睡眠障碍。服用咖啡因也会给人带来其他副作用（如高血压、头疼、情绪波动或焦虑等）。

11. 超负荷工作量：连续进行“繁重”的工作会引起疲劳。人在加班加点工作或执行需要消耗体力或引起精神压力的任务时，则会认为这是一个繁重的工作。超负荷工作时间和疲劳会给人造成以下负面影响：事故率和死亡率上升；加大药物依赖性、烟瘾或酒瘾；睡眠不足和睡眠障碍；心血管障碍、呼吸障碍或消化功能紊乱频率加大；感染风险加大等。

（三）预防疲劳的方法

1. 睡眠

睡眠是一种最有效的疲劳预防策略。睡眠不足和困倦都会从人体各方面（身体、情感、思想等）影响工作效率。为了满足身体需要，必须做到以下几个方面：

（1）睡眠时间：普遍建议每天平均睡眠时间为 7～8 h。如果睡眠不足的情况持续七天以上，人的警觉性则会受到影响。因此，只有通过睡眠才能保持或恢复原来的办事效率。

（2）连续睡眠：以下是一些关于养成良好的睡眠习惯的普通指导：

①养成良好的睡前习惯，促进睡眠，例如，洗个热水澡或看看令人心静的书籍。

②营造睡眠氛围，在一片漆黑、安静且凉爽的环境下躺在舒适的床上有助于促进睡眠。

③确保睡眠时间延长时不会出现睡眠中断。

④睡觉前满足任何生理需要（例如，睡前感到饥饿或口渴时，应少量吃喝，以免因睡前消化活动和常去厕所而保持清醒）。

⑤睡前严禁饮酒和服用咖啡因［咖啡、茶、巧克力和部分药物（包括感冒药、阿司匹林）中可能含有酒精和/或咖啡因］；因此，至少在睡前 6 h 内不得服用咖啡因。

⑥寻找并正确学习一种对睡眠帮助很大的放松技巧（冥想、做瑜伽）。

（3）睡眠质量：人需要熟睡。由于人们每次睡眠并非完全出现同等质量，因此，完全恢复体力的效果也会有所不同。

2. 休息

休息是抵抗疲劳、提高工作效率的另一个重要因素。如果要保持工作效率，出于身体的需要，间歇或暂停休息是必需的。影响休息需求的因素包括活动暂停或调整之前持续时间和强度、暂停时间或新活动的性质或调整。

（四）减少疲劳效应的方法

疲劳是一种信号，它的出现表明机体已经超过正常负荷。适当的睡眠和休息是一种最有效缓解疲劳的方式。此外，其他方式也有可能短期内使部分疲劳得到缓解。然而，需要注意的是，采用的这些对策只是临时隐藏了疲劳迹象和症状，而实际上并未消除疲劳。海上设施工作人员应该结合自身的情况，根据引起疲劳的原因，“对症下药”：

1. 兴趣或机会:具有趣味性的挑战、令人兴奋的创意、工作程序的更改或其他新奇的不同事物均能帮助人们保持清醒。如果所从事的工作简单乏味或具有重复性,人的警觉性就会逐渐消退。

2. 环境:强光、干燥的冷空气、音乐和其他不规则的声音和一些宜人的香味(如薄荷)均可临时提高人的警觉性。

3. 食品和化学药品消耗:对部分人而言,服用咖啡因(加上咖啡和茶,以及在较小的范围内可乐和巧克力的双重作用)有助于短期提神;但是,长时间服用咖啡因会削弱其提神的作用,从而引起倍感疲劳却无法入睡的现象发生。

4. 肌肉活动:进行各种肌肉活动有助于人们保持警觉性。跑步、散步、伸展或嚼口香糖均能够提高人的警觉性。

5. 社会互动:社会互动(如交谈)有助于人们保持清醒。

6. 战略性小睡:以战略性的方式对小睡进行控制也能提高警觉性和工作效率。最有效的小睡时间约为 20 min。如果小睡时间超过 30 min,就可能会出现睡眠惯性现象,醒来后出现头晕眼花的感觉。

7. 工作轮换:活动顺序更改(即为人员分配多样性的任务)能够打破工作的单调性。需要大量体力或脑力的工作任务和低要求的工作任务相结合可产生对人有益的效果。

第三章
个人求生技能

第一节 海上求生

海上求生是指船舶或海上设施发生海难威胁到人员生命安全时,求生者利用船舶或海上设施所配备的救生设备,运用海上求生的知识与技能,克服海上的困难,延长生存时间,增加获救机会,直至脱险获救的整个过程。

一、海上求生面临的主要危险

在弃船求生的过程中求生者将会遇到下列危险:

1. 溺水:求生者落入水中,首先遇到的威胁是溺水。溺水是指人员落入水中后,由于气管内吸入大量水分阻碍呼吸,或因喉头强烈痉挛,在短时间内引起呼吸道关闭而导致窒息死亡。

2. 暴露:弃船后使求生者丧生的其中一个主要原因是身体暴露在寒冷气候中,特别是暴露在低温水中。人暴露在寒冷气候中,会使体热很快地散失,容易冻伤身体组织,尤其是当人体浸泡在水中,会使体热迅速散失,致使人体在短时间内体温下降直至昏迷死亡;另外,寒冷气候会降低人的行动效率,使人的思维变得迟缓,并且严重影响人的求生意志;人暴露在酷热气候下,会造成日光性的灼伤、人体水分的丧失或引发中暑。中暑是人体在过高环境温度作用下,体温调节机制暂时发生障碍,而发生体内热蓄积的一种人体反应。

3. 晕浪:在救生艇筏内晕浪也是求生者常常遇到的难题。由于人员在救生艇筏中经常会遭遇各种海浪袭击,并且救生艇筏体积较小,导致其在海上剧烈摇摆,必然会使人员出现疲劳、头晕、面色苍白、出冷汗,随后出现眩晕、精神抑郁、唾液分泌增多和呕吐等晕浪症状。呕吐会引起人体严重缺水,更重要的是晕浪会使人精神萎靡,动摇求生者的求生意志而使人失去争取获胜的信心。

4. 缺乏饮水和食物:经验表明,人员缺水只能维持生命数天,而在有水缺粮情况下,可生存几周。而救生艇筏中配备的淡水和食物十分有限,因此缺水是弃船后使求生者丧生的一个主要原因。另外,由于缺少足够的淡水和食物,求生人员会出现疲劳、乏力、行动迟缓、嗜睡,甚至昏迷现象。

5. 悲观与恐惧:悲观与恐惧是使求生者丧生的另一个主要原因。在海上求生中,由于人员处在一种危险环境中,经历各种意想不到的困难,求生者会产生悲观和恐惧甚至绝望情绪。它会使人的思维混乱,失去为生存而斗争的力量和信心,甚至使人丧失行动能力。

6. 受伤和疾病:若人员在海上求生过程中受伤或患病,伤者或患病人员往往无法得到及时救治,部分人员还会因此丧失生命,这是求生者要面对的困难之一,并且它也会严重动摇人们的求生意志。

7. 遇难者位置不明:遇险船舶或海上设施在发生海难时由于设备、人员、当时环境等原因没有及时、有效地将遇险信息发送给附近的船只、飞机和岸台,致使救援者没有及时收到遇难出事位置的信息;受外部恶劣天气,诸如:狂风、急流等影响导致艇筏严重漂移;由于艇筏上人员没有采取合理、有效手段表明其所在位置而延误或失去获救的机会。

二、海上求生的一般原则

海上人员在求生过程中会遇到各种困难,而处在大海这样一个特殊的环境中,每一种困难都会严重威胁求生人员的生命安全,因此,每一位求生人员不但要勇敢地面对困难和危险,灵活运用所掌握各种救生知识和技能,依靠先进的救生设备,更要掌握一定的海上求生原则才能增加获救机会。

1. 注意自身保护。海上遇险求生中,求生者必须采取各种有效措施保护好自己,避免使自己暴露在不利的环境中而受到伤害。

2. 具有顽强的求生意志,保持坚定的求生信心,这是求生最重要的因素。

3. 保持救生艇筏在难船或海上设施附近海面等待救援,以增加获救机会。

4. 合理利用淡水和食物。

三、我国海上搜救体系

(一)中国海上搜救中心

我国海上搜救工作,由国务院相关部委、军队有关部门组成的“国家海上搜救部际联席会议”负责协调。其办事机构为中国海上搜救中心,作为国家海上搜救的指挥工作机构,负责国家海上搜救部际联席会议的日常工作,并承担海上搜救运行管理机构的工作,主要负责海(水)上突发事件预警预防,人命救助、环境救助和财产救助,重要通航水域清障以及海盗事件信息的接收与处理。中国海上搜救中心负责全国海上搜救工作的统一组织、协调和搜救情况的掌握与上报。各省级搜救中心在省、自治区、直辖市人民政府和军区的领导下开展工作,业务上受中国海上搜救中心的指导。中国海上搜救力量主要由专业救助力量、军队、中央有关直属部门和地方部门的力量,以及各港口、企事业单位和航行于中国水域的大量商船和渔船组成,专业救助力量主要为交通运输部救助打捞局。

(二)交通运输部救助打捞局

经过 70 多年的发展,交通运输部救助打捞局已初步建成了全方位覆盖、高海况运行、配置科学、反应迅速、处置高效的“三位一体”的海空立体救捞网络,救捞整体发展水平和综合能力位居世界前列。

目前,中国救捞的力量部署有效覆盖我国全部沿海水域、国际搜救责任区,在中国 1.8 万公里多的大陆海岸线上,从北起鸭绿江,南至南沙群岛共设置了 24 个救助基地、88 个救助船舶值班待命点、8 个救助飞行基地、115 个临时起降点,并建立了 19 支应急救助队,实现了 365 天、24 h 不间断地为人民生命财产安全保驾护航。

中国救捞实行动态值班制度,针对各海区的救助特点,实时对救捞船舶、直升机等装备和人员进行优化,将大马力救助船部署在通航密集区和事故多发水域,最大限度发挥海、陆、空联动效应。目前,救捞应急保障力量在 9 级海况下能够出动,在 6 级海况下能够实施有效救助。

救捞装备日新月异。目前拥有各类救捞船舶达 209 艘、救助直升机 20 架。主力救助船功率达到 9 000 kW,抗风浪能力达到 12 级风,14 m 浪高。最大的救助船"101"系列共三艘,满载排水量达 7 000 t,作为救助旗舰配置在 3 个海区。一次溢油综合清除回收能力单船达到 3 000 t;救助直升机飞行救助半径 110 n mile,单次最大救助人数可达 20 人。飞行救助实现了复杂气象条件下的跨区域长距离救助和船载直升机联合救助。

(三)水上险情应急反应程序

发生海上突发事件时,可通过海上通信无线电话、海岸电台、卫星地面站、应急无线电示位标或公众通信网(海上救助专用电话"12395")等方式报警。发送海上遇险信息时,应包括以下内容:(1)事件发生的时间、位置;(2)遇险状况;(3)船舶、航空器或遇险者的名称、种类、国籍、呼号、联系方式。

海上搜救机构接到海上突发事件险情信息后,对险情信息进行分析与核实,并按照有关规定和程序逐级上报。

最初接到海上突发事件信息的海上搜救机构自动承担应急指挥机构的职责,并启动预案反应,直至海上突发事件应急反应工作已明确移交给责任区海上搜救机构或上一级海上搜救机构指定新的应急指挥机构时为止。海上突发事件应急反应按照海上搜救分支机构、省级海上搜救机构、中国海上搜救中心从低到高依次响应。

在险情确认后,承担应急指挥的机构应立即进入应急救援行动状态。对需动用的、当时有能力进行海上搜救的救助力量,搜救机构应及时下达行动指令,明确任务。最后,负责组织指挥海上突发事件应急反应的海上搜救机构,根据具体情况决定是否终止应急行动。

第二节　救生设备

近海供应船舶和海上设施救生设备是为救助落水人员或遇险时撤离乘员而设置的专用设备及其附件的总称。近海供应船舶和海上设施救生设备主要有救生艇、救助艇、救生筏、个人救生设备(包括救生衣、救生服、救生圈、抗暴露服)、视觉信号、保温用具、无线电救生设备、抛绳设备、海上撤离系统等。不同的海上设施可能会配备不同种类、不同数量的救生设备。

一、救生艇

救生艇(Life Boat)是海上的主要救生设备之一,是具有一定浮力、强度、能搭载一定人数、属具备品比较齐全的刚性小艇,是一种非常有效的脱险工具(如图3-2-1所示)。

图3-2-1 救生艇

救生艇在艇内浸水和破漏时仍可满载乘员和属具浮起。其主要作用是遇险时帮助海上人员脱离难船或海上设施,便于在海上进行求生活动。

封闭式救生艇是撤离时首选的救生设备,具有密封好、安全设施齐全、便于释放与操作的特点。撤离时,人员按应急部署要求进入救生艇内,关闭门窗,防止有害气体进入救生艇内。启动供气系统,可以保证人员呼吸。在救生艇内可以完成释放、脱钩等工作。打开海水喷淋系统,可以冷却救生艇外表面,降低救生艇温度。完善的操纵系统非常便于人员操纵,实现驶向安全地点待救。

作为替代,水面式平台配备一艘或多艘能从平台端部自由降落下水式救生艇(如图3-2-2所示)。

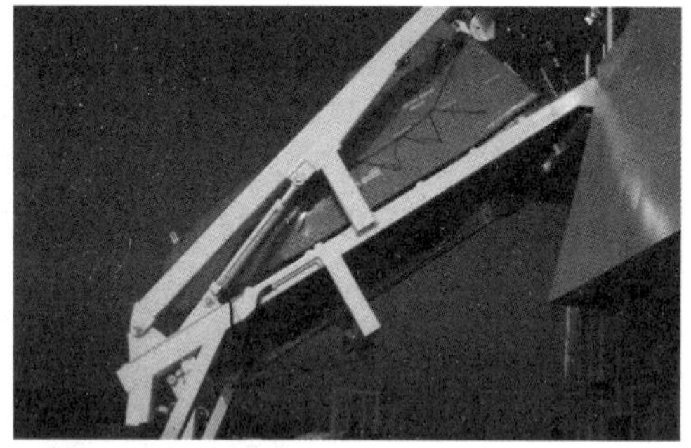

图3-2-2 自由降落下水式救生艇

近海供应船和海上设施救生艇配备标准如表3-2-1所示。

表 3-2-1　救生艇配备标准

<table>
<tr><th colspan="2">配备对象</th><th>救生艇配备</th></tr>
<tr><td colspan="2">近海供应船</td><td>船长 $L \geqslant 85$ m：全封闭救生艇每舷 100%</td></tr>
<tr><td colspan="2">海上移动平台</td><td>水面式平台：全封闭救生艇每舷 100%，或自由降落救生艇全部 100%；
自升式、柱稳式和坐底式平台：同“半潜式浮式装置”；
坐底箱型平台：远海航区，同“水面式平台”，近海航区每舷至少 1 艘</td></tr>
<tr><td rowspan="2">固定平台</td><td>有人驻守，包括平台群的居住平台</td><td>能容纳其总人数。若总人数超过 30 人，救生艇不少于 2 艘</td></tr>
<tr><td>无人平台</td><td>可不配备</td></tr>
<tr><td colspan="2">海上浮式装置</td><td>船形浮式装置：每舷 100%；
半潜式浮式装置：应配备满足在下述情况下足够容纳 100%；
在任何一个地点的所有救生艇失掉或不能使用时；
任何一舷，任何一端或任何一角的所有救生艇失掉或不能使用时</td></tr>
</table>

救生艇的属具备品中除了钩篙外，其他所有的物品都应该采取固定的方式存放在救生艇内；属具备品应该储存在救生艇密闭的存放舱柜内或救生艇的封闭舱内；或者储存在托架内或类似的支架装置上或以其他适宜的方式系固于救生艇内。但是，如果救生艇靠吊艇索降落，艇的钩篙应不加固定，以供撑开救生艇。属具的系固方式应不致妨碍任何弃船步骤。各项救生艇属具应尽可能小巧轻便，并应该包装合适而紧凑。

救生艇的属具如表 3-2-2 所示。

表 3-2-2　救生艇的属具

编号	属具	图片	编号	属具	图片
1	自由降落救生艇除外，足够数量的可浮桨，以供在平静海面划桨前进		17	日光信号镜 1 面	
2	带钩艇篙 2 支		18	救生信号图解说明表 1 张	

续表

编号	属具	图片	编号	属具	图片
3	可浮水瓢1只，水桶2只		19	哨笛或等效的音响号具1只	
4	救生手册1本		20	急救药包1套	
5	具有发光剂或适当照明装置的操舵罗经1只	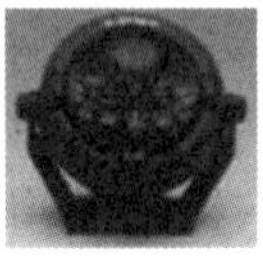	21	每个人配备的防晕船药至少足够48 h用的量和清洁袋1个	
6	适当尺度的海锚1只，配有浸湿时还可以用手紧握的耐振锚索1根		22	以短绳系于艇上的水手刀1把	
7	有效的首缆2根，其长度不小于从救生艇存放位置至最轻载航行水线距离的2倍或15 m，取其长者		23	开罐头刀3把	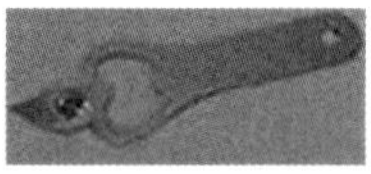
8	太平斧2把，救生艇首尾端各1把		24	系有长度不少于30 m浮索的可浮救生环2个	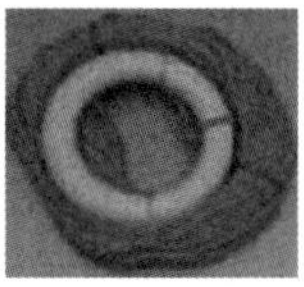

续表

编号	属具	图片	编号	属具	图片
9	救生艇额定乘员每个人 3 L 的淡水	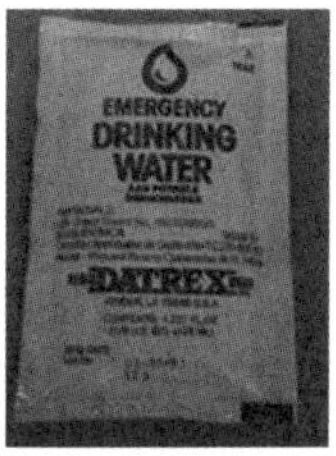	25	手摇泵 1 具	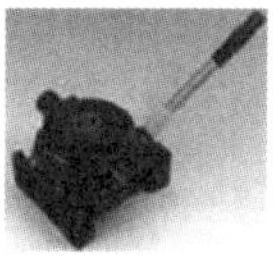
10	不锈饮料量杯 1 个	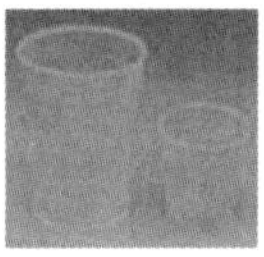	26	钓鱼用具 1 套	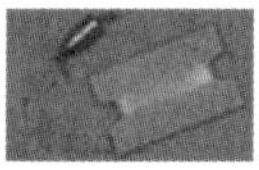
11	附有短绳的不锈水勺 1 个		27	发动机及附件作小调整用的工具	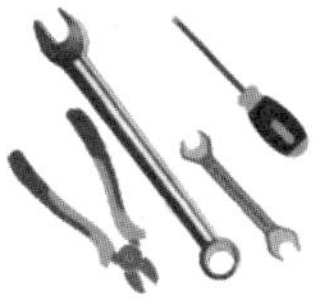
12	额定乘员每个人不少于 10 000 kJ 的口粮		28	适用于扑救油类火灾认可型手提式灭火器 1 具	
13	火箭降落伞火焰信号 4 支		29	探照灯 1 具	
14	手持火焰信号 6 支		30	有效的雷达反射器 1 具	
15	漂浮烟雾信号 2 支		31	足够不少于救生艇额定乘员 10% 用的保温用具或 2 件,取其大者	

续表

编号	属具	图片	编号	属具	图片
16	适于莫尔斯通信的防水手电筒 1 只		32	如主管机关在考虑该船所从事的航行性质与时间认为 12 和 26 项所规定的属具为不必要者，可准予免配	

二、救助艇

救助艇(Rescue Boat)一般配备在船舶和平台群的生活平台上。救助艇是为救助遇险人员和集结救生艇筏而设计的艇。因此，救助艇具有较好的机动性能和操纵性能，并且配备了相应的救助设备(如图 3-2-3 所示)。

图 3-2-3　救助艇

船长 $L \geqslant 45$ m 的近海供应船、海上移动平台(沿海航区、遮蔽航区坐底箱型平台除外)、有人驻守固定平台(包括平台群中的居住平台)和海上浮式装置应至少配备一艘救助艇。如果船舶或海上设施配备的救生艇也符合救助艇的要求，可以将此救生艇作为救助艇使用。但救助艇能搭载的人员较少，并且救助艇的属具备品中没有淡水、食物以及视觉信号等属具和备品，因此救助艇不能作为救生艇来使用。

三、救生筏

救生筏(Liferaft)是指在船舶或海上设施发生海难时，从弃船或弃设施起能够漂浮在海面上，维持海上遇险人员生命安全的求生工具，是船舶和海上设施配备的主要救生设备之一(气胀式救生筏如图 3-2-4 所示)。

图 3-2-4　气胀式救生筏

救生筏存放在舷边存放筒内，重量轻、体积小，易于搬动抛投，操作方便，具有一定的浮力。救生筏具有自动充气能力，当人员拉动或船舶和设施沉没拉动充气拉索时，救生筏所配备的二氧化碳气瓶会向救生筏浮胎内充气。救生筏成型后可在海面上漂浮，有隔热和御寒的顶篷，人员可以乘坐救生筏离开遇难船舶或海上设施，救生筏内配备有淡水和食物，维持人员生存，并保证在海上漂浮待救。救生筏在船舶或海上设施沉没时能自动脱离难船或海上设施（如图3-2-5所示）。但救生筏无自航能力，仅能作为等待援救时维持生存的工具。

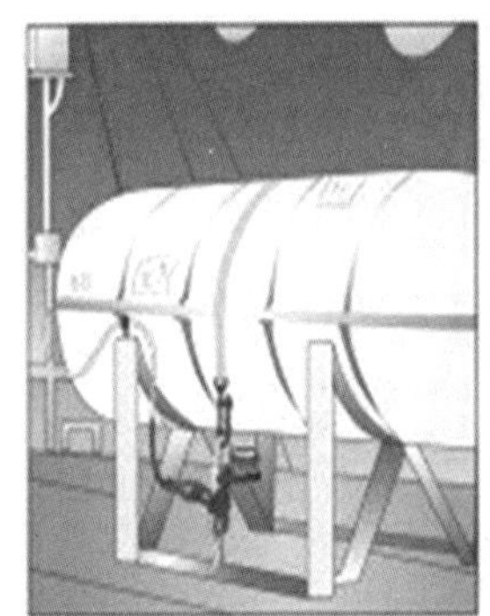

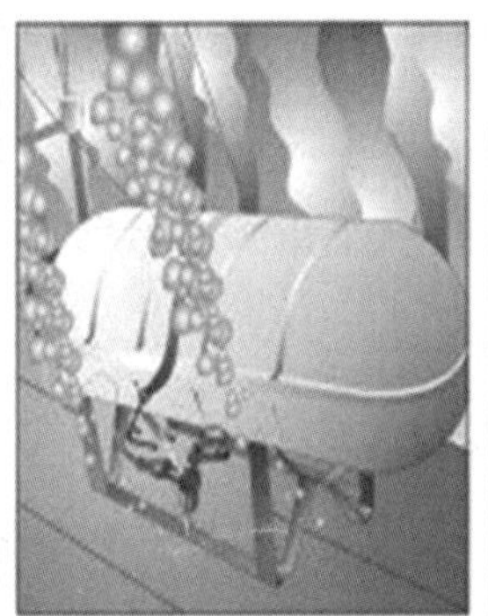

图 3-2-5　救生筏自动脱离难船或海上设施

近海供应船和海上设施救生筏配备标准如表 3-2-3 所示。

表 3-2-3　救生筏配备标准

配备对象	救生筏配备
近海供应船	船长 $L\geqslant85$ m：可舷对舷转移共 100%，不可转移每舷 100%，救生筏存放间距>100 m，附加 1 或 2 只； 船长 $L<85$ m：可舷对舷转移共 100%，不可转移每舷 150%
海上移动平台	水面式平台：可任何一舷下水共 100%，不可转移每舷 100%，救生筏存放间距>100 m，附加 1 或 2 只； 自升式、柱稳式和坐底式平台：应能容纳平台人员总数 坐底箱型平台：远海航区与“水面式平台”相同，其他航区每舷至少配备一只气胀救生筏，总数满足平台上总人数的 200%

续表

配备对象		救生筏配备
固定平台	有人驻守,包括平台群的居住平台	能容纳其总人数
	平台群中的其他每座平台	能容纳各自实际工作的最多人数
	无人平台	至少应配备能容纳 12 人的气胀式救生筏 1 只
海上浮式装置		船形浮式装置:同“海上移动平台”; 半潜式浮式装置:应配备除与船形浮式装置配备要求的救生筏外,还要有 1 只存放在直升机甲板附近

注:附加救生筏要求:如果救生筏的存放位置距首部或尾部超过 100 m 还应在合理可行的范围内增加一只尽量靠前或靠后的救生筏,或一只尽量靠前、另一只尽量靠后的 2 只救生筏。

救生筏的属具(如图 3-2-6 所示)配备包括:(1)系有长度不少于 30 m 浮索的可浮救生环 1 个。(2)可浮的非折叠式安全小刀 1 把,系以短绳并存放在顶篷外面靠近艏缆与救生筏系连处的袋子内。另外,乘员定额为 13 人及以上的救生筏应加配一把不必是非折叠式的小刀;乘员定额不超过 12 人的救生筏配有可浮水瓢 1 只;乘员定额为 13 人及以上的救生筏配有可浮水瓢 2 只。(3)海绵 2 块。(4)流锚 2 只。(5)可浮手划桨 2 只。(6)开罐头刀 3 把,剪刀 1 把。(7)急救药包 1 套。(8)哨笛或等效的音响号具 1 只。(9)火箭降落伞火焰信号 4 支。(10)手持红火焰信号 6 支。(11)漂浮烟雾信号 2 支。(12)防水手电筒 1 只。(13)雷达反射器 1 具。(14)日光信号镜 1 面。(15)救生信号图解 1 张。(16)钓鱼用具 1 套。(17)额定乘员每人不少于 10 000 kJ 的口粮。(18)每个乘员 1.5 L 的淡水。(19)不锈饮料量杯 1 个。(20)每人 48 h 用量的防晕船药和清洁袋。(21)救生须知和紧急行动须知。

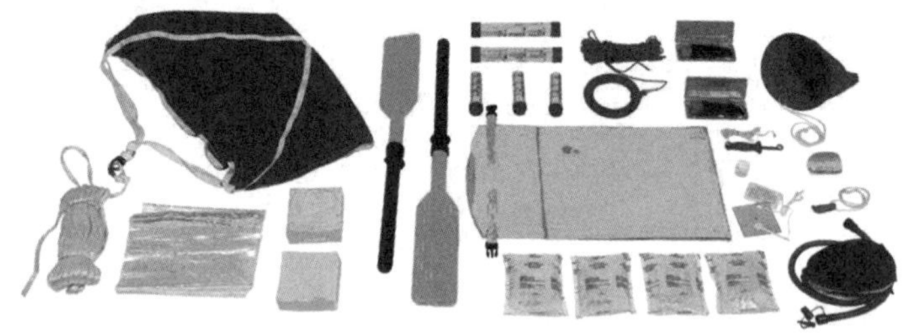

图 3-2-6　救生筏的属具

四、救生衣

(一)救生衣的作用及种类

救生衣(Life Jacket)是船舶和海上设施工作人员每人必备的救生设备。它穿着方便,增加穿着者在水中的浮力,减少其体力消耗,可以使包括处于昏迷状态人员在内的穿着者在水中自动浮于安全状态,并保持穿着者脸部高出水面一定高度而不致灌水。救生衣按浮力形式分为固有浮力式救生衣和气胀式救生衣(如图 3-2-7、图 3-2-8 所示),救生衣按结构形式又可分为背心式和套头式救生衣(如图 3-2-9、图 3-2-10 所示)。

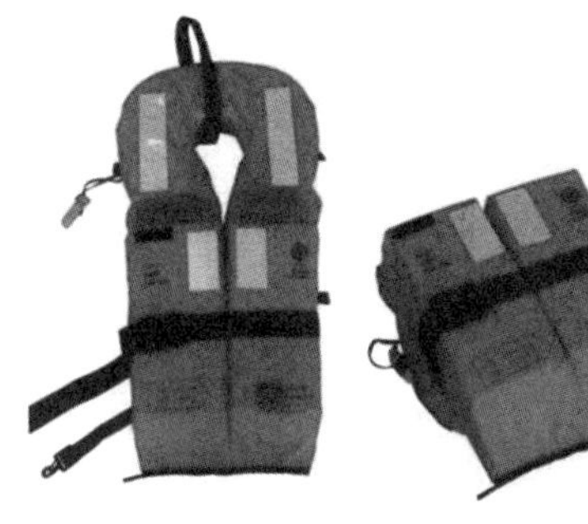

图 3-2-7　固有浮力式救生衣

图 3-2-8　气胀式救生衣

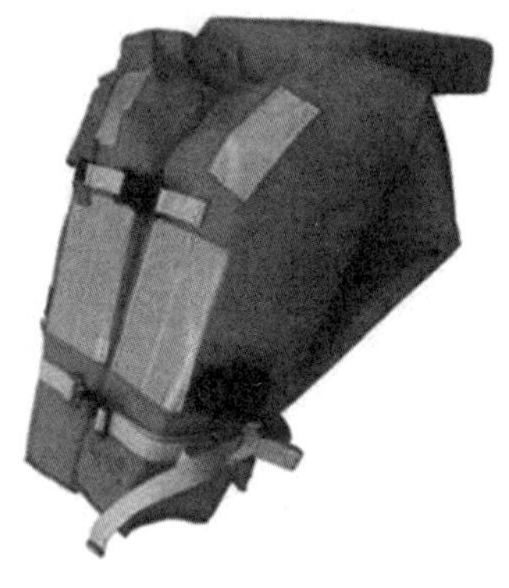

图 3-2-9　背心式救生衣

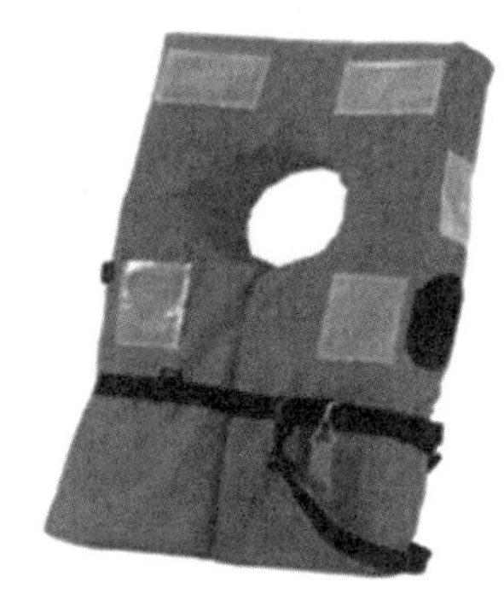

图 3-2-10　套头式救生衣

(二)救生衣配备

1. 救生衣配备

近海供应船和海上设施救生衣配备标准如表 3-2-4 所示。

表 3-2-4　救生衣配备标准

<table>
<tr><td colspan="2">配备对象</td><td>救生衣配备</td></tr>
<tr><td colspan="2">近海供应船</td><td>每人应配备 1 件救生衣;在救生艇筏处和在不易取到救生衣的工作地点还应配备足够数量的救生衣</td></tr>
<tr><td colspan="2">海上移动平台</td><td>同"近海供应船"</td></tr>
<tr><td rowspan="3">固定平台</td><td>有人驻守,包括平台群的居住平台</td><td>应配备其总人数 210%的救生衣。其中:居住室内 100%;平台甲板工作区内 10%;救生艇筏登乘站 100%</td></tr>
<tr><td>平台群中的其他每座平台</td><td>应按其上实际最多工作人数,每人配备 1 件救生衣</td></tr>
<tr><td>无人平台</td><td>至少应配备 26 件带有哨笛和救生衣灯的救生衣</td></tr>
<tr><td colspan="2">海上浮式装置</td><td>同"近海供应船"</td></tr>
<tr><td colspan="2">单点系泊装置</td><td>应配备足够数量的救生衣,以供每位登临人员使用</td></tr>
</table>

2. 属具配备

(1)每件救生衣均应备有用细绳系牢的哨笛;

(2)救生衣灯灯光的颜色为白色,光强不小于 0.75 cd,能持续使用至少 8 h(如图 3-2-11 所示)。

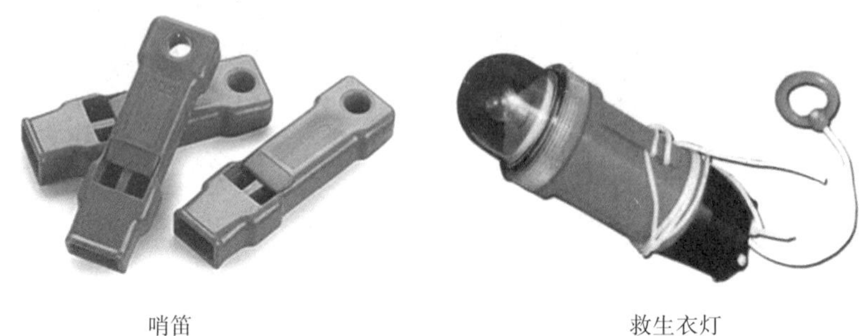

哨笛　　救生衣灯

图 3-2-11　救生衣属具

(三)救生衣的穿着

1. 在应急时,应先穿上较厚的衣服,再穿救生衣;穿救生衣要做到紧紧贴住身体。穿着固有浮力式救生衣前,应先检查浮力块、领口带、腰带及属具等,它们不能有损坏或缺失。将救生衣穿上,调整前后浮力块保证穿着舒适,连接上、下两个连接扣并适当调整松紧适度。无论穿着哪种救生衣,最后必须扣紧,以免救生衣在水中脱落。救生衣穿着方法示意图如图 3-2-12 所示。

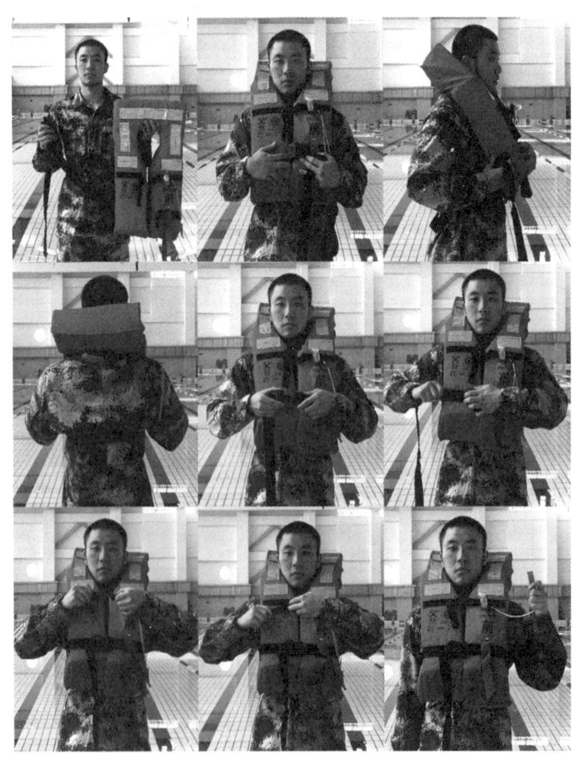

图 3-2-12　救生衣穿着方法示意图

2. 穿着气胀式救生衣之前，应检查气嘴和通气管，胸带、腰带、跨带等，他们应完整无损，并有2个独立的气室，互不连贯，应不漏气，穿着后，系好胸带，并调整好跨带，拉二氧化碳充气瓶的绳，使救生衣充气成型；或用牙齿将气嘴向前顶紧吹气（松开即自动关闭），并交替往左、右气嘴吹气，使前后平衡，以增大浮力（如图3-2-13所示）。

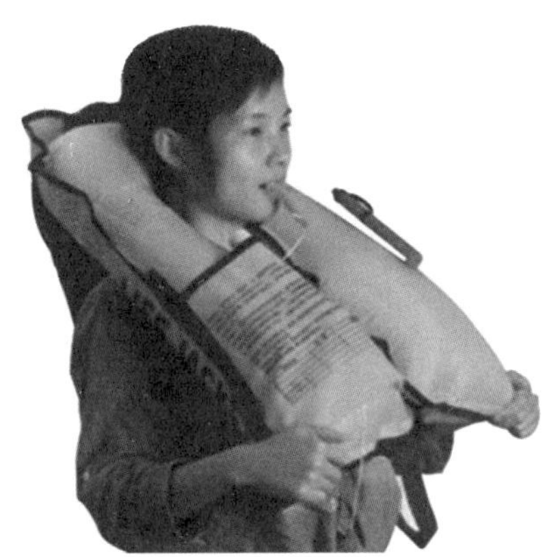

图3-2-13 穿着气胀式救生衣

3. 救生衣穿着注意事项

（1）要注意救生衣是否能正反两面穿用，有的救生衣正反两面穿用皆可，救生性能一样；有的救生衣仅能正面穿着，反面穿着达不到正面穿着的实效。例如：仅在一面配置了反光膜的救生衣，若将此面穿在里面，反光膜就发挥不了作用。

（2）要将腰带等紧固件扣牢。若未扣牢，在跳水时受水的冲击腰带等可能会松开，或在水中漂浮较长时间后滑脱。

（四）救生衣的存放

救生衣存放在容易取用之处，通常存放在住舱内的床头柜或衣柜里，存放位置有IMO标识（如图3-2-14所示）。救生衣用后应用淡水洗净晾干，平时禁止将其用作枕头、坐垫，以免影响救生衣的浮力。

图3-2-14 救生衣的存放

五、救生服

救生服(Immersion Suit)是指能够减少冷水中的穿着者体热损失的保护服,也有人将救生服称作浸水服,如图 3-2-15 所示。

图 3-2-15 救生服

(一)救生服的作用

多数的救生服用不透水和保温材料使穿着者保持内部衣服干燥,同时全身封闭与外界不产生对流,形成良好的保温层,从而减少冷水中穿着者的体热损失,延长生存时间,为海上救助人员提供了搜寻和营救的时间,增加获救机会。

救生服胸前配有水密拉链,便于穿着者迅速使用。为了使穿着者能执行一定的工作任务,它配备了连衣防护手套和带有防滑装置的连裤靴鞋;为防止空气在救生服内流动散失热量,在救生服裤腿两侧加装了限流拉链。

(二)救生服的配备

近海供应船和海上设施救生服配备标准如表 3-2-5 所示。

表 3-2-5 救生服配备标准

<table>
<tr><th colspan="2">配备对象</th><th>救生服配备</th></tr>
<tr><td colspan="2">近海供应船</td><td>每人应配备 1 件,为救助艇员或海上撤离系统工作人员每人配备 1 件</td></tr>
<tr><td colspan="2">海上移动平台</td><td>每人应配备 1 件,在救生艇筏处和在不易取到救生服的工作地点还应配备足够数量的救生服。为替代救生服,为救助艇员或海上撤离系统工作人员每人配备 1 件抗暴露服</td></tr>
<tr><td rowspan="2">固定平台</td><td>有人驻守,包括平台群的居住平台</td><td>每人应配备 1 套带有哨笛和救生衣灯的救生服,对需加穿救生衣的救生服,可不配哨笛和救生衣灯</td></tr>
<tr><td>无人平台</td><td>至少应配备 12 件带有哨笛和救生衣灯的救生服,对需加穿救生衣的救生服,可不配哨笛和救生衣灯</td></tr>
<tr><td colspan="2">海上浮式装置</td><td>每个人员配备 1 件符合要求的救生服,另外应在适当位置存放足够数量的救生服,以供值班人员使用</td></tr>
<tr><td colspan="2">单点系泊装置</td><td>配备足够数量的救生服,以供每位登临人员使用</td></tr>
</table>

注:1. 在规定的温暖区域作业,可不必配备救生服。2. 抗暴露服系指设计成供救助艇艇员和海上撤离系统人员使用的防护服。其外观结构与救生服类似,保温性能不如救生服,但活动性能较好,有利于穿着者进行救助作业。

(三)救生服的穿着

1. 穿救生服之前应穿着适当保暖衣服;取出救生服,打开胸前的水密拉链,松开腿部的限流拉链。

2. 先穿下身,然后将腿部的限流拉链收紧。

3. 后穿上身,并将帽子戴好。

4. 将水密拉链拉至脸部,扣好胸前的连接扣。

5. 下水前将脸部密封边拉至下颌;如果需要,救生服外面加穿一件救生衣(如图 3-2-16、图 3-2-17 所示)。

图 3-2-16　穿着救生服

穿着救生服在水中漂浮时头部略微后仰(如图 3-2-18 所示),采用口吸鼻呼的呼吸方式。

图 3-2-17　救生服外面加穿一件救生衣

图 3-2-18　穿着救生服在水中漂浮

(四)救生服的存放

救生服存放在易于取用的地点,通常存放在船舶救生站和船员住舱内,并且存放位置有明显标志。

救生服穿着使用后用淡水冲洗干净，挂于阴凉、干燥的地方，避免高温或紫外线辐射。晾干后应叠好放回原处。平时注意避免接触酸碱或其他有害物质。拉链部位用蜡或无酸碱性油脂涂抹，保持拉链上下拉时轻便灵活。

六、救生圈

（一）救生圈的作用及种类

救生圈（Lifebuoy）是采用轻质的固有浮力材料制成的圆环状救生设备，常见的是用闭孔的泡沫塑料制成的救生圈。救生圈体积小、重量轻、使用简单方便，适用于救助落水人员，供落水人员在水中攀扶等待救助。根据要求，有的救生圈会配备自亮浮灯、烟雾信号、救生浮索（如图3-2-19所示）。

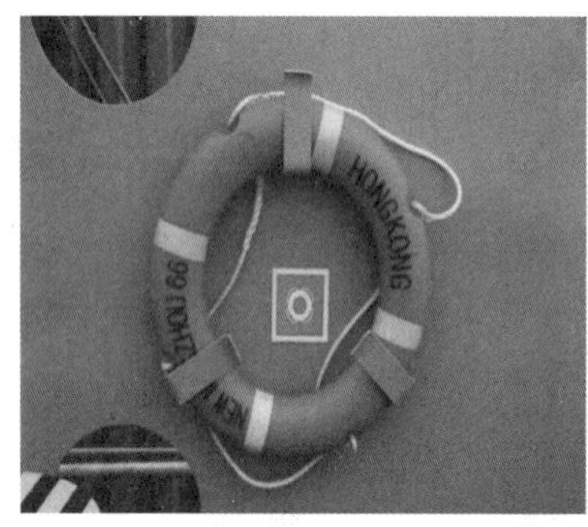

（a）普通救生圈

（b）配有自亮浮灯的救生圈

（c）配有自亮浮灯和烟雾信号的救生圈

（d）配有救生浮索的救生圈

图3-2-19　救生圈的类型

（二）救生圈的配备

近海供应船和海上设施救生圈配备标准如表3-2-6所示，除表中所列要求外，普通救生圈分布于船舶或海上设施各处，作为其他救生圈的补充使用。

表 3-2-6　救生圈配备标准

<table>
<tr><th colspan="2">配备对象</th><th>最少配备数量</th><th>配有救生浮索</th><th>配备自亮浮灯</th><th>自亮浮灯+
自发烟雾信号</th></tr>
<tr><td colspan="2">近海供应船</td><td>8 只</td><td>每舷至少 1 只</td><td>总数一半</td><td>自亮浮灯中 2 只，
驾驶室附近</td></tr>
<tr><td colspan="2">海上移动平台</td><td>8 只</td><td>互相远离 2 只</td><td>配备</td><td>2 只</td></tr>
<tr><td rowspan="2">固定
平台</td><td>有人驻守，包括平台群的居住平台</td><td>10 只</td><td>4 只</td><td>—</td><td>6 只</td></tr>
<tr><td>其他每座平台</td><td>6 只</td><td>2 只</td><td>4 只</td><td>自亮浮灯中 2 只</td></tr>
<tr><td colspan="2">海上浮式装置</td><td>8 只</td><td>互相远离 2 只
或每舷 1 只</td><td>总数一半</td><td>2 只</td></tr>
<tr><td colspan="2">单点系泊装置</td><td>适当数量</td><td>1 只</td><td>总数一半</td><td>自亮浮灯中 2 只</td></tr>
</table>

（三）救生圈的正确使用方法

1. 正确抛投

（1）带自发烟雾信号和自亮浮灯组合的救生圈：存放于驾驶室、主控制站或操作人员易于到达的地方，当发现有人落水，迅速抛投带自发烟雾信号和自亮浮灯的救生圈，这种救生圈既可以发光，又可以产生烟雾，不论白天还是黑天，不论航行还是停泊均可以使用。使用方法如图 3-2-20 所示。

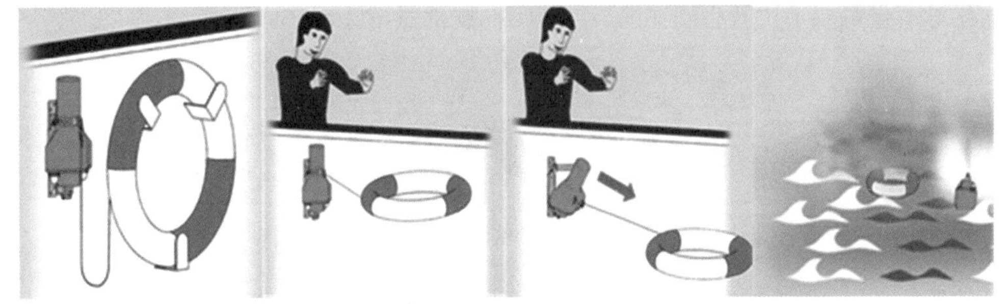

图 3-2-20　带自发烟雾信号和自亮浮灯组合的救生圈的操作

（2）带救生浮索的救生圈：海上设施或停泊的船发现有人落水，若海上设施、船（艇）距离落水者较近，可以使用带有救生浮索的救生圈，将落水人员拉至方便救助的部位。抛投者应一手握住救生浮索，另一只手将救生圈抛在落水人员的下流方向，无流而有风时应抛于上风，以便于落水者抓到。也可以将救生浮索系在栏杆上，两手同时抛投救生圈。若船（艇）与落水者有一定距离，应将救生圈连绳索一起用力抛出，这样抛投距离较远（如图 3-2-21 所示）。

（3）带自亮浮灯的救生圈：主要用于晚间人员落水时，向其抛投，以便落水人员能发现并抓住救生圈使用，同时便于为救助者指示落水人员方位。

经验表明：如果救生圈冲着落水者抛去，结果往往抛在落水者附近，落水者用力游一下就可抓到。在抛投救生圈时，切勿砸到落水人员的头部。

图 3-2-21 正确抛投救生圈

2. 在水中使用救生圈的方法

在水中使用救生圈的方法是用手压救生圈的一边使它竖起,另一只手抓住救生圈的另一边,并把它套进脖子,然后再置于腋下;或先用两手压住救生圈的一边使救生圈竖立起来,手和头部乘势套入圈内,使救生圈夹在两腋下面,落水人员的身体便直立水中(如图 3-2-22 所示)。

图 3-2-22 救生圈的使用方法

穿着救生衣下水救人时也可以采用一只手抓住救生圈,另一只手做划水动作(如图 3-2-23 所示);游泳时也可双手扶救生圈在前,浮起头部,腿部做游泳动作向前游。

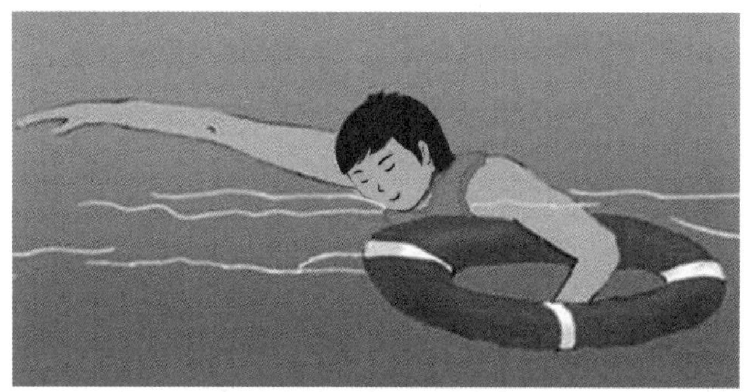

图 3-2-23 带救生圈下水救人

(四)救生圈的存放

救生圈分布在船舶或海上设施舷边易于取用之处,救生圈能随时从存放地点迅速取用,不允许以任何方式永久系牢。救生圈及其属具的存放处会粘贴标识。

七、视觉信号

(一)视觉信号的作用及种类

视觉信号的作用是为了使周围航行的船舶、飞机及时发现遇险船舶、海上设施和救生艇筏,使求生者能够得到救助。视觉信号包括烟火信号(火箭降落伞火焰信号、手持红光火焰信号、漂浮烟雾信号)和日光信号镜。为达到容易被发现的目的,白天最好使用漂浮烟雾信号和日光信号镜,夜间使用火箭降落伞火焰信号和手持红光火焰信号,而且只有当船舶、飞机出现在视线范围内时使用这些信号,才会起到遇险报警的作用。视觉信号的外壳上,印有清楚阐明信号用法的简明须知或图解。

(二)视觉信号的配备

船舶、海上设施和救生艇筏配备的视觉信号配备标准如表3-2-7所示,救生艇筏中还配有一面日光信号镜。

表3-2-7　视觉信号配备标准

配备对象	火箭降落伞火焰信号	手持红光火焰信号	漂浮烟雾信号
近海供应船	大于500总吨12支 小于500总吨可减半	——	——
海上移动平台	至少12支	拖航时有人的 平台需配备6支	——
有人驻守固定平台, 包括平台群的居住平台	至少12支	——	至少2支
海上浮式装置	至少12支	——	——
救生艇	4支	6支	2支
救生筏	4支	6支	2支

(三)视觉信号的正确使用

1. 火箭降落伞火焰信号

火箭降落伞火焰信号(如图3-2-24所示)有很多种,它们的主要区别在于发射装置不同。比较常见的有压发式和拉发式两种。使用时应注意使用说明,按其要求操作。

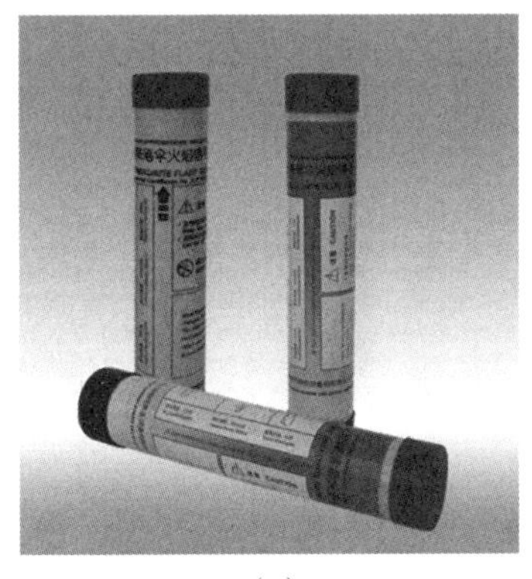

(a)

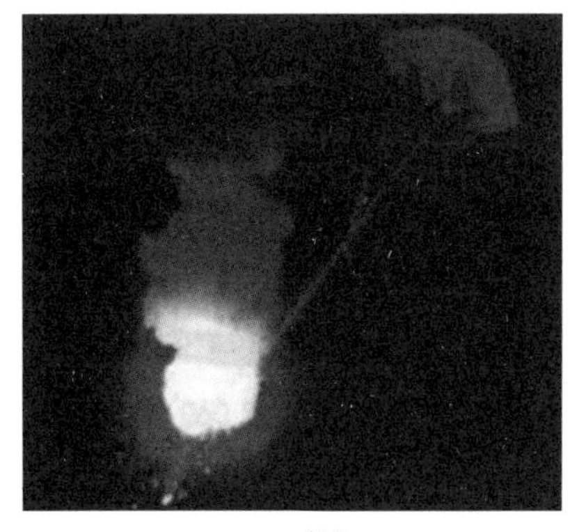

(b)

图3-2-24　火箭降落伞火焰信号

拉发式火箭降落伞火焰信号的使用方法:拆下顶盖及底盖,并注意保持外壳上的箭头方向朝上;将降落伞火箭信号下端的拉索取出;用力抓住拉索向下拉动;火箭信号发射出去,达到不少于 300 m 的高度，射出降落伞火焰，发出明亮红光，具有不小于 40 s 的燃烧时间，降落伞的降速不大于 5 m/s。

发射火箭信号时应特别注意：有些火箭信号在发射时往往会有一段时间延迟，应尽量用双手握住火箭筒体。但如果击发 10 s 后火箭还没有发射出去，则应尽快将火箭信号抛入水中，以防发生危险（如图 3-2-25 所示）。

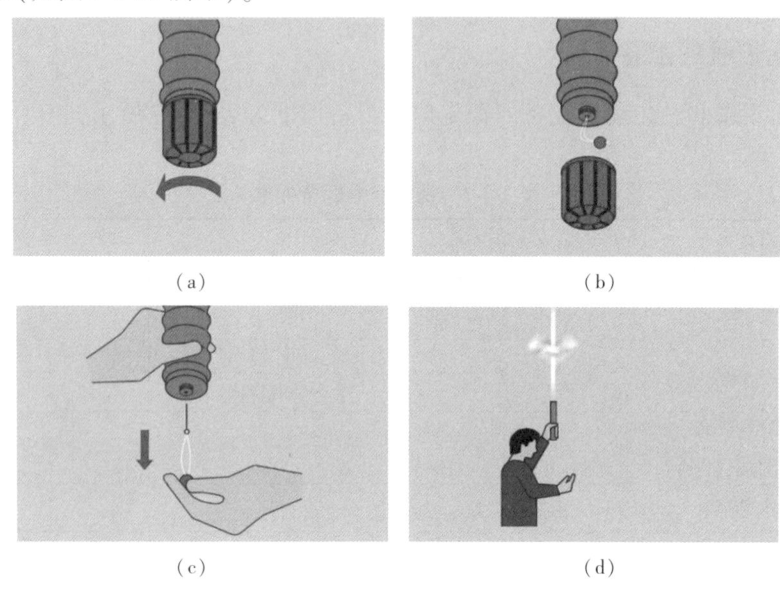

(a) (b) (c) (d)

图 3-2-25　发射拉发式火箭降落伞火焰信号

2. 手持红光火焰信号

常见的手持红光火焰信号主要有擦发式、拉发式和击发式三种点燃方式。使用时应按其说明书及图解进行。点燃后应注意将信号伸出救生艇筏下风舷外，并应向下风倾斜，以防手被火焰烤伤，筏体被烧坏。

拉发式手持红光火焰信号的使用方法：通常，打开拉发式手持红光火焰信号的顶盖或底盖会露出一个拉环，只要向外猛拉拉环，就可点燃火焰信号；手持红光火焰信号发出明亮红光，具有不少于 1 min 的燃烧时间（如图 3-2-26 所示）。

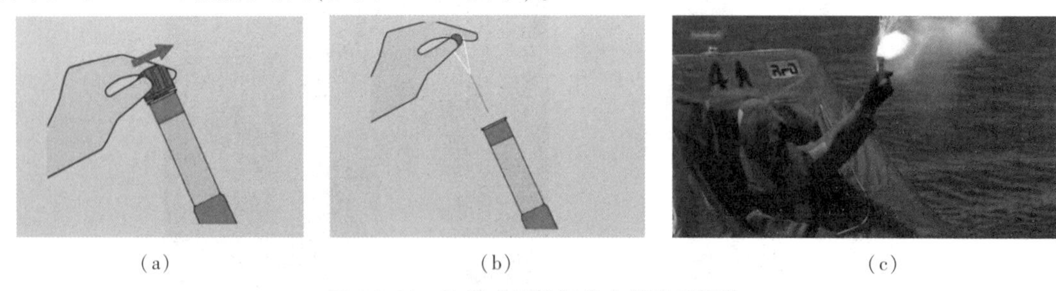

(a) (b) (c)

图 3-2-26　拉发式手持红光火焰信号操作

3. 漂浮烟雾信号

漂浮烟雾信号应在白天使用，才能起到引起注意的效果（如图 3-2-27 所示）。

图 3-2-27　漂浮烟雾信号

每个漂浮烟雾信号上都注有使用说明及简明的图解，使用时应按规定的要求操作（如图 3-2-28 所示）。首先拆掉塑料密封袋，揭去盖子，露出拉环。然后拉掉拉环，开始引燃发烟。接下来将信号罐抛入下风舷水中或持在手中，会喷出鲜明易见颜色的烟雾，持续时间不少于 3 min。

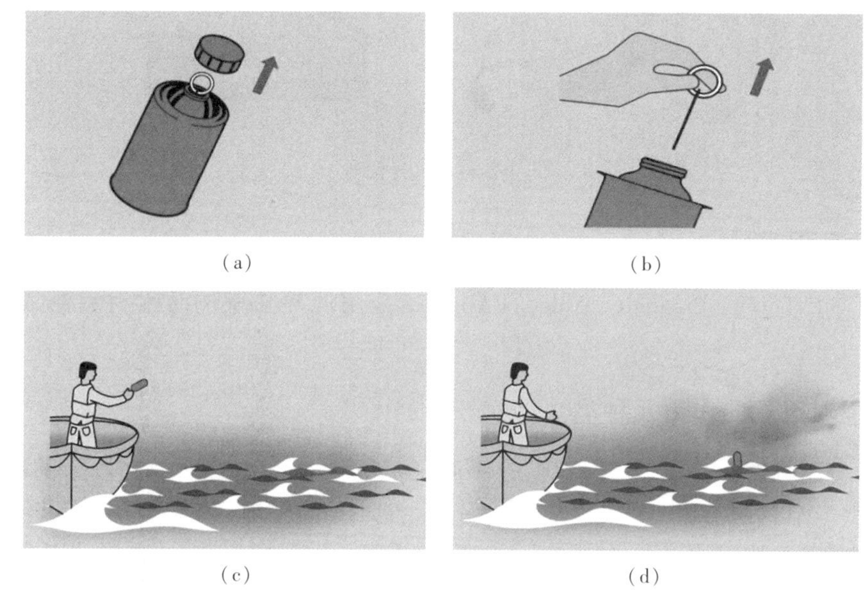

（a）　（b）

（c）　（d）

图 3-2-28　漂浮烟雾信号操作

4. 日光信号镜

使用日光信号镜光亮平面反射日光，射向船舶或者飞机，可以引起驾驶员的注意。

日光信号镜的一角有一个观测孔，围绕观测孔刻有同心圆环及十字线。信号镜和瞄准环配合使用。其使用方法如图 3-2-29 所示。左手拿住信号镜，将观测孔放在眼前，镜子的光亮面对着船舶或飞机，在较远的位置右手拿着瞄准环也对准船舶或飞机，设法通过观测孔和瞄准环的孔看到目标，注意应设法使信号镜观测孔周围的十字线和同心圆的阴影正好落在瞄准环的四周，日光即能准确反射到目标上。

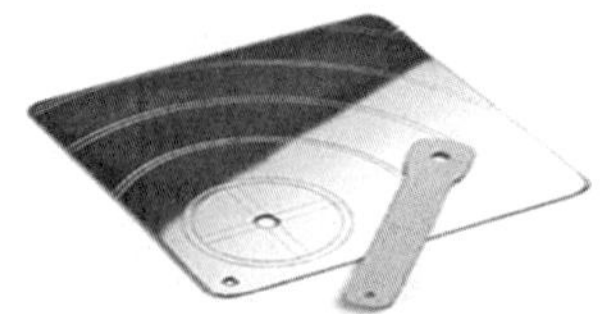
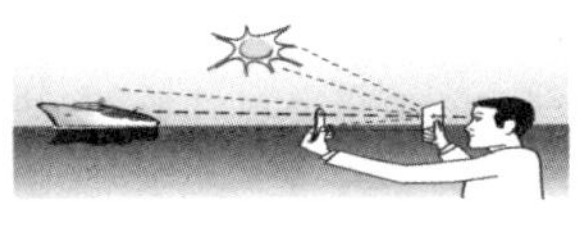

图 3-2-29 使用日光信号镜

除了上述信号外,还可以使用哨笛信号和灯光信号引起注意。比如:杂乱的哨笛声容易引起对方注意(注意:声音在顺风方向可传送到较远的距离);夜晚可利用电筒发光的长短信号发送遇险信号;杂乱的电筒灯光可引起船舶和飞机的注意(如图 3-2-30 所示)。

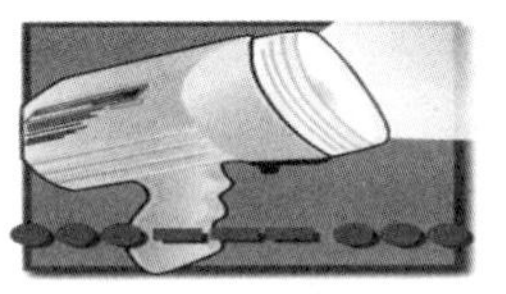

图 3-2-30 灯光信号

八、保温用具

保温用具(Thermal Protective Aids,TPA)是指采用低导热率的防水材料制成的袋子或衣服。

(一)保温用具的作用及种类

有的保温用具像一个大口袋,还有的保温用具更像一件带有袖子和裤管的衣服(如图 3-2-31 所示)。带有袖子和裤管的保温衣的保温性能不如袋子形式的保温袋,但其优势在于避免了保温袋将人员禁锢的缺点,如腿脚不能行走,手臂活动受限,保温衣内的人员仍然可以执行很多任务。

(a)袋子式保温用具

(b)衣服状保温用具

图 3-2-31 保温用具

保温用具是为救生艇筏中体弱和伤病员配备的救生设备，其目的是防止这些人员体温下降，让他们保持温暖和干燥，免受风雨和寒冷侵袭。由防水材料制成的保温用具具有很低的导热率，可以减少体热消耗，在寒冷潮湿环境中保存体温。

1. 保温用具使用反射材料，其反射率约为80%，热辐射率为95%左右。它将人体散失的热量再反射回来，使其体表散发的热量不致散失到保温用具的外面；

2. 利用其封闭形式，使人体散发的热量保留在保温用具内，形成一个"热气团"，不与外界产生对流，减小热交换而达到保温目的；

3. 在热带水域或炎热季节，救生艇筏求生者也可以利用保温用具作为防暴晒的遮蔽物，以防阳光灼伤；

4. 保温用具具有较好的对雷达波反射性能，起到雷达反射器的作用。

（二）保温用具的配备

每艘救生艇、救生筏和救助艇配备足够10%额定乘员使用的保温用具或两件保温用具，取其大者。部分海上设施也配有保温用具。

（三）保温用具的穿着和使用

保温用具穿着简单方便，穿着方法与穿着普通连体衣相同，使用之前应查看说明书。使用方法如图3-2-32、图3-2-33所示。

1. 穿着时，首先打开包装袋，取出并摊开保温用具；
2. 拉开拉链，双脚分别伸到保温用具底部；
3. 戴上帽子，穿进保温用具内，拉上拉链；
4. 拉紧颈部锁紧绳，使面孔暴露。注意使除脸部以外的部位都得到遮蔽。

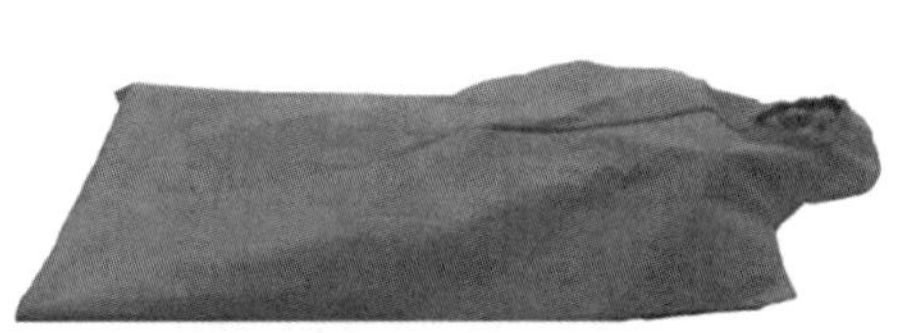

图3-2-32　袋子式保温用具使用

图3-2-33　衣服状保温用具使用

（四）保温用具的存放

保温用具一般装在比较结实的真空袋内，防止意外损坏。平时存放于救生艇筏和救助艇内。应注意保管，避免撕破、撕裂保温用具。

九、无线电救生设备

(一)应急无线电示位标

应急无线电示位标(Emergency Position Indicating Radio Beacon,EPIRB)(如图 3-2-34 所示)通常存放于甲板两侧的舷墙或栏杆上。在船舶或海上设施遇险时可人工或自动启动,发出包括本船或设施识别码在内的遇险报警信息。报警信息经卫星转至相关的搜救中心,其中的船舶或设施识别码和测定位置数据将有助于搜救中心采取适当行动救助遇险人员,如图 3-2-35 所示。

图 3-2-34　应急无线电示位标(EPIRB)

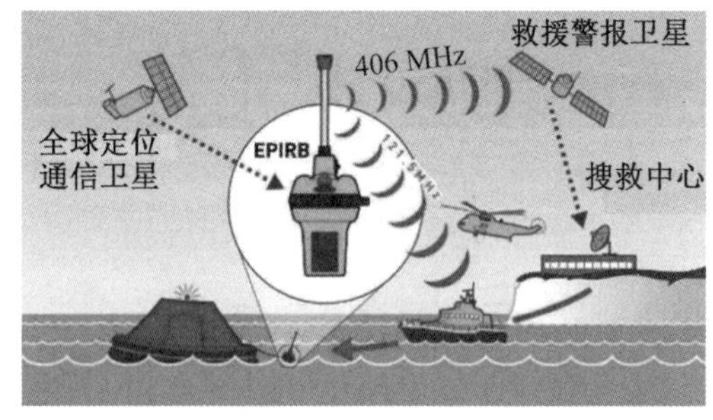

图 3-2-35　EPIRB 的功能示意图

1. 自动启动

当船舶或海上设施沉没时,如果遇险人员没有及时将 EPIRB 带上救生艇筏,EPIRB 沉没到水面以下 4 m 时,EPIRB 会由于机箱上静水压力释放器作用自动释放,浮到水面,并由海水接通电源,EPIRB 开始自动发射遇险信号,显示海难现场位置(如图 3-2-36 所示)。

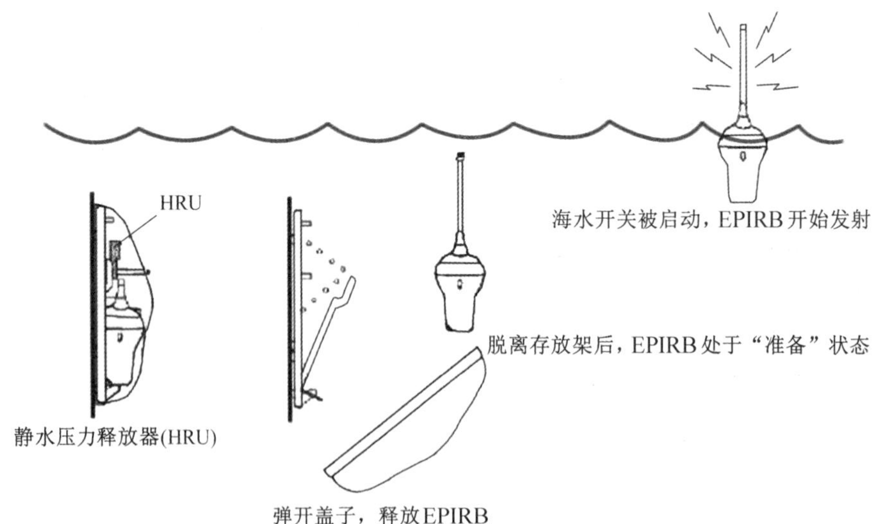

图 3-2-36　自动释放 EPIRB

如果有可能,EPIRB 应带到救生艇筏上,标示遇险者位置。水面救生艇筏上人员将示位标系在救生艇筏上并抛入水中,接通电源,EPIRB 开始自动发射遇险信号(如图 3-2-37 所示)。

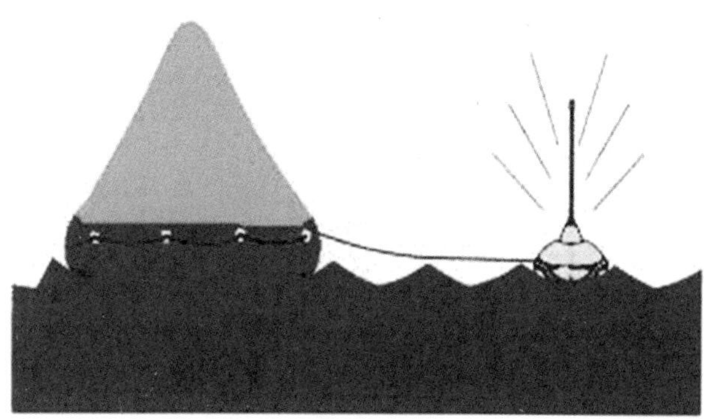

图 3-2-37　在救生艇筏上使用应急无线电示位标

2. 人工启动

EPIRB 也可以人工启动，如果船舶虽没有沉没，但存在紧迫危险，我们可以从存放架取下 EPIRB 人工启动。人工启动 EPIRB 如图 3-2-38 所示。

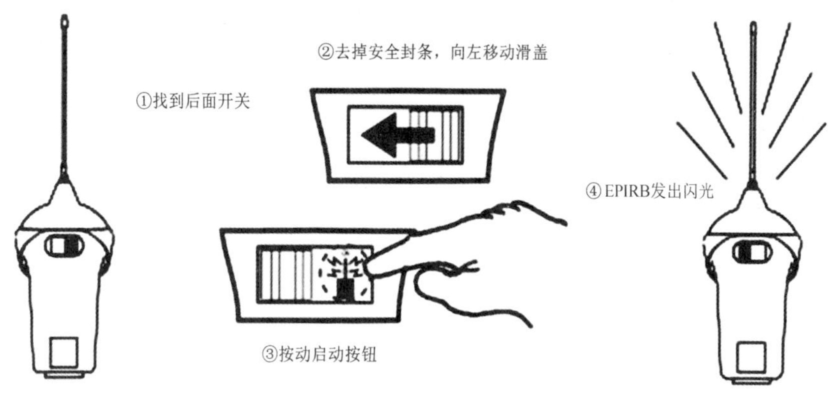

图 3-2-38　人工启动 EPIRB

（二）搜救定位装置

搜救定位装置用于救援行动当中，快速定位救生艇筏，有搜救雷达应答器（Search and Rescue Radar Transponder，Radar SART）和自动识别搜救发射器（Automatic Identification System-Search and Rescue Transmitter，AIS-SART），两者作用相同，可以互换使用。

1. 搜救雷达应答器

救生艇筏在海上求生待救时，启动 Radar SART 开关（如图 3-2-39 所示），Radar SART 处于待机状态，当船舶或飞机接近时，Radar SART 被导航雷达触发，发出 12 个脉冲组成的特殊信号，这种信号作为回波被导航雷达收到后，便会在其荧光屏上显示出由 12 个亮点组成的沿半径方向的亮线，由此可判断出持有 Radar SART 的救生艇筏或个人的方位和距离，便于迅速营救。

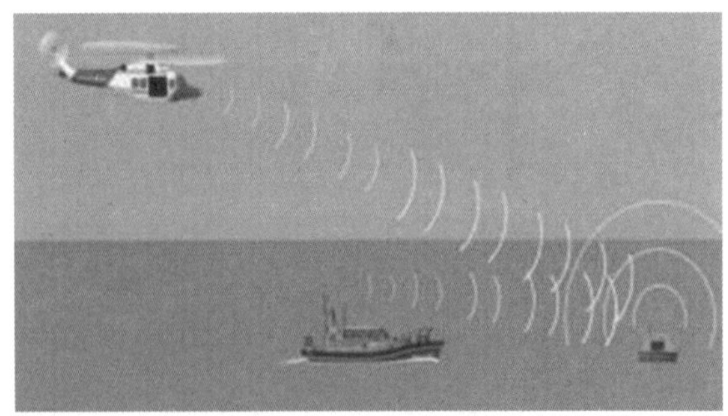

图 3-2-39　Radar SART 功能示意图

Radar SART 发射的特征信号在搜救雷达上的显示会随着搜救船舶或飞机与 Radar SART 之间距离的变化而变化。随着距离的变小，Radar SART 在搜救雷达屏幕上显示的信号会逐渐加宽，最终信号加强为同心圆（如图 3-2-40 所示）。

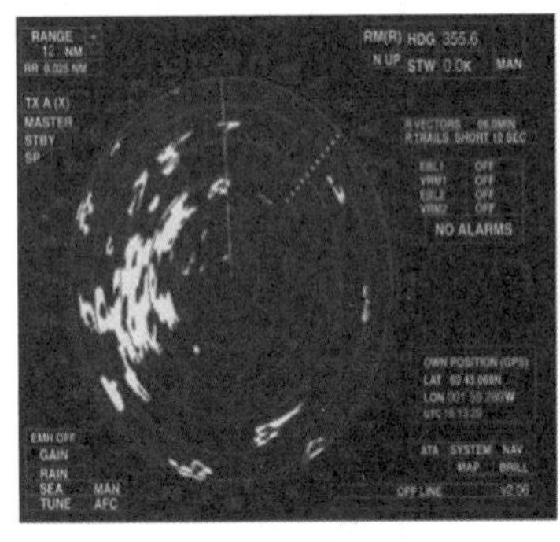

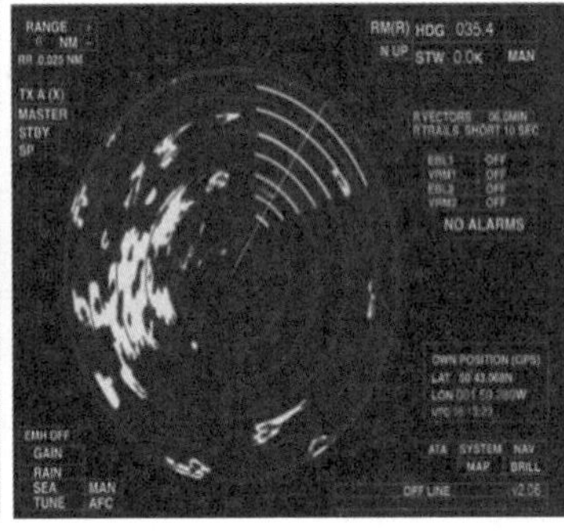

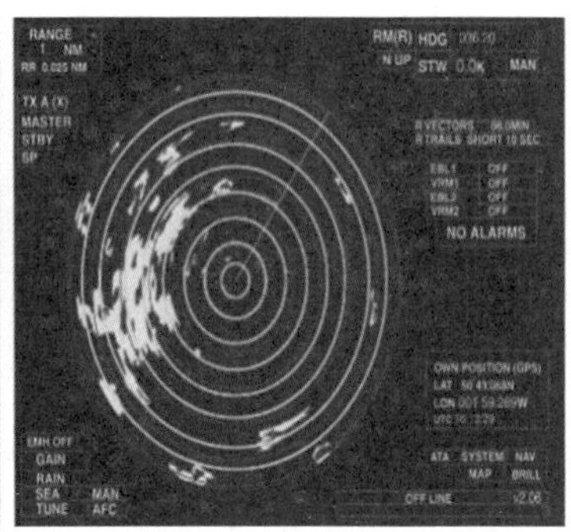

图 3-2-40　Radar SART 特征信号

2. 自动识别搜救发射器

当船舶或海上设施遇到险情时，由船员借助 AIS-SART（如图 3-2-41 所示）系统对外周期性地发出求救信号，便于搜救飞机或其他附近的船舶实时确定遇险船舶、设施或遇险救生艇筏所在的位置。AIS-SART 系统具有内置的 GPS 信号接收机，配合 AIS-SART 系统的移动识别码，系统开启以后，能够迅速地将该套系统的基本信息及具体位置发送出去。只要船舶或飞机上装载 AIS 设备，就能准确地接收 AIS-SART 系统的信号（如图 3-2-42 所示）。

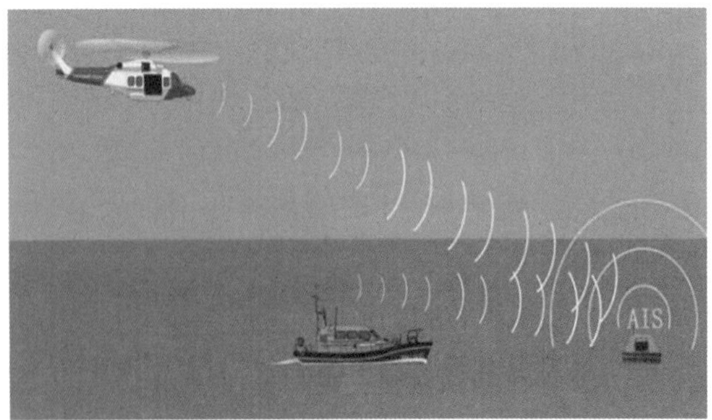

图 3-2-41　AIS-SART 及功能示意图

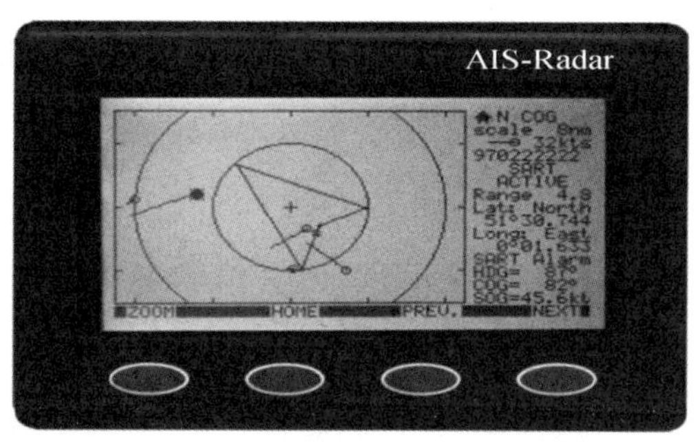

图 3-2-42 AIS-SART 特征信号

(三)甚高频双向无线电话

甚高频双向无线电话应存放在驾驶室或中控室内,平时处于充电状态。甚高频双向无线电话(Two-way VHF Radiotelephone)(如图 3-2-43 所示)便于携带,使用简单方便,主要用于较短距离的通信,如:本船船内通信,如船舶船头与船尾之间有关于遇险与搜救的通话;救生艇筏及本船相互间的通信;用于救助艇或搜救飞机与难船或救生艇筏之间的搜救现场通信。

甚高频双向无线电话的使用方法:

1. 顺时针旋转音量控制旋钮(OFF/VOL),接通电源;
2. 根据需要,选择调整至目标频道;
3. 逆时针旋转静噪控制旋钮至最大;
4. 用音量控制旋钮调节音量至适宜水平;
5. 按住 PTT 键,开始讲话并发射信息;
6. 讲话完毕,松开 PTT 键,开始接收信息。

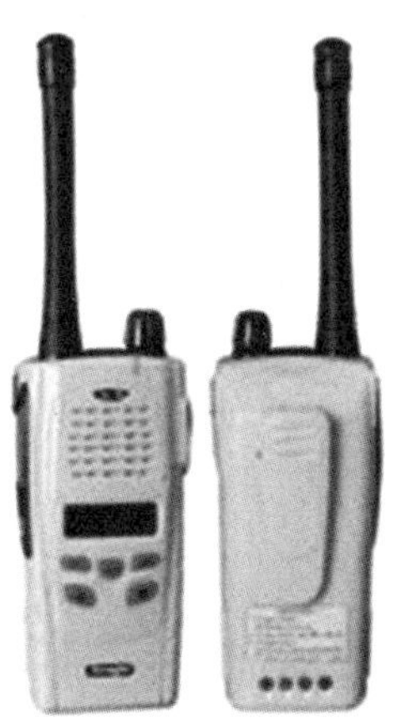

图 3-2-43 甚高频双向无线电话

(四)个人定位标(PLB)

在海上搜救行动中,从事故发生直至救援力量到达,不可避免会有一定的时间间隔,其间在海流、波浪、海风等海洋环境要素的作用下，遇险人员的位置随时间而不断变化，因此导致遇险人员的位置与救援力量应到达的位置存在差异，救援力量难以准确预判需要搜寻的遇险目标的确切位置，具有精确定位功能的个人海上救生装备非常必要，对提高搜救效率有重要的影响。个人定位标（PLB）就是符合这样需求的个人手持便携救生装备，主要用于遇见险情时向外求援，适用于航海、海洋工业、直升机及探险、滑雪等野外活动（如图 3-2-44 所示）。

图 3-2-44　个人定位标（PLB）的使用

1. PLB 的工作方式

PLB 的工作方式可能因设备和内部技术而异。PLB 遇险过程的一般工作方式如下：

（1）PLB 被激活，发出求救信号。

（2）该信号由 COSPAS SARSAT 卫星接收。

（3）卫星将信号发送到地球上最近的地面接收站，称为本地用户终端（LUT）。

（4）本地用户终端将遇险报警转发到任务控制中心（MCC）。

（5）当收到信号并被确定为来自特定区域的求救呼叫时，该区域的救援协调中心（RCC）将收到报警。

（6）当地搜索组织被告知遇险报警的位置，并前往营救处于危险中的人。

2. PLB 的使用方法

根据不同的设备，PLB 可能有不同的使用方法，使用者应仔细阅读产品说明书。

（1）手动激活

大多数的 PLB 只有手动方式激活功能。注意只能在需要救援机构紧急援助的情况下才可以启动 PLB，故意滥用 PLB 可能会导致处罚。

①要在紧急情况下激活 PLB，首先使用黑色卡舌将天线完全拉出。

②掀起保护盖并按下启动按键 1 s 开启 PLB，直到 LED 灯变为绿色，然后松开按键。

③在水面上操作 PLB 时，可以将信标系在身体或救生筏上，保持 PLB 水平放置，天线垂直放置。

④频闪灯将开始闪烁，指示其已激活（如图 3-2-45 所示）。注意：PLB 在大约 50 s 后才会发送报警。这样，如果意外打开，可以有时间停用设备。

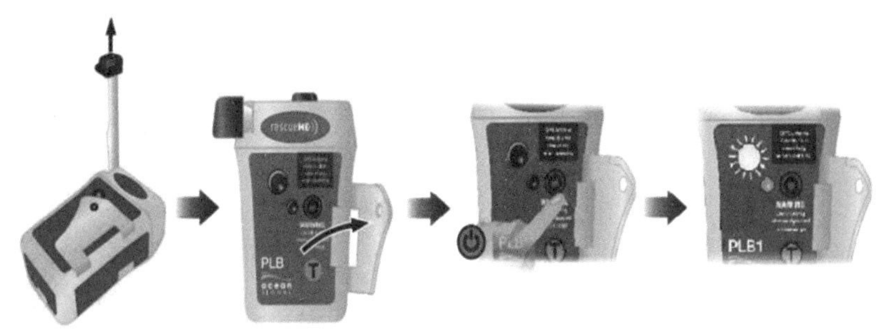

图 3-2-45　PLB 的使用方法

(2)半自动激活

半自动激活一般和气胀式救生衣组合使用，适用于水上求生，PLB 依靠气胀式救生衣的充气过程激活。

(3)自动激活

考虑到有的使用者落到水面后可能失去知觉、受伤或以任何其他方式丧失能力，有的 PLB 配备了水传感器，可以在 PLB 浸入水中的 2～5 s 内激活 PLB。这确保了 PLB 在伤员进入水中后可立即发送遇险报警和求生者的位置。

(五)无线电救生设备配备

近海供应船和海上设施无线电救生设备配备标准如表 3-2-9 所示。

表 3-2-9　无线电救生设备配备标准

<table>
<tr><th colspan="2">配备对象</th><th>应急无线电示位标</th><th>救生艇筏双向甚高频无线电话</th><th>搜救雷达应答器</th></tr>
<tr><td colspan="2">近海供应船</td><td>1 台</td><td>A1 海区 2 台，其他海区 GT ≥ 500 的 3 只，GT<500 的 2 只</td><td>A1 海区 1 台，其他海区 GT≥500 的 2 台，GT<500 的 1 台</td></tr>
<tr><td colspan="2">海上移动平台</td><td>视平台被拖带水域的具体情况配备</td><td>每艘救生艇 1 只，平台上还至少有 2 只</td><td>每艘救生艇 1 台，平台上还至少有 2 台</td></tr>
<tr><td rowspan="2">固定平台</td><td>通信中心平台和非栈桥连结的平台(无人驻守平台除外)</td><td>2 台</td><td>3 只</td><td>2 台</td></tr>
<tr><td>有栈桥连结并设有救生艇筏的平台</td><td>1 台</td><td>1 只</td><td>1 台</td></tr>
<tr><td colspan="2">海上浮式装置</td><td>1 台</td><td>3 只</td><td>2 台</td></tr>
</table>

注：无人平台和单点系泊装置没有配备要求。

十、抛绳设备

(一)抛绳设备的作用及种类

抛绳设备是一种在船舶或海上设施遇险时，将一根细绳发射到岸上或其他船上的工具，用于遇险船舶、海上设施、救生艇筏、救助船舶或陆、岸之间传递绳索，快速带缆以便得到救助。抛绳设备应装在防水的外壳内，平时将其放于驾驶室或海图室内。抛绳设备主要有枪式抛绳设备和筒式抛绳设备两种，如图 3-2-46 所示。

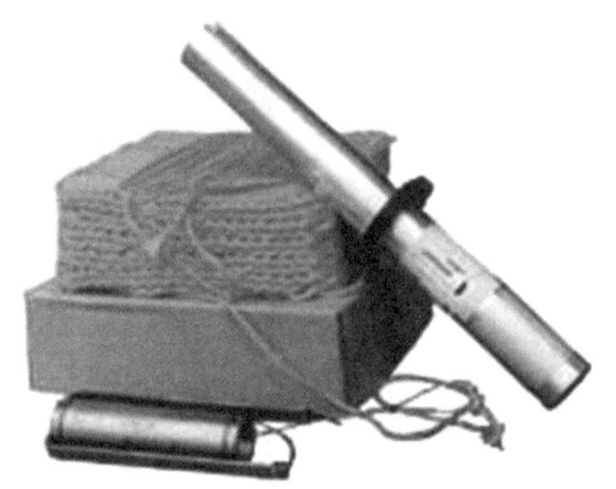
(a)枪式抛绳设备

(b)筒式抛绳设备

图 3-2-46　抛绳设备

(二)抛绳设备的配备

近海供应船和海上设施抛绳设备的配备标准如表 3-2-10 所示。

表 3-2-10　抛绳设备配备标准

<table>
<tr><td>近海供应船</td><td>船长大于或等于 60 m 船舶，应配备手提式救生抛绳器 4 具或抛绳枪 1 套(包括抛绳枪 1 支，抛射绳、火箭体和击发器各 4 支)</td></tr>
<tr><td>海上移动平台</td><td>每座平台应配备一具</td></tr>
<tr><td>有人驻守固定平台，包括平台群的居住平台</td><td rowspan="2">应配备 1 具抛绳设备，包括 4 个抛射体和 4 根抛射绳或 4 支抛射枪，每套包括抛射绳和火箭体</td></tr>
<tr><td>海上浮式装置</td></tr>
</table>

注：无人平台和单点系泊装置没有配备要求。

(三)抛绳设备的使用

应按照设备使用说明书正确操作抛绳设备，在无风天气时能将绳抛射至少 230 m；为获得尽可能远的抛射距离，发射船应位于上风。如遇油船，为保证安全，应由油船发射。

设备操作的具体步骤如下：

1. 枪式抛绳设备

(1)打开枪式抛绳器的存放箱，取出抛射枪、抛绳火箭以及一盒抛绳。

(2)找出抛绳的两个绳头，将抛绳上面的一端绳头与抛射火箭末端的眼环系牢，抛绳的另一端与要传递的粗大缆绳连好。

(3)然后将火箭插入枪筒的前端，其末端的钢丝一定要放在枪身下面。

(4)逆时针旋转抛射枪下端开关至“待发”状态，使抛射枪处于预备状态。

(5)抛射者应站在抛射盒的后方，枪口对准目标，水平仰角一般为 30°左右，然后再次逆时针旋转抛射枪下端开关，即可发射火箭。

(6)待抛绳发射完毕后,利用抛绳在海上设施与船舶之间、船舶与船舶之间或者船与岸之间传递和架设缆绳,运送人员或救生物资。

2. 筒式抛绳设备

(1)打开前后盖;

(2)将抛绳末端系固在船上或海上设施上;

(3)拔掉保险栓;

(4)双手紧握把柄,对准目标方向发射。

第三节　撤离海上设施或弃船时应采取行动

船舶在海上遇到严重危险时,船长应动员全体船员利用船上的各种设备尽最大努力抢救,减小财产损失和人员伤亡。船长应首先抢救人命,然后救助船舶和货物。如果经船员竭尽全力抢救仍然无法挽救船舶,船上人员生命面临巨大威胁,船长可以宣布弃船。如果当时条件许可,船长在做出弃船决定之前应征询船上主要船员的意见,并征得船公司的同意。弃船命令发布后,船上所有人员应服从指挥,保持镇静。

当海上设施出现或可能出现严重自然灾害或发生不可挽救的事故,有可能危及人员生命时,应采取撤离海上设施行动,进行海上求生。海上设施应急撤离条件如表 3-3-1 所示。

表 3-3-1　海上设施应急撤离条件

事故或险情	人员撤离条件
热带气旋	当进入红色警戒线后,风力达到 10 级时或热带气旋前锋(蒲福风级 8 级)到达设施前 12 h
冰害	当预报或检测到设施所处海域将出现超过设计允许的严重冰情,危及设施安全时
地震	当预报设施所处海域将有超过设计允许的地震烈度时
海啸	当预报所处海域将发生海啸危及设施上人员生命安全时
设施破损	设施浮体破损严重进水,经采取措施无效可能倾覆时
设施拖航遇险漂移	失去稳性,可能发生倾覆时
井喷	经采取措施无效危及设施上人员生命安全或引起重大火灾无法控制时
硫化氢(H_2S)泄漏	浓度达到 100 mg/m^2,且无法有效控制时
火灾	由于各种原因(如油气泄漏)导致设施发生火灾。经采取措施无效危及设施上人员生命安全时
爆炸	发生爆炸危及整个设施和人员生命安全时

一、撤离海上设施或弃船前应采取行动

撤离危险的船舶和海上设施,转到海上求生,对于海上人员来说,是从一种危险转向了另

一种危险。因此,为了个人的生命安全,撤离海上设施或弃船转到海上求生活动也需要必要的准备工作。

(一)加穿适当的衣服

海上人员遇险无论是发生在热带水域还是低温水中,求生者在离开难船或设施前都不得脱掉衣服和靴鞋,应尽量多穿一些衣服,以防止身体失热过快。尤其是在寒冷水域遇险,更应注意多穿几层保暖性能好的衣服:里层最好选用羊毛织物,而外层以厚实、防水的紧身衣物为最佳。如果在弃船(设施)时必须进入水中,最初遇到的"冷冲击"可以使人员失去活动能力,甚至丧命。多穿着的衣服可以明显减小"冷冲击"的不利影响。而且多穿着的衣服可以减少身体表面的热量消耗,延长人员在水中的待救时间。

没有救生衣或者救生衣损坏时,上衣和裤子可能是求生者唯一可以使用的漂浮工具。即使登上救生艇筏等待救援,多穿些衣服也有助于获救。

(二)穿妥救生衣

人员穿好衣服后,外面一定要穿着一件救生衣,按要求系好领口带、胸带和腰带。注意有些形式的救生衣需要将腰带穿过救生衣前的绳环并系紧,防止绳结在海浪的冲击下自动解开或滑掉。如果船舶或海上设施配备气胀式救生衣,离开船舶(设施)之前不得给救生衣充气。充足气的救生衣会妨碍离开船舶(设施),而且一旦划破气胀式救生衣,将无法充气。

(三)戴上帽子和防护手套

据资料显示,人体50%的热量是通过头部散失的,无论是平时演习还是实际的弃船(设施),求生者都应戴上帽子和防护手套。

(四)收集必需品

如时间允许,要尽量多吃、多收集食物、淡水和保温材料,做好在海上长时间等待救援的准备。

(五)尽快到达集合地点

无论什么时间、什么地点、处于什么状态,当听到弃船(设施)报警信号后,应该立即穿好救生衣(或者携带好救生衣),所有人应做好必要的海上个人求生的准备,按照平时演习熟悉的、最便捷的脱险通道,争取在最短的时间内到达所指定的集合地点。迅速、安全地赶到集合地点集结(如图3-3-1所示),是登上救生艇筏等救生设备的前提保障。而登上救生艇筏将会使获救的概率大大增加。

图 3-3-1　集结

二、撤离的方法

撤离发生危险的海上设施，如果条件允许，最优的选择是撤离到守护船上。

（一）从船舶（设施）上登上救生艇

1. 通过舷侧降放的救生艇撤离

艇长指挥有关人员做好放艇前的各项工作。然后，全体人员有序登艇（如图 3-3-2 所示），左右均匀分布，人员全部登艇后立即关闭所有水密舱口和其他进出口，全体人员在指定位置坐好，系好安全带（如图 3-3-3 所示）。艇长操纵吊艇机制动器控制索，先放倒吊艇架，再将救生艇降至水面，脱开首尾吊艇钩，解掉相关绳索，救生艇驶离大船。

图 3-3-2　有序登艇

图 3-3-3　进艇后应正确系牢安全带

2. 通过自由降落救生艇撤离

有些海上设施配备自由降落式救生艇，使用该艇撤离时，全体人员从艇尾登艇，登艇后关闭所有水密舱口和其他进出口，全体人员在指定位置坐好，系好安全带。艇长启动艇机，然后操作释放装置释放救生艇，救生艇从船尾滑落至水面，驶离大船（如图 3-3-4 所示）。

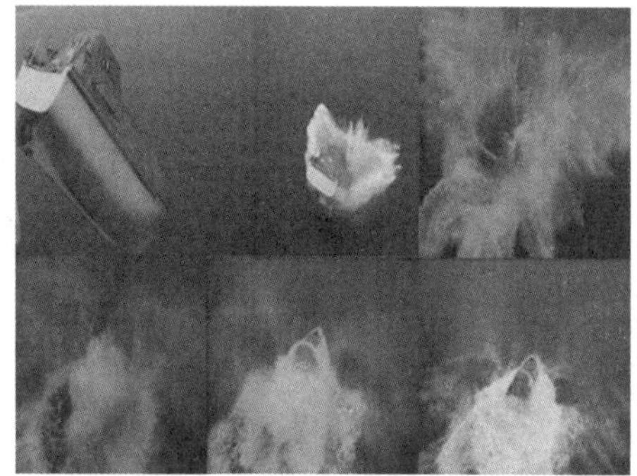

图 3-3-4　通过自由降落救生艇离船

(二)从船舶(设施)上登上气胀式救生筏离船

气胀式救生筏的登乘方式主要有三种:

1. 吊放法

使用吊放法时要用专用的吊筏装置将救生筏吊起,在甲板上充气成型。然后人员依次进入筏内,操作人员再利用吊筏装置将筏降于海面离开遇险船舶(设施)(如图 3-3-5 所示)。

图 3-3-5　由机械吊放式救生筏撤离

2. 抛投法

操作时,要先将气胀式救生筏从存放架处投入水中,拉动充气索,救生筏在水面上会自动充气。

(1)通过舷梯或绳梯登上救生筏

待筏体充胀完毕以后,用漂浮在水面救生筏的艏缆将筏拉至舷梯边或救生甲板舷边,船上人员可通过绳梯或舷梯进入筏内,如图 3-3-6 所示。

(2)从舷边跳入救生筏内

在特殊情况下,求生人员也可以穿着救生衣由距离海面较低的地点直接跳入救生筏的进出口,跳入救生筏时,严禁从高处直接跳到救生筏上,特别是救生筏的篷帐上,以免使自己和筏内人员受伤及筏体损坏。跳入筏内时,应伸开手臂,胸部对着篷柱。注意应使脚掌首先接触筏底。如果脚跟首先接触筏底,人体会向后弹起而落入水中,如图 3-3-7 所示。

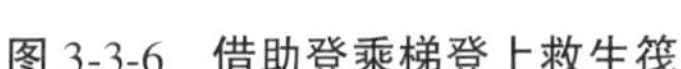

图 3-3-6　借助登乘梯登上救生筏

图 3-3-7　直接跳入救生筏内

3. 通过海上撤离系统登上救生筏

(1)部分海上设施设有海上撤离系统,通过启动装置从其密闭的箱中开启施放,滑道和平台被抛出舷外至海面,充气装置自动将其充气成型;

(2)撤离系统充气完成后,施放救生筏使其漂浮于水面,调整控制索确定登筏平台的位置为登乘做好准备;

(3)在操作人员的指挥下依次撤离到登筏平台上;

(4)滑下平台上的人员应在操作人员的引导下登乘到平台旁边系泊的救生筏上;

(5)进入救生筏后,求生人员应在操作人员的指导下到达指定的座位就座;

(6)救生筏满员后将其分离,移到指定地点,在救生艇的牵引下漂流待救。余下的人员利用登筏平台旁边其他救生筏离开海洋平台(如图 3-3-8 所示)。

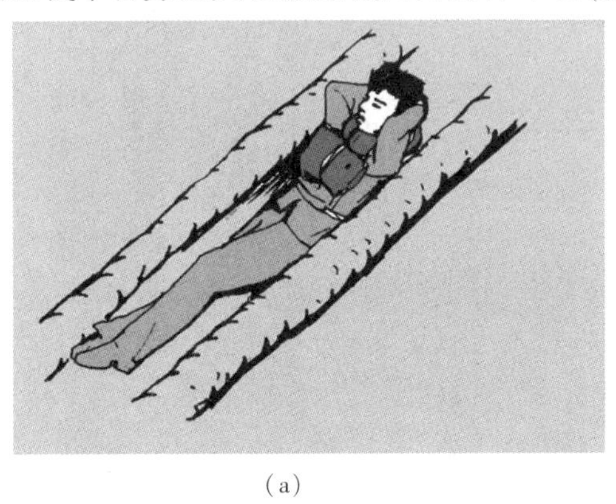

(a)

(b)

图 3-3-8　通过海上撤离系统登上救生筏

(三)跳水离船(设施)

求生者如不能直接登上救生艇筏,就只能选择跳入水中,然后游泳登上附近海面上的救生艇筏。

1. 如直接跳入水中应避免身体受到损伤

(1)确认已经穿好救生衣。如果没有系好救生衣的带子,跳水时就可能使头面部受伤。

(2)最好选择低处跳水。

(3)摘下假牙、玻璃或隐形眼镜,去掉口袋内的尖锐的物品。

(4)尽可能不要直接自高处跳向救生浮具,避免人身受到伤害和损坏救生浮具。

(5)如果是近海供应船和移动平台,要注意船舶或平台漂移方向和速度。在风和水流的作用下,船舶或平台漂移速度可以超过人员游泳速度。因此,跳水时应选择船舶或平台的上风舷(侧)跳水。

(6)如果船体已经损坏,跳水时应尽量避开船体破损部位和水面的漂浮物或其他落水者。

(7)跳入水中后应尽快离开难船(设施),并尽快游上岸或登乘救生艇筏。

2. 跳水方法

(1)在甲板边缘站好;

(2)深吸一口气,用左手捂住口鼻;

(3)右手经过左上臂紧握救生衣上端;

(4)肘部尽可能靠在身体两侧;

(5)保持两眼向前平视,不要向下看,否则会造成身体前倾;

(6)向前迈开一大步,后腿随即跟上,双腿并拢夹紧,保持头在上,脚在下垂直入水。始终保持上述姿势,直至身体浮出水面后,才能松开双手,如图 3-3-9 所示。

1—准备:捂紧口鼻,紧握救生衣

2—跳水:双脚并拢,身体垂直,两眼平视

3—入水后:尽快游离

图 3-3-9　从高处跳水步骤

第四节 ◎ 水中求生应采取行动

一、穿着救生衣在水面上待救

（一）游泳的方法

在游泳过程中，应掌握正确的呼吸方法，避免换气时呛水，采取鼻呼口吸的方式，同时应注意控制好呼吸节奏。穿着救生衣或救生服游泳时，由于救生衣或救生服会产生很大的阻力，因此，应采用正确的游泳方式。下面介绍几种穿着救生衣或救生服游泳的方式。

1. 单人游泳

穿着救生衣或救生服身体向后躺，保持放松；双腿并拢并使膝盖收向腹部，这样会抬高嘴部距水面的距离；伸展双臂至耳朵两侧，像桨一样从身体两侧向前划水，使身体向后移动（如图 3-4-1 所示）。

图 3-4-1　单人游泳

注意，用手臂划水会使身体热量散失更快，因此，也可以在上述动作的基础上，双臂夹紧，并仅用双腿游泳（如图 3-4-2 所示）。采取这种游泳方式能够在一定程度上保存热量，但是游泳速度会变慢。

图 3-4-2　仅用双腿游泳

2. 拖带伤员

游泳过程中，如有伤员需要拖带，可采用如下方法：把伤员拉向自己胸前；双腿夹住伤员的腰部;伸展双臂至耳朵两侧,像桨一样从身体两侧向前划水,向目标方向游进(如图 3-4-3 所示)。

图 3-4-3 单人拖带伤员

如果是双人拖带一名伤员,则可以分别位于被救助者两侧采取侧泳的方式(如图 3-4-4 所示)。

图 3-4-4 双人拖带伤员

3. 双人游泳

两个求生者以拖带伤员的方式连接,两人用双臂一起划水,向目标方向游进(如图 3-4-5 所示)。

图 3-4-5 双人游泳

4. 集体游泳

以拖带伤员的方式,所有求生者连成一队,一起用双手划水,向着目标方向游进。

注意:当队伍较大时,由于游泳动作不一致,可能导致整个队伍忽左忽右,像蛇一样前进,影响游泳效率。因此,为了提高游泳效率,队伍的最后一人应面对着整个队伍,并与队伍连接(由队伍逆向第二人夹住队伍最后一个人的腰部)。此人用于指引队伍前进的方向并对整个队伍的游泳动作进行指挥,如:对整个队伍划水使用口令“上、下、划水”来控制整个队伍的游泳速度,使用口令“左手划水、右手划水”来控制队伍前进的方向(如图 3-4-6 所示)。

图 3-4-6　**集体游泳**

(二)防止肌肉痉挛

长时间在低温水中连续不断地游泳,最容易引起痉挛,俗称抽筋。最易发生抽筋的部位是脚背和小腿。出现这种情况,不仅会妨碍落水者继续游泳,而且会引起恐惧而危及生命安全。为避免出现这种情况,求生者应注意使肌肉放松和不断地变换游泳姿势。一旦出现抽筋,必须大声呼救,设法得到其他人帮助。如果周围没有其他人,一旦出现抽筋千万不要惊慌,这时可先深吸一口气,再将头向前弯入水中,四肢放松下垂,慢慢用力按摩抽筋部位(如图 3-4-7 所示)。

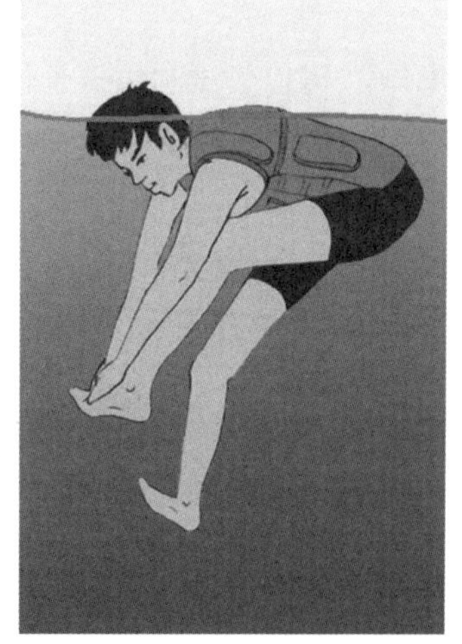

图 3-4-7　**痉挛的应急处理**

如果上述方法不能奏效,应再深吸气,在水中弯腰,用双手握紧大脚趾,伸直两腿,同时双手用力向胸前方向拉。无论抽筋发生在什么部位,都应及时采取拉长肌肉的方法进行自救。

如一次不见效,可反复多次,再严重的抽筋也会得到缓解。肌肉松弛后,应休息一段时间,并改换另一种游泳姿势,才能继续游下去。

(三)漂浮待救

游离难船危险区域后,如果没有登上附近的救生艇筏或获救,最好不要游泳,这样会消耗体力,低温水中也会加快体温散失,最好的办法是漂浮待救,以保持体力与体温。如果水面有更多的求生者,那么,水中求生者应主动集结。集结不但可以有利于保存体温,还可以增大目标,增加获救的机会,也能提供更好的视野,相互鼓励,增加求生的信心。具体的漂浮待救姿势可以参考本节“三、低温水中的求生行动”。

二、未穿救生衣水面漂浮

落水而未穿救生衣,求生者的处境是非常危险的,面临的首要问题是溺水。

1. 选择合适的泳姿尽快游离危险区域,及时登上救生艇筏。

2. 如果周围没有救生艇筏,落水者应尽快捞起并利用较安全可靠的、可用作救生浮具的漂浮物,在水中保持漂浮,等待救援。

3. 如无合适浮具,可利用衣裤自制临时浮具。落水者在水中切勿将衣服抛弃,因为衣服既可以做浮具,穿着衣服还可抗御寒冷和烈日,便于让救援者提拉衣服。

用裤子作为临时浮具比较实用,我们可以将两裤管扎紧,扣好纽扣或拉上拉链,将裤腰迎风张开,待两裤管涨满后,即扎紧裤腰,便可做成一个良好的马鞍形浮具(如图 3-4-8 所示);也可以将两裤管扎紧,扣好纽扣或拉上拉链后,一只手持裤腰在水中,另一只手手掌微弓,形成“空掌心”,手心向下用力拍打水面,把手心的气体快速送到裤子中,一会儿裤子就会充满气(如图 3-4-8 所示)。

但要注意:在暖水中,可以尝试利用裤子作为临时漂浮用具。然而,在冷水中若将头浸入水下脱下裤子,利用裤子作为漂浮用具,会消耗热量和体力,产生不利影响。

图 3-4-8 裤子改作临时浮具的方法

4. 如果落水者暂时不能被发现,应尽量采取仰浮的姿势(如图 3-4-9 所示)。海水的密度约为 1.025 g/cm^2,人体的密度接近 1.0 g/cm^2,所以人体易于漂浮在海面上,其自身具备的浮力至少能让头的顶部露出水面,但需要做某些动作,才能让脸部露出水面。通过挺起腹部,伸展四肢,即可仰浮在水面。通过控制呼吸,可以保持脸部始终露出水面。采用这种姿势漂浮,尽管部分头部浸在水中,但可以保持人员脸部露出水面,呼吸方便,甚至可以小睡片刻。仰面漂浮消耗体力最少。

图 3-4-9　未穿救生衣仰浮姿势

5. 采取防溺水的方法

如果海面波涛汹涌无法仰浮待救，则可以采取俯式漂浮方法，习惯上也叫作水母漂。落水者吸气后全身放松俯漂在水面，四肢自然下垂，在需要吸气时，双腿前后交叉摆动，双手向前平举，然后向下、向外压划水，顺势抬头吐气、吸气，随即再低头闭气恢复漂浮姿势（如图 3-4-10 所示）。这种方法可以节省水中漂浮人员的体力，长时间漂浮时，这种方法比通过游泳保持漂浮更容易。

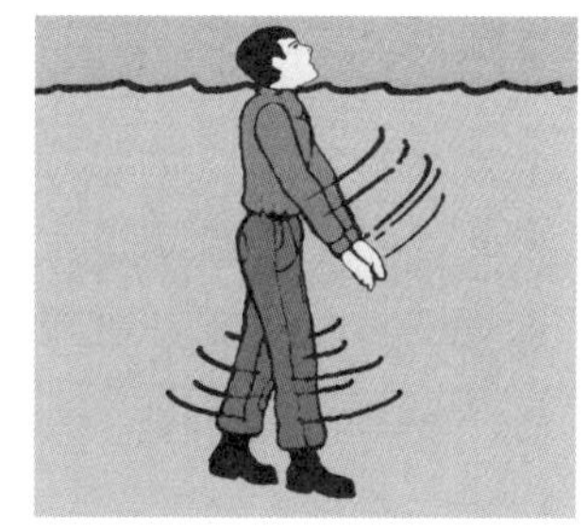

图 3-4-10　俯式漂浮方法

这里需要指出，对于会游泳的未穿着救生衣落水者，仰浮和水母漂确实可以让落水者休息，节省体力，但实验表明，对于不会游泳的落水者来说，这两个防止溺水的漂浮动作都很难完成。

6. 当接近救助艇或过往船舶时，应采取立泳，并将双手举出水面摆动，并大声呼救（如图 3-4-11 所示）。

图 3-4-11　双手举出水面摆动，并大声呼救

7. 除非过往船舶已发现落水者，并停船准备救援外，落水者不应做无效果的游泳去追赶航行中的船舶，避免因盲目游泳而加快体热的散失。另外，如果落水者所在水域有危险海洋生物出没，落水者应尽量不引起它的注意，避免造成危险。

8. 在水中保持漂浮如感到疲倦想入睡时，必须设法保持清醒，要有决心和信心同危险做斗争，坚持的时间越长，获救的机会就越大。

三、低温水中的求生行动

（一）落水者在冷水中求生自救的要点

1. 弃船（设施）入水时，应多穿保暖防水的衣服；尽量将头、颈、手、脚遮护好，袖口、裤管口腰带等扎紧；紧贴着皮肤的衣服要选择柔软、温暖的羊毛材质的衣服，外层应选择防风防水的衣服，这样更有利于保存体温。如果配备了救生服，就将它穿在暖和衣服的外面。

2. 应穿着救生衣，并保证穿着正确并系牢。因为在冷水中，人体会很快丧失手指的活动能力，冷水条件下，在水中穿救生衣是非常困难的。不管用什么方式预防低温，必须穿着救生衣，救生衣不但能提供浮力，其上配备的哨笛、救生衣灯、反光带还能增加被发现的机会。

3. 不得不进入水中时，如可能，应尽量使身体逐渐入水，以减小冷冲击的影响。

4. 浸没冷水中的初始冷冲击反应仅持续 3 min，入水后，应尽量保持冷静，直至能够控制呼吸。

5. 初始冷冲击反应过后，应寻找救生艇筏或其他水中求生者或漂浮物。

6. 在手指失去活动能力之前调整好救生衣松紧程度及哨笛、救生衣灯的位置。

7. 使身体尽可能多地离开水面。

8. 不要做不必要的游泳。游泳会加快热量的散失。只有在附近有同伴、漂浮物，并且确定能够到达目标时，才选择游泳。当试图游泳去接触漂浮物时，应游向漂浮物的下风方向，而不是直接游向漂浮物。注意观察漂浮物的位置和移动方向，如果漂浮物漂移过快而无法接近，应停止游泳追赶并保持平静。

9. 人浸泡在低温水中待救，冷水将带走人体体表的热量，威胁人的生命，所以求生者应尽快登上救生艇筏。

10. 如果不能尽快获救或登上救生艇筏，采取适当的姿势漂浮。

（二）低温水中的漂浮姿势

1. HELP 姿势漂浮

HELP 姿势（Heat Escape Lessening Posture，减少热量散失的姿势）适合单人水面漂浮，可以减少体力消耗，保存体温，求生者两腿弯曲并拢，两肘紧贴身旁。两臂夹紧，两手抱在救生衣前面，这个姿势保护身体的三个主要散热区域（腹股沟、头部/颈部和胸腔/腋窝）（如图 3-4-12 所示）。

图 3-4-12 HELP 姿势

2. HUDDLE 姿势漂浮

如果有其他求生者,可以尽量抱成一团,身体尽量接触。采用 HUDDLE 姿势,这个姿势保持体热效果可能不如 HELP 姿势,但是求生者待在一起有助于提高士气。此外,在大面积水域中,群体比个人更容易被救援人员发现。如果求生者分散,救援人员可能无法找到所有人(如图 3-4-13 所示)。

图 3-4-13 HUDDLE 姿势

3. 旋转木马式水面集结

所有求生者以手肘相连接,围成一个圈,双腿伸向圆圈中心,膝盖尽可能靠近胸部。当海面有风浪时,尽量用一只手护住自己的口鼻(如图 3-4-14 所示)。

图 3-4-14 旋转木马式水面集结

4. 地毯式水面集结

将水中的求生者分成两组，每组求生者分别以肘部相连接，双腿伸向另一组；两组求生者分别抓住对面求生者的双脚，拉向自己并置于身体两侧。如有风浪，应尽量用一只手护住自己的口鼻。当有人遭受低体温症的影响时，可将此人置于两组求生者形成的平台上，减轻低温对其的影响（如图 3-4-15 所示）。

图 3-4-15　地毯式水面集结

四、危险海洋生物的防范措施

人员落水后，很可能会面临海洋生物的威胁。海洋中一些鲨鱼、水母、海蛇、蓝环章鱼等都会对落水者造成威胁。

（一）防范鲨鱼的措施

鲨鱼被一些人认为是海洋中最凶猛的动物。鲨鱼种类很多，在所有海洋中都有鲨鱼出没。鲨鱼食肉成性，凶猛异常，游泳速度快，感官发达，身体坚硬，有部分鲨鱼会主动攻击人类，而且鲨鱼通常成群游动，集体攻击。在鲨鱼出没水域可以采取下列措施保护自己免遭鲨鱼袭击：

1. 穿上所有衣服，包括鞋靴。人类的奇怪的表情、衣服产生的令人迷惑的形状对鲨鱼而言十分新鲜，身着衣服的人更加安全。历史纪录表明，鲨鱼首先攻击一群人中的赤裸者，主要攻击腿部。如果鲨鱼蹭到身上，衣服还能起到保护作用，防止磨伤。

2. 不出气味。鲨鱼的视力有限，在水中主要通过嗅觉和身体摆动确定目标的位置，对血液和身体的排泄物如大小便相当敏感。因此，在弃船和海上待救过程中，求生者必须注意自身保护，避免身体受伤。避免小便，如果尿急，必须采取少量多次排尿。让尿液在几次小便期间稀释。如果忍不住要呕吐，也应采取相同的方法。

3. 与其他人员聚在一起，始终监视海面是否有鲨鱼出没。一群人可以 360°监视，与孤军作战相比，一群人吓跑或击退鲨鱼的概率更大。

4. 如果鲨鱼保持在一定距离之外，说明鲨鱼仍在感到好奇，但如果它向内打转，开始突然起动，则鲨鱼攻击的可能性大大增加。面临鲨鱼攻击时，应尽力泼水、大喊，让鲨鱼不敢逼近。应保存体力，以便在鲨鱼进攻时奋力一搏。

5. 如遇鲨鱼攻击，应手脚并用，踢打鲨鱼。如有可能，应击打鲨鱼的鱼鳃或眼睛。如果击打鲨鱼鼻子，而鲨鱼突然闪开，则可能打到它的牙齿，反而受伤。

(二)其他危险海洋生物

在蓝色的海洋里,游动着的色彩各异的水母显得十分美丽,而这个美丽却可能是致命的。有一种水母叫作箱水母(如图 3-4-16 所示),它的毒刺能够在短短 3 min 之内致人死亡。而另外一种水母僧帽水母对人的伤害虽不足以致命,但足以致残(如图 3-4-17 所示)。

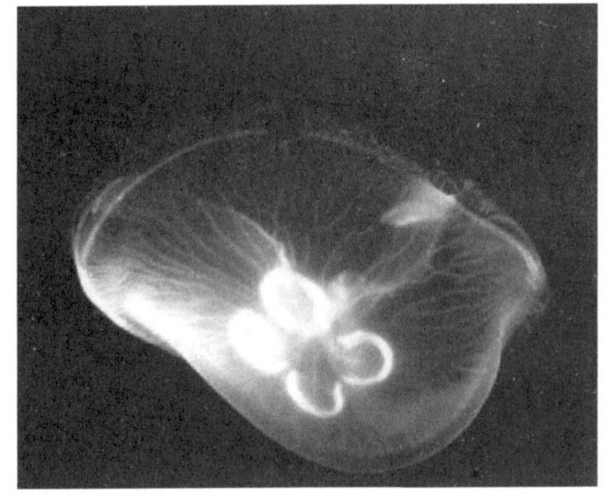

图 3-4-16　箱水母

图 3-4-17　僧帽水母

海蛇(如图 3-4-18 所示)毒成分复杂,因此,大多数海蛇毒几乎对受害者的每一个器官,甚至对每一个细胞都有可能产生影响,对心血管、呼吸及神经系统造成损害。

图 3-4-18　海蛇

蓝环章鱼(如图 3-4-19 所示)是已知毒性最猛烈的有毒动物之一,主要栖息在日本与澳大利亚之间的太平洋海域中。一只蓝环章鱼所携带的毒素足以在数分钟内一次杀死大约 26 名成年人,而目前还没有有效的抗毒素来预防它。

对于这些危险海洋生物,我们应该能够识别并远离它们。

图 3-4-19　蓝环章鱼

五、油火海面求生行动

(一)海面有油火时应采取的行动

在油火海面游泳时,禁止穿着救生衣,可将救生衣两根腰带挽系一个活扣,斜挎在肩上。

1. 跳水前应判明风向和海面有无障碍物或落水人员,并在上风舷侧跳水;

2. 跳水时应穿着棉毛衣服(不可穿化纤织物);

3. 先深吸气,再闭气,同时用一手掩鼻口,另一手遮蒙眼睛及面部,并将两腿夹紧伸直,垂直跳下;

4. 入水后应向上风方向潜泳,若需换气,应用手探出海面,做向周围拨水的动作,将海面油火拨开;

5. 当头部露出海面时应转身面向下风,做深呼吸后,立即下潜继续向上风方向潜泳(如图3-4-20 所示);

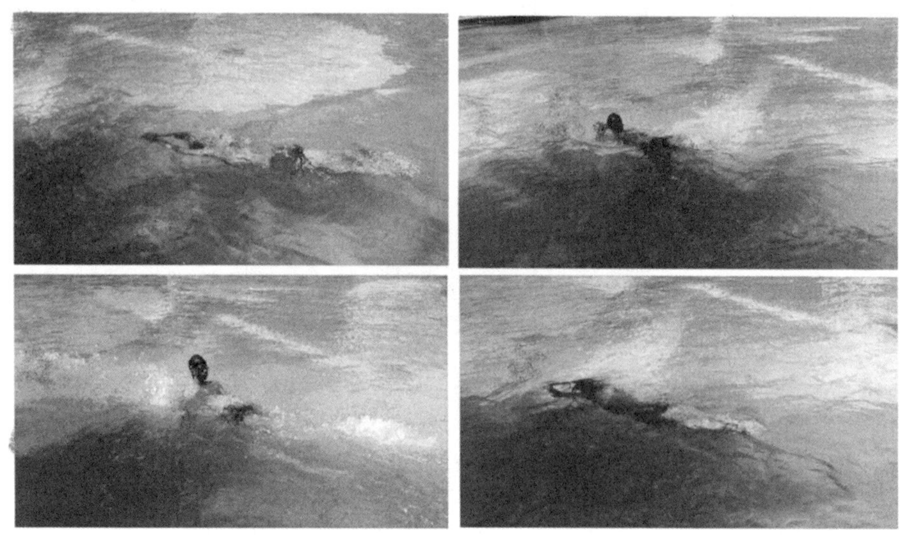

图 3-4-20　海面有油火时向上风方向潜泳

6. 不可穿着笨重的衣、鞋和救生衣,在情况允许时可将救生衣和必需的衣物包扎好,用一小绳系在腰上。拖出油火区后,再收回穿用。

(二)海面有未燃烧油层应采取的行动

1. 必须使头部(尤其是双眼)高出海面,尽快游离有油水面(如图 3-4-21 所示)。

2. 换气时必须极为小心。勿使油水进入呼吸道或吸入肺腔。因油滴会堵塞肺泡引起肺炎,严重损害呼吸功能;勿使眼睛沾到燃油。

3. 必要时可多穿、戴救生设备(器材)或者将其他救生设备(器材)绑在腰上,可以提升浮力抬高肢体。

图 3-4-21　必须使头部高出海面，尽快游离有油海面

六、从水中登上救生艇筏

（一）落水者在水中登艇的要领

先抓住救生艇旁下垂的扶手绳，用一只手攀着艇边，一只脚先登在艇侧水下的舭龙骨上，而后将另一只手也去攀着艇边，用另一只脚蹬扶手绳，四肢同时用力，弯曲双臂，将上身向艇内倾斜，这样就能登上救生艇（如图 3-4-22 所示）。救生艇上人员可以通过调整艇内人员分布，压低救生艇的干舷，抓住水中人员的手臂或衣服，协助他们登上救生艇。若救生艇内配备了登艇梯，救生艇内人员可以放下登艇梯帮助水中人员登艇。

图 3-4-22　落水者在水中登艇

（二）扶正与登乘救生筏

1. 扶正倾覆的救生筏

抛投式救生筏在抛投施放时，有可能在充胀成型的过程中，筏体是倾覆的。出现这种状况后，需要人员穿着救生衣下水，接近救生筏，手拉浮胎外侧的扶手绳，将有充气钢瓶的一侧拉至下风，人从配有钢瓶的一侧（筏体偏低的一侧）爬上筏底，两脚蹬在浮胎上，身体尽量向前拉住筏底的扶正带，整个身体向后仰坐，同时脚下用力蹬住浮胎，利用个人身体的力量和风力的协助，将倾覆的救生筏扶正（如图 3-4-23 所示）。

图 3-4-23　扶正倾覆的救生筏

扶正救生筏过程中,当筏体与水面接近垂直时,应该松开双手,身体后仰,采取仰泳迅速游离救生筏,防止被压在救生筏筏底。

如果未能及时游开而被压在筏下,也不必惊慌。因为救生筏筏底是柔软和有弹性的,我们可以用双手推开筏底,形成一个“气室”,借此机会深吸一口气,然后,面部向上,手推脚蹬,就可以游出筏底。如果面部向下游开,救生筏很可能挂住身后的救生衣,使我们难以脱离筏底。游离筏底时,应该从救生筏的两侧游离,避免在救生筏进出口方向游离,防止被登筏软梯套住而遭遇危险。

如果一个人无法扶正救生筏,则很可能是篷帐内侧已经充满了不能自行排除的海水。这时可以尝试两个人拉住扶正带扶正。如果仍然不能扶正,则另外安排几个人游到救生筏 CO_2 充气瓶位置相反一侧,在两个人拉住扶正带的同时,这些人通过向上推动篷帐,使篷帐离开海水,帮助扶正。

2. 从水中登上救生筏的方法

气胀式救生筏在出入口处设有登筏绳梯或登筏平台,入口处上浮胎上有攀拉索带(如图 3-4-24 所示)。

登筏时,落水人员游到筏的入口处,如果利用登筏绳梯登上救生筏,先用一只手抓住登筏绳梯,另一只手抓住浮胎上的攀拉索带,双脚登上登筏绳梯的最上面一格。两只手同时抓住攀拉索带或上浮胎内沿;两脚用力向下蹬,两臂弯曲用力向后拉攀拉索带或上浮胎内沿,头部向前倾,使上身倒向筏内,身体其他部分则顺势进入筏中。如果利用登筏平台登上救生筏,双手抓住并下拉救生筏上浮胎上面的攀拉索带,同时用力向下蹬腿,顺势将一条腿膝盖压住登筏平台;弯曲另一条腿用膝盖压住登筏平台;抬起一只腿,跨入救生筏内(如图 3-4-25 所示)。

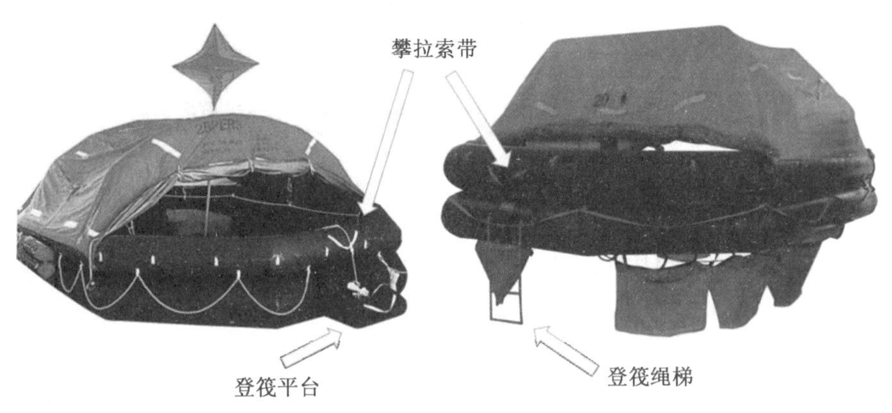

图 3-4-24　气胀式救生筏的登筏绳梯、登筏平台和攀拉索带

图 3-4-25　从水中登上救生筏的方法

如有多人，应筏上人拉，水中人推，互相协助登筏（如图 3-4-26 所示）。

图 3-4-26　多人协助登筏

第五节 在救生艇筏上应采取行动

一、登上救生艇筏后的行动

(一)有利于海上求生的行动

登上救生艇筏后,应根据具体情况采取下列行动以增加生存机会:

1. 求生者登上艇筏后,应迅速脱开连接难船或海上设施的缆绳,尽快操纵救生艇筏向上风方向离开难船或海上设施,并保持安全距离。操纵救生艇筏离开船舶时,应将流锚和筏底平衡水袋收起以减少水阻力。

2. 寻找并救助附近海面其他幸存者。

3. 集结救生艇筏,将救生艇筏连接在一起,并在救生艇筏之间分配幸存者和设备。指定每个救生艇筏负责人。

4. 检查救生筏是否正常运行,是否有任何损坏,并视情况进行维修(如果 CO_2 泄漏到救生筏中,则应进行通风),及时排除救生筏内积水,擦干救生筏筏底。维护救生筏,给上浮胎和篷柱充满气。检查救生筏顶棚灯的功能,如果可能,在白天节约电池。

5. 如有幸存者受伤,必要时进行急救。

6. 打开属具备品包,清点属具备品,阅读救生手册。

7. 发放抗晕船药和清洁袋。

8. 收集任何有用的漂浮物体。

9. 正确使用救生艇筏内配备的属具备品和易于被人发现的设备和信号。

10. 安排瞭望和值班。

11. 采取措施防止高温、寒冷和潮湿,根据情况调整救生艇筏进出口,以防天气影响或为救生艇筏通风。

12. 决定食物和淡水的配给量。

13. 采取措施保持士气。

14. 做好卫生安排,使救生艇或救生筏适合居住。

15. 为恶劣天气的来临做好准备。

16. 为救援单位的到来、被拖走、直升机救援或抢滩登陆做好准备工作。

(二)建立完善的组织

救生艇筏应尽快指定或推选一位坚定而又值得信赖的领导者,负责救生艇筏上的管理工作。领导者应根据救生艇筏实际情况,建立一个完善的组织,明确具体分工,一般组织艇筏内人员 24 h 轮换值班,如果人数足够,采取每班 1 h 安排 2 人的值班方式,一个人负责外部瞭望,另一个人负责内勤。如果天气寒冷,可适当缩短每一班的值班时间。如果救生艇筏内的人员不足,也应保证安排一人值班,同时负责瞭望和内勤工作。

1. 内勤的主要职责

(1)及时发现艇筏内的各种危险情况。例如:艇筏有任何渗漏之处,应能及时发现和修补。

(2)注意确保救生筏浮胎气体充足但不能过满。

(3)及时清理救生筏上黏附的油类,石油会破坏救生筏体上由胶连接的部分。

(4)随时排出积水,注意通风保暖,保持救生艇筏内部的干燥和卫生。

(5)管理药物,照料好伤、病员。

(6)清点属具备品,按时发放淡水、食物。

2. 外勤的主要职责

(1)保持有效的瞭望,注意观察黑暗中的灯光,及时发现前来搜救或过往的船舶、飞机。注意倾听哨音和喊叫声,尽早发现水面的落水者。

(2)寻找陆地。

(3)随时注意救生艇筏周围及附近情况以及海洋生物的动态和放出救生艇筏外的渔具情况,及时捕捉海洋生物,以便补充食物。

(4)密切注意气象和海况的变化,当大风浪即将来临时,应及时唤醒全体人员,切实做好抗风浪的准备,如:固定好救生艇筏内的设施设备,督促每个人系好救生索或安全带。

(5)当降雨时,应及时发动全体人员尽一切努力做好雨水的收集工作。

求生过程中应有专人记录船舶沉没的时间,人员的名字、身体状况,配餐时间表,也要记录风、流、天气海况、日出日落时间和其他导航数据。

二、救生艇筏上求生者的自身保护

寒冷和炎热都会给求生者带来伤害,求生者要注意自身保护,采取有效的措施保护好自己,避免自己暴露在不利的环境中而受到伤害。

(一)在寒冷气候中的保护措施

救生艇筏上的求生者在寒冷的气候里可能面临失温征和冻伤,应尽早采取预防保护措施。

1. 应穿着保暖衣服,外层最好穿上能防水的衣服,并将袖口、领口、裤管口等扎紧。外面穿好救生衣。

2. 保持艇筏内温暖干燥,根据需要调整通风。尽量避免将腿脚长时间地浸泡在水中。

3. 必要时数名求生者可紧靠在一起取暖。如有备用毛毯、衣服,均应用于保暖。

4. 为了保持血液循环,又不浪费体力,可做一些简单的运动,如伸缩四肢,动动脚趾、手指、腕部等。必要时应适当周期性地松紧妨碍血液流通的衣带鞋帽。

5. 避免长时间暴露在寒冷之中,避免风雨等对人体的袭击,定时更替瞭望值班人员,缩短每次值班的时间。

6. 不要吸烟,吸烟会使脑部和手脚的供血减少。

(二)在酷热气候中的保护措施

在酷热的气候中,救生艇筏上的求生者所面临的最大威胁是缺水,要设法减少人体失去水分和预防其他疾病的发生，应采取如下措施：

1. 按照救生艇筏内配备的定额口粮食用，可以减少额外水分的需要。
2. 及时服用防晕船药，以防晕浪呕吐。
3. 平静休息，避免不必要的运动；减少不必要的游泳，以免消耗体力而口渴。
4. 在热带地区，白昼太热时，可将所穿衣服弄湿穿在身上，但夜晚前应晒干。
5. 用海锚调整通风口的方向，保持良好的通风，避免阳光的暴晒。
6. 天热时应保持艇筏外部及遮篷潮湿。
7. 在阳光下尽可能多坐少躺，以减少身体受阳光照射的面积。
8. 将救生筏筏底放气使海水冷却筏底以降低筏内的温度。
9. 止血并治疗外伤或烧伤。

（三）受阳光、风、雨及海水侵袭时，应及时采取的保护措施

1. 在阳光侵袭时应尽量采取遮阳措施；保持艇筏外部潮湿以降低艇筏内部的温度；减少皮肤在阳光下直接暴晒的时间，以免造成晒伤；尽量减少对淡水的需求。

2. 在寒风侵袭下应放出救生艇海锚，使艇首顶风，减少强风侵袭，调整救生筏流锚的位置，使救生筏入口不迎风并关闭入口。

3. 在雨侵袭下应对救生艇筏采取遮盖方式，防止艇筏内雨水积存，注意排水。雨量较大时可将入口关闭，并及时用海绵擦干渗入雨水，但仍需积极收集储存雨水。

4. 海水侵袭有两种情况：如因大风浪吹袭而使救生艇筏进水，除保证呼吸及必要通风之用外应关闭所有入口，并尽快将海水排出艇筏外；如因艇筏破漏致使海水侵入，应尽快查找原因修补并及时将海水排出艇筏外。

（四）预防晕浪

救生艇筏受风浪影响较大，更易随波浪起伏发生剧烈颠簸。即使久经海上风浪考验的老船员，在救生艇筏上也会严重晕浪，晕浪会造成恶心呕吐，会使人体大量失水。艇筏内难闻的气味也会加重晕浪的症状。

虽然多数人的晕浪至多3天后就能适应，并停止呕吐，不过，那时人的机体可能已丧失了许多体液和电解质，这对海上求生者来说是致命的。因此，每一个求生者在登上救生艇筏后均应立即服用防晕浪药物，此外还应采取以下措施：

1. 施放海锚，保持适当的通风并使艇筏顶浪以减轻摇晃。
2. 在可能的情况下，正常供给水分。
3. 保持安静，适当休息，保存体力。
4. 互相鼓励帮助，坚定意志和信心。

三、淡水食物的管理

水是人体内含量最多的物质，约占体重的70%，是维持机体正常生理活动的必要营养物质之一。如果身体失去的水分补充不上，体内水分就会失去平衡。当人体失去1/5以上的体液时，就会死亡。根据研究，人每天维持生命的最低饮水量是0.5 L。对海上求生者来说，淡水比食物更加重要。有淡水无食物时，求生者仍可生存30~50天，但如果没有淡水只有食物，

则仅能维持数天生命。因此在救生艇筏上的求生者必须对饮水实行严格的控制管理和正确的分配使用。

(一)淡水的使用管理

1. 淡水的配备

救生艇上每个额定乘员配备 3 L 淡水,可供 7 天使用(最初 24 h 内不供给淡水);救生筏上每个额定乘员配备 1.5 L 淡水,可供 4 天使用(也包括最初 24 h 内不供给淡水)。

2. 淡水的分配与使用

艇筏上的淡水要专人集中管理和分配。淡水的分配是从弃船求生 24 h 以后每人每天分 0.5 L,最好将分到的淡水分为三等份,日出前、午间、日落之后各 1/3。饮用时要一小口一小口地喝,水要尽可能在嘴里含一会儿,润一润嘴唇,然后慢慢地咽下。

3. 淡水的补充

淡水补充的主要途径有下列几种:

(1)收集雨水和露水

海上遇到下雨时,用一切可以做容器的装置多收集雨水,但最初收集到的雨水因为盛装容器含有盐分,应该倒掉,然后收集干净的雨水。雨水不能长期保存,收集到雨水后应让大家喝足,以补充之前体内缺少的水分,艇筏上配备的淡水留作备用。露水或雨水很少时,可用清洁布或衣服放在艇筏内的适当处,让水湿透,然后将水绞出置入容器内。

(2)利用海洋生物的体液

生鱼的眼球有一定的水分;鱼的脊骨不仅含有可饮的髓液,且含有大量蛋白质;将捉到的鲜鱼切成块,放在干净的破布中拧绞出体液,用容器收集;海龟的血也是一种很好的代用饮水。

(3)海水的淡化

对于求生者来说,海水淡化主要用物理的方法。该方法是用太阳能蒸馏器来制取淡水的。其工具结构简单,效果良好,但容易受到气候的影响。

4. 辨别水质的好坏

饮水可以保存多长时间和气温、水温、储水器的清洁程度等有关,在炎热的天气里,饮水的保存时间可能缩短一半。我们可以通过对饮水的水质进行采样试验辨别水质的好坏,试验分两步进行:

第一步:饮用少许,等待 1~2 h,如果身体无不良影响,可进行再试。

第二步:多饮一些,等待 4~5 h,如无副作用,说明饮水水质基本是好的,但饮用也不宜过多。

另外,闻一闻饮水的气味,也可辨别水质好坏。

5. 不能饮用海水和尿

人体肾脏能够承受的盐浓度一般不超过 2%,而海水中的含盐量往往大于 5%,喝了海水,体内盐分就会增加,使肾脏的负担过重,以致使肾功能丧失。饮入海水后,会导致口渴、腹胀而后出现幻觉、神志昏迷、精神错乱等症状,威胁生命安全。

尿液在海上求生过程中因喝水少而变浓,所含毒物增多,因而喝后不但不能解渴,而且还会导致恶心、呕吐,使体内的水分更加减少,让人更加口渴,甚至使人死亡。

(二)应急口粮的配备与分配

1. 应急口粮的配备

海难应急口粮是按最佳比例配制而成的压缩食品,它只含有少量的蛋白质,是淡水供应不足情况下唯一较适宜的食物。救生艇内应急口粮是按额定乘员 6 天配备的,救生筏内则按 3 天配备。

2. 应急口粮的分配

第一天(遇险最初 24 h 内)不得进食,第二、三天按日出、晌午及日落分配三次口粮,不能超额分配食物。若第四天仍未获救,则从第四天起减少口粮配额,如实属必要,可减少至规定配额的一半。如果艇筏上已经断水,则不得再吃食物,以免更加消耗体内的水分。

3. 海上食物的补充

较长时间在海上求生就必须设法在海上获取食物,求生者可以通过捕鱼、捞取海藻、收集浮游生物等方法补充食物。食物的消化过程需要消耗水分,尤其是高蛋白质的食物,如:鸟、鱼、虾的肉等,这些食物只能在淡水充足时才可以食用。

4. 如何辨认食物的好坏

求生者从海中捞取食物后,应注意辨认所捞食物的好坏,在吃海藻之前应仔细检查,把附在上面的小生物弄掉。有些没有正常鱼鳞而带有刺、硬毛或棘毛的鱼是毒鱼,不能食用。通常发现有下列迹象的鱼也不能食用:发育不正常的鱼、腹部隆起的鱼、眼珠深陷入头腔的鱼;有恶劣气味的鱼;用手揿入鱼肉有凹陷印记的鱼;鱼肉辛辣的鱼。

(三)人体所需的盐分

如果救生艇筏上无储备盐,而求生者又处于天气酷热、出汗很多时,身体内将需要补充盐分,这也是机体维持生命不可缺少的电解质。

体内缺盐时的表现:口渴,甚至饮下相当数量的水后仍觉得口渴。这时,可将海水冲淡后(含 15%~30%的海水)饮用,不致有不良后果。这样做不仅给身体提供所需盐分,也相当于增加了一定的供水量。

四、正确显示救生艇筏的位置

救生艇筏在海上漂流待救时,受风流的影响,可能会发生严重的漂移,如果求生者不能采取有效的措施显示其所在位置,可能导致搜救工作变得非常困难,将会延误获救时间甚至失去获救的机会。

当船舶或海上设施发生海难事故遇险时,应该果断地使用船舶或海上设施所配备的无线电救生设备,向在附近航行的船舶、飞机,向主管机关、救助单位、船舶所属公司等相关单位报警求助,通报难船(设施)的船位、遇险的性质、需要救助的要求等相关信息。这对于海上求生人员能够及早获救是十分重要的。

在离开难船时,必须按照要求将应急无线电示位标、搜救雷达应答器、双向无线电话等携带到救生艇筏上。救生艇筏在漂流待救时,应该注意掌握好时机,恰当地运用好无线电救生设备和各种求救信号。

(一)正确使用无线电救生设备

1. 如果携带到救生艇筏上的卫星应急无线电示位标,在撤离难船前没有启动,带入救生艇筏后,应该立即启动投入使用。越早投入使用,对海上求生越有利。

2. 当海上求生人员登上救生艇筏,驶离难船,到达漂流待救的水域时,将搜救雷达应答器(SART)垂直固定在救生艇的舷边、救生筏的瞭望窗附近(或专门的固定位置上),天线至少距离水面 1 m 以上,应答的效果才能更好,增加天线高度,会使 SART 在更远处被探测到。打开启动开关,使 SART 处于待命的工作状态。

3. 双向无线电话处于开机监听状态,在使用时要注意节约用电,不做无效的通信联系,避免失去获救的良机。对于双向无线电话来说,天线越高,通信距离越远。

(二)正确使用视觉信号设备

要节约使用烟火信号,合理控制好使用烟火信号的时机。只有在视觉范围内已经发现来往船舶或飞机,才可以选择时机进行释放,这样才能有效引起他们的注意,促使他们加强对海面的瞭望搜寻,以使救生艇筏的求救能够及早地被发现,决不可以盲目使用。特别是在无线电救生设备失去工作能力时,选择好操作使用烟火信号的时机,才能够使其发挥最大的作用。

五、正确使用海锚和流锚

(一)海锚

1. 海锚的作用

海锚是配备在救生艇中的一个专用设备。海锚主要由细纹帆布制成,一头设有一个大口,另一头设有一个小口,形状似漏斗。在大小口上各系一根专用绳索,系在大口的绳索习惯称为海锚索(施放索),其长度大约是 3~4 倍艇长。系在小口的绳索称为收回索(回收索),其长度比海锚索长一些,如图 3-5-1 所示。

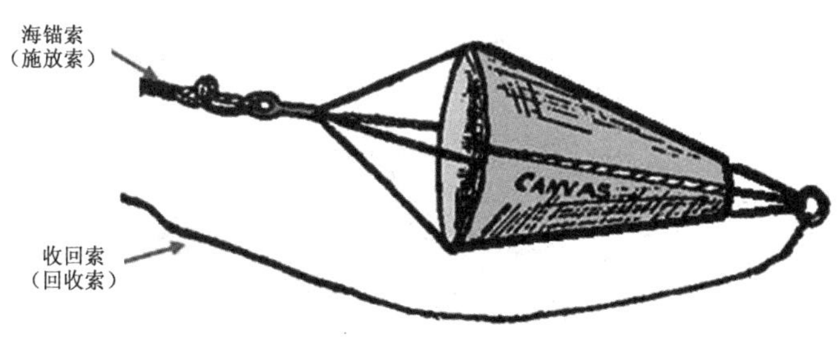

图 3-5-1　海锚

海锚的主要作用有两个:

(1)在大风浪中漂流待救时,抛出海锚,控制救生艇处于顶风顶浪的状态,防止救生艇被风浪打横,避免救生艇被正横来的风浪掀翻。

(2)在漂流待救时,抛出海锚,减缓救生艇随风流漂移动的速度,使救生艇尽可能保持在难船附近位置，以便于被搜救船舶或直升机发现，早日获救。

2. 海锚的抛放操作

在抛放海锚前，先检查海锚、海锚索和回收索是否处于良好的使用状态，如果在强度、构造上没有问题，将海锚索系固在艇首缆桩上，或者系在艇首横座板上，操纵救生艇艇首处于顶风顶浪状态，救生艇停车，在风浪的作用下，救生艇向着下风流方向产生漂移速度，开始进行海锚的抛放操作（如图 3-5-2 所示）：

（1）从救生艇艇首将海锚抛出艇外，控制海锚索在救生艇慢慢向后移动的作用下逐渐吃力，回收索不可以受力。

（2）待海锚索已经松放出去，海锚在救生艇向后移动的作用下，大量的海水从大口进入，从小口排出，海锚在海面上有规律地上下起伏，海锚抛放成功。

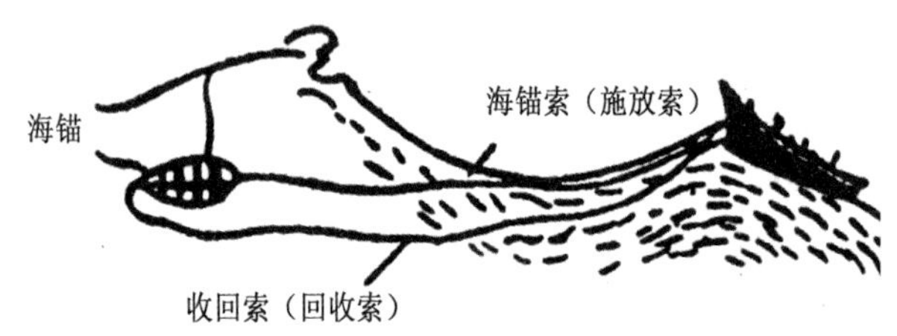

图 3-5-2　海锚的抛放操作

（3）将回收索松弛地系在艇首，注意观察缆绳与艇的接触部位，磨损程度是否严重，需要时在磨损部位进行包扎保护。

（4）海锚抛放完毕，救生艇上值外勤的人员，要经常注意观察海锚是否处于正常状态。

（5）回收海锚时，只能收拉回收索，海锚索不能吃力。

（二）流锚

流锚（如图 3-5-3 所示）是配备在救生筏内的一种特殊装置，救生筏中配备两只流锚，很多抛投式救生筏在水中充胀成型时，会自动抛放出一只流锚，另一只流锚装在救生筏属具备品袋中。

图 3-5-3　流锚

1. 流锚的作用

流锚主要用于改善救生筏在风浪中的运动状态，其作用主要有：

(1)增加阻力,减缓救生筏的漂移速度。

(2)防止救生筏在大风浪中倾覆。

(3)使救生筏开口避开风浪或加强救生筏通风。

(4)用于操纵救生筏移动。

2. 流锚的抛放操作

流锚的抛放操作方法和海锚的抛放操作方法基本相同。使用流锚时,将流锚布置在避开救生筏开口的位置,这样可以使救生筏的进出口避开风浪,使救生筏内求生者免受风浪的侵袭。而将流锚布置在救生筏开口的位置,可以加强炎热海域救生筏内的通风。

由于救生筏无自航能力,在需要操纵救生筏撤离难船或使救生筏向某一目标移动时,可使用流锚来移动。其操作方法是:救生筏内的求生者将流锚抛向想要移动的方向前方,等流锚充分展开并灌满水后,在流锚持续受力的情况下回收流锚,那么救生筏将向着流锚的方向移动。

因为救生筏的流锚只有一根锚索,因此,释放和回收都操作锚索,在流锚受力大时,回收操作会很吃力,要注意安全。

六、接受船舶救援时应采取行动

1. 通常前来救援的船舶是采用在救生艇筏的上风处靠近,将船横向迎风浪停住,使艇筏处于较平稳的海面,利用风压,向艇筏接近。此时海面上的艇筏也应主动驶至大船的下风海面待救。

2. 当救援船舶驶近时,艇筏应将海锚或流锚收起,以免缠绕来船的螺旋桨。

3. 在恶劣的天气下,前来救援的大型船舶横向迎风浪前进时,改变航向很困难,尤其是向上风改向,有时用满舵、慢速,甚至半速进车,几乎都没有效果,因此海上遇险的艇筏与海面漂浮的求生者应尽量不要横在大船的船首方向上。

4. 求生者在接受救助船救助时,应尽可能互相靠拢,集体行动被救的可能性更大,且能节省救助时间。在冷水中救助的快慢,关系到求生者的生与死。

5. 协助艇筏上的求生者或海上的求生者攀登大船的最有效办法是在大船舷侧放下救生网,其下端尽可能垂入海中,让求生者抓住。

(1)抓住救生网的求生者,由于已处于筋疲力尽的状态,不可能完全靠自身力量攀登上船,因此,作为辅助手段,可将救生圈系在牢固的绳索上,大量投放在海面上,求生者要将救生圈套在自己的两腋下,双手握住绳索,防止身体从救生圈中滑脱。这样既可以增加浮力,争取充裕的救援时间,同时在求生者攀登上船时,大船甲板上的救助人员可以提拉绳索,协助求生者攀登。

(2)当救生圈数量不足时,救助船可多用些绳索在端部打单套结做成安全索,抛投到海面,求生者将绳套套在自己的两腋之下,再按上述方法进行攀登。应注意身体虚弱的求生者由于体力不支,绳索可能脱手而导致求生者被风浪冲离大船漂走,因此求生者一定不能只用手握住绳索。

第六节 ◎ 直升机营救及遇险水下求生

一、直升机概述

(一)直升机在海上设施生产作业中的应用

海上设施一般离岸较远,孤立分散,工作人员往返岸基和海上设施时,国际国内普遍采用直升机与船舶两种方式。由于海上航程较远,乘船时间较长,安全和舒适程度也比较差,特别是受海浪颠簸影响,工作人员身体消耗较大,到达海上设施后,不能及时进入生产状态,遇有人员伤病等应急情况,更是无法及时处置,而且往返岸基和海上设施的人数每次一般不多,用直升机进行运送到海上设施的工作人员、器材设备,会比使用船舶更方便快捷。直升机是一种非常成熟的交通工具,具有能在狭小的场地上起降、机动灵活、低空悬停、外吊挂等特点,成为海上设施服务的理想交通运输工具。此外,在应急救援、台风撤离等紧急反应时,功能更加突出,因此直升机已成为海洋设施经营开发的依赖性需求。在我国通航领域,直升机在运输海洋石油中的应用占据很大比重。我国目前共有约 300 架民用直升机,其中约 40 架用于海洋石油服务,每年飞行时间 4 万多小时,而且直升机运用在海油作业的体量还在持续上涨中。随着海上风电的快速发展,直升机进入海上风电领域也会更多。

(二)直升机结构特点

直升机属于飞机众多种类中的一种,主要组成部分是机身、机舱、旋翼、尾桨、起落装置、动力装置、传动装置(如图 3-6-1 所示)。

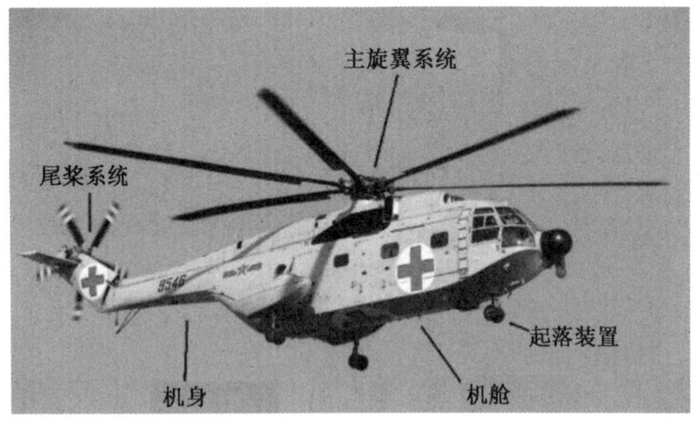

图 3-6-1 直升机主要组成部分

1. 机身:机身用来支持和固定直升机部件、系统,把它们连接成一个整体,使直升机满足既定技术要求。

2. 机舱:机舱用来装载人员、物资和设备,为了装卸货物及安装设备,机身上要设计很多舱门和开口。

3. 旋翼：直升机有单旋翼和双旋翼两种类型，目前单旋翼较多。直升机通过动力装置驱动旋翼提供升力，把直升机举托在空中，旋翼还能驱动直升机倾斜来改变方向。旋翼转速影响直升机的升力，直升机因此实现了垂直起飞及降落。

4. 尾桨：单旋翼直升机的尾桨是用来平衡反扭矩和对直升机进行航向操纵的部件。旋转着的尾桨相当于一个垂直安定面，能对直升机航向起稳定作用。双旋翼直升机通常采用旋翼相对反转的方式来抵消旋翼产生的不平衡升力。

5. 起落装置：直升机起落装置的主要作用是吸收在着陆时由于有垂直速度而带来的能量，减少着陆时撞击引起的过载。直升机的起落装置主要有可收回式、起落撬、轮胎和浮体四种类型。中小型直升机最常用的起落装置是起落撬。轮胎式起落设备主要用于重型和中型直升机。

直升机可以垂直升降，在较小的场地安全降落，也可以停留在半空不动（悬停）或向后飞行，不受航线和地理条件限制，具有触动快速、机动性强、受天气海况影响小的特点，是理想的海上设施交通运输工具，也是理想的海上搜寻救助工具，搜寻范围大、救助成功率高，可以在最短时间到达海上设施或者遇险船舶，对抢救生命提供更多的时间保障。目前我国救助飞行队使用的“黑鹰”S76C+型直升机能抗 10 级大风，80 n mile 以内一般可救 10 人，80～120 n mile 一般可救 6～8 人。

目前我国从事海上设施服务的直升机主要有 S-76 系列直升机、S-92 大型直升机、欧洲直升机公司的 EC-155 直升机和 EC-225 直升机、法国航宇工业公司的超级美洲豹直升机和海豚直升机等（如图 3-6-2 所示）。

S-76 系列直升机

S-92 大型直升机

EC-155 直升机

EC-225 直升机

图 3-6-2　海上设施服务部分机型

（三）直升机海上风险

虽然直升机具有很高的安全性，但是由于海上运行环境与陆地不同（如图 3-6-3 所示），受环境、天气、人员、飞机自身和管理因素、海上设施等因素影响,从而会导致事故的发生。海上设施工作人员应该了解直升机的基本构造,熟悉直升机的安全设备和救助设备,掌握乘坐直升机过程中的基本要求、一般步骤以及直升机遇险逃生方法和直升机救助时的正确做法,并充分认识直升机飞行中所面临的危险,增强遇险后正确逃生的信心。

图 3-6-3 直升机海上运行环境

二、直升机安全设备与器材

(一)救生衣/保温服

直升机为机上每一位成员配备了气胀式救生衣,救生衣平时可折叠收藏。登机前,工作人员会给每个乘客分发一件救生衣,乘客穿着救生衣登机,离机以后还给工作人员。在低水温区(表面水温低于 10 ℃)运行,还会为机上所有人配备保温救生服。直升机配备救生衣和保温救生服的使用方法和第三章介绍的气胀式救生衣及救生服相同。

禁止在直升机机舱内给救生衣充气。第一,穿着充气后的救生衣会妨碍行动,不利于从机舱中逃生;第二,从机舱逃生出来时,救生衣很容易被划破,丧失浮力功能;第三,救生衣会使人员浮于舱顶,这样就很难潜入水中从应急窗口中逃脱。

(二)救生筏

直升机备有不少于两只救生筏,为容纳机上全部乘员,其额定容量和浮力应大致相等,该救生筏为气胀式。救生筏存放在出口附近,以便在水上迫降时通过此出口投放救生筏。自动或遥控投到机外的救生筏会使用具有易断功能的固定绳与直升机相连,固定绳能把救生筏系留在直升机附近,而在直升机完全沉入水中时又能自动脱开(如图 3-6-4 所示)。

直升机配备救生筏的功能和使用方法与船舶和海上设施所配置的救生筏基本相同,由于限载缘故,直升机上筏中的属具少。机上有明显的救生筏抛放装置开关,离开关最近的乘客在逃生时一定要启动抛放装置。

图 3-6-4 直升机救生筏

（三）灭火器

直升机驾驶舱和乘客座椅数量超过 10 人的直升机客舱中会配备灭火器。手提灭火器存放在易于取用的位置，一般一个装在驾驶员的座椅侧面，一个放在第一排的座椅下面。如果存放位置不是明显可见，会有明显的指示标志。

（四）急救包

客舱适当位置备有急救包，放置常用急救用品，并附有用品清单，用于处理飞行期间或小事故中可能发生的人员伤害。

（五）救生包

直升机上的救生包含以下物品：饮水淡化装置、药剂、驱鲨剂、应急电台、小刀、信号枪和信号弹、烟雾信号和食品等。

（六）防噪声耳机

每个座位都配有防噪声耳机（如图 3-6-5 所示），戴好防噪声耳机，可以避免直升机的噪声对耳朵造成伤害。

图 3-6-5 防噪声耳机

（七）安全带

直升机上每个座位都配有安全带（如图 3-6-6 所示），上了直升机后安全带要从始至终系好。收紧安全带后,要把多余的带子别好,这样在逃生的时候就不会在慌乱中找不到卡扣,方便打开安全带。

图 3-6-6　安全带

(八)应急门窗

直升机上部分门窗危急时刻可抛放。不同型号的直升机应急门窗的抛放方法不同(如图 3-6-7 所示)。抛放开关一般由一个开关和一个保险组成,旁边附有中英文对照说明,明确提示抛放方法。特别要注意的是,在正常飞行情况下不能随意动应急开关,不要试图验证应急门窗开关是否完好。要掌握好应急门窗的抛放时机,当直升机坠海逃生时,在临近水面时要将应急门窗抛放掉,或者听从驾驶员的指示抛放。

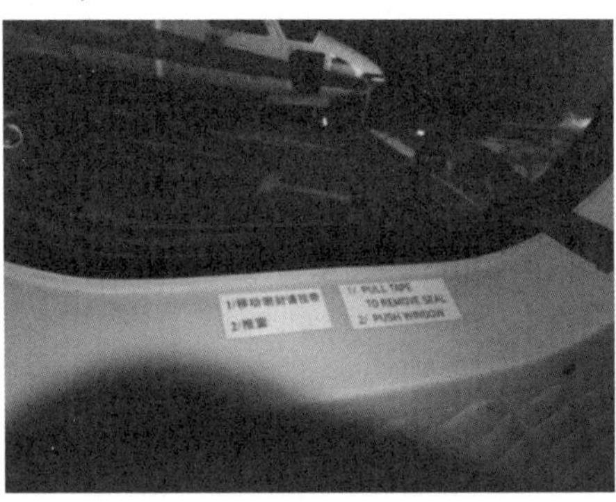

EC225 的应急窗

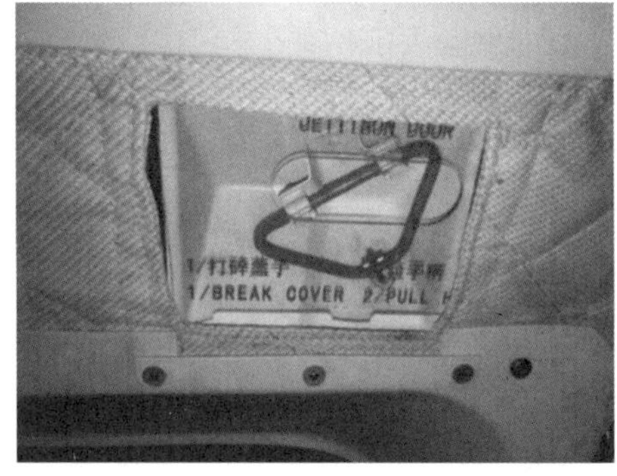

EC225 的应急门

S-76C 的应急门

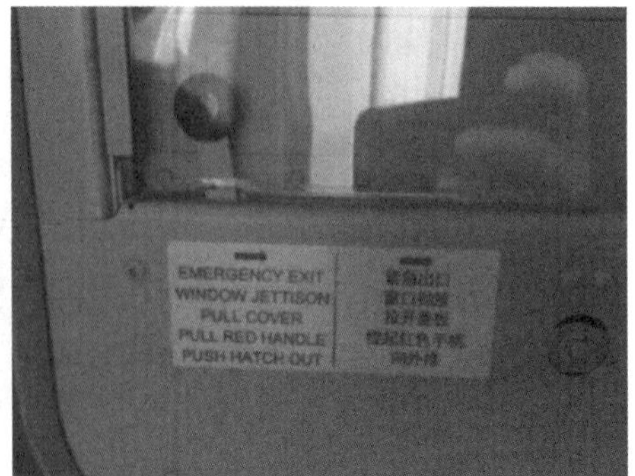

S-76C 的应急窗

图 3-6-7　直升机应急门窗

（九）应急漂浮系统

应急漂浮系统（如图 3-6-8 所示）是直升机海上救生的重要手段，它能为直升机在水上漂浮提供应急浮力，系统可以显著减小直升机在波浪作用下的横摇角度，从而增强直升机随浪运动的稳定性，同时防止其发生倾覆，为机内人员的逃生创造有利条件。当直升机在海上飞行，万一遇到险情需要应急迫降时，依靠应急漂浮系统，直升机可以实现"水上着陆"。驾驶员通过操纵装置，打开应急漂浮系统，满足机上成员打开舱门或抛放舱门迅速撤离直升机逃生的需求。有的直升机应急漂浮系统也具有迫降水面后由水压自动启动的功能。

由于直升机的应急漂浮系统可能会泄漏或破裂使直升机翻覆，另外由于直升机的重心在机身上部，直升机可能会因风浪而翻覆，因此，迫降水面后乘客应迅速投放救生筏，转移到救生筏上等待救援。

图 3-6-8　应急漂浮系统

（十）直升机水下应急呼吸器

在沉没的机舱中，求生者在屏住呼吸时间内需要完成解安全带、定方向、找到出口、抛应急窗门、排队逃出、升至水面等一系列动作和任务，这对紧急情况下的求生者来说并不容易。大量试验和应用事实证明，配备直升机水下应急呼吸器（EBS）可以使人更沉着冷静。目前该设备多配备给机组人员。

直升机水下应急呼吸器一般由咬嘴、肺式活门机构、软管、气瓶和减压器等组成，其结构如图所示（如图 3-6-9 所示），其中，减压器上一般设置手动开关、安全阀、充气接嘴和压力表。水下应急呼吸器一般使用空气作为呼吸气体，气瓶中的空气压力为 2～21 MPa，当平均肺通气量为 25 L/min 时，水下应急呼吸器的供气时间应不少于 1.5 min。水下应急呼吸器与配套型号的救生衣配合使用，水下应急呼吸器能够单手操作并使用。

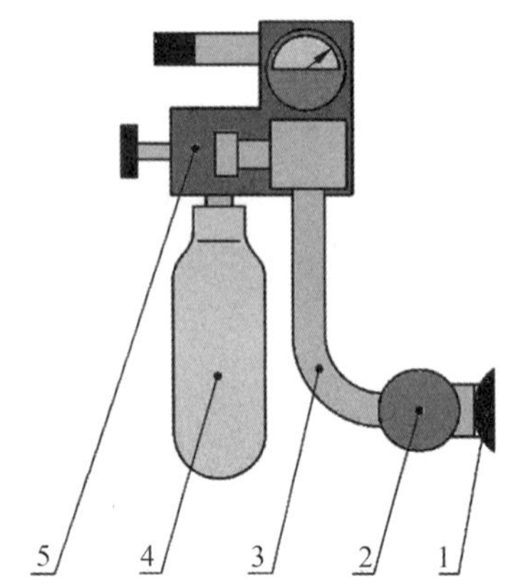

图 3-6-9　直升机水下应急呼吸器结构图

1—咬嘴；2—肺式活门机构；3—软管；4—气瓶；5—减压器

三、直升机救助设备

直升机在海上救助时，利用吊升设备救助求生人员，在吊索的一端都连接着专用的救护吊升设备，主要有：

1. 吊带：最常用、也最适合快速地吊起求生人员（不适用于吊运伤病员），如图 3-6-10 所示。

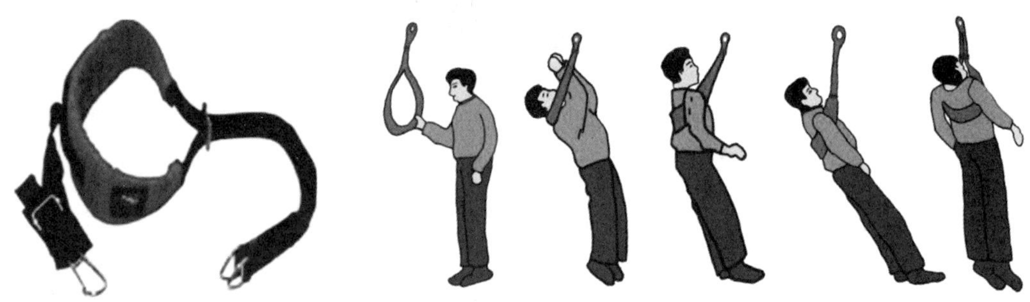

图 3-6-10　直升机救助吊带　　图 3-6-11　吊带正确使用方法

吊带正确使用方法（如图 3-6-11 所示）：

（1）首先握住吊带；

（2）将吊带的圆环由头部套入；

（3）吊带绕过后背并夹在两腋之下，将吊钩置于胸前；

（4）接下来用吊带上的收紧环将吊带收紧；

（5）确认无误后，就可以示意起吊了。

被救助者在使用吊带时要注意：

（1）被吊起时，应保持面部对着吊钩，手自然垂于两侧，不要用手去抓吊带，那样吊带容易滑脱，如图 3-6-12（a）所示。

（2）吊升过程中，被救人员一定注意不要只用手抓住吊带或者坐在吊带上，吊升过程中要始终保持吊带不脱钩、不滑落，如图 3-6-12（b）所示。

(a)　　　　　　　　(b)

图 3-6-12　错误姿势：手抓吊带易滑脱

2. 吊篮：求生人员只要爬进篮内、抓牢篮筐坐好即可。吊篮使用简单方便，如图 3-6-13 所示。

图 3-6-13　吊篮

3. 担架：担架是专用于直升机救助伤病员的设备，主要用于救助身体受到严重损伤或者神志不清的人员。它与普通的担架不同，担架装有吊索并配有专用的吊钩，可以方便地与直升机的吊索迅速而安全地连接或脱卸，如图 3-6-14 所示。

(a)吊升担架

(b)利用担架吊升作业

图 3-6-14　吊升担架

4. 吊座:吊座由吊杆和座板组成,吊杆两侧各设一个锚爪形座板或者类似一个三角形的座板,求生者只要骑坐在一个或两个锚爪形的座板上,并用手抓住吊杆即可。这种设备也可以同时吊升两名求生人员,如图 3-6-15 所示。

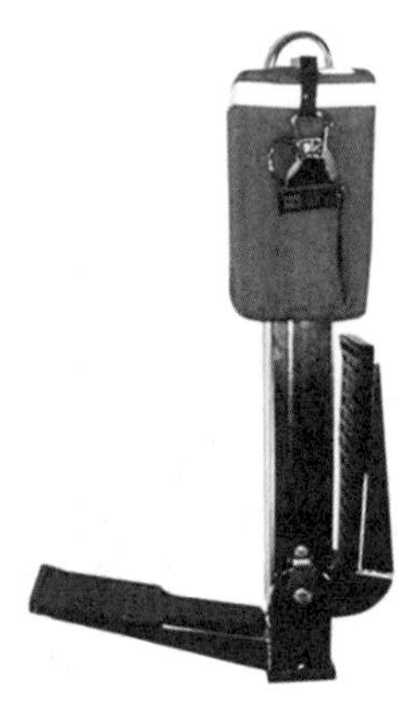

图 3-6-15　吊座

5. 吊笼:形状类似一个锥形鸟笼,某一侧开口,其余各侧都是绳网式装置(如图 3-6-16 所示)。求生人员从开口处爬进笼内,抓住绳网,即可吊升救助。吊笼非常适于救助落水人员。

图 3-6-16　吊笼

四、直升机海上营救时被救助人员的正确行为

1. 直升机在救生艇筏上空旋停时，由于受到直升机向下气流的冲击，救生艇筏可能会倾覆。所以，艇筏上人员应该聚集在艇筏中央，直至全部被吊升为止。

2. 所有被吊升救助人员都必须穿着救生衣（除非伤病员的需要），吊升时不要穿着宽松的衣服，不要戴帽子、头巾或遮盖未经捆扎的毛毯等物。

3. 为避免直升机吊升设备金属部分带有静电与人体发生放电现象，被救助人员应该先让其接触船舶或海水后，再抓紧吊升设备。现在很多直升机都配备了大约 3 m 长的放电绳，吊升作业前安装在吊钩上，可以提前接触甲板或水面放电。

4. 为了便于给直升机驾驶员指示救助现场的风向，被救助人员应设法举起衣物、旗帜等让其随风飘扬。

5. 在救助时，被救助人员要绝对服从直升机救助人员的指挥，严格遵守秩序，严禁争先恐后，以免造成不必要的伤害或者不应有的损失。

6. 一般情况下直升机放下救生员实施救助，救生员索降后迅速接近被救助者，被救助者不要抓着救生员的胳膊（或者抱住救生员的腰），也不要抓住吊钩和吊索，要配合救生员正确使用救助设备，救生员在确认救助设备已经正确操作、牢固可靠时，会发出吊升信号，示意直升机上绞车手吊升（如图 3-6-17 所示）。

7. 最后一名由直升机吊升离开救生艇筏的被救助者在离开艇筏时，应将艇筏上的示位灯、示位标关闭。

图 3-6-17　直升机救生员实施救助

五、登乘直升机

直升机作为海上设施特殊的交通运输工具，其登乘过程有特殊的要求，海上设施工作人员必须了解并配合。接到登机通知后，人员要按时到达机场，保持良好精神状态；按要求办理登机手续，认真填写登机登记表；服从登机前安全检查的有关要求，不携带违禁物品登机；每一次登机前都认真参加登机前的安全教育。

1. 登乘直升机过程

直升机的旋翼和尾桨在低功率，甚至慢车转速时也有充足的力量，可能造成人员伤亡，而且旋翼和尾桨在旋转时不易被发现，因此非专业人员经常无法意识到它们的危险性，即使熟悉

旋转的旋翼和尾桨危险的专业人士,也有可能忽略其危险。所以我们必须谨记:直升机旋转的旋翼和尾桨极其危险,在操作时要保持高度警惕。

登机前应熟知登、离机安全注意事项,并在直升机工作人员的引导下,按规定路线和方法上下直升机,避开并不得触摸或挪动旋翼和尾桨,避免受到旋翼或尾桨的伤害。

(1)注意安全区域的划分(如图 3-6-18 所示),不要从飞机后面接近螺旋桨正在转动的直升机。

图 3-6-18　直升机危险区

(2)从侧方或前方接近或离开直升机,但不能离开飞行员的视线,到达主旋翼之前及在主旋翼下行走时应采取低头弯腰伏身姿势(如图 3-6-19 所示)。

图 3-6-19　从侧方或前方低头弯腰伏身姿势接近或离开直升机

(3)保证自己所有的穿戴物品不会被风吹走。

(4)不要举起手去抓或追赶被风吹走的帽子或其他物件。

(5)原则上不许携带任何物品到客舱(物品由工作人员放到货舱)。当乘客携带物品或工具时,应以水平方式持拿工具,工具高度应低于腰部(不能将工具立起或使其高度过肩)(如图 3-6-20 所示)。

图 3-6-20　以水平方式持拿物品或工具

(6)用一只手遮住眼睛或眯起眼睛，以保护眼睛。如果被沙尘或刮起的东西迷了眼睛，停下来坐在地上等待帮助。

(7)登机和离机路线听从机组人员或地面人员的指挥。

(8)如果是高架直升机平台(如屋顶)或直升机甲板，在机长发出登机信号或离机信号前，不要靠近平台或自行离机。

(9)如果起飞点或着陆点位于有坡度的地面上，为避免接触旋翼与地面之间最低的区域，乘客应在下坡一侧但不能从尾部接近或离开直升机(如图 3-6-21 所示)。

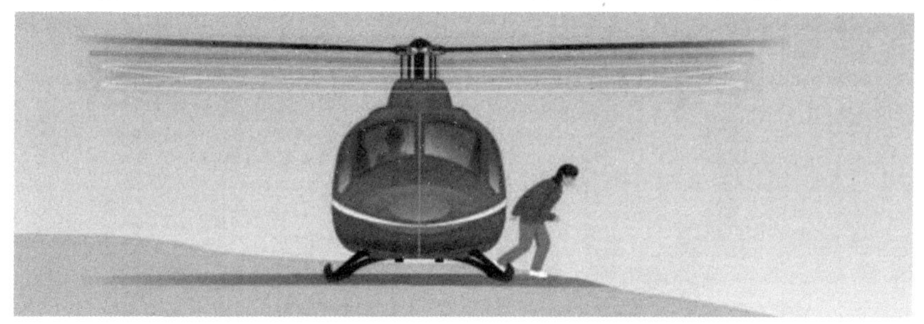

图 3-6-21　乘客应在下坡一侧但不能从尾部接近或离开直升机

2. 直升机飞行期间

(1)登机进入机舱后迅速系上安全带，整个飞行期间都要扣好安全带，穿着救生衣。

(2)任何时候都遵守服从机长和机组人员的指令。

(3)禁止触摸任何控制装置，未经允许不可使用任何后舱设备。严禁私自触碰有红色标记的机载设备。

(4)如果使用耳机等机上设备时应轻拿轻放，用完后及时放回原来指定位置。

(5)认真阅读直升机的各种标志、指令，看清紧急出口及设备的位置。

(6)自始至终不得打开舱门。

(7)禁止在飞行期间换位、离开座位。

(8)禁止吸烟，除另有规定外，禁止使用任何便携式电子设备。

(9)时刻留意、观察直升机的状态。发现异常情况时(包括发现火灾、冒烟、燃油泄漏、机组可能不知道的其他异常情况，也包括个人不适)向机长、机组人员报告寻求帮助。飞行期间密切关注机组人员可能给出的任何手势信号并相互提醒传达。

(10)在直升机运行期间，任何人不得殴打、威胁、恐吓或妨碍在直升机上执行任务的机组成员。

(11)不得从飞行中的直升机上投放任何可能对人员或财产造成危害的物体。

六、直升机应急

1. 迫降中的行动

当直升机处于不正常状态下飞行时，飞行员会通过广播或手势通知乘客，以便乘客做出适当的反应。当直升机准备迫降时，应按以下程序进行：

1)取下眼镜、重靴、松动的假牙和任何锋利的物品。这些物品在直升机迫降时可能让你受伤。

2)查看应急门窗开关及操作方法。

3)确保系好肩带/安全带,坐在座位上,做好准备迫降的保护姿势。

(1)当乘坐姿势与直升机飞行方向相同时:

①弯腰抱膝,尽量将身体抱成一团,减少身体面积,可避免直升机迫降时可能产生的打击物的打击(如图 3-6-22 所示)。

②也可采用一手抓牢反向肩膀,将头搭在手臂上,护住面部,另一只手撑住反向膝盖,身体向前倾的保护姿势如图 3-6-23(c)所示。

(2)乘坐姿势与飞行方向相反时,应采用双手扣住平展,放在头后枕部,身体挺直,后背紧贴椅背的保护姿势,如图 3-6-23(a)、(b)所示。

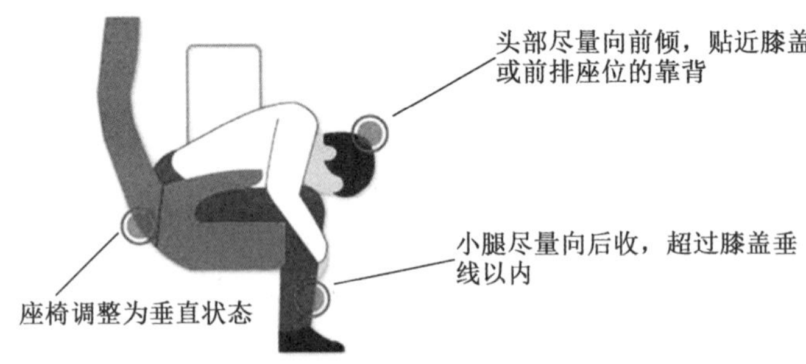

图 3-6-22 迫降的保护姿势(一)

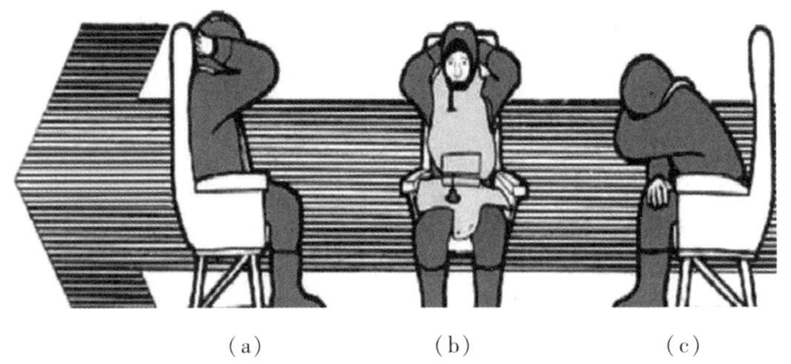

(a) (b) (c)

图 3-6-23 迫降的保护姿势(二)

4)在没有得到命令和水完全浸满机舱前,不要试图打开应急出口。

5)逃生的先决条件:

(1)飞行员的命令;

(2)机舱乘务员的命令;

(3)预警红绿灯发亮;

(4)蜂鸣器信号响;

(5)水完全浸满机舱。

6)如机上没有乘务员,可由飞行员指定一位乘客戴上耳机进行联系。应尽可能选择熟悉直升机的操作和在海上设施上有威望的乘客担任此角色。这位被指定的乘客将担负以下责任:

(1)传达所有来自飞行员的命令。

(2)检查乘客是否都按照标志系紧安全带,是否做到禁止吸烟。

(3)注意飞行中的安全和秩序。

(4)飞行迫降到水面时,投放救生筏。

(5)接到飞行员的指令后迅速撤出全部人员。

(6)撤出前尽可能多地收集安全和救生设备。

2. 迫降至陆地的行动

1)从平时的进出口离开直升机。

2)离开机体前检查水平旋翼状态和出事地点情况。

3)保持处于直升机的上风和高处位置。

4)把其他伙伴集合在一起。

5)处理伤员。

6)如有必要和条件允许,则拯救其他的遇险者。

7)到直升机上找回可以利用的求生工具。

8)找好避难处所并制订等待救援的下一步计划。

3. 迫降至水面的行动

美国运输部(U. S. DOT)、联邦航空管理局(FAA)和欧洲航空安全当局(EASA)经过调查认为,直升机入水冲击对乘员的伤害并非乘员遇难的主要原因,而是由于入水冲击后直升机迅速沉没,机上人员不能从倾覆沉水的机舱中快速逃生,导致乘员溺水而死亡。因此,直升机水上迫降或坠水后,乘员在具有逃生能力的情况下应尽早实施离机脱险。乘员应熟悉水下应急呼吸器及其他救生装备器材的技术性能、配备、安置情况。乘员应了解水下逃生过程中进行自救、互救的基本知识和逃生顺序。

1)逃生基础知识

(1)迫降落水后乘员面临的主要险情和应采取的措施

①直升机无漂浮设施或设施失灵时,着水后会有大量的海水涌入,机内人员应避免惊慌失措,必须系好安全带,紧靠座椅,待涌流平稳后方可开始逃生操作;

②直升机水上迫降后,如风浪较大,直升机在水中的稳定性不可靠,乘员应主动撤离,撤离时应逆风逆水并尽可能远离直升机,避免直升机可能起火爆炸导致的伤害。

(2)落水乘员离机后的海上生存技术

①水温低于 10 ℃时,落水乘员尽可能少游动,保持好着装,可采取 HELP 姿势或 HUDDLE 姿势,以延长在冷水中的生存时间(如图 3-6-24 所示);

②应树立强烈的生存信心,有克服疼痛、寒冷、干渴、饥饿、疲劳、恐慌、厌烦、孤独等诸多不利生存因素的毅力及准备;

③应具有防鲨鱼袭击及有毒生物伤害的有关知识,主要包括:人在救生筏里海上漂泊时,手脚不应伸入水中划动;受伤或晕船时,避免血液和呕吐物落入水中,防止招引鲨鱼的袭击;

④落水乘员上救生筏后,应尽快拧干衣裤,尽量保持着装的干燥,避免冷风的直接吹袭,保护容易冻伤的部位;

⑤盛夏季节,漂泊海上时,救生筏上的乘员应避免机体直接遭受太阳光的热辐射,采取必要的防暑降温措施。

(3)逃生技能

①乘员应按水下应急呼吸器使用方法操作,用嘴呼吸,并在直升机起飞前对呼吸器的供气

功能进行检查。

②直升机坠水后,乘员应按照明指示灯指示的出口离机。无水下照明指示的情况下,应在机身翻滚前定好自己的出口方向。在直升机滚动时应抓住座椅、门框把手等固定物,待翻滚停止后及时离机。

2)直升机水上迫降成功后的逃生方法

直升机水上迫降(如图 3-6-25 所示)成功后,若拥有应急漂浮系统,或者所乘坐的直升机是两栖直升机,乘员可以视海况和直升机在水面上的稳定性决定是否撤离。如海况好,稳定性可靠,则可留在直升机上,及时发送海上遇险求救信号,等待营救。若没有应急漂浮系统或虽有应急漂浮系统,但稳定性差,乘员必须尽早撤离直升机。

图 3-6-24 落水乘员离机后采取 HUDDLE 姿势

图 3-6-25 直升机水上迫降

(1)直升机尚未沉入水中时的撤离方法

①"干式撤离"法:直升机迫降后,乘员从逃生舱口抛下救生筏,若救生筏有篷顶,则调整其系绳,使救生筏入口对准机上的逃生舱口,乘员待旋翼停转后从舱口直接爬上救生筏。若救生筏无篷顶,则乘员可直接跳到筏上,然后使救生筏尽量远离直升机,并抛下筏上的流锚,呼救、自救,等待营救。

②"湿式撤离"法:直升机迫降后,乘员从逃生舱口抛下救生筏,如由于风向或其他原因,救生筏无法靠近逃生舱口,乘员应待旋翼停转后跳入水中,游向救生筏,爬上救生筏后呼救、自救。只配备救生浮环的乘员入水后可将浮环套入手臂,漂浮水面,等待营救。

(2)直升机已沉入水中时的撤离方法

由于直升机的重心在顶部,直升机沉入水中过程会发生 180°翻转,这个过程很短,大约只有十几秒,此时尽快撤出是非常必要的。

①如逃生舱门尚未打开或抛弃,应首先打开或抛弃逃生舱门。

②逆时针打开水下应急呼吸器的气瓶阀,在舱内水位即将淹没头部时戴上呼吸器,咬住咬嘴进行呼吸;如果没有呼吸器,深吸一口气,然后把头埋入水中。因为只有做好充分的准备,才能在水下坚持更长的时间。如果没有准备好,就被淹入水中,轻则造成呛水,重则会对生命构成威胁。

③待直升机旋翼停转,水涌入趋于平稳时解开安全带。当直升机坠入水中后,由于直升机顶部螺旋桨重心的作用,直升机会在极短的时间内翻覆,但螺旋桨由于惯性的作用,仍可能继续短时间旋转,此时,整个直升机机体和螺旋桨均处于运动状态,乘客从机舱内撤离是相当危险的。因此,必须在所有的旋转运动完全停止后才能离开机舱。

④抓住舱内固定物,循水下照明指示灯指示方向潜向逃生出口;如果坐在应急出口旁边,

则一手抓住应急出口的门框边。这样做的目的是提前确定逃生位置,以便在直升机翻覆后能及时确定方位和迅速逃离直升机。

⑤依靠两手拉或支撑舱内固定物的力量,尽快从座位滑行到应急出口,但不能游泳,因为直升机舱内空间有限,任何过大的游泳动作都容易使乘客受伤。

⑥排队依次尽快逃出,离机上浮水面。

⑦摘下呼吸器咬嘴。

⑧给救生衣充气。乘客不可以在逃离机舱前给救生衣充气,一方面救生衣充气后,乘客会随着进水量的增加浮于机舱水面,有可能头部会碰上机舱顶部,也导致乘客再想重新潜入水中从应急出口逃离机舱变得比较困难;另一方面穿着充气的救生衣,身体体积增大,增加了从应急出口逃出的难度。

⑨携单人救生筏者拉出救生筏,充气展开后爬上筏;如乘员共用多人救生筏时应在离机后随即将救生筏拖出机舱,展开充气,相继爬上筏,漂泊水面;携救生浮环者拉出救生浮环后把手臂套入环内。

⑩呼救、自救、等待营救。

4)直升机突发坠水时的行动

(1)直升机突发坠水(如图3-6-26所示),乘员面临的情况复杂,应镇定自若,切忌惊慌,根据不同的事故情况采取相应的逃生方法,其基本的逃生程序按前面“直升机已沉入水中时的撤离方法”执行。

图3-6-26　直升机突发坠水

(2)当突发坠水、机身已变形、出口舱门无法正常打开或应急抛弃时,在直升机尚未沉入水中时,应立即用直升机上的救生斧或其他随手可取的金属工具击破、劈开出口舱门或其玻璃,逃离机舱;如飞机已沉入水中,应打破出口舱门上的玻璃潜出机舱。

(3)直升机突发坠水,机身在水中倾覆、翻滚、倒置时,会使乘员出现定向障碍,发生照明指示与自我感觉的方向不一致情况,应坚信并按照明指示的方向逃生。

(4)直升机突发坠水发生在夜间,又遇水下指示灯系统故障时,应利用由供气装置提供的水下呼吸时间,首先参照周围的固定装置和目标,辨明自己所处位置,对前、后、左、右做出方向判断,并抓住座椅等固定物,寻找舱门,摸到把手打开舱门,潜出舱外,浮出水面。

(5)直升机突发坠水后失去水下应急呼吸器或直升机没有配备水下应急呼吸器时,乘员应在水位淹没头部前,尽快向逃生舱口处移动,抓牢舱内固定物,深吸一口气,憋气潜入水中,打开舱门,潜出机舱。

(6)直升机突发坠水后,乘员未能抓牢座椅等固定物,因海水的涌入或衣服、救生背心的浮力而上漂时,应首先辨明方向,看清照明指示灯光,用手扶着“顶”部,迅速向逃生舱口方向移动,到达舱口处,一只手抓住门框等固定物,另一只手沿舱门摸到开门把手,打开舱门,潜出机舱。

5. 直升机遇险时海上作业人员的行动

当海上作业租用的直升机发生事故以至坠落时,海上设施或船舶应在不威胁自身安全情况下尽力搜救,并立即报告公司安全应急指挥中心和上级应急指挥中心。当仅有人员落水时应迅速查清乘员名单并及时出动守护船或救助艇搜寻落水人员。如果直升机坠入水中,应注意坠落位置,详细汇报坠落过程,并立即组织搜寻落水人员,必要时可派潜水员、医生前往营救。如果直升机坠落在人工岛、平台或陆地,应尽力防止直升机起火爆炸,并尽力救助机组人员。

第七节 海上人员转移

一、海上人员转移风险

1. 海上人员转移类型

海上作业的具体活动之一是船舶和其他海上设施之间的人员转移。此类转移可包括人员在船舶之间和在船舶与海上设施之间以及进出码头区时的人员流动。海上转运是一种灵活且成本比较低的方法,可以和货物运输业务相结合,比使用直升机更安全,而且有一些海上设施离岸很远,超出直升机的工作范围。直升机转移人员在前面第六节中有相关论述,在本节中不再涉及。

2. 影响海上人员转移安全的风险因素

影响海上人员转移安全的风险因素主要有人的因素、设备因素和环境(天气)因素。人的因素中最关键的是起重机操作员、船长、被转运人,我们可以通过培训、定期演习和试运行获得经验。设备因素涉及设备的配置、状态、维护和管理等,规范化的配置和管理是保证设备安全运行的基础。环境因素包括海况、风、光线和能见度、温度等。波高、风向和水流将影响船舶运动,是船舶保持船位的主要影响因素;风可能会影响起重机操作员控制负载的能力;夜间和恶劣天气条件下的转移可能会影响转移的安全;低温会给乘客带来额外的风险,比如:降低乘客的抓握能力,这对于站立的被转运人员来说尤为重要。相关管理人员和作业人员必须加强作业前的风险评估,及时识别风险,确定所需的控制措施。海上人员转移风险不能一一列举,下面仅从三个方面列举说明。

1)通过船舶转移人员的风险

(1)通过舷梯上下船导致高空坠落造成的伤害或死亡,或坠入水中溺水。

(2)船舶运动导致晕船、失去平衡,一般疾病导致呕吐、虚弱和脱水。

(3)船舶周围不受控制的移动导致受伤、落水、干扰船舶操作。

(4)人员不熟悉船舶系统,导致火灾和其他紧急情况,导致受伤或死亡。

2)通过吊篮/转移舱等设备转移人员的风险

(1)从转移设备转移乘客可能落在水中导致溺水或因水冲击造成伤害或死亡。

(2)转移设备硬着陆可能导致乘客受伤、损坏转移设备。

(3)起重机故障,可能导致转移设备失控坠落;或因为起重机暂停,乘客可能暴露在恶劣环境中。

(4)提升索具故障和/或不正确的索具可能导致转移设备掉落在船上、海上或海上设施上。

(5)提升操作中坠落物体可能造成下方人员伤害或死亡。

(6)由于风浪等原因导致的不受控制的无规则运动会对转移设备或海上设施的冲击造成的伤害。

3)通过海上舷梯转移人员的风险

(1)海上舷梯坍塌碰撞可能导致重伤或死亡。

(2)从海上舷梯上掉下来面临海水冲击、冷水休克、体温过低、溺水造成的伤害。

(3)海上舷梯和海上设施之间的非受控接触导致海上舷梯或海上设施的机械损坏。

(4)乘客在换乘过程中滑倒、绊倒和摔倒对乘客造成伤害。

(5)海上舷梯上坠落物体造成的碰撞伤害。

3. 海上人员转移应急计划

对于所有人员转移操作,每个操作都应遵循经公司批准的程序。这些程序应确定必要的控制措施,即工作许可证、风险评估和所需的工作前安全会。他们应明确确定天气和海况限制,以及相关人员的角色和责任。

在转移之前,应向被转移人员简要介绍情况,并应熟悉转移方法和所使用的设备。参与转移的人员应能够进行转移,了解预期活动,并同意提议的转移方法。被转移的人员应完成有效的海上医疗、海上生存培训,并穿戴适当的个人防护装备(PPE),例如:国际海事组织批准的气胀式救生衣,配有灯、哨子和PLB。在选择要使用的救生衣类型时,应考虑从高处坠落的可能性。根据现场风险评估,应穿着适用于避免冷水冲击的保温服。

禁止在恶劣天气或海况下进行人员海上转移。进行人员海上转移前要对与人员转移活动相关的风险进行评估,包括:海况、天气、转移高度、船舶类型、被转移人员的健康状况、将被转移人员从水中救出的预计时间等,并确定所需的正确PPE,确保人员在落入水中时的安全。

在换班时加入或离开船舶或海上设施的人员可能没有穿戴适当的PPE,例如:安全靴。在转移之前进行风险评估时要包括这些因素,并考虑个人旅行的时间长度及其疲劳程度。

船与船之间的转移应在计划中避免在夜间转移。如果必须在夜间转移特定人员,应在具体和专门的风险评估中加以处理,并且只有在认为安全的情况下才进行转移操作。

在医疗后送情况下,需要具体的风险评估和方法,这些应包含在现场应急计划中。现场应急计划应涵盖可能遇到的各种情况。

除在使用部分舷梯或桥梁式舷梯系统时外,一般情况下,所有行李或设备应作为单独的操作转移,人员在转移过程中不得携带行李或设备。

二、船舶和码头间人员转移

（一）安全登离船

1. 船舶只应通过完全装配和监控的舷梯在用于乘客登船的码头区泊位登船。

2. 乘客应提前到接待点集合，以便进行登船前培训。

3. 乘客依次上下船，在舷梯上登离船的人一次不能超过一个。

4. 乘客上下船时应双手自由，不受行李阻碍，以有效握住扶手或绳索，防止绊倒或跌倒。

5. 乘客的行李应留在码头区，并通过船舶或码头上的起重机提升到船上。乘客在出发前不要离开船舶。

6. 在船舶开航前，船长和相关负责人员应当对海上设施工作人员持有的健康证或健康证明、海上设施工作人员海上交通安全技能培训证书以及其他相关培训证明等进行检查，对海上设施工作人员及其所携带的物品进行登船前安全检查，将检查情况予以记录并在船上保存，以备海事管理机构查验。

（二）防止晕船

最好在出发前 2 h 服用防晕船药，当晕船时，重要的是服用液体以帮助防止脱水，同时也可以防止胃痉挛和干呕导致的疼痛。晕船时，乘客应补充水分，如果感觉不适，要避免饱食。尽量减少在船上的活动，如有可能，乘客应留在座位上或床铺上。在移动时，必须抓紧扶手。

（三）在船上

乘客应了解限制区域，例如：机舱和车间、甲板工作区、驾驶台和其他标记为未经授权禁止进入的区域、船舶内务规则、指定吸烟区和手机使用限制等。乘客只能停留在指定的生活区和生活区甲板走廊。当在生活区甲板走廊时，乘客不得独自一人，应建议两人一组，或寻求乘客相关事务负责人的帮助。

三、船舶与海上设施间人员转移

船舶与海上设施间人员转移（如图 3-7-1 所示）是海上活动中的最常见现象。绳索摆动、船员船和起重机是紧急情况下和日常工作中最常用的海上转移方法。其中使用吊篮的起重机转移占这些转移的很大比例。

图 3-7-1　船舶与海上设施间人员转移

（一）使用吊篮转移

1. 可折叠吊篮

这是最古老的人员转移载体设计，这种设计为登乘人员提供了一个不安全的外部站立位置。登乘人员站在一个有软垫的底座上，握着一张可折叠的绳网，绳网悬挂在底座上（如图3-7-2所示）。

图 3-7-2　可折叠吊篮

登乘人员登上吊篮时，应牢牢抓住网，一只脚放在吊篮底座边缘，另一只脚留在甲板上。当吊篮升起时，另一只脚迅速转移到吊篮，同时身体所有的重量也转移到吊篮。登乘人员被转移时双手要同时抓着被提升结构的外部，并且必须面对网中的一个缺口向内。最好双臂交叉，膝盖微微弯曲，将自己紧紧地固定在网上。人员在吊升过程中，尤其是在海况较差的情况下，应随时做好突然颠簸的准备。当吊篮落地时，尽快离开。特别注意不要试图在吊篮完全落地之前跳下。

世界各地还有很多地方在使用这种可折叠吊篮，需要注意的是由于这些非刚性类型的载体不稳定，很多地区和海上工业公司不鼓励使用这些载体。

(a)　　(b)

图 3-7-3　刚性吊篮

2. 刚性吊篮

刚性吊篮是目前使用较多的人员转移工具，广泛用于海上设施和船对船转移，具有良好的安全性。这种设计由两个平台环和一个框架组成，为乘客提供了不固定的内部站立位置，乘客站在一个刚性的内部或外部的框架内，解决乘客恐高现象，确保乘客人身安全，如图3-7-3(a)所示。

也有另外一种刚性吊篮，除了其中间增加了刚性立柱外，其使用方法与可折叠吊篮基本相同，如图 3-7-3(b)所示。

3. 吊篮操作的注意事项

(1)运送人员上下平台用的吊篮，应有足够的强度和浮力，并具有鲜明易辨的颜色。

(2)在使用吊篮运送人员时，登乘吊篮的人员加上行李的总重量不应超过吊篮的安全工作负荷，但吊篮每次吊起的人数不应超过 10 人。

(3)吊篮的缆索承载安全系数应为 10，即吊篮的安全工作负荷应为破断负荷的 1/10。

(4)吊篮应每 6 个月进行一次试验，试验载荷为安全工作载荷的 2 倍，该试验应在海上设施责任人或其授权的专人的监督下完成，并将试验结果填写在维护保养日志中。

(5)吊篮应以合适的方式存放、维护，以保证在任何时间都能方便使用。

(6)为避免起重机吊钩对吊篮中的人员造成伤害，应使用具有足够长度的吊索。

(7)登乘吊篮的人员应遵守有关安全规定，并穿工作救生衣或保温救生服。

(8)用吊篮运送人员应在白天且能见度好的天气下进行，起重机操作员应能看到登乘人员的运送全过程。

(9)用吊篮运送人员宜在风力不大于 7 级的海况下进行。

(10)只允许用于起吊人员及随身物品。

(11)起吊人员时，尽量将载人吊篮移至水面上方再升降，并尽可能减少回转角度。

(12)在任何情况下，如果登乘人员认为不安全，都可不登乘吊篮。

(二)使用蛙式转移舱转移

蛙式转移舱由外部保护壳和安装在中央结构柱上的阀座组件组成。乘客由安全带固定，中央立柱包含一个减振器，用于防止垂直碰撞。三个落地脚提供额外的冲击保护。该装置具有浮力和自动扶正功能(如图 3-7-4 所示)。

图 3-7-4　蛙式转移舱

建议使用合适的容器单独转移行李。这将减少物体坠落、绊倒、缠绕的风险，并减少转移时间和在危险区域花费的时间。如果行李要和乘客一起转移，所有的搬运工作都应该由甲板作业人员而不是乘客来完成。他们应确保正确有效地存放行李，且乘客不得佩戴行李(例如，背包等)，从而减少乘客面临不必要的风险。行李应在乘客进入转移舱前装载，离开转移舱后卸载。船舶不得在转运操作期间进行任何其他操作，如燃料转运，船舶所有其他作业应暂停，直至人员转移完成。

1. 所有参与起重作业的人员均应按要求穿戴正确的个人防护装备(PPE)、救生服、安全帽、救生衣和个人定位信标(PLB)(如适用)。

2. 转移舱必须在甲板上并稳定的情况下,才能让乘客靠近进行登乘和离开。

3. 乘客由作业人员护送至着陆/装载区,以便登乘转移舱。

4. 乘客要一个一个地接近转移舱。

5. 在开始提升之前,乘客应系好安全带,握住转移舱中提供的把手,按照制造商的用户指南被固定在转移舱内。

6. 不得超过转移舱的容量。一般在任何情况下乘客人数都不得超过 5 人。

7. 提升前检查可能掉落的物体。

8. 乘客不得将行李带入舱内。行李应在单独的行李箱中转移。

9. 乘客应保持就座并固定,直到转移舱稳定落在甲板上。

10. 着陆/装载区域应设置警戒线,只有授权人员才能进入。禁止非必要人员进入该区域,提升前确保没有人员在负载下站立。

11. 在解除乘客安全带之前,乘客应等待作业人员的协助和指示。

12. 接到指示后,解开安全带,尽快离开转移舱。

(三)使用舷梯转移

舷梯(Accommodation Ladders/Gangway/Bridge)是人员在船舶和码头之间以及偶尔从一艘船舶或海上设施转移到另一艘船舶或海上设施的主要方式。舷梯的类型有很大的不同(如图 3-7-5 所示)。舷梯应采用适当的材料建造,具有适当的宽度,并应配备防滑走道和扶手。设备应定期检查和维护,包括目视检查,以确保其清洁且无滑倒、绊倒、坠落危险。如果可能有人员从舷梯上坠落,则应使用适当的安全网。如有需要,应随时提供配有救生索和自亮浮灯的救生圈。

舷梯应沿其全长充分照明。其通道和出口路线应无障碍物和绊倒危险,并应提供直接和安全的进出甲板的通道。过道和梯子的倾斜角度不应导致舷梯的使用不安全。应对所有通道和使用通道的人员进行监控。应根据需要监控和调整支柱和扶手等配件。当安装在舷墙上时,应安装舷墙梯或其他配备扶手的装置,以便人员不必跳下或爬下甲板。

图 3-7-5　舷梯类型

有一种专门设计的动态稳定舷梯(如图 3-7-6 所示),安装在船舶上,与另一船舶或海上设施相连,以允许人员安全通过(如图 3-7-7 所示)。它们配有液压主动升沉补偿装置,可调整舷梯长度和/或水平/垂直角度,以补偿船舶的相对运动。一些系统可以补偿与海上船舶纵摇、垂荡和横摇相关的六度移动,从而更好地适应海况。动态稳定舷梯的使用越来越广泛,其中一些还适用于协助货物转移。

图 3-7-6　动态稳定舷梯

图 3-7-7　动态稳定舷梯进行人员转移

一些大型船舶(例如重型起重船、铺管驳船、住宿船或移动式钻井平台)具有长约 50 m 的桥梁式舷梯(如图 3-7-8 所示),以实现人员转移。它们可以固定在一端,并在另一端的滚柱上滑动,以允许相对运动。此类设备也可采用液压控制,并可以通过起重机提升到位和支撑,或具有自己的专用支撑机构。它们可能配有通过一定程度的移动激活的报警系统。使用这种设备时应对桥梁和跨越桥梁的人员进行密切监控。

图 3-7-8　住宿船的桥梁式舷梯

通过舷梯操作转移的所有人员应按要求穿戴正确的个人防护设备,包括救生服、PLB(如适用)、安全帽、护目镜、防护手套、靴子和救生衣等,非必要人员远离舷梯停靠位置及其附近。船舶和海上设施上的舷梯进出畅通无阻。舷梯在安全操作范围内操作,避免过度倾斜。

转移具体方法因操作中使用的舷梯类型而异。应根据舷梯操作程序制定具体指南和操作程序。以下几点是通用的:

1. 只有在所有确定的各方都已确认准备就绪的情况下,才能开始乘客转移。

2. 将乘客护送至舷梯入口区域。

3. 乘客只能在舷梯操作员的指示下使用舷梯。

4. 不得超过舷梯的容量。

5. 一般情况下,乘客行李不得通过舷梯携带,应将行李放在单独的行李箱中转运。

(四)使用摆动绳索转移

在海上设施人员转移中,通过摆动绳索进行人员转移仍然是一种广泛使用的技术,主要是在海洋气象条件良好的地区,以及可能无法使用吊篮转移或直升机等其他转移手段的地区。例如,在正常无人装置和住宿船上。该技术涉及将人员运输船船尾定位到一个人员着陆平台上,该着陆平台专门配备了摆动绳索(如图 3-7-9 所示)。当船舶保持尽可能近的位置时,根据转移方向,人员在特别设计的绳索上摇摆,从人员运输船到目的地着陆平台(如图 3-7-10 所示),或反之亦然。由于这种转移方法的安全性不如前面介绍的吊篮、转移舱和舷梯,因此一些地区和公司不鼓励甚至拒绝使用该种转移方法。

图 3-7-9 摆动绳索

图 3-7-10 使用摆动绳索转移人员

通过使用绳索摆动来完成从船舶和海上设施之间的转移方法:

1. 摆动绳索准备

(1)绳索应在距离步行表面上方 1.2 m、1.8 m 和 2.4 m 处各打一个结。当船在海浪顶部时,应该抓住打结绳索足够高的位置,以防止在摆动时脚触碰着陆平台上的伸展台。在大多数情况下,抓住中间结上方或与眼睛齐平的绳索。

(2)一直系紧救生衣,确保救生衣紧贴身体。如果在没有系紧救生衣的情况下掉进水里,救生衣可能会漂浮,但人可能会在身体晃动并下沉时从救生衣中滑脱。

(3)在转移过程中,应始终有一名甲板作业人员协助。千万不要单独转移。

(4)只有在准备好的时候才可以摆动。千万不要让船长、甲板作业人员或其他人员影响自己的决定,如果在他人的催促下匆忙操作可能会发生危险。

2. 从船上摆动到平台

(1)不要带着额外的重量或材料摆动。应先把行李和物品递过去。如果材料很重或由于体积较大等原因不方便传递,就不要试图把它递过去,建议使用吊车。

(2)就在船从波浪的最高点向下倾斜时,脚用力蹬船,荡到着陆平台上。

(3)不要将绳子夹在两腿之间,因为绳子可能会影响安全登陆。

(4)只使用无障碍物的着陆点。

(5)着陆后,为下一个人放开绳子。警惕并协助下一个人进行安全转移。

(6)摆动时收腹抬腿,保持脚和腿远离船的护舷,以防止脚和腿在船舷和着陆平台之间猛烈碰撞。

3. 从着陆平台摆动到船上

(1)从着陆平台摆动到移动的船只时程序相反。在这个过程中,应当在船开始从波底上升时开始摆动。

(2)掌握好摆动的时间,应当在船完成上升时使你的脚能落在船的甲板上。

(3)如果你的时机不对,错过了船,手不要松开绳子,继续摆动,你会自动荡回着陆平台。也有的着陆平台设有双摆动绳,会有人拉动另外一根摆动绳帮助你回到着陆平台。

(4)一旦你落回着陆平台,重新确定时机并再次尝试。

(五)海上可再生能源行业的人员转移

海上可再生能源行业的人员转移较多使用船员转运船(CTV),从 CTV 到海上风电设施承台爬梯,绝不像陆地上跨个水沟那么简单,船的起伏和左右摆动,都是登、离承台最大的阻碍。固定直爬梯设计将爬梯焊接在海上设施上;由于爬梯固定在设施上,但 CTV 与平台相对运动较大,随着海浪起伏,船与承台爬梯的相对落差可达 2 m 左右,造成人员登设施困难,存在很大的安全隐患;另外由于部分爬梯长时间处于海平面以下,腐蚀严重且布满海洋生物,也不利于运维人员攀爬。

海上可再生能源行业的人员转移遵循与传统海上建筑或石油天然气行业类似的原则,但存在一些差异,即大多数人员转移使用长度为 10~30 m 的小型船舶;人员主要从岸上的码头或海上的住处转移到海上风电设施的基础结构,并在一天结束时返回;根据 CTV 的能力,通常限制为 12 名乘客,只有少数船只经认证可运载超过 12 名乘客;CTV 还可以运载货物,这些货物可以使用安装在可再生能源结构或安装在支持船舶上的起重机在前甲板或后甲板上搬运;转移人员的着陆区域通常较小或有限,可能影响安全转移;被转移的人员应使用适当 PPE。此外,人员应接受适当的攀登培训,并根据现场风险评估,穿着适合攀登的防护服。

1. 通过防坠器(SRL)实现船舶与海上风电设施的转移

船舶使用足够的推力,低速顶靠承台爬梯侧,使其在接触点上保持静止,将起伏落差控制在 0.5 m 以下,这时才能让运维人员踩到梯子上,满足人员登、离条件。为保证安全,通过承台上固定的防坠器给运维人员提供安全保障,运维人员穿戴安全带后,在从船上走到梯子上之前,利用安装好的防坠器的牵引绳将钢缆拉出,用挂钩将防坠器与安全带连接(如图 3-7-11 所示),并在从梯子上走到船上时保持连接。在风浪导致船舶晃动时,采用特殊设计的防坠器可以避免误触发锁止现象,有效地保证运维人员的顺利攀爬(如图 3-7-12 所示)。这将确保人员不会掉进海里或船甲板上。运维人员要在船员的指挥下,抓住船只与承台爬梯相对起伏平稳的时机,顺利登上承台。

这个过程也可以使用双钩安全绳,双钩安全绳的使用方法参见本书第二章“安全与应急”第二节“安全作业方法”中的“坠落防护”。

图 3-7-11　防坠器与安全带连接

图 3-7-12　使用防坠器攀爬承台爬梯

在海上可再生能源行业，使用从海上住宿船上下水的长度小于 10 m 小船越来越普遍。这些小船应配备特殊船头护舷装置，以便将人员转移到海上可再生能源结构的登船平台。

2. 使用"冲浪者"转移人员

有时会使用船员船、大型船舶和海上结构物的特殊设计附件，通常称为"冲浪者"或登船平台。这种装置是船员船船首采用特制"公段"形式装置，大型船舶或海上设施采用"母段"形式装置，如图 3-7-13 所示。

(a)

(b)

图 3-7-13　使用"冲浪者"转移人员

3. 使用转移访问系统转移人员

在海上可再生能源行业，也有一种通过使用转移访问系统转移人员的方式。这些设备使用机械方法固定登船平台和/或提供通往梯子的动态稳定通道（如图 3-7-14 所示）。

图 3-7-14　使用转移访问系统转移人员

四、船舶间人员转移

船舶间人员转移的方法主要包括起重机和吊篮、舷梯(如有)、引航梯,或者将舷梯和引航梯结合使用。人员转移一般应当在船停泊时进行,并做好个人防护。

当船舶间使用舷梯转移人员时,应考虑相对运动,以及人员转移所用甲板的相对高度。应在人员转移的两端提供协助,并且应有一名经验丰富的人员在场监督转移,并保持与驾驶台的沟通。人员必须在能够自由使用双手的情况下通过,并应把扶设施提供的扶手或支撑。必要时,应使用活动闸门进入或穿过舷墙,以便人员在转移过程中无须爬过栏杆或舷墙。

使用起重机和吊篮在船舶之间转移人员方法和前面关于船舶与海上设施之间转移人员使用起重机和吊篮的方法相同。

一般较少使用引航梯转移没有经过专门训练的普通人员,使用引航梯转移人员时必须要注意,虽然引航员能够胜任其使用,但我们不应假设其他人员也能够熟练地攀爬或下降引航梯,或适合攀爬或下降引航梯。如必须采用这个方法,应当加以适当的保护。

除非一艘船上具备专门设计和专用的乘客转移系统,一般禁止从/向一艘还未安全靠岸或者停泊的船舶转移普通人员(非经专门训练能够使用引航梯的人员)。如必须,两艘船都会保持最低航速,以提供一个背风和/或一个更加稳定的平台,且两艘船的船长都应当警惕两艘船之间相互作用或产生的可能影响。

五、海上设施紧急撤离

应该说海上设施紧急撤离并不是常发生的事件,然而,已经发生的为数不多的事件表明,正确的撤离程序和方法在防止人命伤亡方面起着非常重要的作用。海上设施必须制定撤离程序和标准,并进行培训和演习,才能保证安全撤离海上设施。此外,海上设施还必须能够使用守护船只和其他必要的设施,以便将工作人员从现场转移到安全地带。

(一)海上设施撤离典型类型

1. 主动撤离

大多数主动撤离都是由于恶劣的天气而发生的,比如:热带风暴。根据危险的严重程度,撤离可以是部分或全面的。此外,饮用水污染等特殊情况也会导致从海上设施撤离。由于现在的气象预报能够非常准确地预测天气,从这些海上设施撤离通常变得更像是例行公事,和正常的登离海上设施方法没有什么大的区别。

2. 被动撤离

在气体泄漏、结构故障、火灾或爆炸导致意外的被动撤离情况下,更经常发生人命伤亡。国内外都曾经发生过海上设施事故,造成大量人员死亡,而紧急撤离程序中存在的一些问题,比如:人员培训不足,人员对海上设施布局不熟悉,缺乏适当的应急演习,不适当的疏散和逃生路线,通往救生艇的路线被封堵,公共广播系统出现故障,以及应急响应和救援船的不合适等,都可能导致人员伤亡事故。

(二)海上设施紧急撤离程序

一般我们可以把海上设施撤离分为逃生、疏散和救援三个阶段。

1. 逃生

逃生是人员从危险事件区域转移到其影响减小或消除的地方的行为。

(1)报警:在整个紧急情况下,报警应持续保持可听和可见。海上设施工作人员一定要熟悉各种报警信号。

(2)做好个人防护:根据需要使用个人防护装备(PPE),例如:防护手套、手电筒、防毒面具、救生衣、保温服等。

(3)选择合适的逃生路线:要正确选择从危险区域到集合区、临时避难所、集合站点的路线。事实证明,如果对逃生路线很熟悉,即使在黑暗中也不会影响逃生的速度。但要注意,如果有电梯的话,电梯不能被视为逃生通道。

(4)使用临时避难所:某些人员如果无法到达可以集合的安全场所,可以使用临时避难所。但任何时候都应优先考虑逃生到集合地点的可能性。

(5)到达集合地点:尽快赶到集合地点。集合地点是所有人员在进行调查、应急响应和应变演习时通常集合的安全场所。集合地点的主要功能是保护人员、对人员进行编号和识别、提供急救和信息。集合地点的标识贴在海上设施的门上、墙上、通道上,以及整个海上设施的所有舱室上。所有人员在刚到达海上设施时都被告知其集合地点的位置和指定的救生艇。

2. 疏散

疏散是指紧急情况下离开海上设施的方法,为确保安全,海上设施会提供冗余和多样化的疏散系统。这里我们把疏散分为主要疏散方法、辅助疏散方法和三级逃生方法。从海上设施进出的正常方法是首选的主要疏散方法,包括直升机、守护船(载人设施)、快艇或补给船或其任何组合。

3. 救援

救援是将在紧急情况下受伤和/或在逃生通道中受阻和/或通过非正常方式撤离装置的人员送回可获得医疗援助的地方。

(三)海上设施紧急撤离方法

在紧急情况下,以系统的方式离开海上设施而不直接进入大海,是最理想的撤离方法,在任何特定时间都必须有不止一条通往直升机和救生艇的路线,而救生筏、救生索、梯子和爬网等辅助逃生装置必须可用作备用。此外,海上设施负责人必须符合能力标准,并完成在危机中控制危机的培训,而海上设施工作人员必须接受救生艇筏、防火与灭火、呼吸器和急救等技能的培训。

1. 主要疏散方法

(1)直升机

从海上设施撤离的首选手段是直升机,因为它被认为是最安全快速地疏散方法,并且主要用于计划和预防性撤离。然而,直升机撤离有缺点,比如:其容量有限、在紧急情况下不能及时赶到、易受海上设施危险和天气限制等。因此,在某些紧急情况下,例如:火灾和爆炸,最好是乘船、艇疏散,因为火焰和热量会向上传播,海上设施的危险会危及逃生人员和直升机的安全。但如果是 H_2S 气体泄漏或类似情况下,则应首选直升机疏散,因为 H_2S 比空气重。

(2)守护船

守护船值守在海上设施附近(如图 3-7-15 所示),具有良好的机动性,配备完善、专业的应急设备,比如:救助艇、营救用吊篮、救生网、营救区设置大约 1 m 的干舷等,一旦海上设施发生严重事故或遭遇强台风以及严重海冰等突发性事件而不得不丢弃设施时,守护船会负责迅速撤出海上设施人员,并在直升机将上述人员撤离后才能离开现场避难。

海上设施负责人应该清楚地知道,在没有可操作直升机甲板的情况下,或在没有使用直升机转移人员的情况下,相邻设施之间的桥梁也是发生事故时疏散人员的有效方式(如图 3-7-16 所示)。

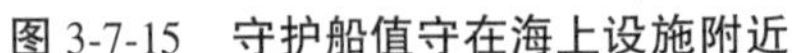

图 3-7-15 守护船值守在海上设施附近

图 3-7-16 相邻设施之间的桥梁可疏散人员

2. 辅助疏散方法

在某些紧急情况下,如果主要疏散方法不可用或不足,任何海上设施均应配备独立于外部援助的以完全受控的方式进行疏散的方法。

(1)救生艇

选择救生艇撤离可以使人员避免直接进入海水中的风险。具有自供气系统、自扶正系统、自动洒水系统等功能的全封闭式救生艇能够给海上设施求生者更好的海上保护。部分海上设施还配备了自由降落下水式救生艇,可以更快、更安全地疏散海上设施人员。

(2)起重机和吊篮

起重机和吊篮是设计用于运输海上设施工作人员和物品登离海上设施的主要手段,我们不能把它看作适当的疏散方法,但可以考虑将其作为多样化和冗余的疏散手段,并且更多时候用于预防性疏散。在世界许多地区,起重机和吊篮也被认为是安全可靠的主要撤离手段之一。由于这是一种常规的转移方法,因此在撤离过程中,与救生艇相比,它可以具有巨大的优势,它更安全、更可控,并且使用常规使用的设备进行,大多数海上设施工作人员都熟悉。许多生命是通过起重机和吊篮海上转移而挽救的,例如:2001 年在巴西沉没的 P-36 生产船,导致 11 人丧生。鲜为人知的是,船上的 175 名船员中,有 138 人被起重机在 2.5 h 内撤离,其余人在大约 2 h 后被直升机撤离,而救生艇没有使用。

3. 三级逃生方法

三级逃生方法仅适用于无法通过主要疏散方法和辅助疏散方法进行疏散的情况,是在很大程度上依赖于个人行动的方法,这应该视为最后手段。当安全疏散安排失败时,应妥善安排以逃离海上设施。这包括提供足够数量的救生筏,其他下降方式,如爬网、救生索、逃生滑道和固定梯子、楼梯等。然而,三级逃生方法可能导致人们在很少保护或没有保护的情况下进入大海,由于人员浸没在海洋中,以及后续救援的问题,其使用可能会带来额外的困难,并且生存的可能性低于使用前面两种疏散方法。还要注意的是,一般逃生滑道和固定梯子等系统是可接受的可控制下降至海平面的方式;而需要力量和灵活性才能使用的救生索和爬网等不被视为受控下降方式。

(1)救生筏

救生筏不像其他一些海上疏散系统(如救生艇)那样能提供足够的保护,防止危险或恶劣天气,但它们可以避免海水浸泡。特别是使用可吊式救生筏和逃生滑道可受控下降到海面,有利于从海上设施逃生。

(2)跳入大海

可以使用海上设施提供的爬网、救生索等装置攀爬下降,从不高于水面 10 m 的高度跳海,但这是最后的选择。

六、设备的安全搬运和存放

搬运和存放设备材料涉及多种操作,设备材料的不当搬运和存放往往会导致代价高昂的伤害。无论是手动还是机械搬运材料,工作人员都应该知道并理解与目前任务相关的潜在危险,以及如何控制工作场所以将危险降至最低。由于不当搬运和存放设备材料可能会造成大量伤害,因此工作人员还应意识到不安全或不当搬运设备以及不当工作行为可能导致的事故。此外,工作人员应能够识别消除或至少减少此类事故发生的方法。

(一)对工作人员的潜在危害

1. 工作人员在抬起或举起重物时,由于不当提升重物或物体过重造成的拉伤和扭伤,比如:会导致肌肉、椎间盘和关节损伤。这种伤害体现在腰部和背部比较多。

2. 被材料撞击或夹在夹角造成的骨折和擦伤。

3. 因材料存放不当,材料坠落可能导致伤害。

4. 不正确切割扎带或其他固定装置而造成的割伤和擦伤。

还可能存在其他风险因素,这些因素对个体有害,导致人工搬运对健康有害,例如:不良的搬运姿势、高起重频率或身体整体过度紧张;设备难以抓握、边缘锋利、内容物可能移动或移位、过热或过冷;运输路线或地面不平、湿滑、不稳定或有障碍物或台阶、地面高度变化、梯道、空间限制、通风、炎热、寒冷或潮湿条件、照明不良、通风不良、下雨、阵风、限制移动的衣服或个人防护装备、人工搬运前的振动环境等。

(二)人工搬运重物的正确姿势

掌握正确的搬运重物技巧对于避免可能造成的伤害至关重要。正确的姿势为:首先,蹲在物体前面,降低身体重心,让身体尽量贴近重物,挺直腰背,不要弯腰,收紧重心,脊柱处于中立位,然后收紧腹部肌肉,同时松开膝盖,直起身子,靠腿部的力量抬起重物,物体尽可能靠近胸部。当搬运重物遇到变向时,不要靠躯干的扭转完成变向,而应靠脚步移动来完成变向(如图 3-7-17 所示)。

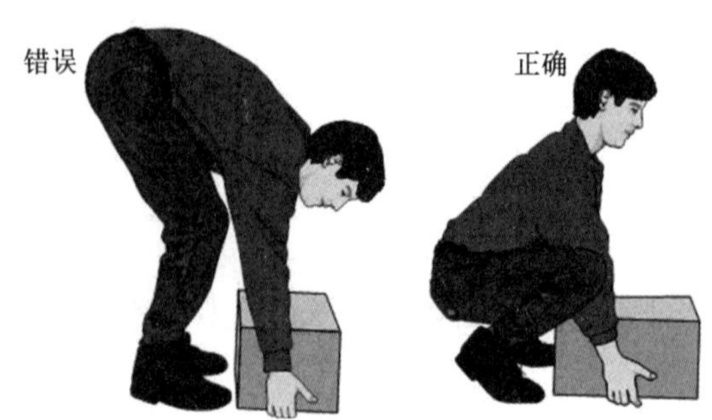

图 3-7-17 人工搬运重物的正确姿势

(三)人工搬运材料时预防伤害的措施

1. 搬运重物之前,应采取防护措施,穿戴好劳保防护用品,如防护手套、防护鞋、防护眼镜等,检查物体上是否有尖锐状物体,以免造成损伤。

2. 搬运重物前先热身有助于减少伤害。

3. 应用手掌紧握物体,不可只用手指抓住物体,以免脱落。

4. 搬重物时不要用背脊的力量,要让你的下半身在搬运重物时做大部分工作,要缓慢平稳地将物体搬起,不要突然猛举或扭转躯干。

5. 当传递重物时,应移动双脚而不是扭转腰部。当需要同时提起和传递重物时,应先将脚指向欲搬往的方向,然后才搬运。

6. 最好不要迅速将重物提至腰以上的高度,如可能应先将重物放在半腰高的工作台或适当的地方,纠正好手掌的位置,然后再搬起。

7. 搬运重物时,应特别小心工作台、斜坡、梯道及一些易滑倒的地方,搬运重物经过狭窄处时,应注意宽度,以防撞伤或擦伤手指。

8. 搬运物体时禁止倒退。

9. 搬运重物时,重物的高度不要超过人的眼睛。当货物太大,以至于搬运人无法正确抓住或提起时,当搬运人看不到周围时,或当搬运人无法安全搬运货物时,不要尝试自己搬运,要主动提出增加人手。

10. 当有两人或两人以上一起搬运重物时,应由一人指挥,以保证步伐统一及同时提起或放下物体。

11. 人工搬运材料,对于圆而且长的物体、容易转动的物体,中心移动时要掌握平衡。

12. 身体感到异常时,要立即提出,接受紧急处置。

(四)机械搬运设备材料时预防伤害的措施

使用机械设备搬运和存放设备材料会增加员工受伤的可能性。工作人员必须了解机械搬运安全问题和安全设备操作技术。工作人员在机械搬运材料时,应避免设备超载,因为搬运设备材料的重量、尺寸和形状决定了所用设备的类型。所有物料搬运设备的额定容量决定了设备能够安全搬运的最大重量以及搬运该重量的条件。每台设备上都会显示设备额定容量,除负载测试外,不得超过额定容量。

（五）设备材料的安全存放

如果工作人员不遵守安全要求，存放设备材料可能是危险的。设备材料的滑动、倒塌、滚动、不适当的存放高度和位置等都会导致人员受伤甚至死亡。为了防止存放材料时受伤，工作人员必须根据设备材料的自身特点和存放环境采取相应预防措施，并符合公司对该项作业的安全要求，防止可能出现的伤害。

第四章 基本急救知识

随着我国的经济发展和海洋的开发，在海上设施工作的人员越来越多。由于海上设施远离陆地，即使一些大型海上设施上有医生和医疗设施，但与陆地相比条件明显不足。当发生意外事故和急症时，伤病员如果得不到及时正确的救护和治疗，可能会导致病情恶化，甚至延误救援黄金时间而危及生命。如果每一个海上设施的人员都掌握了一定的急救知识和技能，那么就能在最短的时间内开展自救或互救，从而迅速、有效地挽救自己和他人的生命。

第一节 急救的目的和原则

急救(First-aid)，即紧急救治，是指人员因意外伤害或急病时，在未获得医疗救助之前，为防止病情恶化而对伤病员采取的一系列急救措施。

一、急救的目的

1. 挽救和延续伤病员的生命。
2. 改善病情，减少伤病员的痛苦。
3. 防止病情恶化，预防并发症和后遗症的发生。

二、急救前的判断和思考

在意外伤害、突发事件的现场，当发现急需救治者时，作为第一目击者要考虑以下问题，以便采取正确的急救方法。

1. 迅速判断现场的基本情况，确保自身和伤病员的安全。
2. 要及时地大声呼救，寻求救援。
3. 评估伤病员的伤情，如果有较多的伤病员，就应做好检伤分类(如表 4-1-1 所示)。
4. 根据现场情况，及时将伤病员移出危险区(如火灾现场、空气中含有潜在危险气体等)，或消除引起危害的因素。

表 4-1-1 检伤分类

类别	程度	标识	伤情	表现
第一优先	危重	红色	气道阻塞、活动性大出血及休克、严重多发性创伤、大面积烧烫伤等	呼吸频率大于 30 次/分或小于 6 次/分;有脉搏搏动;有意识或无意识,不能回答问题或执行指令
第二优先	重症	黄色	不伴意识障碍的头部创伤、不伴呼吸衰竭的胸部外伤、除颈椎外的脊柱损伤等	呼吸频率小于 30 次/分;有脉搏搏动,毛细血管充盈时间小于 2 s;能正确回答问题、按指令动作
第三优先	轻症	绿色	软组织挫伤、轻度烧伤等	可自行走动
第四优先	死亡或濒死者	黑色	呼吸、心跳已停止,且超过 12 min 未给予心肺复苏救治,或因头、胸、腹部严重外伤而无法实施心肺复苏救治者等	无意识、无呼吸、无脉搏搏动

三、现场急救的原则

现场急救的任务是采取及时有效的急救措施和技术,最大限度地减少伤病员的痛苦,降低致残率,减少死亡率,为进一步抢救打好基础。为了提高救治效果,应严格遵守以下五项基本原则。

1. 先复后固:伤病员心跳、呼吸骤停同时伴有骨折时,先施行心肺复苏术,直至心跳、呼吸恢复后,再固定骨折。

2. 先止后包:伤病员在出血又有伤口的情况下,先止血,后包扎。

3. 先重后轻:有大量伤病员时,先抢救危重者,后处理轻伤者。

4. 先救后送:对危重伤病员要先在现场抢救,待病情稳定后再送到医院进一步救治。切忌未经任何处理、抬起伤病员就跑的救护方法。

5. 边救边呼:在对心搏骤停和大出血等伤病员进行救护的同时,要及时呼叫周围的人来协助,并利用各种方式寻求救援。

第二节 人体结构和生理功能

熟悉人体正常的形态结构和生理功能,才能正确判断人体的正常与异常,正确理解人体的生理现象和病理变化,从而对疾病做出准确的预防、诊断和治疗。

人体从外形上主要分为头、颈、躯干和四肢四大部分。人体躯干的胸壁及腹壁围成胸腔和腹腔,两者借膈肌分隔。腹腔的下端借骨盆上口与盆腔相连。胸腔内有心、肺、气管等器官。

腹腔内有胃、肝、脾、肾等脏器。盆腔内有膀胱，女性的盆腔内有卵巢、子宫等器官。

细胞是构成人体的基本单位，细胞与细胞间质共同构成组织。几种组织相互结合，组成器官。人体的诸多器官按功能的不同，分别组成九大系统。

一、运动系统

1. 运动系统的组成

运动系统由骨、骨连接和骨骼肌构成，约占成人体重的60%。骨和骨连接是运动系统的被动部分，骨骼肌是运动系统的主动部分。

人体骨骼共有206块，按部位不同，可分为颅骨、躯干骨和四肢骨三部分。

骨与骨之间借纤维组织、软骨或骨相连，形成骨连接。根据骨连接的连接方式不同，分为直接连接和间接连接。间接连结又称关节。

骨骼肌附着于骨，是运动系统的动力装置，在神经系统支配下，收缩牵拉其所附着的骨，以骨连接为枢纽，产生杠杆运动。人体骨骼肌分为头颈肌、躯干肌和四肢肌。

2. 运动系统的功能

运动系统是人体的动力系统，具有运动、支持及保护内脏器官等功能。

二、脉管系统

1. 脉管系统的组成

脉管系统是封闭的管道系统，分布于人体各部，包括心血管系统和淋巴系统。

心血管系统由心、动脉、毛细血管和静脉组成。血液在其中循环流动。

淋巴系统由淋巴管道、淋巴组织和淋巴器官组成。淋巴系统是心血管系统的辅助系统，其功能是协助静脉引流组织液。淋巴器官和淋巴组织具有产生淋巴细胞、过滤淋巴液和进行免疫应答的功能。

2. 脉管系统的功能

脉管系统的主要功能包括：物质运输功能；维持人体内环境理化特性的相对稳定；机体防御功能；内分泌功能。

三、呼吸系统

1. 呼吸系统的组成

呼吸系统由呼吸道和肺组成。

呼吸道包括鼻腔、咽、喉、气管和支气管等。通常称鼻腔、咽、喉为上呼吸道，气管和各级支气管为下呼吸道。

肺是气体交换的器官。

2. 呼吸系统的功能

呼吸系统的主要功能是进行气体交换，即吸入氧，呼出二氧化碳。此外，呼吸系统还有发音、嗅觉、神经内分泌、协助静脉回流入心和参与体内某些物质代谢等功能。

四、消化系统

1. 消化系统的组成

消化系统包括消化管和消化腺两大部分。

消化管包括口腔、咽、食管、胃、小肠（十二指肠、空肠、回肠）、大肠（盲肠、阑尾、结肠、直肠、肛管）。临床常把从口腔到十二指肠的这一段称为上消化道；空肠以下的部分称为下消化道。

消化腺包括口腔腺、肝、胰以及消化管壁内的许多小腺体。

2. 消化系统的功能

消化系统的基本功能是摄取食物并进行物理和化学性消化，吸收其中的营养物质，并将食物残渣排出体外。消化系统除具有消化和吸收功能外，还有内分泌功能和免疫功能。

五、泌尿系统

1. 泌尿系统的组成

泌尿系统由肾、输尿管、膀胱和尿道组成。肾生成尿液，输尿管输送尿液至膀胱，膀胱为储存尿液的器官，尿液经尿道排出体外。

2. 泌尿系统的功能

泌尿系统的主要功能是排出机体新陈代谢中产生的废物和多余的水，保持机体内环境的平衡和稳定。

六、神经系统

1. 神经系统的组成

神经系统由中枢神经系统和周围神经系统两部分组成。

中枢神经系统包括脑和脊髓，它们分别位于颅腔和椎管内。周围神经包括与大脑和脊髓相连的 12 对脑神经、31 对脊神经和植物性神经。

2. 神经系统的功能

神经系统是人体各系统中结构和功能最为复杂，并起主导作用的调节系统。

神经系统协调人体各系统器官的功能活动，使人体成为一个有机的整体，维持内环境的稳定，适应外环境的变化，并且能认识及改造外环境。

七、内分泌系统

1. 内分泌系统的组成

内分泌系统是体内重要的功能调节系统，是由内分泌腺和内分泌组织组成的。内分泌腺是通过所分泌的激素来发挥调节作用的。

人体主要的内分泌腺有：垂体、甲状腺、甲状旁腺、肾上腺、松果体、胸腺和性腺等。

2. 内分泌系统的功能

内分泌系统是机体重要的功能调节系统，与神经系统相互配合，共同维持机体内环境的相对稳定，调节机体的生长发育和各种代谢活动，并调控生殖，影响各种行为。

八、感受器

感受器是机体感受环境刺激的装置，是感受器及其附属结构的总称。

1. 感受器的种类

感受器种类繁多，形态和功能各异。感受器主要包括视器、前庭蜗器、嗅器、味器、皮肤等。

2. 感受器的功能

感受器的功能是接受相应刺激后，将其转变为神经冲动，由感觉神经和中枢神经系统的传导通路传到大脑皮质，产生相应的感觉；再由高级中枢发出神经冲动经运动神经传至效应器，对刺激做出反应。

九、生殖系统

1. 生殖系统的组成

生殖系统按其功能均由性器官和附属器官组成。按解剖位置，又可分为内生殖器和外生殖器两部分。生殖系统的主要性器官又称性腺，男、女有别。

2. 生殖系统的功能

生殖系统的功能是繁殖后代和形成并保持第二性征。

第三节 伤病员病情评估

评估病情的轻重对抢救工作的开展和医疗方案的制定都是非常重要的。我们只有知道正常情况下人体的生理指标，才能判断出伤病员在异常情况时病情的轻重，并且以此作为制定治疗方案和抢救措施的依据。

一、生命体征

生命体征表明身体主要机能的运转情况，它也是及时了解伤病员病情变化的重要指标。主要包括：体温、脉搏、呼吸、血压、瞳孔、意识水平。

（一）体温

1. 体温测量方法（如表 4-3-1 所示）

表 4-3-1　体温测量方法

测温方法	部位	时间	正常值	说明
口测法	放于舌下	3 min	36.3~37.2 ℃	测量方法方便
腋测法	放于腋窝正中	10 min	36~37 ℃	测量方法安全
肛测法	插入肛门 3~4 cm	3 min	36.5~37.7 ℃	测量方法准确但不方便

2. 发热程度的分级

以口腔温度为例,发热程度可划分为:低热(37.3~38 ℃)、中度热(38.1~39 ℃)、高热(39.1~41 ℃)、超高热(41 ℃以上)。

(二)脉搏

脉搏(每分钟的心跳次数)通常以触摸桡动脉搏动来测定(如图 4-3-1 所示),应注意其频率、节律、强弱以及呼吸对它的影响等。脉搏可因年龄、性别、活动、情绪状态等不同而有所波动,还常常随体温升高而增加。

正常成人在安静状态下脉搏约为 60~100 次/分钟,平均 72 次/分钟。紧急情况时,判断伤病员是否停止心跳的方法是触摸颈动脉有无搏动(如图 4-3-2 所示)。

图 4-3-1　测脉搏

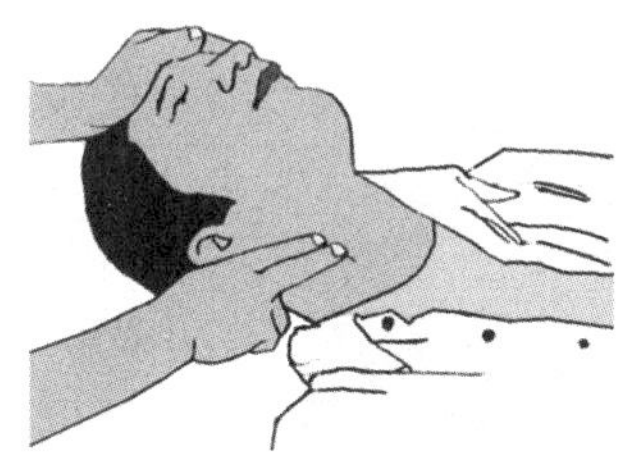

图 4-3-2　触摸颈动脉

(三)呼吸

我们把每分钟呼吸的次数称为呼吸率,呼吸率根据年龄、性别、身体状况和机体活动而异。正常成人在安静状态下呼吸率为 12~20 次/分钟。呼吸与脉搏比例一般为 1∶4。呼吸率是许多胸部疾病和机体损伤严重程度的指标。

在测量脉搏时,观察伤病员胸部或腹部的起伏,并且暗自计数 30 s 再乘 2。如果伤病员呼吸微弱不易观察时,用少许棉丝置于伤病员鼻孔前,观察棉丝被吹动次数,计数 1 min(如图 4-3-3、图 4-3-4 所示)。

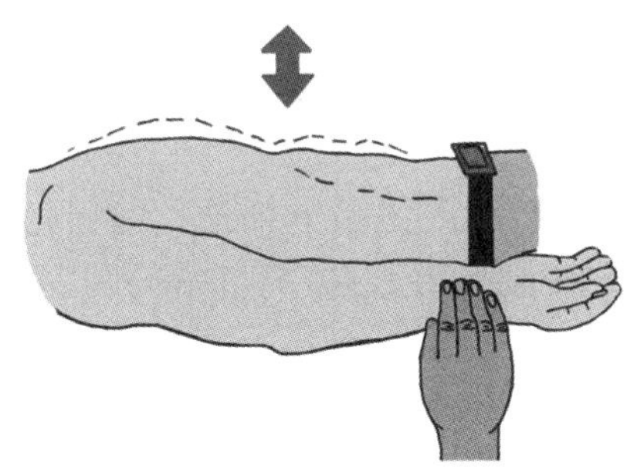

图 4-3-3　呼吸的测量

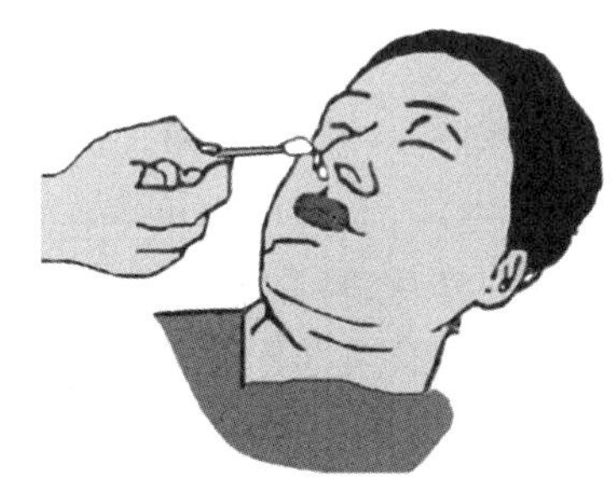

图 4-3-4　危重病人呼吸观察

(四)血压

血压是血液在动脉血管内流动时对血管壁的侧压力,是重要的生命体征。正常成人在安静状态下血压范围:收缩压为 90~139 mmHg(毫米汞柱),舒张压为 60~89 mmHg(毫米汞柱)。

健康人的血压受很多因素影响,包括:情绪、身体活动、饮酒、吸烟等。血压下降多见于剧烈运动、长期卧床(2 或 3 天)、失血(受伤或内出血)、休克等。血压升高多见于饮酒、吸烟、测量血压时说话等。

测量血压时的注意事项如图 4-3-5 所示。

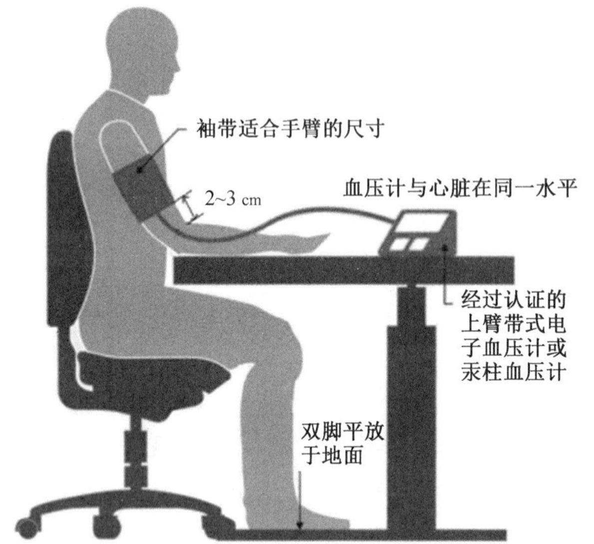

- 房间安静、温度舒适
- 测量前30 min避免吸烟、摄入咖啡因、运动
- 排空膀胱
- 放松3~5 min
- 测量时、测量之间避免交谈
- 至少连续测量2次，每次间隔10 min
- 采用2次的平均值

图 4-3-5 测量血压注意事项

(五)瞳孔的观察

瞳孔的正常直径是 2. 5~4 mm(如图 4-3-6 所示)。瞳孔的检查应注意瞳孔的形状、大小、位置、双侧是否等圆等大、对光反射是否存在等(如图 4-3-7 所示)。

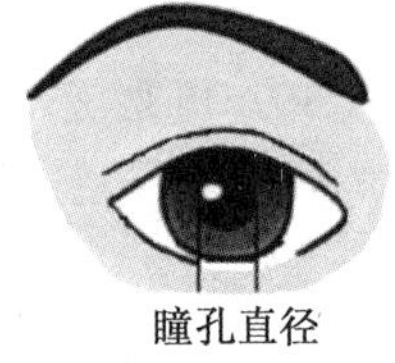

图 4-3-6 瞳孔的测量

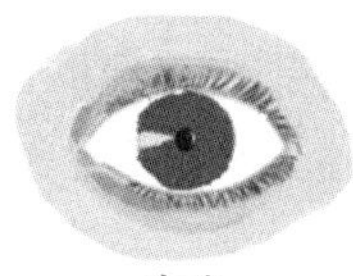

图 4-3-7 瞳孔对光反射

双侧瞳孔不等大时,表明发生了脑水肿、脑疝,病情危重,需要立即抢救;双侧瞳孔缩小呈针尖大小时,可见于中毒(如有机磷农药中毒);双侧瞳孔散大,直径 4~5 mm,则表明病人濒临死亡或已经死亡(如图 4-3-8 所示)。

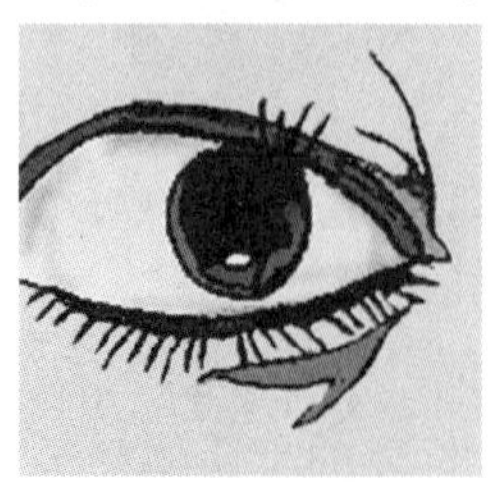

(a)缩小的瞳孔

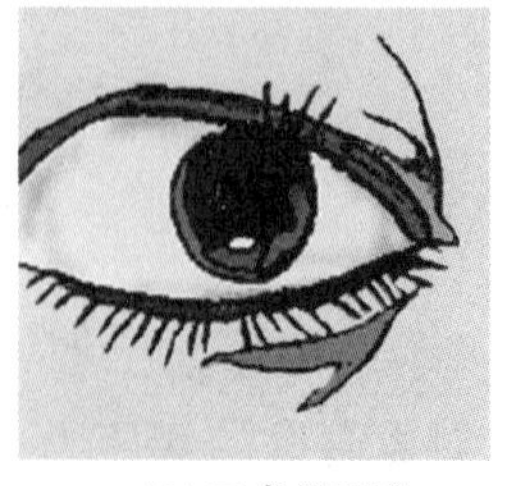

(b)正常的瞳孔

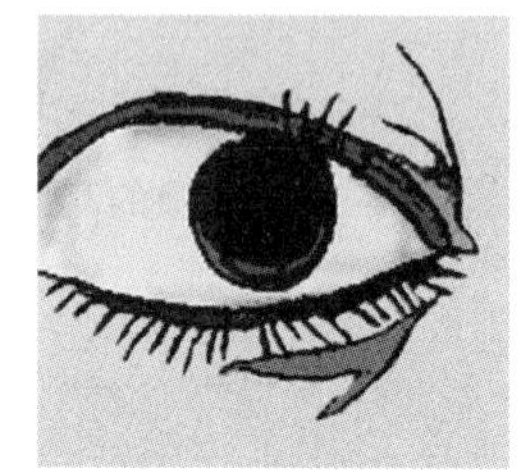

(c)散大的瞳孔

图 4-3-8 瞳孔的变化

(六)意识水平评估

意识是指人对周围环境和自身的识别能力及清晰程度,是大脑功能活动的综合表现。正常人的意识清晰,对答正确,能够正确地识别时间、地点、人物,能对环境的刺激做出相应的反应。

意识的判断方法:轻拍伤病员的肩部或面部,并大声叫喊:"喂,你怎么了?"也可大声呼唤其名字,同时拍打或用力摇晃其肩部,如伤病员毫无反应,说明其意识丧失(如图4-3-9所示)。

通过观察伤病员的意识状态,可以判断病情的严重程度,以便采取合适的方法处理。

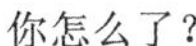

图4-3-9 判断意识

二、伤病员病情评估

(一)病情评估的步骤

当伤病员突然发病或有意外伤害发生时,最先观察的是意识,其次依次为呼吸、脉搏(心跳)、瞳孔。其具体步骤如下:

1. 轻轻摇动或呼唤伤病员,判断其有无反应,是否清醒。
2. 对不省人事的伤病员,可用仰头抬颏的方法使其呼吸道畅通。
3. 靠近伤病员的口鼻,判断其是否有呼吸。
4. 触摸伤病员颈部,判断其是否有颈动脉搏动。
5. 检查伤病员瞳孔的变化。

(二)呼吸心搏骤停的判断

1. 意识突然丧失:轻摇或轻拍并大声呼叫,观察是否有反应。如确无反应,说明伤病员意识丧失。

2. 大动脉搏动消失:由于动脉搏动可能缓慢、不规律,或微弱不易触及,因此,一般触摸脉搏5~10 s。确认摸不到大动脉搏动,即可确定心搏骤停。

3. 呼吸停止:应在保持气道开放的情况下进行判断。可通过听有无呼气声或用面颊部靠近伤病员的口鼻部感觉有无气体逸出,脸转向伤病员观察胸腹部有无起伏。

4. 瞳孔散大:须注意循环完全停止后超过1 min后才会出现瞳孔散大,且有些伤病员可能始终无瞳孔散大现象。

5. 皮肤苍白或发绀:一般以口唇和指甲等末梢处最明显。

6. 心尖搏动及心音消失:听诊无心音,心电图表现为心室颤动或心室停顿等。

7. 伤口不出血。

心搏骤停时虽可出现上述多种表现,但其中以意识突然丧失和大动脉搏动消失这两项最为重要,故仅凭这两项就可做出心搏骤停的判断,并立即开始实施急救技术。由于急救技术的实施要求必须分秒必争,因此,在现场急救中不能等心搏骤停的各种表现均出现后再行判断。一定注意不要因听心音、测血压、做心电图而延误宝贵的抢救时间。

第四节 常用急救技术

一、心肺复苏术

心肺复苏术(CPR)是对由于外伤、疾病、中毒、意外低体温、淹溺和电击等,导致呼吸停止、心跳停搏,必须紧急采取重建和促进心脏、呼吸有效功能恢复的一系列措施。

(一)心肺复苏术的目的

心肺复苏术的目的是通过实施基础生命支持技术,尽快建立或促进伤病员的循环和呼吸功能的恢复,保证伤病员重要脏器的血液供应。

(二)心肺复苏术的步骤

心肺复苏术的主要步骤是 C、A、B,即胸外心脏按压(Circulation,C);畅通气道(Airway,A);人工呼吸(Breathing,B)。

1. 评估环境安全

评估环境是否安全,确保现场对施救者和伤病员均是安全的,方可现场进行心肺复苏术。如对于触电人员需先迅速脱离电源(如图 4-4-1 所示),对于中毒人员需先通风或搬离中毒现场等(如图 4-4-2 所示)。

图 4-4-1 触电人员需先迅速脱离电源

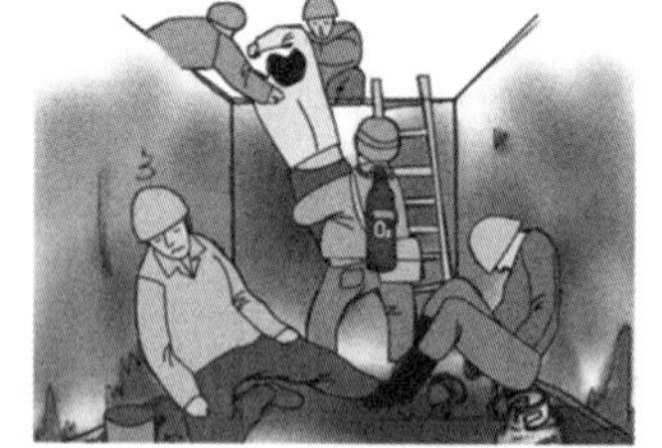

图 4-4-2 中毒人员需先搬离开中毒现场

2. 识别心搏骤停

(1)判断意识

救护者双手同时拍打伤病员的双肩(禁止摇动伤病员头部,防止损伤颈椎),在伤病员两耳旁分别高声呼唤(如“你怎么啦?”)。如果没有反应,为意识丧失。

(2)检查呼吸

观察伤员胸腹部起伏,看是否无呼吸或喘息(呼吸不正常)(如图 4-4-3 所示)。

(3)判断心跳(触摸颈动脉)

通过触摸颈动脉有无搏动的方法判断是否心搏骤停,具体操作方法如下:食指与中指先触及气管正中部位(男性在喉结),再旁开下移 2~3 cm 的软组织深处(在气管与颈部肌肉之间的凹陷里),触摸颈动脉有无搏动(如图 4-4-4 所示)。

判断呼吸、心跳在 5~10 s 内完成。

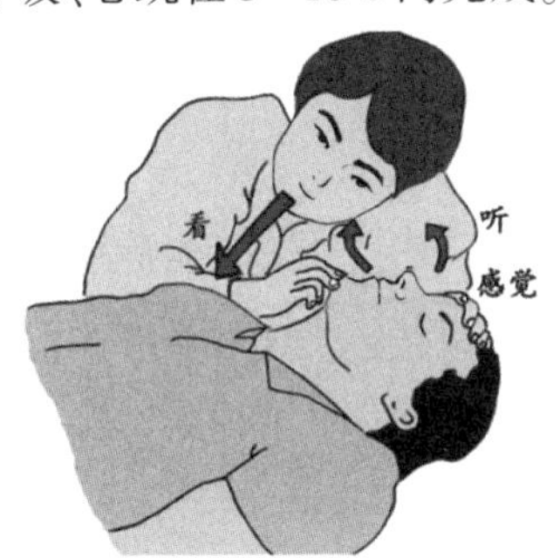

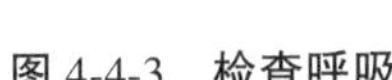
图 4-4-3　检查呼吸

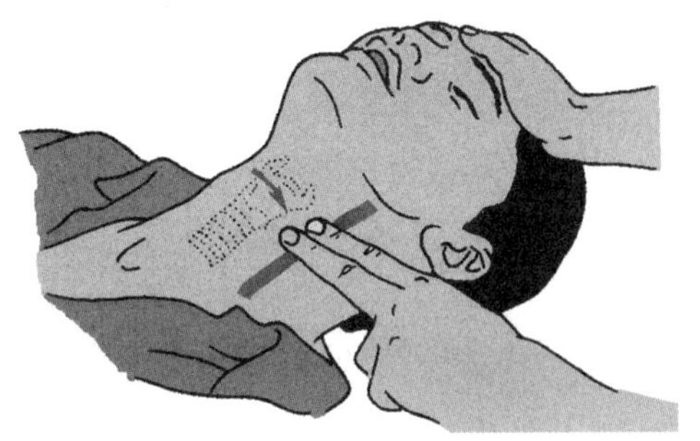
图 4-4-4　判断心跳

3. 启动应急反应

立即呼叫附近人员帮忙并通过移动设备求助。有条件时,自取或请他人取得 AED 及急救设备。

4. 摆放体位

将伤病员仰卧位于硬板床或地上,如是卧于软床上的伤病员,其肩背下需垫硬板,去枕、头后仰(如图 4-4-5 所示)。

5. 解开衣领口、领带、围巾、腰带

心肺复苏前准备如图 4-4-6 所示。

图 4-4-5　心肺复苏体位——仰卧位

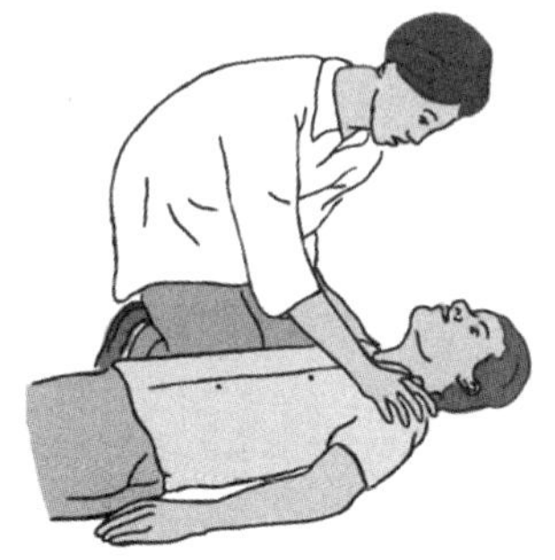
图 4-4-6　心肺复苏前准备

6. 胸外心脏按压

(1)救护者站立或跪在伤病员一侧。

(2)胸外心脏按压部位:两乳头连线的中点(如图 4-4-7、图 4-4-8 所示)。

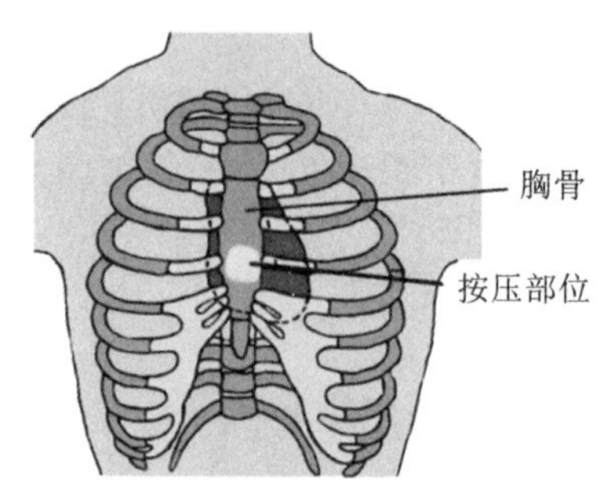

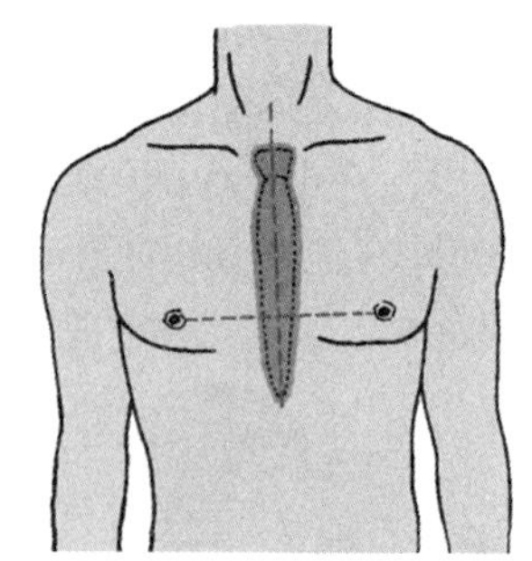

图 4-4-7　胸外按压部位　　图 4-4-8　胸外按压部位定位方法

(3)胸外心脏按压手法:定位手的掌根部接触伤病员胸部皮肤,另一手搭在定位手的手背上,双手重叠,十指交叉紧扣,定位手的 5 个手指翘起,以保证压力不施加在胸壁上(如图 4-4-9 所示)。

(4)胸外心脏按压方法:急救者身体前倾,双肘关节伸直,利用上身重力,有规律地垂直施加压力;按压与放松时间相同,放松时手掌不离开胸壁(如图 4-4-10 所示)。

(5)胸外心脏按压深度:成人 5~6 cm(即不少于 5 cm,也不超过 6 cm)。

(6)胸外心脏按压频率:每分钟 100~120 次。

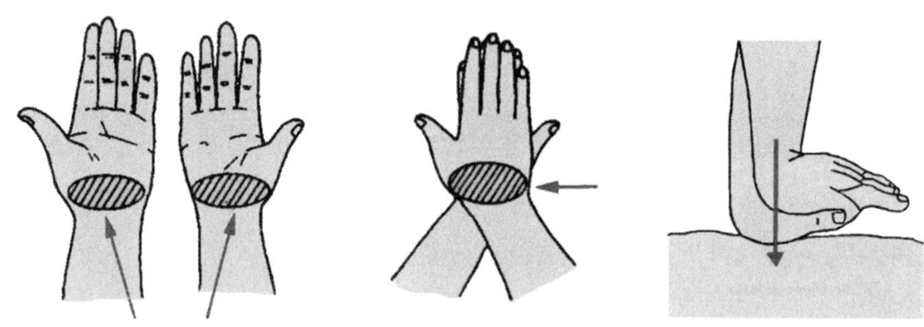

图 4-4-9　胸外心脏按压手法

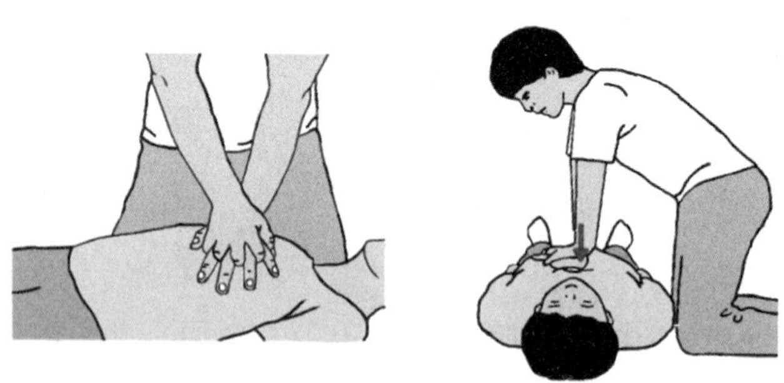

图 4-4-10　胸外心脏按压方法

7. 开放气道

首次胸外心脏按压 30 次后,采取开放气道方法。如不采取开放气道方法,伤病员可能由于舌根后坠阻塞呼吸道(如图 4-4-11)。

首先清除口腔、气道内分泌物或异物,有义齿者应取下,这样有利于保持呼吸道通畅(如图 4-4-12 所示)。

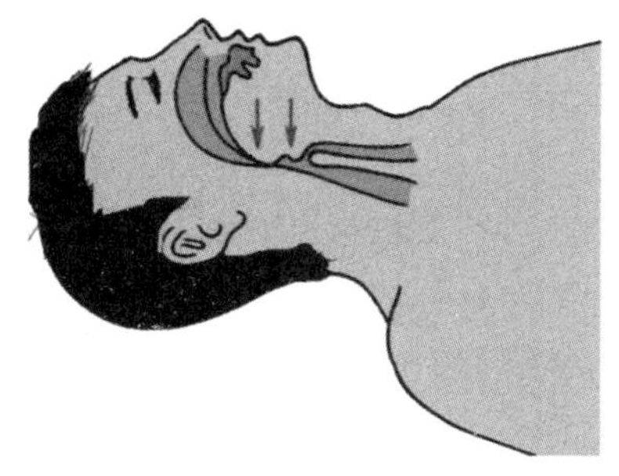

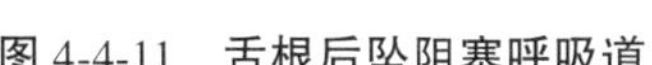
图 4-4-11 舌根后坠阻塞呼吸道

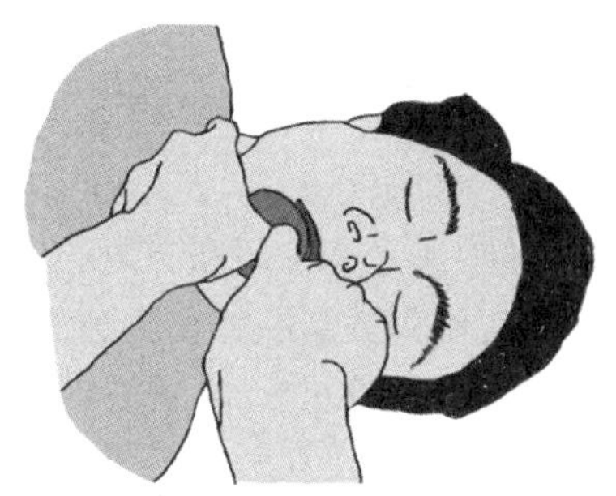
图 4-4-12 清理口腔

开放气道方法介绍如下：

(1)仰头提颏法

救护者一手的小鱼际(小拇指侧)放在伤病员前额，下压使其头部后仰，另一手的食指和中指放在伤病员的下颌骨下方，向上抬起下颌，让下颌角与耳垂连线和地面呈垂直状态，使伤病员口张开，舌根离开咽后壁，避免舌根后坠以畅通气道(如图 4-4-13 所示)。

伤病员无明显头、颈部损伤可使用此方法，此法最为常用。注意手指不宜用力压迫下颌部软组织，以免阻塞气道(如图 4-4-14 所示)。

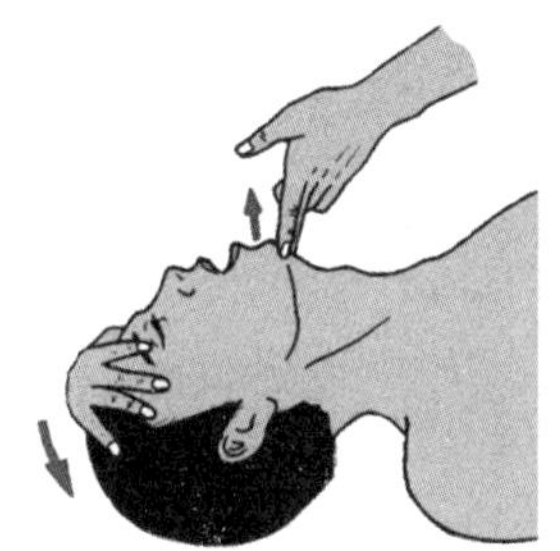

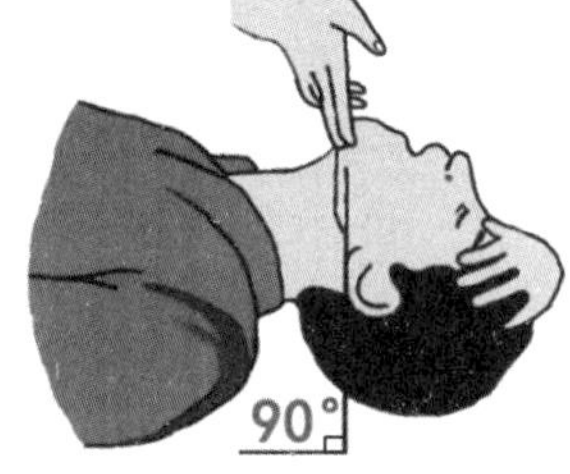

图 4-4-13 仰头抬颌法(正确)

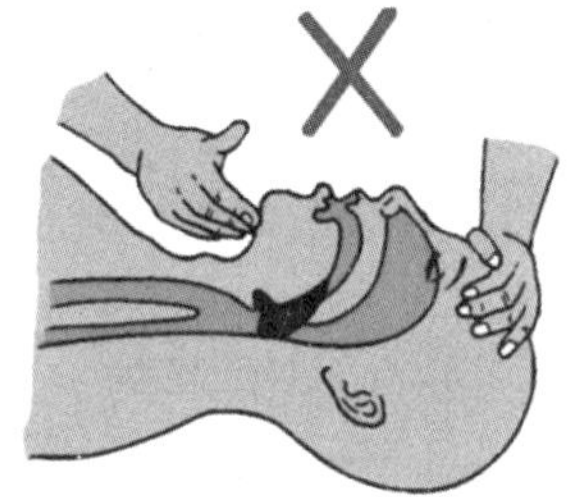
图 4-4-14 仰头抬颌法(错误)

(2)仰头抬颈法

伤病员仰卧，抢救者一手抬起伤病员颈部，另一手以小鱼际部位置于伤者前额，使其头后仰，气道开放(如图 4-4-15 所示)。头、颈部损伤的伤病员不能使用这个方法。

(3)双手抬颌法

伤病员平卧，抢救者双肘置于伤病员头部两侧，将双手食指、中指、无名指放在伤病员下颌角后方，在保证头部和颈部固定的前提下，向上或向后抬起下颌(如图 4-4-16 所示)。

双手抬颌法适用于颈部有损伤或高度怀疑有颈部损伤的伤病员。

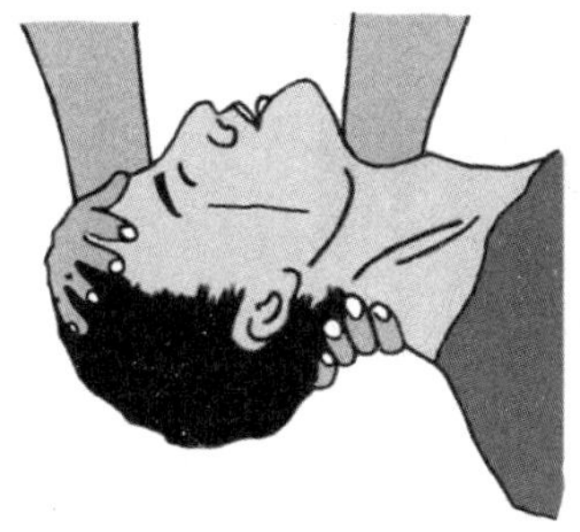
图 4-4-15 仰头抬颈法

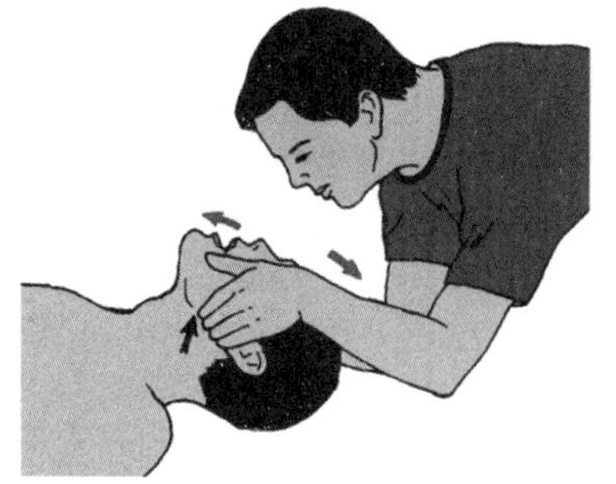
图 4-4-16 双手抬颌法

8. 人工呼吸

开放气道后,应立即给予人工呼吸 2 次。

(1) 口对口人工呼吸法

口对口人工呼吸法是最方便和有效的人工呼吸方法,是借助急救者吹气的力量,使气体被动吹入伤病员肺部,伤病员借助肺和胸廓的自行回缩将气体排出。

①操作方法:保持气道开放,救护者保持伤病员头后仰,拇指和食指捏住其鼻孔,并用嘴唇包住伤病员的口部,吹气,使其胸廓扩张;吹完后立即松开捏鼻孔的手,救护者头稍抬起,侧转换气,同时注意观察伤病员胸部复原情况。如此反复进行(如图 4-4-17 所示)。

②吹气时间和频率:每次吹气的时间不超过 2 s;每 5~6 s 进行 1 次呼吸(每分钟 10~12 次呼吸)。

③有效指标:伤病员胸部起伏,且呼气时听到或感到有气体逸出。

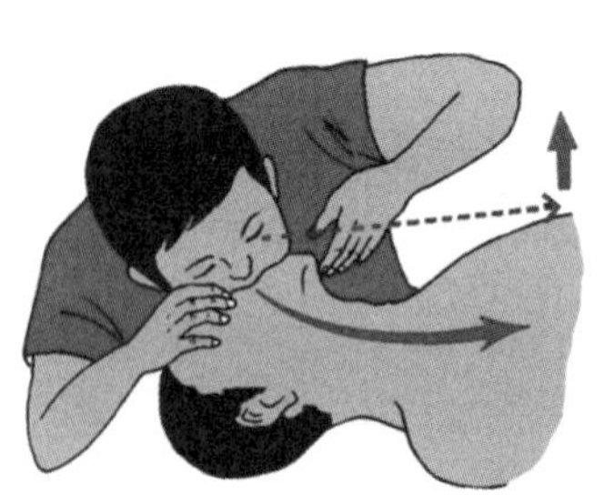

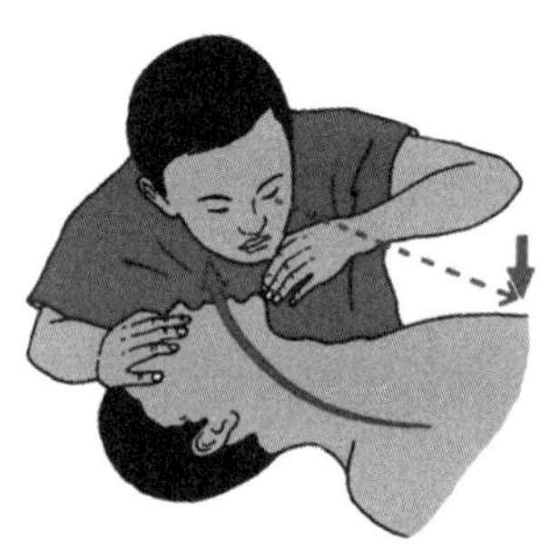

图 4-4-17 口对口人工呼吸法

(2) 口对鼻人工呼吸法

口对鼻人工呼吸法用于口腔严重损伤或牙关紧闭的伤病员。

操作方法:用仰头抬颌法,同时救护者用举颏的手使伤病员的口唇闭紧,双唇包住伤病员的鼻部吹气,吹气的方法同口对口人工呼吸法。

胸外心脏按压和人工呼吸按顺序进行,不论实施单人还是双人抢救时,成人胸外心脏按压和人工呼吸比例均为 30∶2。即胸外心脏按压 30 次后给予 2 次人工呼吸,此为一个周期。

双人抢救时,如胸外心脏按压者疲劳时两者应互换位置,如图 4-4-18(b)所示。进行 5 个周期(约 2 min)后进行复苏效果评估,要求迅速,时间为 5~10 s。

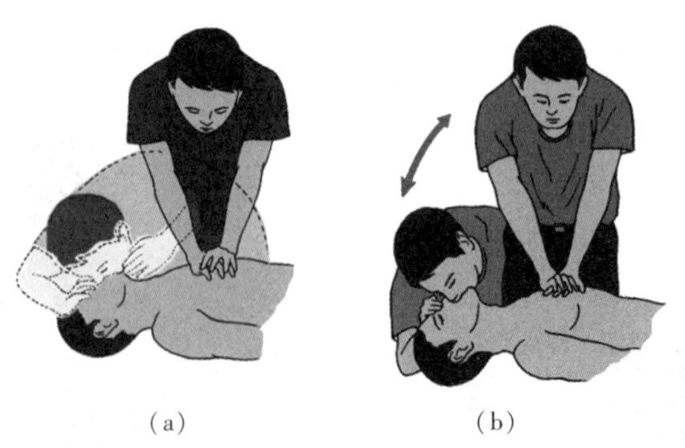

(a) (b)

图 4-4-18 单/双人实施胸外心脏按压与人工呼吸

9. 尽早电除颤

心搏骤停最常见和最初发生的心律失常是室颤。电除颤是目前治疗室颤的最有效方法。如果能在心搏骤停的 3~5 min 内立即实施 CPR 及除颤，其愈后明显改善。因此，尽早实施电除颤是复苏成功的关键。

当救护者可以立即取得 AED(自动体外除颤器)时(如图 4-4-19 所示)，对于成人心搏骤停伤病员，应尽快使用 AED；若不能立刻取得 AED，应该在他人前往获取 AED 的时候开始心肺复苏，在设备提供后尽快尝试进行除颤。

具体操作步骤如下(如图 4-4-20 所示)：

(1)打开 AED，按下电源。

(2)解开伤病员的衣服，保证伤病员胸部干燥无遮挡。

(3)按照 AED 提示放置好电极片，等待 AED 分析心律，若显示“建议电击”，提醒并确认所有人没有接触伤病员，按下“电击”键，进行除颤。

(4)除颤后立即进行 2 min 的 CPR，再由 AED 分析心律，减少除颤导致的按压中断。

(5)若显示“不需电击”，应再次进行 2 min 的 CPR，再由 AED 分析心律。

(6)必要时继续心肺复苏和使用 AED，直到伤病员醒来或专业救护人员到达。

图 4-4-19　自动体外除颤器(AED)

图 4-4-20　AED 具体操作步骤

(三)心肺复苏有效的判断和终止的情形

1. 心肺复苏有效的指征

(1)触摸到大动脉(颈动脉、股动脉)搏动。

(2)自主呼吸逐渐恢复。

(3)面色、口唇、指甲等色泽转红润。

(4)昏迷程度变浅，出现反射或挣扎。

(5)双侧散大的瞳孔缩小，有时可有对光反射。

(6)心电图证实恢复窦性心律。

2. 终止心肺复苏术的情形

(1)自主呼吸和心跳已有效恢复或有其他专业人员接替抢救。

(2)开始进行心肺复苏前，能确定心跳停止达 15 min 以上者。

(3)持续进行心肺复苏 30 min 以上仍无心跳和自主呼吸，现场无进一步救治和送治条件。但要注意一些特殊情况，如溺水、触电等，轻易不要放弃，需要延长心肺复苏时间。

(4)救护者因疲惫、周围环境危险或持续复苏可造成自身或其他人员危险而不得不终止。

(四)心肺复苏术的注意事项

1. 胸外心脏按压的位置必须准确。

2. 要有足够的按压速率,每分钟 100~120 次。每次按压后应保证胸廓充分回弹,尽可能减少胸外按压的中断。

3. 按压的深度要适宜,成人为 5~6 cm。按压力度过轻,保证不了有效的供血;按压力度过大会导致肋骨骨折、血气胸,甚至肝脾破裂等。

4. 为避免胸外心脏按压时呕吐物逆流至气管,伤病员的头部应适当放低并略偏向一侧。

5. 给予伤者足够的通气,吹气量为 500~600 mL,避免给予过量通气。

6. 伤病员经抢救后恢复自主呼吸及心跳但仍处于昏迷状态时,应将伤病员放置于侧卧的体位(如图 4-4-21 所示)或平卧头侧位,同时注意保暖。

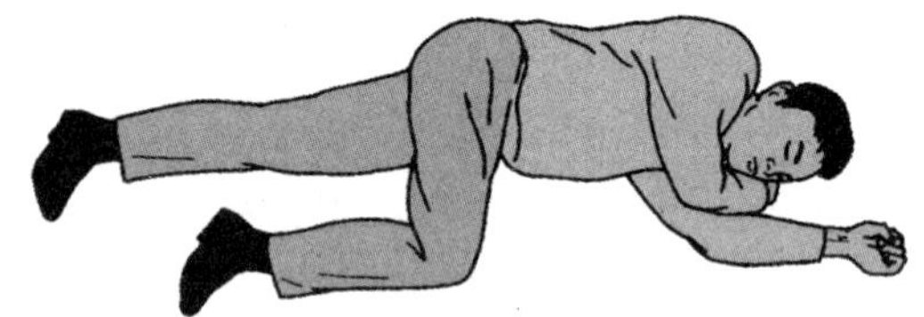

图 4-4-21 侧卧体位

二、止血术

血液是在血管中流动的液体,成年人的总血量占体重的 7%~8%,为 4 000~5 000 mL。急性出血时,当失血量为总血量的 10%~15%时,人体通过自身调节功能可以代偿;当失血量达总血量的 20%时,会出现头晕、脉搏加快、血压下降、出冷汗、肤色苍白、尿少等症状;当出血量达总血量的 30%以上,就会有生命危险。因此对于大出血的伤病员,必须立即采取有效的止血措施。

(一)外伤性出血的类型

1. 根据出血部位的不同分类

(1)内出血:深部组织和内脏损伤,血液由破裂的血管流入组织内或进入体腔(腹腔、胸腔),称为内出血,可发生于体内任何部位,从体表看不见出血。

(2)外出血:外伤后血液经皮肤创口向体外流出,称为外出血,能够看见出血情况。

2. 根据受损伤的血管性质分类

(1)动脉出血:血液为鲜红色,可见随心跳节律呈搏动性喷射而出,出血速度快,出血量大。如果是中等动脉或较大动脉出血,没有及时止血,伤病员数分钟即可出现失血性休克或死亡。

(2)静脉出血:血液为暗红色,呈持续性涌出,出血速度和出血量不及动脉。如果出血的是大静脉,出血量达到一定时,不及时处理也可危及生命。

(3)毛细血管出血:血色鲜红,血液从整个创面外渗,创面上出现许多细小血滴,不易找到出血点,常能自行凝固,危险性较小。

止血的目的是控制出血，保存有效的血容量，防止休克，挽救生命。为更加及时、有效地抢救外伤出血伤员，现在介绍以下几种简便可行、有效的止血方法。

（二）外伤性出血的止血方法

1. 指压止血法

指压止血法适用于头部和四肢动脉的出血（如图 4-4-22 所示）。用手指或手掌压迫动脉经过骨骼表面的部位，达到止血的目的。此法是现场急救最简捷的临时止血措施。但因操作时较费力，难以持久，一般用于现场应急止血，继而改用其他止血法。

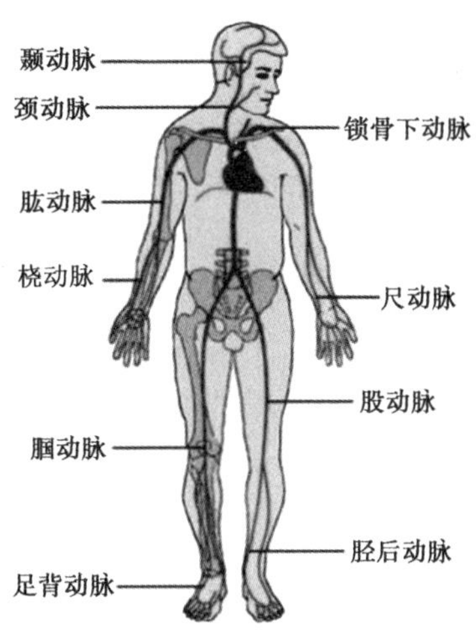

图 4-4-22　人体主要动脉

（1）颞浅动脉压迫法

颞浅动脉压迫法适用于同侧头顶部出血。

操作方法：先在同侧外耳门的前上方、颧弓根部摸到颞浅动脉搏动点，然后用拇指或食指将其压向下颌关节面（如图 4-4-23 所示）。

（2）面动脉压迫法

面动脉压迫法适用于同侧面部出血。

操作方法：先在同侧咬肌（当咬紧牙齿时，在面颊后部可触到一条呈带状绷紧了的肌肉）前缘绕下颌骨下缘处摸到面动脉的搏动，然后用拇指或食指将其压向下颌骨骨面（如图 4-4-24 所示）。

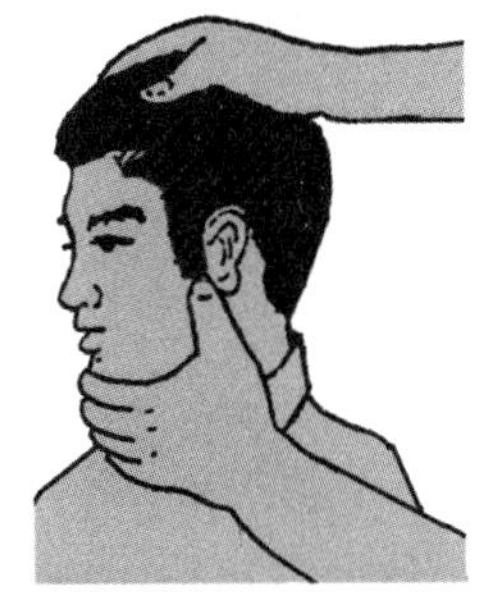

图 4-4-23　颞浅动脉压迫法

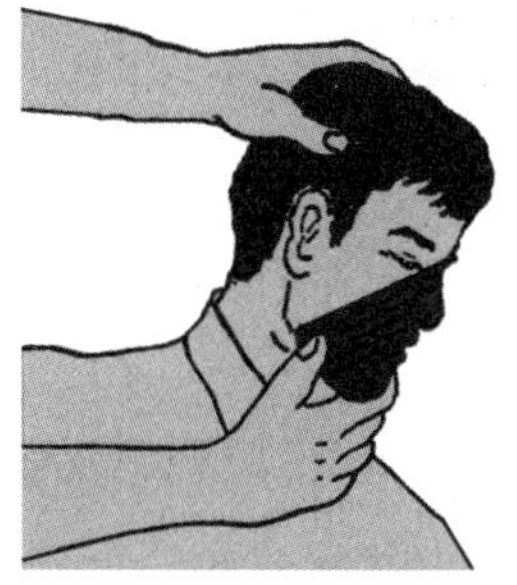

图 4-4-24　面动脉压迫法

(3)颈总动脉压迫法

颈总动脉压迫法适用于头、颈部的大出血。

操作方法:先在颈根部,同侧气管与胸锁乳突肌之间摸到颈总动脉的搏动,然后用拇指或其他四指将其压向颈椎(如图 4-4-25 所示)。压迫颈总动脉时,容易引起伤员昏厥,一般不宜使用。切忌同时压迫两侧颈总动脉,以免造成脑部的血液供应中断,而损伤脑组织。

(4)锁骨下动脉压迫法

锁骨下动脉压迫法适用于肩、腋部及上肢的出血。

操作方法:先在同侧锁骨中点上方的锁骨上窝处摸到该动脉的搏动,然后用拇指将其压向后下方的第一肋骨(如图 4-4-26 所示)。

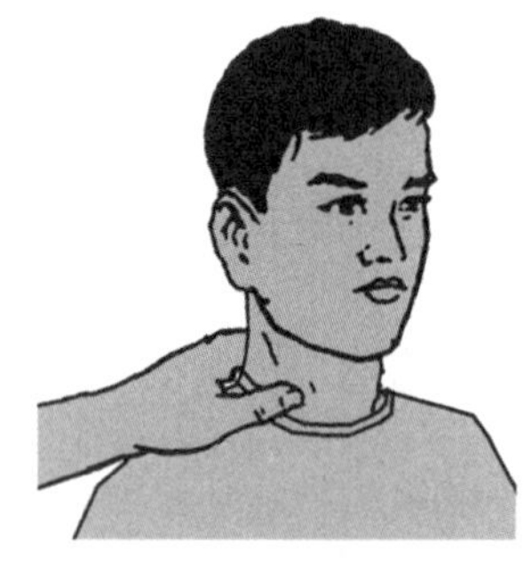

图 4-4-25 颈总动脉压迫法

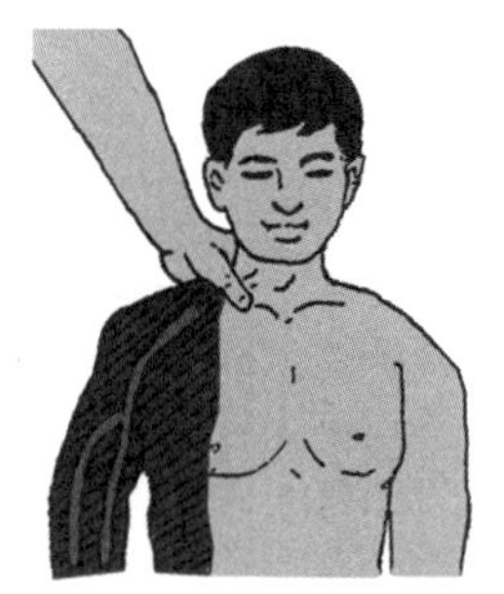

图 4-4-26 锁骨下动脉压迫法

(5)肱动脉压迫法

肱动脉压迫法适用于上臂、前臂的出血。

操作方法:先在上臂内侧中部的肱二头肌内侧沟处摸到肱动脉的搏动,然后用拇指或其他四指将其压向肱骨干(如图 4-4-27 所示)。

(6)尺、桡动脉压迫法

尺、桡动脉压迫法适用于手部的出血。

操作方法:先在手腕横纹稍上处的内、外两侧摸到尺、桡动脉的搏动,然后用两手拇指分别将其压向尺、桡骨的骨面(如图 4-4-28 所示)。

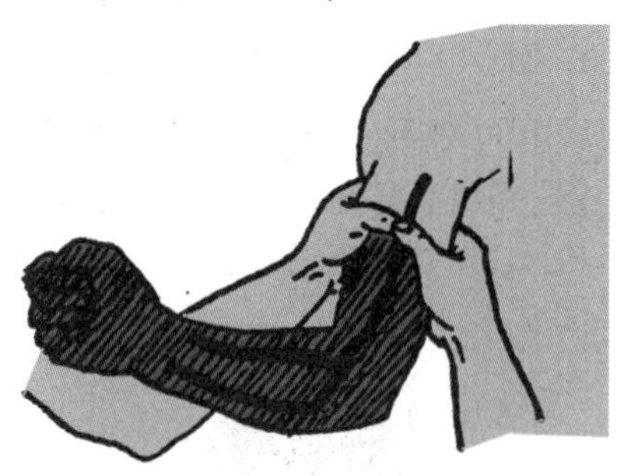

图 4-4-27 肱动脉压迫法

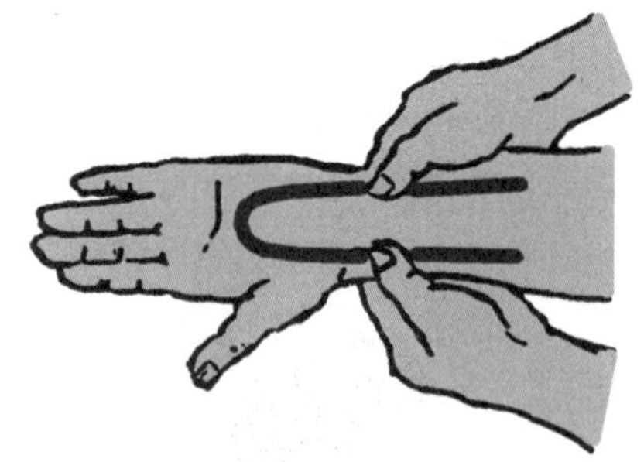

图 4-4-28 尺、桡动脉压迫法

(7)股动脉压迫法

股动脉压迫法适用于大腿以下的出血。

操作方法:在腹股沟韧带稍下方处摸到股动脉的搏动,然后用双手拇指或掌根用力将其压向耻骨下支(如图 4-4-29 所示)。

(8)足背、胫后动脉压迫法

足背、胫后动脉压迫法适用于足部的出血。

操作方法:先摸到足背皮肤横纹中点的足背动脉和跟骨与内踝之间的胫后动脉,然后分别将其压向趾骨和跟骨(如图 4-4-30 所示)。

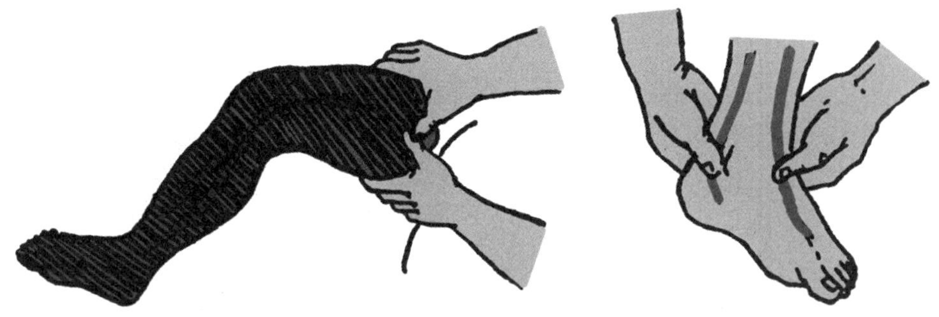

图 4-4-29　股动脉压迫法　　图 4-4-30　足背、胫后动脉压迫法

2. 加压包扎止血法

加压包扎止血法是最常用的止血方法,适用于体表的小动、静脉和毛细血管出血。

操作方法:用无菌敷料覆盖伤口,然后用纱布、棉垫放在无菌敷料上,再用绷带或三角巾加压包扎。包扎的压力要均匀,范围应足够大,松紧程度以伤口不出血为宜。包扎后将伤肢抬高,以增加静脉回流和减少出血(如图 4-4-31 所示)。

该方法对伤处有骨折或异物存在时则不适用。包扎时严禁将止血中草药、泥土或其他粉末撒在伤口上,以免加重伤口污染,为以后的清创处理造成困难。

3. 填塞止血法

填塞止血法适用于身体较深大的伤口。

操作方法:先用 1~2 层大的无菌敷料铺盖伤口,以纱布或敷料充填其中,再加压包扎(如图 4-4-32 所示)。

该方法止血不够彻底,且可能增加感染机会。

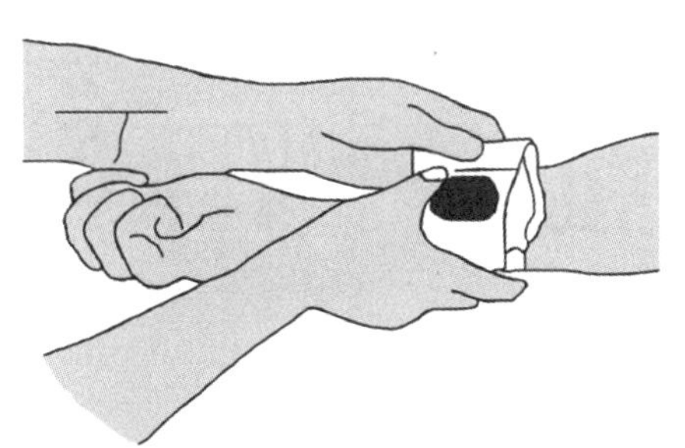

图 4-4-31　加压包扎止血法

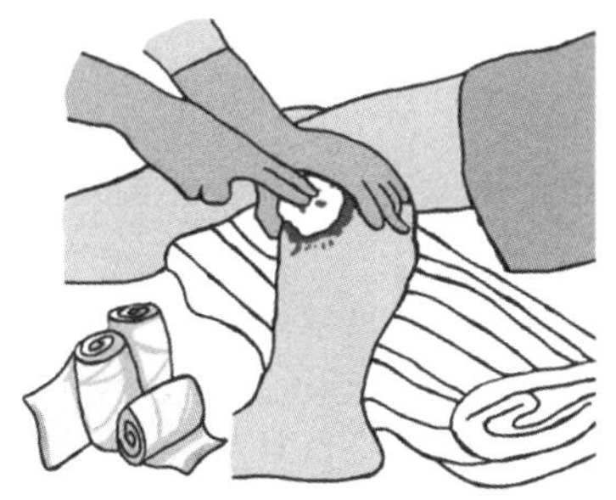

图 4-4-32　填塞止血法

4. 止血带止血法

止血带止血法适用于四肢伤大出血,且其他止血方法不能控制出血的情况。止血带使用恰当可挽救一些大出血伤员的生命,使用不当则可引起肢体坏死、急性肾功能衰竭等并发症。

(1)常用止血带种类

止血带有传统的橡皮管止血带(如图 4-4-33 所示)、气压式止血带(如图 4-4-34 所示),还有方便的卡扣式止血带(如图 4-4-35 所示)和较先进的旋压式止血带(如图 4-4-36 所示)。紧急情况下也可使用三角巾、绷带、手帕等物品代替,严禁使用铁丝、电线、绳索等细小且无弹性的物品充作止血带。

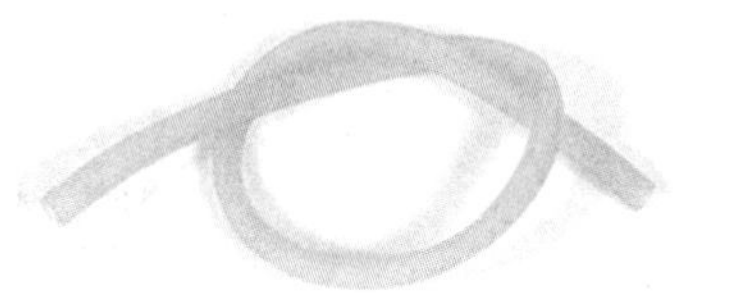

图 4-4-33 橡皮管止血带

图 4-4-34 气压式止血带

图 4-4-35 卡扣式止血带

图 4-4-36 旋压式止血带

(2)使用止血带的部位

止血带的绑扎部位应在伤口的近心端并尽可能地靠近伤口。如上肢大出血时止血带可绑扎在上臂的上 1/3 处(如图 4-4-37 所示);下肢出血时止血带可绑扎在大腿的中下处(如图 4-4-38 所示)。

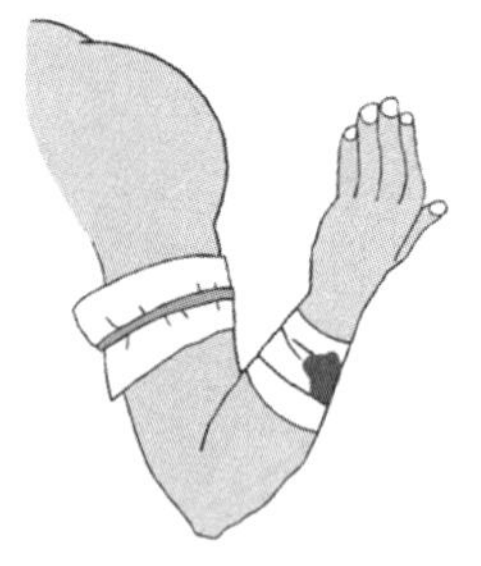

图 4-4-37 上肢止血带止血

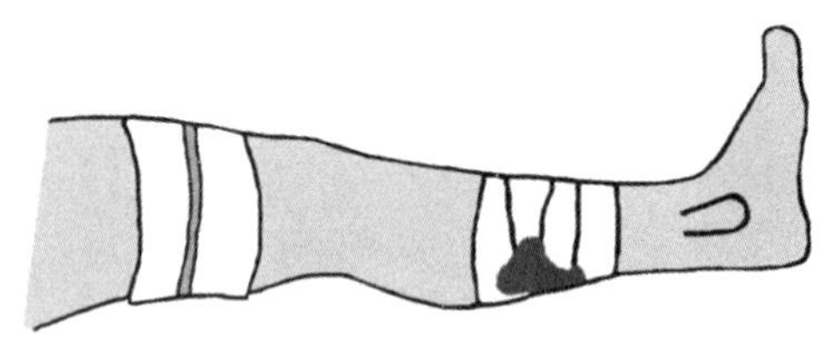

图 4-4-38 下肢止血带止血

(3)橡皮止血带止血方法

①先处理伤口,用三角巾、毛巾等物做成平整的衬垫缠绕在要绑扎止血带的部位。

②用一手的拇指、食指、中指持止血带的头端,将长的尾端绕肢体一圈后压住头端,再绕肢体一圈,然后用食指、中指夹住尾端后,将其尾端从止血带下拉过,由另一端牵出,系成一个活结(如图 4-4-39 所示)。

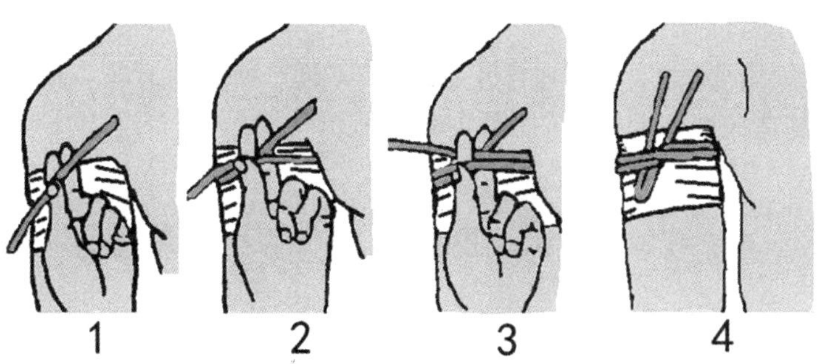

图 4-4-39　止血带绑扎方法

(4)绞紧止血法

如无橡皮止血带,可根据当时情况,就便取材,如三角巾、绷带、领带、布条等均可,折叠成条带状,即可当作止血带使用。

上止血带的部位加好衬垫后,用止血带缠绕,然后打一个活结,再用一短棒、筷子或铅笔等的一端插入活结一侧的止血带下,并旋转绞紧至停止出血,再将短棒、筷子或铅笔的另一端插入活结套内,将活结拉紧即可(如图 4-4-40 所示)。

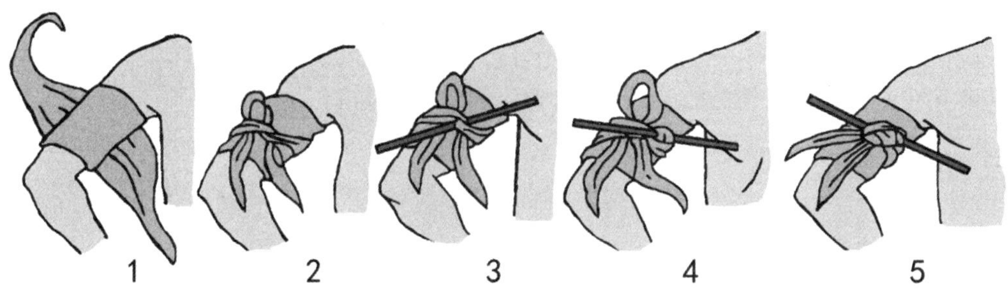

图 4-4-40　绞紧止血法

(5)使用止血带的注意事项

①使用止血带之前要先加衬垫,防止勒伤皮肤;并将伤肢抬高,以促进血液回流(如图 4-4-41 所示)。

②止血带应绑扎在出血伤口的近心端。上肢出血时,止血带切忌扎在上臂的中部,此处有桡神经紧贴骨面,以免损伤桡神经(如图 4-4-42 所示)。

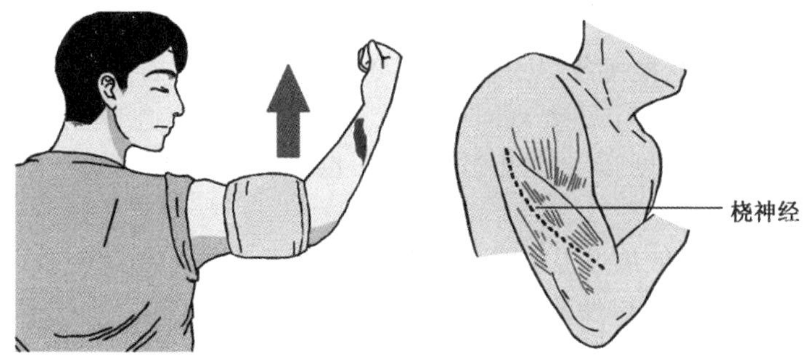

图 4-4-41　抬高伤肢并加垫　　　图 4-4-42　桡神经的位置

③前臂和小腿不宜绑扎止血带,因为有两根骨头,骨间有动脉穿过,使用止血带的效果不

好(如图 4-4-43、图 4-4-44 所示)。

④扎止血带的松紧要适度,以出血停止、远端摸不到脉搏搏动为准。止血带过松达不到止血的效果,过紧容易造成肢体的坏死(如图 4-4-45 所示)。

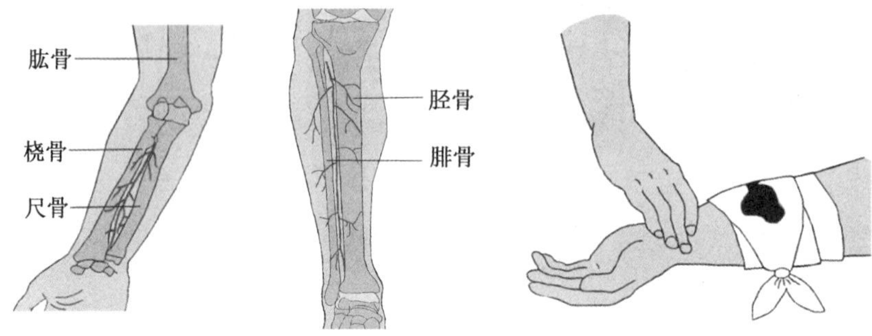

图 4-4-43　前臂骨骼　　图 4-4-44　小腿骨骼　　图 4-4-45　判断止血带松紧是否适度

⑤为伤员绑扎好止血带后,必须在明显部位加上标记,注明绑扎止血带的时间和放松时间。

⑥为防止远端肢体缺血坏死,原则上应尽量缩短使用止血带的时间,应每隔 1 h 后放松 1~2 min,且止血带连续使用时间一般不得超过 4 h。如条件允许,伤员要尽快转送到能彻底止血的医院进行治疗。

⑦解除止血带应该在伤员能够得到有效的止血措施后进行。

三、包扎法

(一)包扎的目的

1. 保护伤口免受再次污染。
2. 固定骨折、关节、伤口的敷料和夹板的位置。
3. 包扎时施加压力,以起到止血作用,为伤口愈合创造良好条件。
4. 扶托受伤的肢体,使其稳定,减轻疼痛等。

(二)包扎的要求

1. 包扎前要妥善处理伤口,尽可能先用无菌敷料覆盖伤口,包扎敷料应超过伤口边缘 5~10 cm。

2. 遇有外露污染的骨折断端或腹内脏器,不可轻易地将它们放回伤口内。

3. 包扎伤口时,动作要轻巧,不要碰撞伤口,以免引起疼痛、出血或污染。

4. 包扎时要注意松紧适度,既要防止过松滑脱,也要防止过紧压迫神经血管,影响远端血液循环。

5. 绷带包扎四肢时,一般从远心端向近心端包扎,即从细端向粗端包扎,以促进静脉血回流。要暴露手指(脚趾)末端,以便随时观察血液循环情况。

6. 包扎打结或用别针固定的位置,应在肢体的外侧或前面,避免在伤口处或坐卧受压的地方。

(三)包扎的方法

最常用的包扎材料有绷带、三角巾,具有较强弹性的网状弹力绷带也被广泛应用(如图4-4-46所示)。急救时也可就地取材,如衣裤、毛巾等。无论是哪种包扎方法都要求牢固、舒适、整齐。下面主要介绍绷带和三角巾这两种材料的基本用法。

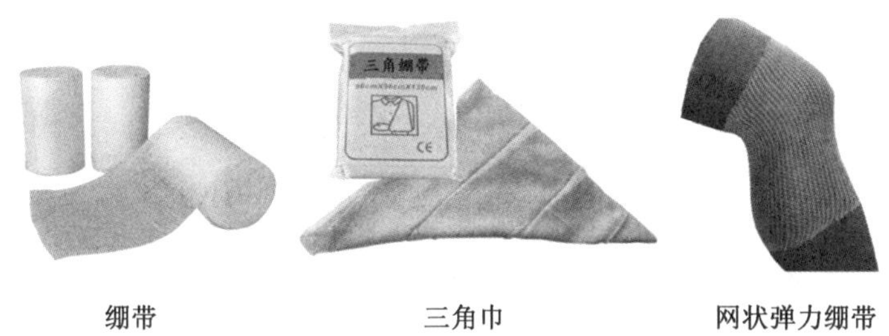

图 4-4-46　包扎材料

1. 绷带包扎法

绷带包扎法是一种用途最广、最方便的包扎方法。

(1)环形包扎法

环形包扎法主要用于包扎的开始和结束以及肢体粗细相等的部位,如额头、颈部、腕部等处。

操作方法:每圈重叠,环绕数圈(如图4-4-47所示)。

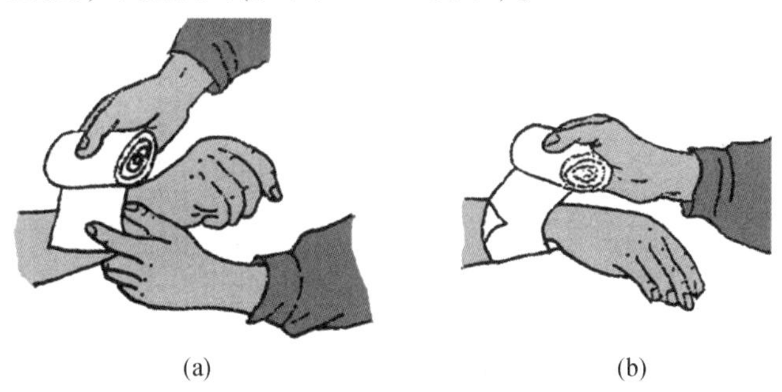

图 4-4-47　环形包扎法

(2)螺旋形包扎法

螺旋形包扎法用于包扎身体直径基本相同的部位,如上臂、手指、躯干、大腿等部位。

操作方法:先用环形包扎固定开始端,再斜向上绕,后圈盖前圈的1/3～1/2(如图4-4-48所示)。

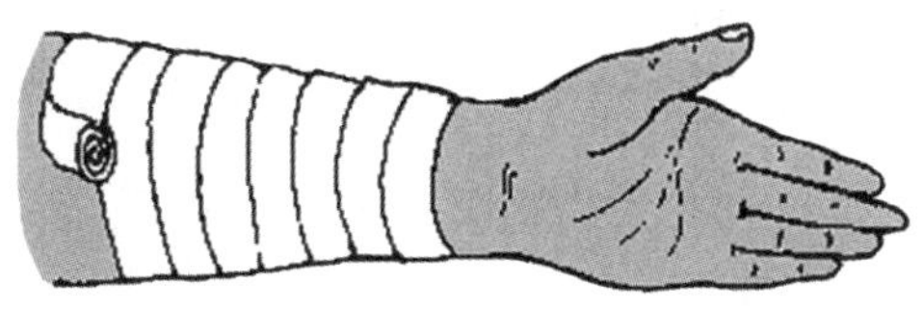

图 4-4-48　螺旋形包扎法

(3)螺旋形反折包扎法

螺旋形反折包扎法用于肢体粗细不等的部位,如小腿、前臂的包扎。

操作方法:先用环行包扎法固定开始端,再将绷带螺旋上升缠绕,每圈都将绷带向下反折,盖住前一圈的 1/3~2/3,依次由下向上缠绕。每一圈的反折部位应该相同,使它成为一条直线,在折返的地方形成“人”字形。但注意不可在伤口或骨骼隆突处回折(如图 4-4-49 所示)。

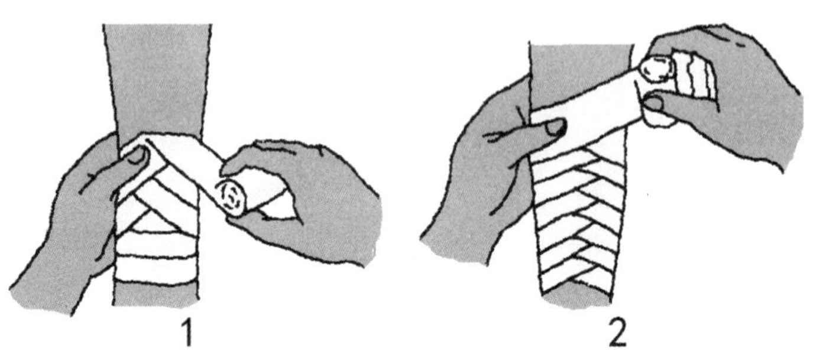

图 4-4-49　螺旋形反折包扎法

(4)“8”字形包扎法

“8”字形包扎法多用于包扎屈曲的关节,如肩、肘、腕、膝等关节部位。

操作方法:先用环行包扎法固定开始端,然后以关节为中心,将绷带一圈向上、一圈向下包扎,每圈在中间和前圈先相交,并根据需要把前圈重叠或遮盖一半(如图 4-4-50 所示)。

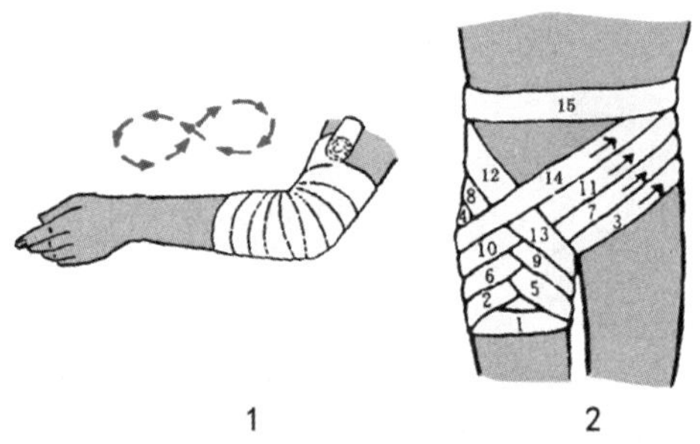

图 4-4-50　“8”字形包扎法

(5)回返包扎法

回返包扎法常用于头部和断肢残端的包扎。

操作方法:首先在头部环形包扎两圈,然后将绷带向上反折。先覆盖头部的中央,再交替覆盖左右两边,每一圈覆盖上一圈的 1/3~1/2,最后将绷带环形包扎固定(如图 4-4-51 所示)。

图 4-4-51　回返包扎法

绷带包扎法应用起来比较复杂,非专业医务人员不容易熟练掌握。目前有一种具有很好弹性、粗细规格不等的网状弹力绷带得到广泛应用,这种网状弹力绷带弹性高,压力适宜,关节部位使用后活动不受限制,不缩水,不会妨碍血液循环或令关节部位的敷料移位,具有操作简单、不易脱落和透气性好等优点(如图4-4-52所示)。

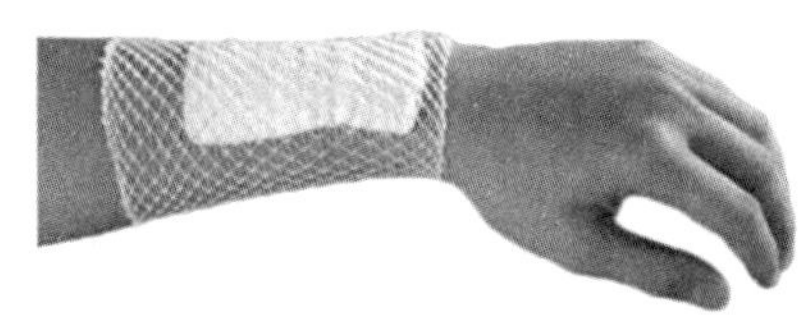
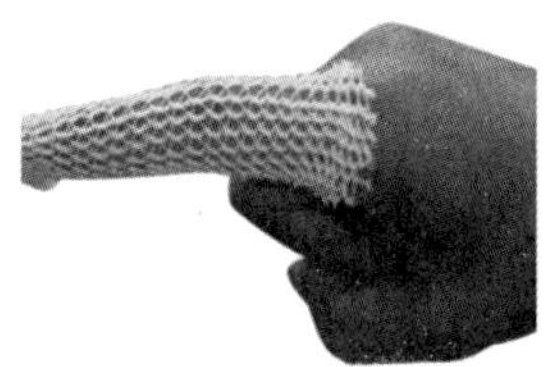

图4-4-52 网状弹力绷带的使用

2. 三角巾包扎法

三角巾包扎法适用于身体各个部位的包扎,操作简便,包扎面积大,还可作为固定夹板、敷料和代替止血带使用(如图4-4-53所示)。

三角巾使用要领:包扎前要加敷料,边要固定,角要拉紧,结要打牢,中心舒展,敷料贴实,松紧适宜。

三角巾根据使用时折叠的形状可分为条带式、燕尾式等(如图4-4-54所示)。

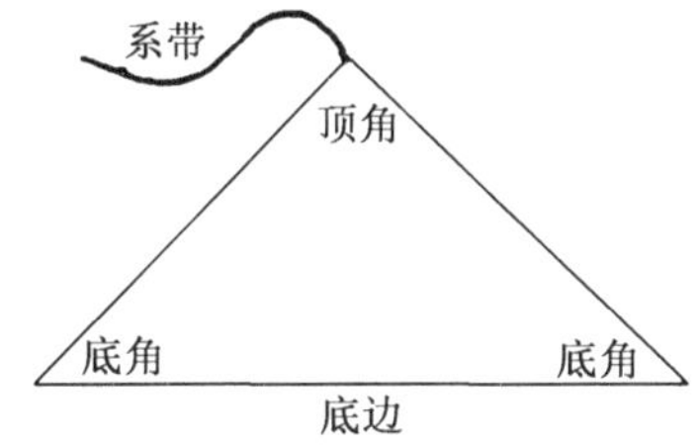

图4-4-53 三角巾各部分名称

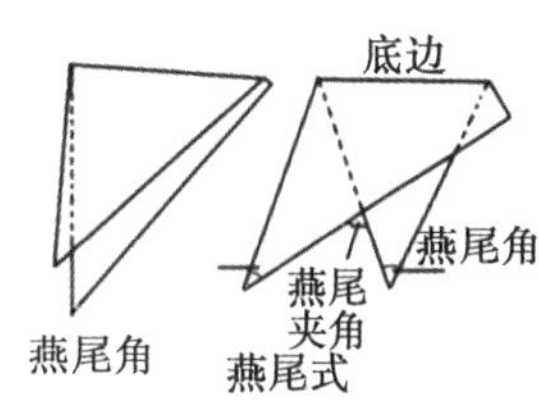

图4-4-54 条带式和燕尾式三角巾

(1)头部帽式包扎法

头部帽式包扎法适用于头顶部外伤的包扎。

操作方法:先将三角巾底边向内对折约两横指宽并且放在伤员齐眉处,中点放在前额眉间的上方;把顶角向后盖住伤员的头部,两个底角从耳廓上方向后压住顶角;然后把两个底角在枕后交叉反折向前,在前额打结;最后将顶角拉紧,把多余部分整理后向上反折塞入交叉部位内或者用胶布、别针固定(如图4-4-55所示)。

(2)风帽式包扎法

风帽式包扎法适用于枕后、头部外伤的包扎。

操作方法:先将三角巾顶角和底边中央各打一个结,形成一个风帽的形状;将顶角结放在前额,底边结放在枕后,包住头部;然后把底边两个角往伤员的面部拉紧向外包绕下颌,绕到枕后打结(如图4-4-56所示)。

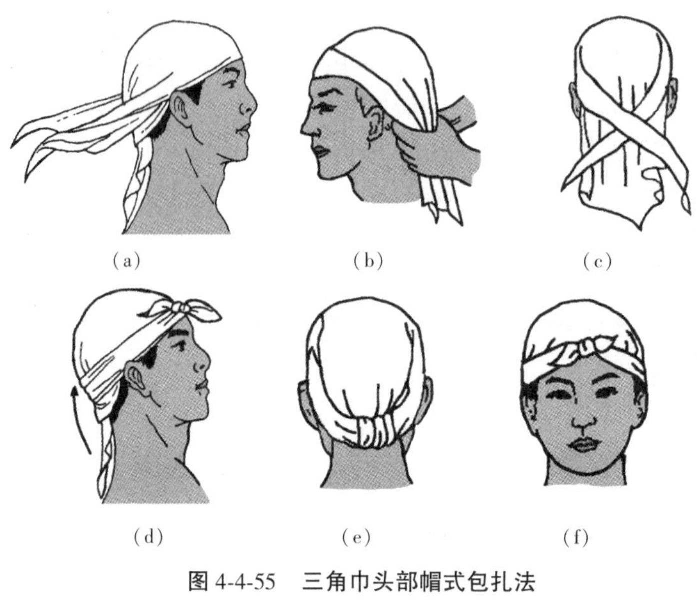

图 4-4-55　三角巾头部帽式包扎法

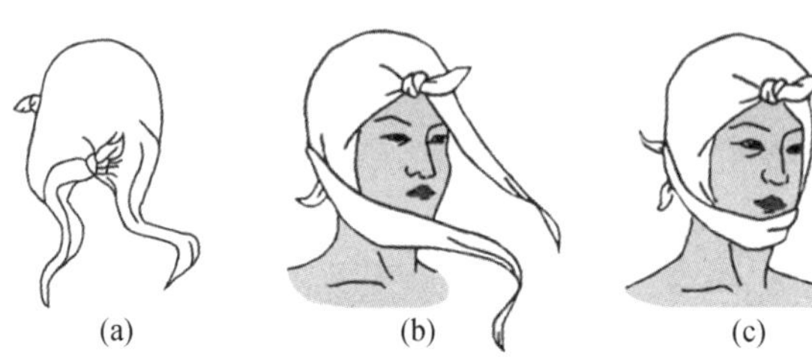

图 4-4-56　三角巾风帽式包扎法

(3)面部面具式包扎法

面部面具式包扎法适用于广泛的面部损伤或烧伤。

操作方法:先将三角巾的顶部打结后套在下颌部,罩住面部及头部拉到枕后;然后将底边两端交叉拉紧后绕到额部打结固定;最后在口、鼻、眼部剪孔开窗(如图 4-4-57 所示)。

(4)面颌部包扎法

面颌部包扎法适用于下颌外伤的包扎。

操作方法:先将三角巾叠成宽约四横指的长带,将下颌兜起;然后一端绕过头顶到对侧的颞部,在颞部将三角巾两端绞成十字;最后把三角巾两端在头部横行包扎至另一侧打结固定(如图 4-4-58 所示)。

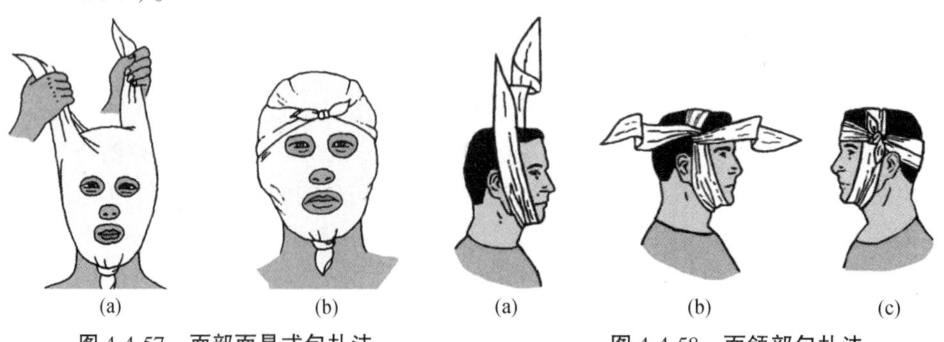

图 4-4-57　面部面具式包扎法

图 4-4-58　面颌部包扎法

(5)肩部包扎法

肩部包扎法适用于肩部有外伤的伤员，包括单肩包扎法和双肩包扎法。

①单肩包扎法

操作方法：先将三角巾折成燕尾式，夹角对准颈部，放在伤侧肩上；然后把燕尾底边的两个角包绕上臂上部并打结；再拉紧两个燕尾角，分别经胸、背拉到对侧腋下打结(如图 4-4-59 所示)。

②双肩包扎法

操作方法：先将三角巾折成燕尾式，两燕尾大致相等；然后把折好的三角巾披在伤员的双肩上，燕尾夹角对准颈后正中部，使两个燕尾角过肩，分别包绕肩部；最后于腋前或腋后与燕尾底边打结固定(如图 4-4-60 所示)。

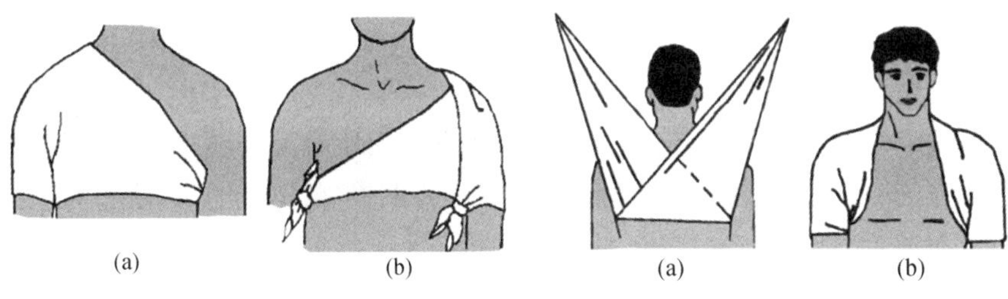

图 4-4-59　单肩包扎法　　图 4-4-60　双肩包扎法

(6)胸部包扎法

胸部包扎法适用于胸部有外伤的伤员，包括单胸包扎法和双胸包扎法。

①单胸包扎法

操作方法：首先把三角巾展开，顶角放在伤员的肩上；然后把三角巾的底边向上反折约 10 cm 放在伤员胸部下方；再把两个底角拉到伤员背后，在侧面打结；最后将顶角拉紧，顶角系带穿过打结处上提系紧(如图 4-4-61 所示)。

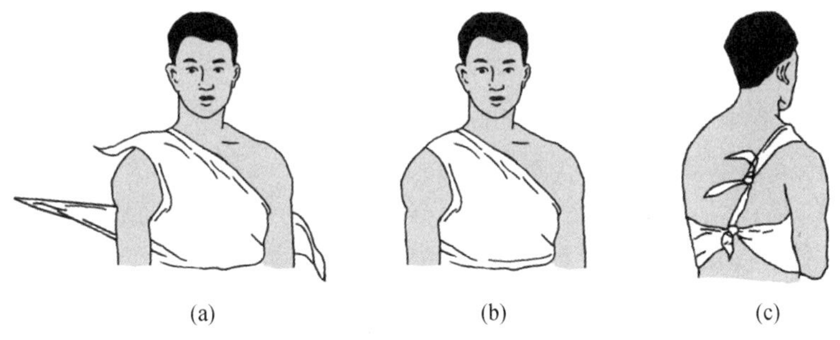

图 4-4-61　单胸包扎法

②双胸包扎法

操作方法：先将三角巾折成燕尾式，两燕尾大致相等，并将燕尾夹角对准胸骨上凹，燕尾底边于后背打结；然后翻转燕尾，将两个燕尾角分别搭于伤员的双肩上；再将两个燕尾角过肩于背后，分别包绕胸部；最后将一个燕尾角的系带拉紧，绕横带后上提，与另一个燕尾角打结系紧(如图 4-4-62 所示)。

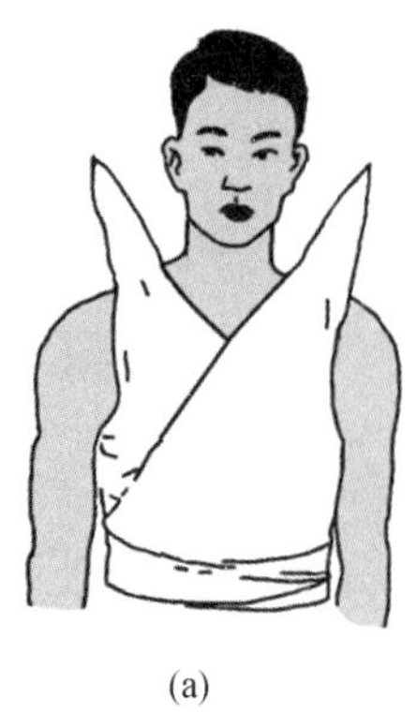
(a)

(b)

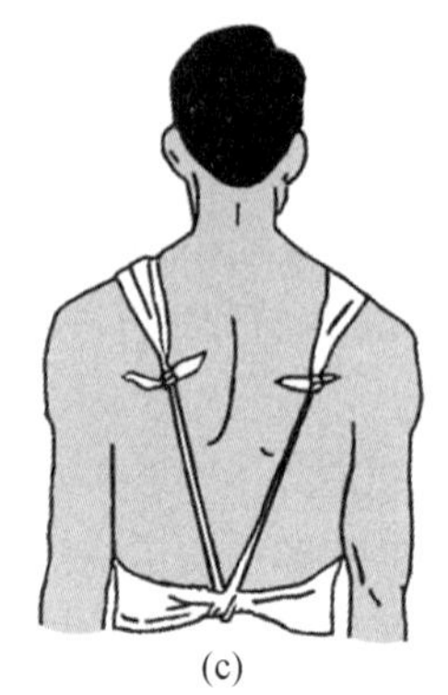
(c)

图 4-4-62　双胸包扎法

(7)下腹部包扎法

下腹部包扎法适用于下腹部外伤的包扎。

操作方法:先将三角巾顶角向下,底边横放在腹部,顶角对准两腿之间;然后将两底角围绕腹部至腰后打结;最后将顶角经两腿间拉至臀后与两个底角的连接处打结(如图 4-4-63 所示)。

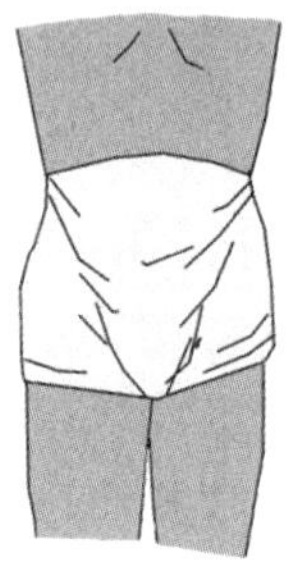

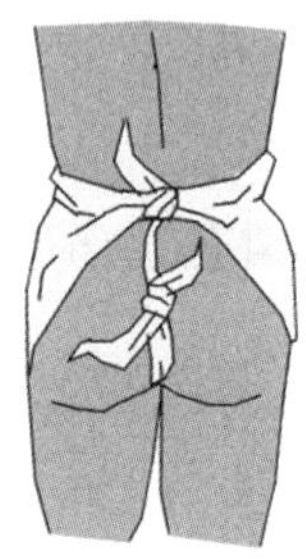

图 4-4-63　下腹部包扎法

(8)手(足)部包扎法

手(足)部包扎法适用于手(足)部外伤的包扎。

操作方法:先将三角巾对折,伤手(足)掌心朝下平放在三角巾中央,手指(脚趾)指向顶角,底边横于腕(踝)部;然后把顶角上翻盖住伤员的手(足)背;再将两底角在手(足)背交叉压住顶角,围绕腕(踝)关节一圈后在手(足)背打结(如图 4-4-64 所示)。

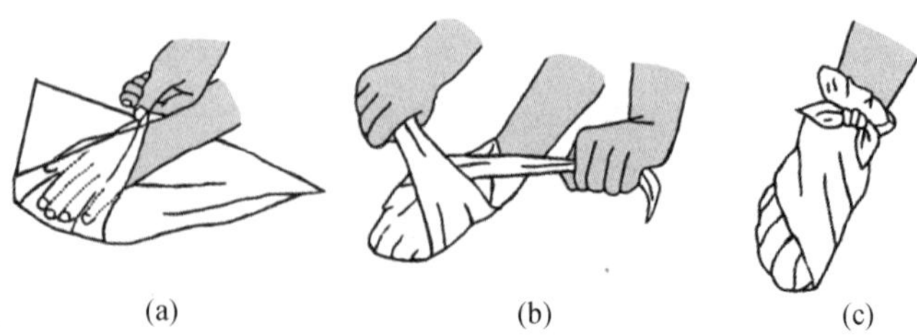
(a)　(b)　(c)

图 4-4-64　三角巾手(足)部包扎法

(9)上肢包扎法

上肢包扎法适用于上肢损伤的包扎。上肢损伤时,可以用三角巾将伤肢固定于胸前。

三角手挂:先将三角巾一个底角打结后套在伤肢一侧的手上;另一底角经后背拉到对侧肩上;然后将顶角包绕伤肢,前臂屈至胸前,两底角相遇打结(如图4-4-65所示)。

大手挂:先将三角巾的一端底角从前臂与胸之间穿过,将上端拉到健侧颈部,从颈后绕到伤侧颈前;再将三角巾的下端底角拉起,覆盖前臂,与绕到颈前的另一端打结;最后将伤侧肘部的三角巾顶角折叠好(如图4-4-66所示)。

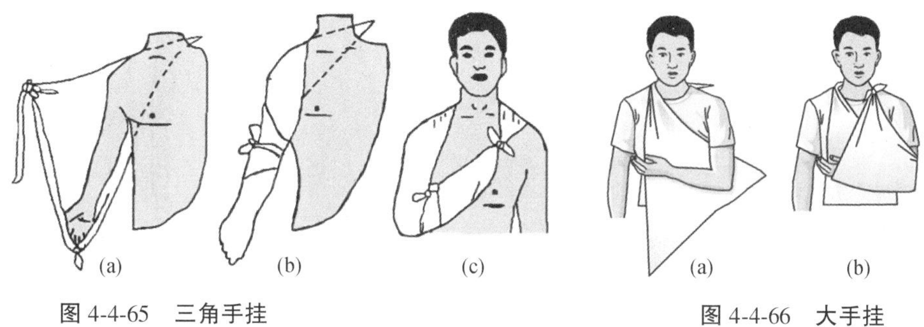

图4-4-65 三角手挂　　图4-4-66 大手挂

四、骨折固定术

骨的完整性遭到破坏或连续性中断时称为骨折。骨折由创伤和骨骼疾病(如骨髓炎、骨肿瘤)所致(如图4-4-67所示)。

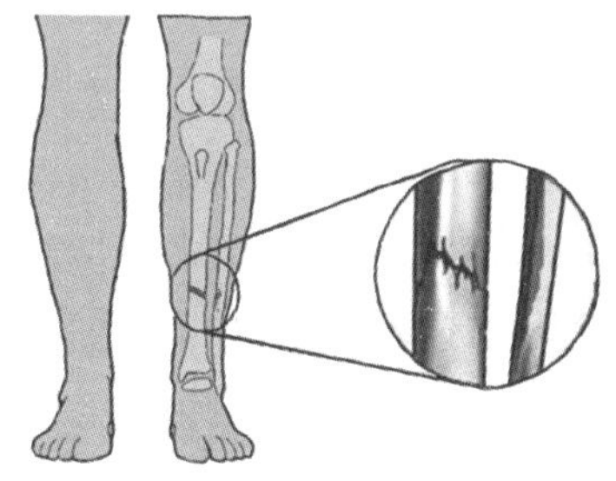

图4-4-67 骨折

(一)骨折的类型

骨折的类型如图4-4-68所示。

根据骨折处皮肤、黏膜的完整性分为闭合性骨折(骨折端不与外界相通)、开放性骨折(骨折端穿破皮肤,直接与外界相通)。

根据骨折的程度和形态(骨折线的方向和形态)分为横行骨折、斜形骨折、螺旋形骨折、粉碎性骨折和嵌插骨折等。

根据骨折端的稳定程度分为稳定性骨折和不稳定性骨折。

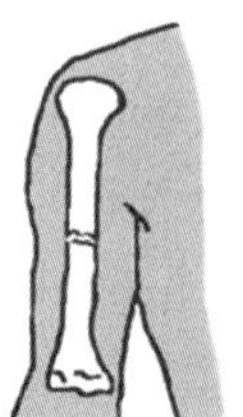

闭合性骨折

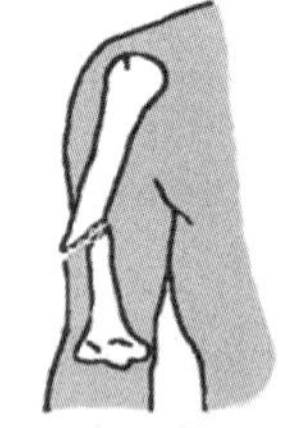

开放性骨折

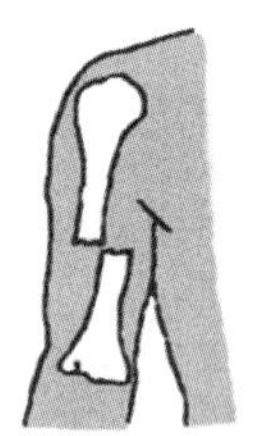

稳定性骨折——横行骨折

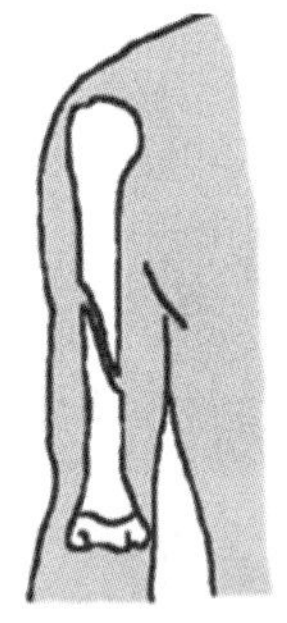

不稳定性骨折——斜形骨折

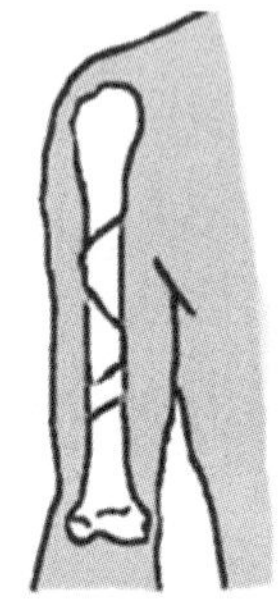

不稳定性骨折——螺旋形骨折

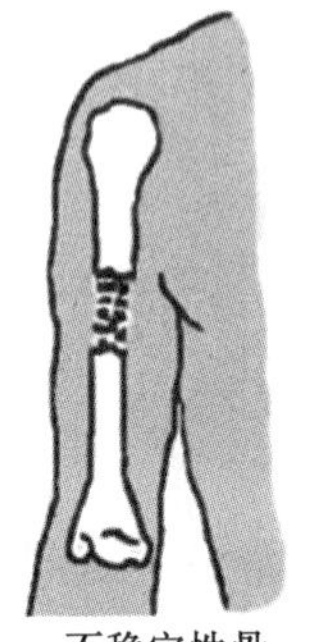

不稳定性骨折——粉碎性骨折

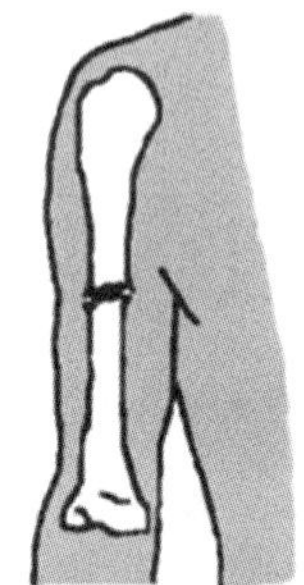

不稳定性骨折——嵌插骨折

图 4-4-68　骨折的类型

(二)骨折的临床表现

大多数骨折一般只引起局部症状,严重骨折和多发性骨折可导致全身性反应。

1. 骨折的局部表现

(1)骨折的一般表现为局部疼痛、肿胀和功能障碍。

(2)骨折的特有体征为畸形、异常活动和骨擦音或骨擦感。具有以上三个骨折特有体征之一者,即可诊断为骨折。有些骨折(如裂缝骨折、脊柱骨折等)没有上述三个典型的骨折特有体征,须做进一步检查。

2. 骨折的全身表现

(1)骨折后一般体温正常,出血量较大的骨折(如股骨骨折、骨盆骨折等)血肿吸收时可出现低热;开放性骨折合并感染时可出现高热。

(2)骨盆骨折(如图 4-4-69 所示)、多发性骨折(如图 4-4-70 所示)、严重的开放性骨折等或并发重要内脏器官损伤时可导致休克甚至死亡。

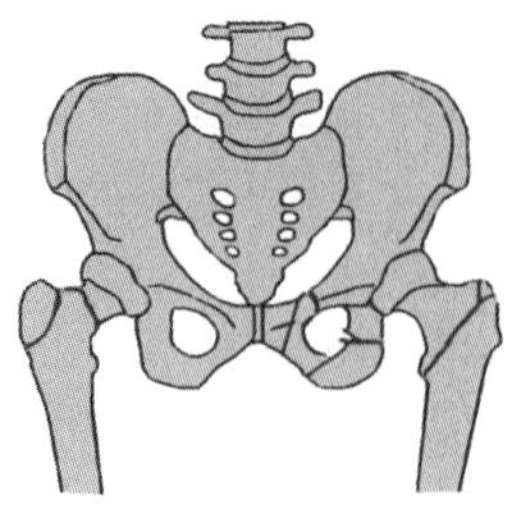

图 4-4-69　骨盆骨折

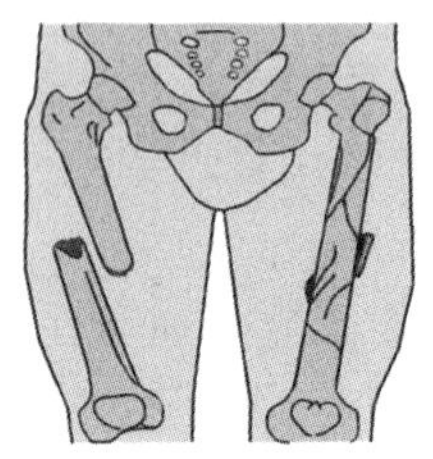

图 4-4-70　股骨骨折

（三）骨折的现场急救原则

骨折急救的目的是用最简单而有效的方法抢救生命，保护伤肢，减少痛苦，迅速转运，以便尽快妥善处理。

1. 抢救休克

首先检查伤员全身情况，如处于休克状态，应注意保温，尽量减少搬动，有条件应立即输液、输血。如伤员处于昏迷状态，应注意保持其呼吸道通畅。

2. 包扎伤口

开放性骨折伤口出血时可用加压包扎止血，当有大血管出血时可采用止血带止血，无止血带时可用布条等代替。创口用无菌敷料或清洁布类予以包扎，以减少再污染。若骨折断端戳出伤口，并已污染，又未压迫重要血管、神经者，不要将其复位，以免将污物带到伤口深处。应送至医院经清创处理后，再行复位。

3. 妥善固定

固定是骨折急救的重要措施。凡怀疑有骨折者，均应按骨折处理。

骨折固定的目的是避免骨折端在搬运过程中对周围重要组织，如血管、神经、内脏的损伤；减少骨折端的活动，以减轻疼痛；便于运送。

固定可以用特制的夹板（如图 4-4-71 所示），或就地取材选用木板、硬纸板等代替。固定用的夹板长度，除固定骨折部上下两端外，还必须能固定骨折相邻的上、下两个关节，并要求露出指（趾）端以便观察血液循环变化，如发现指（趾）端苍白、麻木、青紫、剧烈疼痛，应松开重新固定。

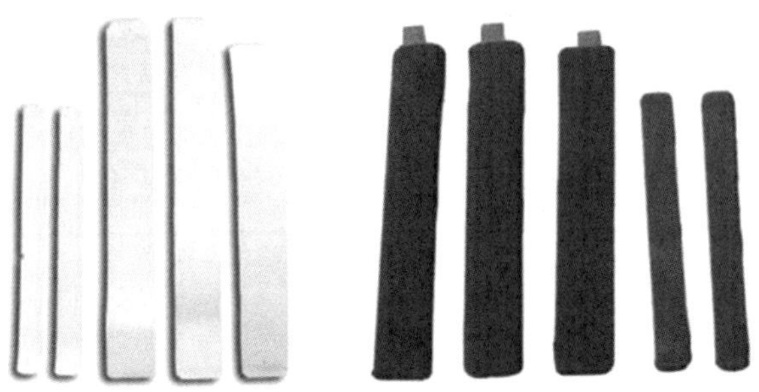

图 4-4-71　骨折固定夹板

若无任何可利用的材料时，上肢骨折可将伤肢固定于胸部（如图 4-4-72 所示），下肢骨折可将伤肢与对侧健肢捆绑固定（如图 4-4-73 所示）。

固定材料不能与皮肤直接接触，必须用绷带、棉花、毛巾、衣物等包住才能使用。在皮肤与夹板之间，尤其在夹板两端、骨突起和空隙部位要用棉花或其他代替品垫好，防止皮肤受压，组织坏死。

图 4-4-72　伤肢固定于胸部

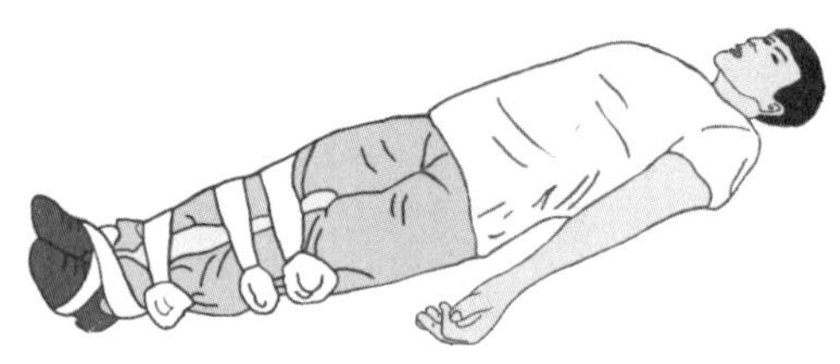

图 4-4-73　伤肢与健肢固定

4. 迅速转送

伤员经妥善固定后,应立即转送医院。

(四)常见骨折的固定方法

1. 上臂骨折的固定

用三角巾、绷带等物品作为衬垫包裹骨折处皮肤,取两块夹板,一块放在上臂内侧,另一块放在上臂外侧,用绷带固定。如只有一块夹板,则将夹板放在上臂外侧加以固定。固定好后,用绷带或三角巾悬吊伤肢,再用三角巾横向把上臂固定在胸壁上(如图 4-4-74 所示)。

图 4-4-74　上臂骨折夹板固定

2. 前臂骨折的固定

用三角巾、绷带等物品作为衬垫包裹骨折处皮肤,将两块夹板分别放在前臂的掌侧和背侧,用绷带缠绕固定。固定好后,用绷带或三角巾悬吊伤肢(如图 4-4-75 所示)。

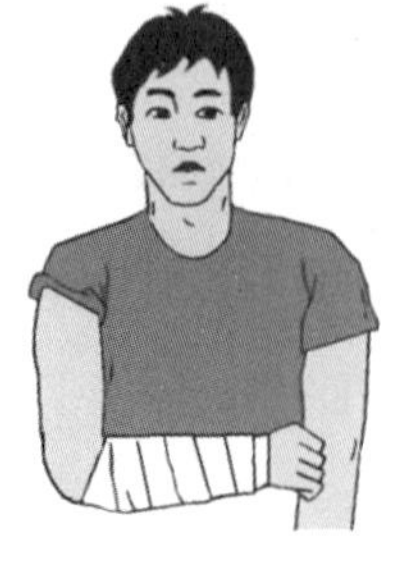

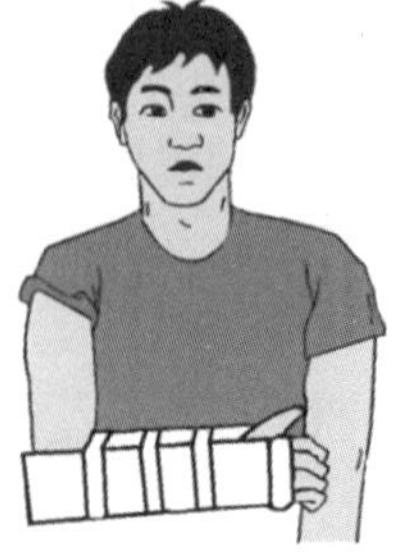

图 4-4-75　前臂骨折固定

3. 大腿骨折的固定

将伤肢伸直，用三角巾、绷带等物品作为衬垫包裹骨折处皮肤，并在伤肢的骨突部位用加厚软垫包扎垫好。取两块夹板分别置于大腿内外侧，外侧夹板长度上至腋窝，下至足跟，内侧夹板长度上至腹股沟，同样下至足跟，再用绷带或三角巾固定（如图 4-4-76 所示）。

4. 小腿骨折的固定

将伤肢伸直，用三角巾、绷带等物品作为衬垫包裹骨折处皮肤，并在伤肢的骨突部位用加厚软垫包扎垫好。取两块夹板分别置于小腿内外侧（如只有一块夹板，可放在小腿后面），夹板长度上过膝关节，下过足跟，再用绷带或三角巾固定（如图 4-4-77 所示）。

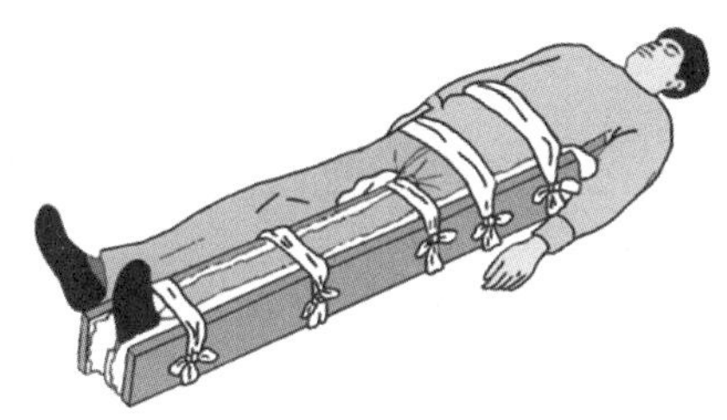

图 4-4-76 大腿骨折固定

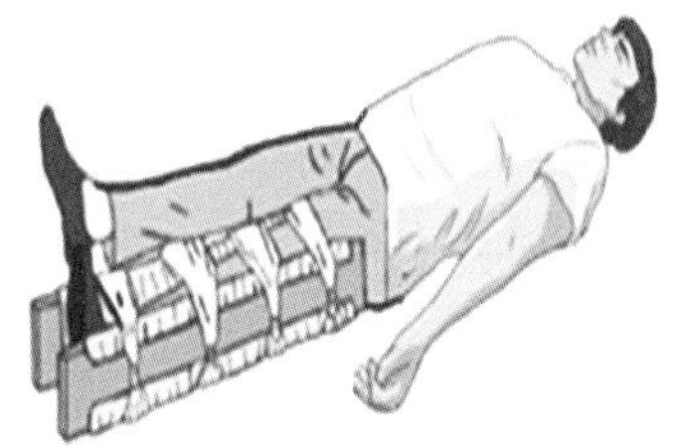

图 4-4-77 小腿骨折固定

五、伤病员的搬运

伤病员经过初步处理后，需从现场送到医院进一步检查和治疗。正确的搬运可减少伤病员的痛苦，避免继发损伤，是创伤救护中的重要环节。伤病员的搬运多采用徒手搬运或担架搬运。

（一）徒手搬运方法

徒手搬运方法适用于伤势比较轻和转运路程较近的伤员。

1. 单人搬运法

（1）扶行法

扶行法适用于伤情较轻、神志清醒、无骨折而且能站立行走的伤员。

救护者站立于伤员一侧，使伤员靠近救护者，伤员的一只手臂揽着救护者的肩颈部，救护者用外侧手牵住伤员的手腕，另一只手伸过伤员背部，扶持伤员腰部行走（如图 4-4-78 所示）。

（2）抱持法

抱持法是短距离搬运的最佳方法，适用于体重较轻的伤员。脊柱、大腿有骨折的伤员禁用。

救护者蹲在伤员一侧，用一手托其背部，一手托其大腿，将伤员抱起，对于神志清醒的伤员可让其一手抱着救护者颈项部（如图 4-4-79 所示）。

（3）背负法

背负法适用于体重较轻、神志清醒的伤员。胸部损伤、四肢或脊柱骨折的伤员禁用此法。

救护者背向伤员蹲下来，将伤员的双手从肩上拉到胸前；然后把伤员背起来，救护者的双手绕过伤员的大腿下方交叉抓住伤员的双手（如图 4-4-80 所示）。

图 4-4-78　扶行法

图 4-4-79　抱持法

图 4-4-80　背负法

2. 双人搬运法

(1)椅托式

椅托式搬运法适用于神志清醒而行走困难的伤员。

两个救护者在伤员两侧相对站立,两个人的一只手互相握住对方的前臂,另一只手互搭在对方的肩上,伤员坐在救护者互握的手上,背部支持于救护者的另一手臂上,伤员的两只手分别搭于两名救护者的肩上(如图 4-4-81 所示)。

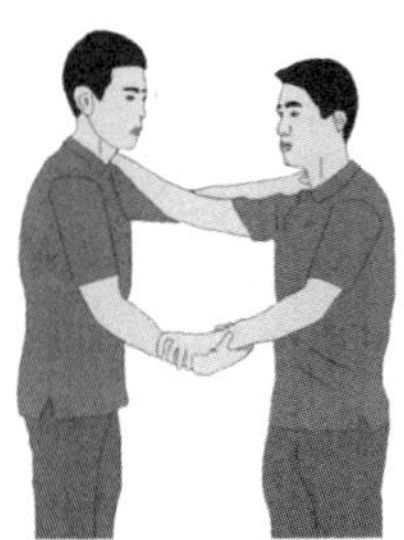

图 4-4-81　双人椅托式

(2)轿扛式

轿杠式搬运法适用于神志清醒、能合作的一般伤员。

两个救护者四只手交叉紧握形似“井”字形,伤员坐于其上,伤员的两只手分别搭于两名救护者的肩上(如图 4-4-82 所示)。

(3)拉车式

拉车式搬运法适用于意识不清的伤员。脊柱、骨盆及下肢骨折的伤员禁用。

两个救护者一人面向伤员,站于伤员头部,两只手插到伤员腋下,将其抱入怀内;另一人背向伤员站在其脚部,蹲在伤员两腿中间,托起伤员双腿,将伤员抬起(如图 4-4-83 所示)。

图 4-4-82　双人轿扛式

图 4-4-83　双人拉车式

(二)担架搬运方法

担架搬运方法用于躯干、下肢骨折,危急重症伤病员和较远路程的转运。

1. 担架类型(如图4-4-84所示)

(1)帆布折叠式担架:适用于一般伤员的搬运,不宜转运脊柱损伤的伤员。

(2)铲式担架:适用于脊柱损伤等不宜随意翻动、搬运的危重伤员。

(3)负压充气垫式固定担架:适用于搬运多发骨折及脊柱损伤伤员的最好工具。

(4)罗伯逊担架:构造有一定的灵活性和特殊性,适合空中或海上救援。

现场无担架,也可用折椅、毯子、床单等,临时代替担架使用。

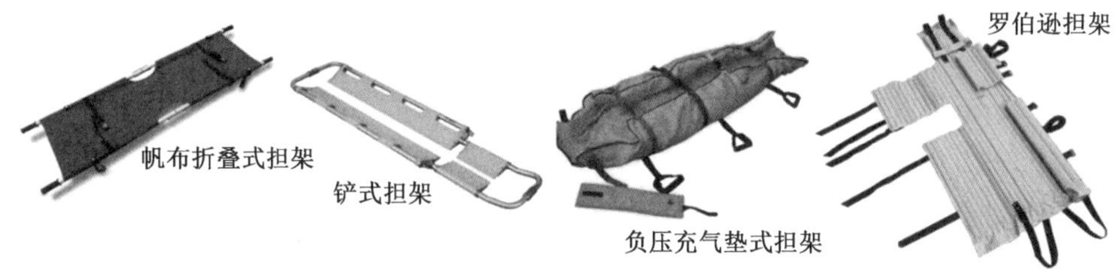

图4-4-84 担架类型

2. 一般伤员的搬运方法

救护人员在伤员一侧,将伤员抱上担架,并将伤员固定在担架上,头部向后,足部向前,以便观察伤员病情变化。伤员病情如有变化,应立即停下抢救,需先放脚,后放头(如图4-4-85所示)。

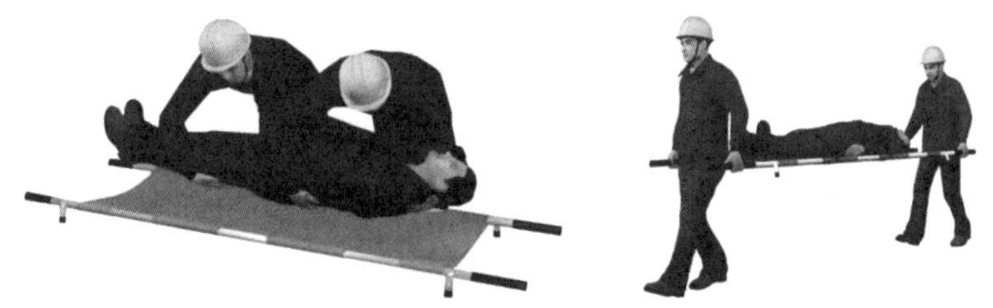

图4-4-85 一般伤员的担架搬运

3. 脊柱损伤伤员的搬运

胸、腰椎损伤时,救护者三人并排单腿跪在伤员身体一侧,同时分别把手臂伸入到伤员的肩背部、腹臀部、双下肢的下面,然后同时起立,始终使伤员的身体保持水平位置,不得使身体扭曲。三人同时迈步,并同时将伤员放在硬板担架上(如图4-4-86所示)。

发生或怀疑颈椎损伤时,应再有一人专门负责牵引、固定头颈部,不得使伤员头颈部前屈后伸、左右摇摆或旋转。四人动作必须一致,同时平托起伤员,再同时放在硬板担架上(如图4-4-87所示)。

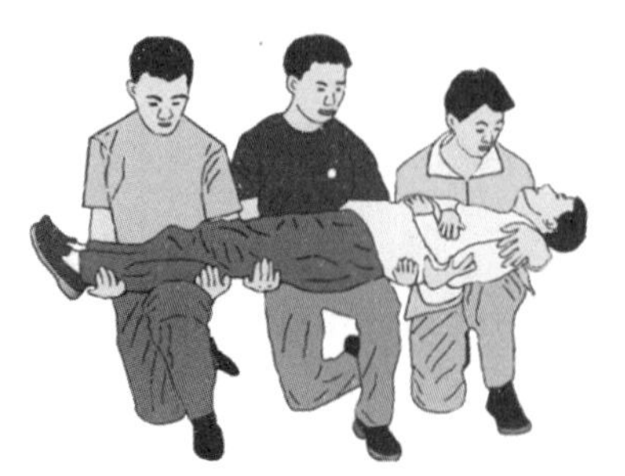

图 4-4-86　胸、腰椎损伤伤员的搬运

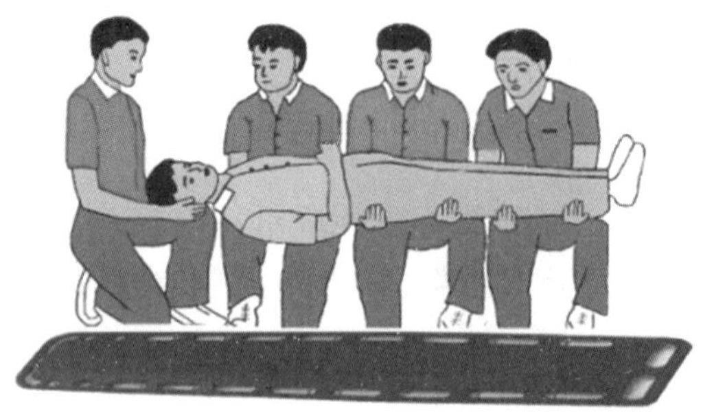

图 4-4-87　颈椎损伤伤员的搬运

将伤员放在硬板担架上以后，必须将其身体与担架一起固定牢固，尤其颈椎损伤者，头颈部两侧必须用颈托固定或放置沙袋、枕头、衣物等进行固定，限制颈椎各方向的活动（如图4-4-88、图4-4-89所示）。

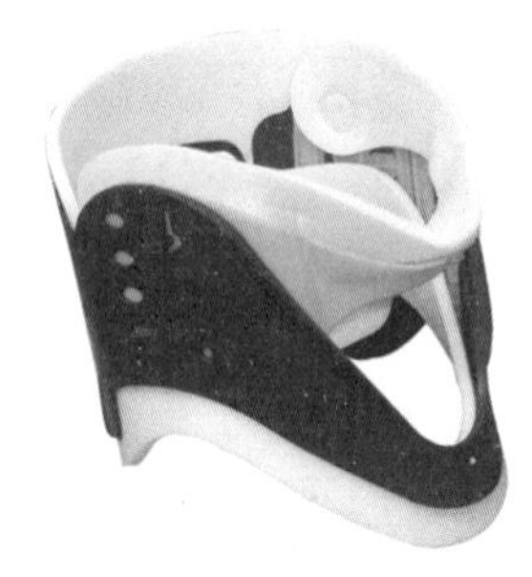

图 4-4-88　颈托

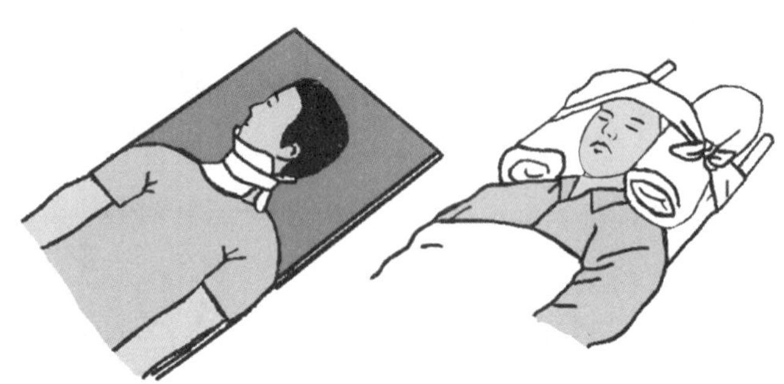

图 4-4-89　颈椎损伤固定

（三）伤病员搬运的注意事项

1. 搬运前要迅速检查伤病员的生命体征和受伤部位，判断伤情，做好伤病员的现场救护。首先要保持伤病员呼吸道的通畅，如有外伤应先止血、包扎、固定后再搬运，不要无目的地移动伤病员。

2. 搬运过程中，要由一人发出指令，其他救护者统一动作。救护人员脚步要一致，动作要轻巧、迅速，避免不必要的振动。上、下坡或楼梯时尽量保持担架水平。在人员、担架等未准备妥当时，切忌搬运。搬运体重过重和神志不清的伤病员时，要考虑全面，防止搬运途中发生坠落、摔伤等意外。搬运途中，救护人员应边走边观察伤病员生命体征，如有变化，应立即停下抢救。

3. 伤病员体位要适宜。搬运昏迷伤病员应将其头偏向一侧，或取侧卧或半俯卧位，以保持呼吸道通畅；外伤出血处于休克状态的伤病员，可将其头部适当放低些；怀疑肋骨骨折伤病员不能背运；脊髓损伤的伤病员须用硬板担架搬运，切忌弯曲或扭动，防止加重损伤。

4. 在特殊的现场，应按特殊的方法进行搬运。如火灾现场，在浓烟中搬运伤病员，应弯腰或匍匐前进；在有毒气泄漏的现场，救护者应先用湿毛巾掩住口鼻或使用防毒面具，以免被毒气熏倒。

第五节 ◎ 常见急症的应急处理

一、休克

休克是机体有效循环血量减少、组织灌注不足、细胞代谢紊乱和功能受损的病理生理过程，由多种病因引起。

（一）病因分类

通常将休克分为低血容量（包括失血性及创伤性）、感染性、心源性、神经源性和过敏性休克五类。

（二）诊断依据

1. 具有休克的诱因，如严重损伤、大量出血、重度感染以及过敏和有心脏病史者等。
2. 神志改变，初期出现兴奋、烦躁不安、口渴等症状，随后转为神情淡漠、反应迟钝，严重者可出现意识模糊或昏迷。
3. 脉搏大于 100 次/分或不能触及。
4. 皮肤黏膜苍白、发绀，四肢湿冷。
5. 血压下降，收缩压小于 90 mmHg，脉压小于 20 mmHg。
6. 尿量减少（尿量小于 25～30 mL/h）甚至无尿。

（三）现场急救

休克紧急处理的基本原则首先是要稳定生命体征，保证重要脏器的灌注，改善细胞的代谢，并在此前提下进行病因治疗。

1. 发现伤病员处于休克状态时，应尽可能就地抢救，及早地进行应急病因处理。如创伤后控制大出血、呼吸心跳停止立即心肺复苏等。
2. 休克病人可采取头低足高位，身体平卧，下肢抬高 20°～30°，或采取休克体位，头和躯干抬高 20°～30°，下肢抬高 15°～20°，以增加回心血量（如图 4-5-1 所示）。
3. 保证呼吸道通畅，对昏迷者，应将患者头部偏向一侧，避免过多的搬动并注意保暖。
4. 有条件早期予以吸氧并及早建立静脉通道，并用药物维持血压。
5. 积极处理引起休克的原发伤病。
6. 采取以上措施后尽早转送陆上医疗机构，转运途中要注意监测生命体征。

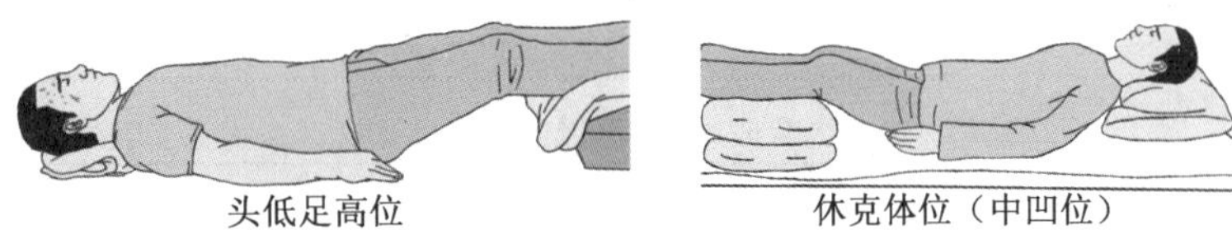

图 4-5-1　休克采用的体位

二、烧烫伤

由火焰、热液、高温气体、激光、炽热金属或固体等所引起的组织损害，通常称为烧伤（临床上也有将热液、蒸汽所导致的烧伤称为烫伤）。由电、化学物质等所导致的损伤，也属于烧伤。严重的烧烫伤，可危及生命。本节主要讲述高温所致的热烧伤。

（一）伤情判断

1. 烧伤面积的估算

（1）中国新九分法：为便于记忆，将体表面积划分为 11 个 9%的等份，另加 1%，构成 100%的总体表面积，即头颈部 = 1×9%；躯干（包括会阴）= 3×9%；双上肢 = 2×9%；双下肢 = 5×9% + 1%，共为 11×9%+1%（会阴部）。此法适用于成人大面积烧伤（如图 4-5-2 所示）。

（2）手掌法：伤员五指并拢，手掌面积相当于其体表面积的 1%。此法可辅助九分法，适用于小面积烧伤的估算（如图 4-5-3 所示）。

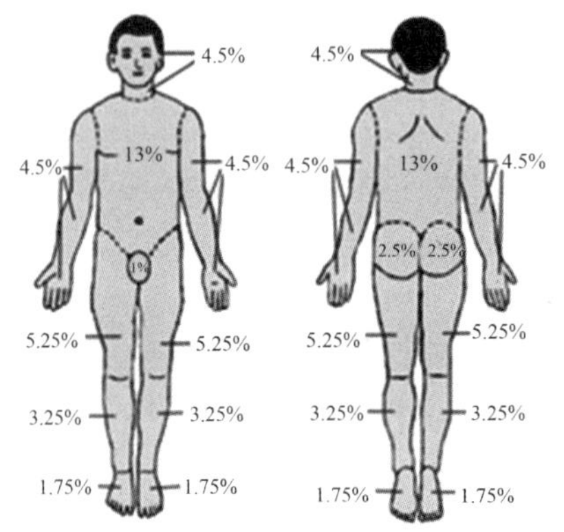

图 4-5-2　成人体表各部所占百分比示意图

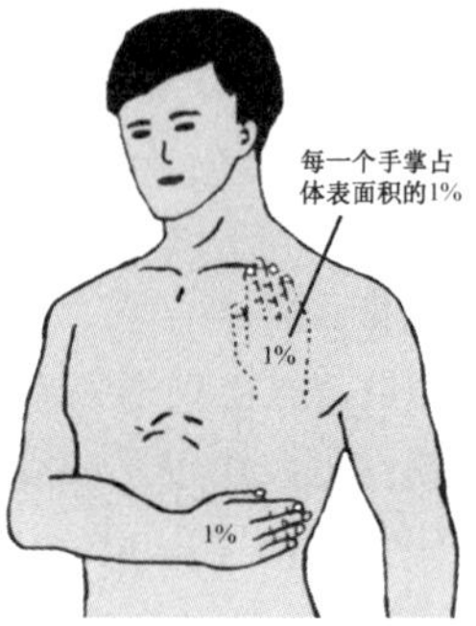

图 4-5-3　手掌法

2. 烧伤深度的判定

烧伤深度的判定一般采用三度四分法，即将烧伤深度分为Ⅰ度、浅Ⅱ度、深Ⅱ度、Ⅲ度（如表 4-5-1 所示）。

表 4-5-1　烧伤深度鉴别要点表

<table>
<tr><th colspan="2">深度分类</th><th>临床表现</th><th>创面愈合过程</th></tr>
<tr><td colspan="2">Ⅰ度（红斑）</td><td>轻度红、肿、热、痛，感觉过敏，不起水疱</td><td>3～7 天后脱屑痊愈，无疤痕</td></tr>
<tr><td rowspan="2">Ⅱ度（水泡）</td><td>浅Ⅱ度</td><td>剧痛，有大小不等水疱，创面鲜红、渗出多，局部肿胀</td><td>1～2 周愈合，无疤痕，有色素沉着</td></tr>
<tr><td>深Ⅱ度</td><td>痛觉迟钝，有水疱，烧伤部位潮湿、红白相间</td><td>3～4 周愈合，常有疤痕增生</td></tr>
<tr><td colspan="2">Ⅲ度（焦痂）</td><td>痛觉消失，创面无弹力，皮革样，苍白、焦黄或炭化，干燥</td><td>3～4 周后焦痂脱落，形成肉芽，需植皮</td></tr>
</table>

3. 烧伤严重程度分类

烧伤严重程度分为轻度烧伤、中度烧伤、重度烧伤和特重烧伤。

（二）现场急救

1. 迅速脱离致伤源

尽快扑灭火焰，立即脱去着火或沸液浸渍的衣服。伤员衣服着火时可用水浇灭火焰或就地翻滚，也可用非易燃物品覆盖等（如图 4-5-4 所示）。切忌奔跑、呼喊，以防增加头面部烧伤或吸入性损伤；避免用手拍打火焰，防止造成手烧伤。迅速离开密闭和通风不良的现场。

脱掉伤员身上热的、烧焦的或者阴燃的衣物时，如衣物与烧伤创面粘连，不要强行撕拉，应用剪子剪开，尽可能多地暴露出烧伤部位（如图 4-5-5 所示）。

图 4-5-4　打滚扑灭火焰

图 4-5-5　烧伤后剪开粘连的衣物

2. 冷疗

及时冷疗能防止热力继续作用于创面，并可减轻疼痛、减少渗出和水肿，越早效果越好。

中小面积烧伤尤其是四肢烧伤，应尽快用冷水冲洗或浸泡（水温一般为 15～20 ℃），持续时间一般不少于 15～30 min（如图 4-5-6 所示）；头面部等特殊部位则以冷水湿敷。避免在烧伤部位使用冰块或冰水，防止影响烧伤部位的血液循环。Ⅲ度烧伤则无需冷疗处理。

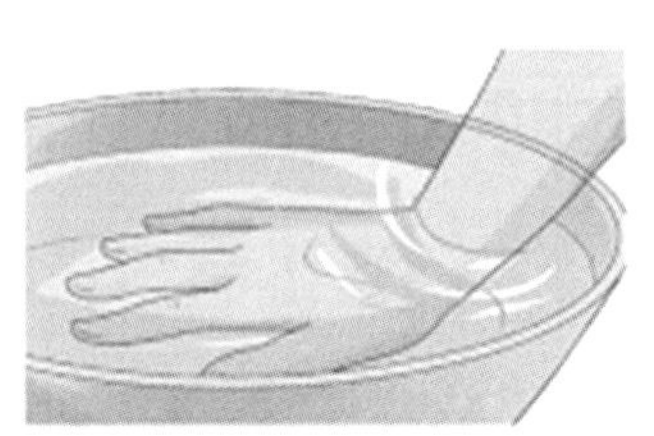

图 4-5-6　烧烫伤后用冷水冲洗或浸泡

3. 危急伤情处理

注意有无心跳及呼吸停止、复合伤等，对大出血、窒息、严重中毒等危及伤员生命的情况应先施行相应的急救处理。

4. 保护创面，防止继续污染和损伤

（1）可用三角巾、干净敷料或清洁的布松散地将创面覆盖或进行简单包扎处理。

（2）创面避免涂抹有颜色的药物，如甲紫、红汞等，防止增加对烧伤深度判定的困难。切忌自行使用白酒、醋、酱油、牙膏等敷在创面上，不仅给创面的处理造成了困难，而且容易造成感染（如图 4-5-7 所示）。

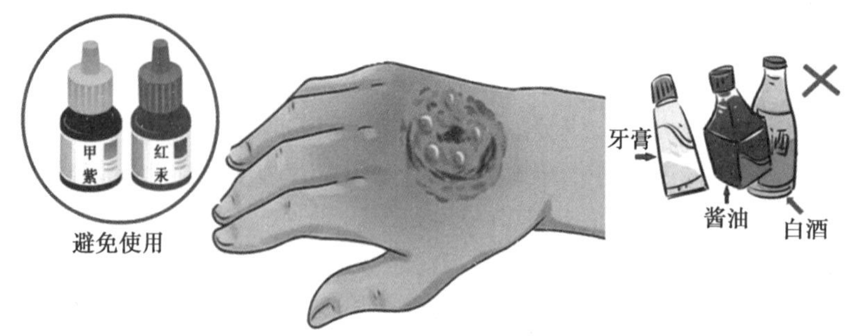

图 4-5-7　烧伤创面避免使用的物品

（3）处理浅Ⅱ度烧伤创面时，不要把水疱挤破或刺破。当水疱过大时，可用消毒空针抽去水疱液，切忌剪除水疱皮（如图 4-5-8 所示）。

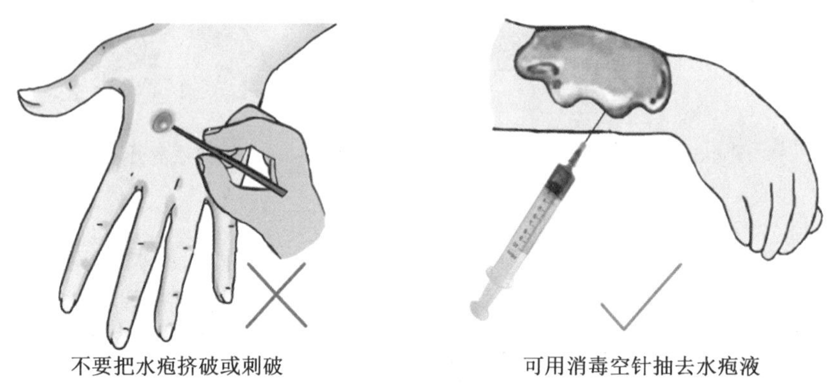

图 4-5-8　烧伤后水疱的处理

5. 保持呼吸道通畅

火焰烧伤常伴有烟雾、热力等吸入性损伤，应注意保持呼吸道通畅，有需要可以吸氧。

6. 其他救治措施

（1）烧伤人员如出现严重口渴、烦躁不安常提示休克严重，应迅速建立静脉通道进行输液，现场不具备输液条件者，可口服含盐饮料，防止单纯大量饮水发生水中毒。

（2）安慰伤者，使其情绪稳定，疼痛剧烈可酌情使用地西泮、哌替啶等。

7. 转送

严重大面积烧伤人员，应及时转送到专业医院进行救治。如转运路途较远，应就近对伤者进行抗休克治疗，待休克被控制后再转送。转送途中需继续输液，保证呼吸道通畅，最好有医护人员陪同。

三、电击伤

电击伤也称为触电，是指一定量的电流通过人体时，引起组织损伤或器官功能障碍。电流能量转化为热量还可造成电烧伤。

电击伤对人体的伤害程度与电流强度和性质(交流或直流、频率)、电压高低、接触部位的电阻、接触时间长短、电流途径等因素有关。

(一)临床表现

1. 全身性损害

轻者:头晕、心悸、面色苍白、恶心或短暂的意识障碍。

重者:昏迷、呼吸、心搏骤停,但如及时抢救多可恢复。

2. 局部损害

电流通过人体有“入口”和“出口”,入口处较出口处重。入口处常出现碳化,烧伤常深达肌肉、肌腱、骨骼;局部渗出较重;经常出现进行性坏死。

(二)现场急救

1. 尽快脱离电源。常用的方法是关闭电闸或者用绝缘物体,如干燥的木棒、橡胶、塑料等拨开电线(如图 4-5-9 所示)。

2. 现场心肺复苏。对心跳呼吸停止者应尽快进行复苏措施,复苏后应注意监护。

3. 保护体表电烧伤创面,防止感染。

4. 尽早转送。

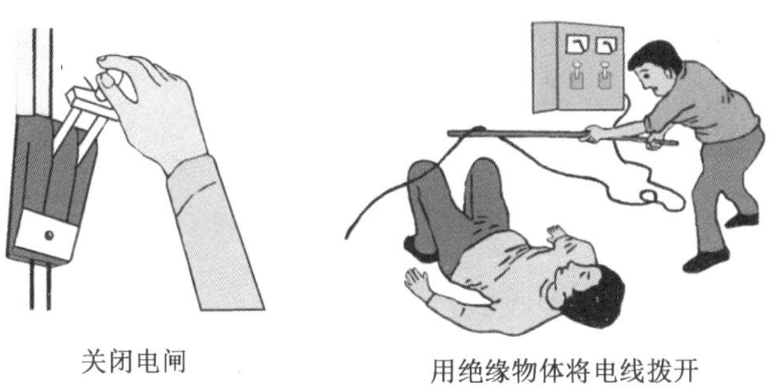

图 4-5-9　脱离电源

(三)注意事项

1. 伤者在脱离电源后,对心跳呼吸停止者进行心肺复苏,应持久进行,不可轻易放弃。

2. 在没有切断电源的情况下,救护人员切忌用手直接推拉、接触或以金属器具接触触电人员,保护自身安全才能达到有效、及时的抢救。

3. 应仔细检查触电人员是否存在其他合并外伤,如电击伤后从高处跌落致骨折等创伤。

第六节　急救箱

海上设施一般应设置具有基本医疗抢救条件的医务室,并应按设施上的总人数配备常用药品、简易医疗器械、急救箱等。

一、急救箱的管理

1. 急救箱要有专人负责管理,定期进行检查,及时补充或更新。
2. 急救箱内物品的名称应书写清楚、排列整齐、位置固定,取用方便。
3. 急救箱要放在通风干燥的地方,避免遭受高温、日晒、水浸,要远离火源。
4. 急救箱内物品使用前要注意检查,如有过期、变质等情况,不宜使用。
5. 使用急救箱内的医疗器械前要进行消毒,若使用无菌物品,要注意无菌操作。

二、急救箱的配置

1. 急救器械

氧气瓶、听诊器、血压计、体温计、手电筒、剪刀、镊子、止血钳、止血带、缝合包、颈托、夹板、CPR 面罩等。

2. 急救耗材

绷带、三角巾、无菌敷料、无菌防护手套、一次性注射器、一次性输液器、胶布等。

3. 急救药品

(1)注射剂:肾上腺素、西地兰、阿托品、5%葡萄糖注射液、0.9%氯化钠注射液、20%甘露醇注射液等。

(2)口服药:硝酸甘油片、硝苯地平片、速效救心丸等。

(3)外用药:碘伏、75%酒精、过氧化氢等。

三、常用药品及抢救用药

常用药品及抢救用药如表 4-6-1 所示。

表 4-6-1 常用药品及抢救用药

序号	类别	药物名称	临床应用
1	升压及抗休克药	肾上腺素	主要用于心搏骤停、过敏性休克;重度支气管哮喘或过敏反应时扩张呼吸道等
		多巴胺	用于各种类型的休克,包括心源性休克、血性休克等
2	中枢兴奋剂	尼可刹米(可拉明)	主要用于中枢性呼吸抑制及各种原因引起的呼吸抑制
		洛贝林(山梗菜碱)	常用于一氧化碳中毒引起的窒息,及其他中枢抑制药(巴比妥类)的中毒及肺炎引起的呼吸衰竭
3	强心药	西地兰	快速强心剂。用于治疗急性和慢性心力衰竭、心房颤动和阵发性室上性心动过速
4	抗心律失常药	利多卡因	局部麻醉及抗心律失常药。用于急性心肌梗死后室性早搏和室性心动过速
5	抗心绞痛药	硝酸甘油	用于防治心绞痛,也可用于降低血压

续表

序号	类别	药物名称	临床应用
6	镇痛药	盐酸哌替啶	强效镇痛药。适用于各种剧痛的止痛，如创伤、烧烫伤等；对内脏绞痛（胆绞痛、肾绞痛）应与阿托品配伍应用
7	解热镇痛药	芬必得（布洛芬缓释胶囊）	适用于缓解轻至中度疼痛，尤其与发炎有关的疼痛，如头痛、关节痛、牙痛、肌肉痛、神经痛等。也用于普通感冒或流行性感冒引起的发热等症状
		对乙酰氨基酚	最常用的非抗炎解热镇痛药，主要用于感冒发烧、关节痛、神经痛等
8	镇静催眠药	地西泮（安定）	主要用于焦虑、镇静催眠，还可用于抗癫痫和抗惊厥等
9	抗菌药	头孢克肟	治疗呼吸系统感染（支气管炎、肺炎等）、泌尿系统感染（肾盂肾炎、膀胱炎、尿道炎等）、胆道感染（胆囊炎、胆管炎）和中耳炎、鼻窦炎等
		左氧氟沙星	适用于敏感菌引起的泌尿生殖系统感染、呼吸道感染、骨和关节感染、败血症等全身感染
10	平喘药	沙丁胺醇	治疗支气管哮喘、治疗喘息型支气管炎及其他伴有支气管痉挛的呼吸道疾病
		氨茶碱	治疗支气管哮喘和喘息性支气管炎，也可治疗急性心功能不全和心源性哮喘
11	解痉药	阿托品	适用于缓解内脏绞痛，如胃痉挛、肠绞痛、肾绞痛、胆绞痛、胃及十二指肠溃疡等；还可以治疗心肌梗死的心率缓慢；治疗有机磷杀虫剂中毒
12	抗过敏药	扑尔敏	适用于治疗各种过敏性疾病、虫咬、药物过敏反应等
		氯雷他定	适用于治疗过敏性鼻炎、过敏性结膜炎、急性或慢性荨麻疹和其他过敏性皮肤病
13	利尿药	呋塞米（速尿）	用于各种水肿性疾病（包括心力衰竭导致的严重肺水肿、肝硬化、肾脏疾病）、高血压等
14	常用输液剂	葡萄糖注射液	能补充体液和热量，用于失水、休克等。常用5%、10%葡萄糖注射液静脉滴注，5%葡萄糖注射液为等渗溶液
		生理盐水（0.9%氯化钠）	用于补充体液和电解质，也可用于清洗创口
		葡萄糖氯化钠注射液	由5%葡萄糖注射液和0.9%氯化钠注射液组成，用于补充人体所需的水、葡萄糖和电解质
		20%甘露醇	脱水剂。多用于颅脑外伤、脑水肿、急性肾功能衰竭等

续表

序号	类别	药物名称	临床应用
15	外用药	75%酒精	主要用于手、皮肤及器械物品的表面消毒，但其刺激性强，能破坏伤口内正常组织，故不推荐用于开放伤口及眼、鼻、口、会阴等敏感黏膜部位消毒
		碘伏	对人体刺激小，可用于皮肤、黏膜或创面的消毒。但要注意避光密闭保存
		过氧化氢	用于清洗创伤、溃疡、烧伤等。3%溶液用于外伤时清洗伤口，1%溶液用于扁桃体炎、口腔炎等漱口
		京万红软膏	用于轻度水、火烫伤，疮疡肿痛，创面溃烂
		冻疮膏	用于治疗冻疮

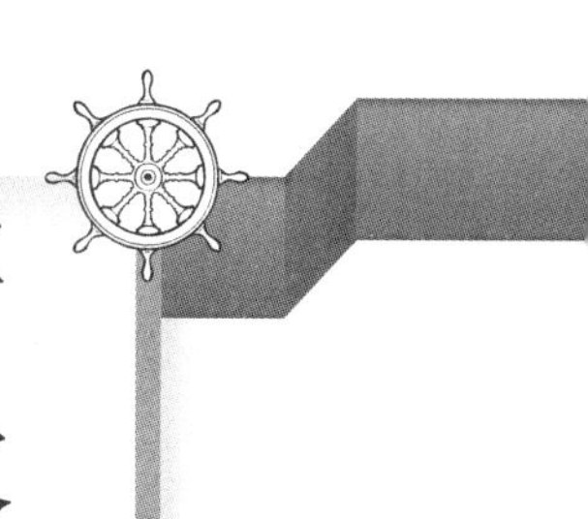

第五章 防火与灭火

第一节 ◎ 消防基本知识

一、燃烧的基本知识

(一)燃烧的基本条件

任何物质发生燃烧,都有一个由未燃烧状态转向燃烧状态的过程。燃烧过程的发生和发展,必须同时具备三个基本条件(或称为三要素),缺一不可,可以简单地表述为:可燃物、助燃物、着火源(温度)。通常把这三个要素组成一个等边三角(燃烧三角)(如图 5-1-1 所示)。

图 5-1-1 燃烧三角

1. 可燃物

能在空气或其他氧化剂中发生燃烧反应的物质称为可燃物(如图 5-1-2 所示)。

可燃物按其所处的状态分为固体可燃物、液体可燃物和气体可燃物。在这三种状态的可燃物中,气体可燃物最易燃烧,液体可燃物燃烧的也是气体(蒸气),液体可燃物释放出气体

(蒸气)的数量直接和温度有关系。固体可燃物,如:木材、煤炭等在其受热分解出水汽、气体和碳之后才燃烧;有些固体必须经过熔解气化,才能燃烧;当固体可燃物被研磨成粉状后,易于燃烧。

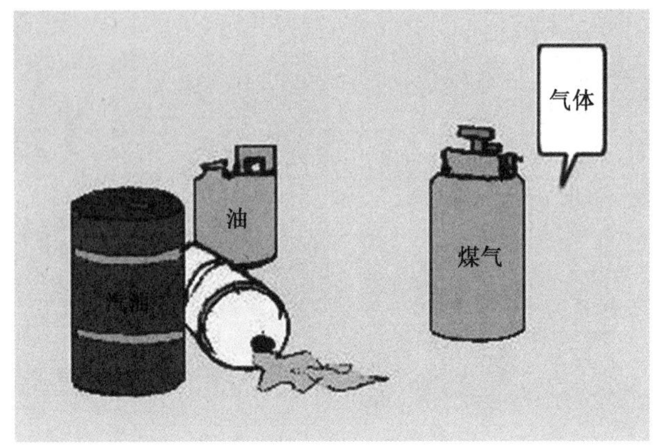

图 5-1-2　可燃物

2. 助燃物

能帮助和支持可燃物质燃烧的物质都叫助燃物。氧气本身不会燃烧,所以不是可燃物,但没有它就不能引起剧烈的氧化反应,也就是没有燃烧,所以氧气是起帮助燃烧作用的,人们把氧气称为助燃物,此外,氯气以及氯酸钾、高锰酸钾等氧化剂也是助燃物。

3. 着火源(温度)

凡能引起可燃物燃烧的热能源都称为着火源。最常见的有明火焰、火星和电火花、化学能以及聚焦日光等。

在某些情况下,虽然具备了燃烧的三个条件,但是不一定能发生燃烧。要燃烧,首先必须使可燃物与氧有一定的数量的比例。其次,着火源必须有一定温度和足够的热量,否则燃烧也不能发生。最后,必须使燃烧的三个条件相互结合作用在一起,燃烧才会发生。例如:在房间里有桌椅、门窗,纤维织物等可燃物,房间也充满空气,也有火源及电源,具备了燃烧的三个条件,可是并没有发生燃烧,这是因为这些条件没有结合在一起,没有互相作用的缘故。

(二)燃烧类型

所谓燃烧类型,就是具有共同特征但表现形式不同的燃烧现象。燃烧按其形成的条件和瞬间发生的特点,一般分为闪燃、着火、自燃和爆炸四种。

1. 闪燃

一定温度下易燃或可燃液体(包括可熔化的少量固体,如石蜡、樟脑、萘等)蒸气与空气混合后,达到一定浓度时,遇明火源产生一闪即灭(5 s 以内)的燃烧现象(如图 5-1-3 所示)。

2. 着火

可燃物在一定的温度条件下遇明火源能产生一种持续(5 s 以上)燃烧的现象(如图 5-1-4 所示)。

图 5-1-3　闪燃

图 5-1-4　着火

3. 自燃

可燃物在空气中未接触明火源,在一定条件下自行燃烧的现象(如图 5-1-5 所示)。自燃通常包含本身(自热)自燃和受热自燃两种情形。

4. 爆炸

从消防角度来说,凡是发生瞬间的燃烧,同时生成大量的热和气体,并以很大的压力向周围扩散,或是气体、蒸气在瞬间发生剧烈膨胀的现象,叫作爆炸(如图 5-1-6 所示)。爆炸有核爆炸、化学爆炸、物理爆炸三种。

图 5-1-5　自燃

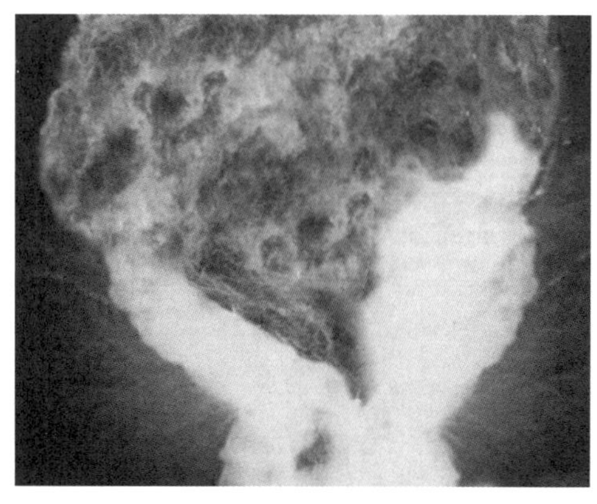

图 5-1-6　爆炸

所谓燃烧是指可燃物与氧化剂作用发生的放热反应,通常伴有火焰、发光和/或发烟的现象。由于燃烧不完全等原因,会使燃烧产物中混有一些微小颗粒,这样就形成了烟。如果燃烧反应速度极快,则因高温条件下产生的气体和周围气体共同膨胀作用,使反应能量直接转变为机械功,在压力释放的同时产生强光、热和声响,这就是所谓的爆炸。

（三）燃烧产物及其危害性

1. 燃烧产物

燃烧的产物是指物质在燃烧的过程中生成的气体、蒸气、固体及伴生的现象（包括火焰、光线、热量及能量的释放）。由燃烧或热解作用所产生的悬浮在空气中的固体和液体微粒称为烟或烟粒子，含有烟粒子的气体称为烟气。火灾过程中会产生大量的烟气，其成分非常复杂。火灾烟气中往往含有众多的有毒、有害成分、腐蚀性成分以及颗粒物等，加之火灾环境高温缺氧，必然对火场中的人员安全造成很大的危害，必须引起足够的重视。

2. 燃烧产物的危害

（1）高温高热

人体如果直接与火焰接触会导致全身或部分的皮肤烧伤和呼吸道的严重损伤，可燃物质在燃烧时，燃烧的火焰能够极快地产生超过 93 ℃的辐射温度，在封闭的空间，其辐射热温度能够形成高达 427 ℃以上的高温。因此，在扑救火灾时，消防人员必须穿戴具有一定隔热作用的消防衣、消防靴、防护手套和消防头盔等。为防止呼吸道烧伤，需要戴空气呼吸器，但必须注意空气呼吸器也并不能完全防止炽热的火灾对人体的伤害。

（2）烟气中有毒物质

统计资料表明，火灾的死亡人数中大约 80%是由于吸入毒性物质而致死的。火灾产生的烟气中含有大量的有毒成分，主要包括二氧化碳、一氧化碳、二氧化硫、硫化氢、氯化氢、一氧化氮和二氧化氮等，这些物质均对人体有不同程度的危害。

①二氧化碳（CO_2）：二氧化碳是可燃物质完全燃烧的产物。二氧化碳是无色、不燃、溶于水的有害气体。二氧化碳对呼吸会产生障碍作用。

②一氧化碳（CO）：一氧化碳是火灾中的最危险的气体，其毒性在于对血液中血红蛋白的高亲和力，其对血红蛋白的亲和力比氧气高出 250 多倍。因而，它能够阻碍人体血液中氧气的输送，引起头痛、虚脱、神志不清等症状，严重时会使人昏迷甚至死亡。

③二氧化硫（SO_2）：在含有硫物质的燃烧中，会有二氧化硫气体的生成。它无色、有刺激性，能刺激眼睛和呼吸道，当其在空气中的含量达 0.05%时，短时间内会有生命危险。

④硫化氢（H_2S）：用水扑救硫和硫化物火灾时，会产生硫化氢气体。硫化氢气体有强烈臭味，无色、可燃。人长时间接触硫化氢，对细胞有毒害作用。当在空气中其含量高于 0.02%时强烈刺激眼睛、鼻子和呼吸器官；当含量为 0.05%～0.07%时，约经 1 h，可使人严重中毒；当含量为 0.1%～0.3%时，可使人死亡。

（3）烟气引发爆炸

烟气中的不完全燃烧产物，如 CO、H_2S、HCN、NH_3、苯、烃类等，一般都是易燃物质，而且这些物质的爆炸下限都不高，极易与空气形成爆炸性的混合气体，使火场有发生爆炸的危险，室内火灾中的轰燃现象就是这一危险性的体现。

（4）烟气影响视线

燃烧产生大量的烟气，当烟气弥漫时，会使能见度大大降低，影响人的视线，人在浓烟中往往会辨不清方向，给灭火及人员疏散工作带来极大的困难。

(5)烟气污染环境

一旦火灾长时间无法扑灭,且燃烧面积很大时,产生的大量浓烟会对周围环境造成严重的污染,同时会引发许多疾病,甚至造成人员大量死亡。

二、火灾的蔓延

火灾发生、发展的整个过程始终伴随着热传播过程,热传播是影响火灾发展的决定性因素。热传播有三个途径:热传导、热对流、热辐射。

1. 热传导

热量通过直接接触的物体,从温度较高部位沿着物体传递到温度较低部位的过程,叫作热传导。影响热传导的主要因素是:温差、导热系数和导热物体的厚度和面积。导热系数越大、厚度越小,传导热的热量越多。

2. 热对流

热量通过流动介质,由空间中的一处传到另一处的现象叫作热对流。它是影响初期火灾发展的最主要因素。火场中通风孔洞面积越大,热对流的速度越快。通风孔洞所处位置越高,热对流速度越快。热对流是热传播的重要方式,是影响初期火灾发展的最主要因素。

3. 热辐射

以电磁波形式传递热量的现象,叫作热辐射。与热传导和热对流不同的是,热辐射在传递热量时不需要相互接触即可进行,是一种非接触式的传热方式。当火灾处于发展阶段时,热辐射成为热传播的主要形式。

三、火灾的分类及特点

火灾根据可燃物的类型和燃烧特性分为 A、B、C、D、E、F 六类。

(一)A 类火灾

A 类火灾是指固体物质火灾。这种物质通常具有有机物质性质,一般在燃烧时能产生灼热的余烬。如木材、煤、棉、毛、麻、纸张等火灾。其特点是全面燃烧,不仅可燃物质表面会燃烧,而且物质内部也会燃烧。对于这类火灾,最好使用水来施救(如图 5-1-7 所示)。

图 5-1-7 A 类火灾主要用水来施救

（二）B 类火灾

B 类火灾是指液体或可熔化的固体物质火灾。如煤油、柴油、原油，甲醇、乙醇、沥青、石蜡等火灾。这类火灾的特点是表面燃烧，有爆炸的危险。对于这类火灾，最好使用泡沫进行扑救（如图 5-1-8 所示）。

图 5-1-8　B 类火灾多采用泡沫来施救

（三）C 类火灾

C 类火灾是指气体火灾。如液化石油气、天然气及各种可燃性气体所引起的火灾。这类火灾燃烧速度更快，温度更高，爆炸危险更大。其较适宜的灭火剂为干粉（如图 5-1-9 所示）。

图 5-1-9　C 类火灾适用于干粉扑救

（四）D 类火灾

D 类火灾是指金属火灾。如轻金属中的钾、钠、锂等所引起的火灾。这类火灾的特点是燃烧温度极高，燃烧非常迅猛。这类火灾不能使用常见的灭火剂进行扑救，可用特殊金属型干粉或沙土扑救（如图 5-1-10 所示）。

图 5-1-10　D 类火灾适用于特殊金属型干粉或沙土扑救

（五）E 类火灾

E 类火灾是指物体带电燃烧的火灾，即带电火灾。其一般是由于电气线路、用电设备、器具以及供配电设备出现故障而释放出高温、电弧、电火花或电热器具的炽热表面导致产生的火灾，电线或电气设备老化、短路，违章使用大功率用电器都可能导致 E 类火灾的发生。

由于其带电特性，在扑救时要首先切断电源，如果由于火势紧急一时无法断电，在进入火场前一定要注意与带电体保持适当的安全距离，采用不导电的干粉和二氧化碳等灭火剂进行扑救（如图 5-1-11 所示）。

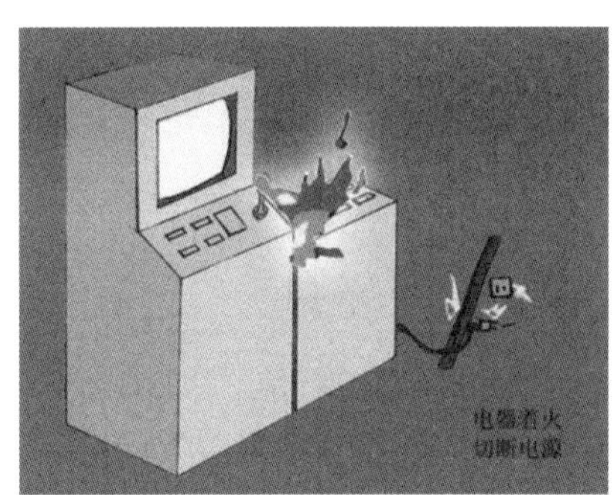

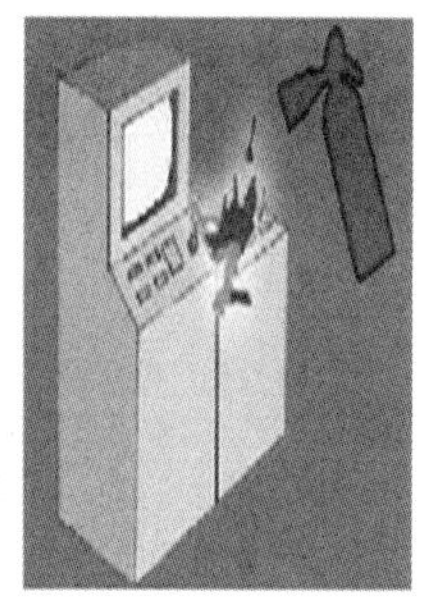

图 5-1-11　E 类火灾扑救时要首先切断电源

（六）F 类火灾

F 类火灾是指烹饪器具内的烹饪物（如动植物油脂）火灾。由于动植物油脂在燃烧时会产生极高的温度，如使用水灭火反而会助长火势，起不到灭火效果。一般可以使用 BC 干粉灭火器进行扑灭，火势不大时也可以用二氧化碳灭火器进行扑灭。该类火灾可引发其他火灾（如图 5-1-12 所示）。

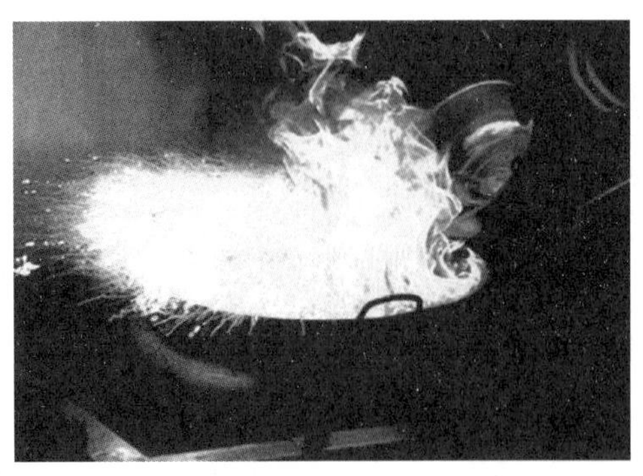
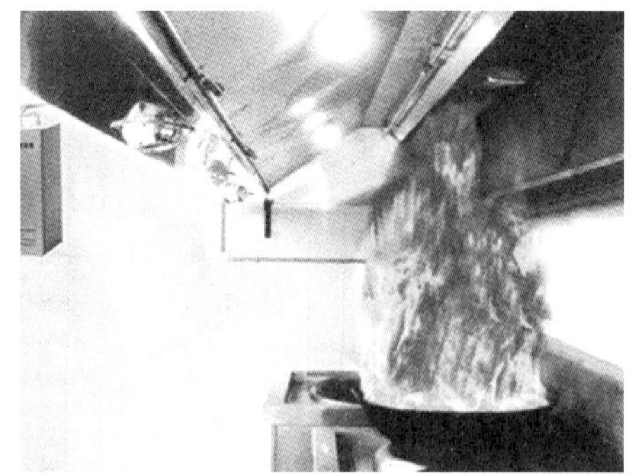

图 5-1-12　F 类火灾

四、灭火剂

想要有效地扑灭不同类型的火灾，就要使用合适的灭火剂。常用的灭火剂有水、泡沫灭火剂、二氧化碳灭火剂、化学干粉。

（一）水

水是灭火中使用最广泛的灭火剂。近海供应船和海上设施出现火灾时都要用到水，因为水即使不能直接作用在火源上，也可以用来控制火势的蔓延。而且海水可以说是取之不尽、用之不竭。因此近海供应船和海上设施一般都设有水灭火系统（如图 5-1-13 所示）。

图 5-1-13　水枪喷射

1. 灭火作用

（1）冷却作用

冷却是水的主要作用。因为水的比热容和气化热很大，所以当水与炽热的燃烧物质接触时，会大量吸收该物质的热量，迫使燃烧的温度大大降低，当温度降低到可燃物质的燃点以下时，燃烧即终止。另外，水的冷却作用还可以起到抑制火势蔓延，封堵火势的作用。

（2）窒息作用

水在接触燃烧物质吸收热量的同时，它本身也会因温度快速升高而气化产生大量的水蒸气。这些水蒸气会充斥火场周围，进而降低火场中氧气的浓度，最终使燃烧终止。但这种作用在灭火过程中只能起到辅助作用，不可作为主要作用。

(3)对可燃易燃液体浓度的稀释作用

水和水溶性可燃易燃液体接触混合之后,可以稀释液体的浓度,当其浓度降低到可燃浓度以下时,燃烧即自行停止。水的稀释灭火作用仅适用于容器中存有少量水溶性可燃液体的火灾。对于含有大量水溶性可燃液体的火灾,要慎重使用水。

(4)水力冲击作用

在消防泵的作用下,直流水枪射出的密集水流,具有强大的冲击力和动能。高压水流强烈地冲击燃烧物和火焰,可以冲散燃烧物,使燃烧强度显著减弱;可以冲断火焰,使之熄灭。

(5)乳化作用

当雾状水以一定的速度喷向黏性的非水溶性可燃液体表面时,由于雾状水流的冲击作用,在可燃液体表面形成相对稳定的"乳化层"。由于可燃液体表面覆盖了这一层乳化物,可燃液体就难以燃烧。乳化作用适于用雾状水扑救黏度较大的油品火灾,如重油的火灾。

(6)对可燃固体的润湿作用

当可燃固体表面与水分子之间的附着力大于水分子内部的内聚力时,水分子所受的合力垂直于附着层而指向固体,于是附着层有伸张的趋向,这就是产生润湿现象的原因。这种现象可以极大地提高水与可燃固体的接触面积,充分发挥出水的各种灭火作用。当然,对于不能产生润湿现象的可燃固体(如橡胶),水的灭火效果就会大大降低。

2. 灭火对象

(1)对于一般固体物质火灾,可以直接扑救;如木材、纸张、粮草、棉麻等火灾。由于直流水能够冲击、渗透到可燃物质的内部,可用来控制物质的深位(阴燃)火灾。

(2)对于可燃液体火灾(B类火灾)。用水扑救时应注意:对非水溶性可燃液体火灾,当可燃液体的密度比水大,闪点比较高时,可用水来扑救;对于闪点较低的B类火灾,建议用水冷却周边的舱壁和甲板,不宜用水直接扑救。

(3)对于可燃气体火灾(C类火灾),不能用水直接扑救;只可用水从外围冷却周边的舱壁和甲板。

(4)对于金属火灾(D类火灾),不能用水直接扑救。

(5)没有良好接地设施或没有切断电源的带电设备火灾一般不能用直流水来扑救。

(6)水不能扑救烹饪火灾(F类火灾)。

3. 灭火注意事项

(1)对于橡胶、褐煤等货物的火灾,不宜用直流水直接扑救。由于水不能浸透或者很难浸透燃烧介质,因而灭火效率很低。

(2)不能用直流水直接扑救可燃粉尘(面粉、铝粉、糖粉、煤粉、锌粉等)聚集处的火灾。因为沉积粉尘被水流冲击后,悬浮在空气中,容易与空气形成爆炸性混合物。

(3)存有大量浓硫酸、浓硝酸的场所发生火灾时,不能用直流水扑救。因为水与酸液接触会引起发热飞溅。

(4)轻于水且不溶于水的可燃液体火灾不能用直流水扑救。当用水扑救比水轻的可燃液体火灾时,由于它可漂浮在水面上随水流散,可能助长火势,促使火灾蔓延,给灭火工作带来困难。但如扑救方法得当,水仍能控制和扑灭此类火灾(例如使用喷雾水)。

(5)不能用水扑救碳化钙(电石)的火灾,因为碳化钙遇水会生成易燃气体乙炔,放热、易爆炸。

(6)绝对不允许用水对带电设备进行扑救。

(7)对于金属化合物火灾,扑救前,一定要确认可不可以用水进行扑救。

(二)泡沫灭火剂

泡沫是通过空气泡沫灭火剂的水溶液与空气在泡沫产生器中进行机械混合、搅拌而产生的,泡沫中所包含的气体一般为空气(如图 5-1-14 所示)。

图 5-1-14　泡沫灭火剂

1. 灭火作用

(1)窒息作用

窒息作用是泡沫灭火剂的主要灭火作用。由于泡沫的密度远远小于一般可燃液体的密度因而可以漂浮于液体的表面,形成一个泡沫覆盖层,隔绝空气,达到灭火效果。

(2)冷却作用

由于泡沫里面含有大量的水分,所以它有冷却的灭火作用。

(3)稀释作用

泡沫中的水分受热气化产生的水蒸气有稀释燃烧区内氧气浓度的作用。

(4)隔热作用

泡沫灭火剂可以在燃烧液面上形成一层水膜与泡沫层共同封闭燃液表面,隔绝空气,形成隔热屏障,以阻断热辐射。

2. 灭火对象

(1)泡沫灭火剂可以扑救普通固体火灾(A 类火灾)。如木材、纸张、粮草、棉麻等火灾。

(2)泡沫灭火剂可以扑救可燃液体火灾(B 类火灾)。对于非极性可燃液体火灾,普通泡沫可以扑救;对于可溶性可燃液体火灾,只能用抗溶性泡沫扑救。

(3)泡沫灭火剂不可用于扑救可燃气体火灾(C 类火灾)。

(4)泡沫灭火剂不可用于扑救金属火灾(D 类火灾)。

(5)泡沫灭火剂不可用于扑救带电设备火灾(E 类火灾)。

(6)不建议使用一般泡沫灭火剂扑救烹饪类火灾(F 类火灾)。

3. 灭火注意事项

(1)能溶于水的易燃液体不能使用普通泡沫扑救,比如:醇和酮等(可采用抗溶性泡沫)。

(2)使用泡沫灭火剂时,不能同时使用水,因为水会破坏泡沫层。

(3)扑救普通固体火灾时,要防止复燃,因为泡沫不能扑救普通固体内部的火灾。彻底扑救固体火灾必须辅以喷水。

(4)泡沫灭火剂施放于可燃物的表面应具有一定的厚度。

(三)二氧化碳灭火剂

二氧化碳是一种在常温下无色无味的气体,密度比空气略大(约为空气的 1.5 倍)。由于其具有本身不燃、不助燃、易于液化、制造方便,且便于储存等特点,所以,目前二氧化碳灭火剂是消防上常用的灭火剂(如图 5-1-15 所示)。

图 5-1-15 二氧化碳灭火剂

1. 灭火作用

(1)窒息的作用

二氧化碳的主要灭火作用是窒息作用。大量的二氧化碳气体使燃烧区氧的浓度迅速下降,当二氧化碳达到足够浓度时火焰会熄灭。

(2)冷却作用

当二氧化碳从储存容器中喷出时,由于液态二氧化碳会迅速气化,在很短的时间内吸收大量的热量,因此对燃烧物起到一定的冷却作用,也有助于灭火。此外,在液态转化为气态的过程中也会吸收二氧化碳本身的热量,致使部分二氧化碳温度进一步降低而转变为固态的干冰。由于在整个过程中二氧化碳吸收的热量较低,因此,冷却作用不是主导作用。

2. 灭火对象

二氧化碳灭火剂由于是以气态形式进行灭火,所以其容易受到周围环境的影响。建议最好是在封闭场所使用。

(1)二氧化碳适用于扑救普通固体火灾(A 类火灾),但是,不能扑救固体内部存在阴燃的火灾,要尽快喷水,防止复燃。

(2)二氧化碳适用于扑救可燃液体火灾(B 类火灾)。

(3)二氧化碳可以扑救初期的可燃气体火灾(C 类火灾),灭火效果较差,一般不使用。

(4)二氧化碳不能扑救金属火灾(D 类火灾)。

(5)二氧化碳适用于扑救带电设备的初起火灾(E 类火灾)。灭火时,二氧化碳不会对火场的环境造成污染,不腐蚀设备和贵重物品,灭火后不留痕迹,特别适用于扑救那些易受到水、泡沫、干粉等灭火剂损坏的物质火灾。

(6)二氧化碳不能扑救烹饪火灾(F 类火灾)。

3. 灭火注意事项

(1)液态二氧化碳与人体接触时,由于迅速气化吸热,有可能对皮肤造成冷灼伤。

(2)二氧化碳气体会使人窒息,因此不要在人员密集场所使用。

(3)自己能供氧的化学药品火灾,如硝酸纤维、火药等,不能用二氧化碳扑救。

(4)二氧化碳适合于扑救精密、贵重仪器设备火灾。

(四)干粉灭火剂

干粉灭火剂(又称粉末灭火剂),是一种干燥的、易于流动的微细固体粉末。具有灭火效力大、速度快、无毒、不腐蚀、不导电、久储不变质等优点。常用的有 ABC 干粉(磷酸铵盐)和 BC 干粉(碳酸氢钠)灭火剂(如图 5-1-16 所示)。

图 5-1-16　干粉灭火剂

1. 灭火作用

(1)对有焰燃烧的抑制作用

对有焰燃烧的抑制作用即夺取燃烧中的游离基,使燃烧提前终止,起到灭火的效果。这是干粉灭火剂的主要灭火作用。

(2)窒息作用

干粉的粉末落到可燃物表面上,发生化学反应,并在高温作用下形成一层覆盖层,从而隔绝氧气窒息灭火。

2. 灭火对象

(1)ABC 干粉可用于扑救普通固体物质火灾(A 类火灾),但是,不能扑救固体内部存在阴燃的火灾,要防止复燃。

(2)ABC 干粉和 BC 干粉可用于扑救可燃液体火灾(B 类火灾)。

(3)ABC 干粉和 BC 干粉可用于扑救可燃气体火灾(C 类火灾)。

(4)ABC 干粉和 BC 干粉不可以扑救金属火灾(D 类火灾)。

(5)ABC 干粉和 BC 干粉可用于扑救电气设备火灾(E 类火灾)。对 130 kV 以下的带电设备火灾,可用干粉灭火剂直接扑救而不会发生电击危险。

(6)ABC 干粉和 BC 干粉不可扑救烹饪火灾(F 类火灾)。

3. 注意事项

(1)不能扑救燃烧时能够自身供氧或释放氧的化合物的火灾。如硝酸纤维、过氧化物等的火灾。

(2)不能扑救精密仪器设备和贵重电气设备的火灾。因为残存的干粉很难清除干净,会使设备丧失精度或被腐蚀。

(3)喷射时,干粉飞扬,要防止伤害人员呼吸道。

(4)不能使用普通干粉扑灭轻金属火,应采用特殊金属型干粉扑救。

五、灭火方法

当发生火灾之后,我们可以通过燃烧三角形和燃烧四面体,得到以下灭火方法。

1. 隔离法

隔离法就是将可燃物从燃烧的地方移走,将火与可燃物质隔开;或迅速将燃烧物转移到安全地点或投入海中,或拆除火场附近的易燃物质,或关闭可燃气体或可燃液体的阀门,等等。

2. 窒息法

使可燃物质与空气隔绝,火因缺氧而窒息,达到灭火的目的,这种方法称为窒息法。如用不燃的石棉毯、泡沫、干粉、沙子等覆盖在燃烧物的表面,使空气中的氧气起不了助燃作用;或向燃烧的舱室、容器灌入二氧化碳等惰性气体,来降低空气中的含氧量;或关闭火场的门窗、通气筒、舱盖、人孔等以停止或减少空气中氧气的供应,使空气中含氧量迅速减少,当火灾区域中空气含氧量降到11%以下时,对一般可燃物来说,会因缺氧而使火灾熄灭。

3. 冷却法

使用灭火剂降低燃烧物的温度,使燃烧温度低于燃烧物的燃点时,燃烧就会停止。如用水、二氧化碳等直接喷洒在燃烧物上来降温灭火;又可用水对火源附近的可燃物进行喷射降低温度,阻止火灾的蔓延。

4. 抑制法

抑制法又称化学中断法或中止法。使用灭火剂参与到燃烧反应中去,使助燃的游离基消失,或产生稳定的或活动性很低的游离基,使燃烧反应终止。如使用卤化烃或干粉灭火剂等扑灭火灾就属于此种灭火方法。

采用哪种灭火方法灭火,应根据燃烧物质的性质、燃烧特点和火场的具体情况,以及消防技术装备的性能进行选择。有些火灾,往往需要同时使用几种灭火方法。这就要注意掌握灭火时机,搞好协同配合,充分发挥各种灭火剂的效能,迅速有效地扑灭火灾。

六、日常防火知识

(一)日常防火的必要性

“隐患险于明火,防范胜于救灾”,为了保障海上设施免遭火灾危害,确保人员生命和财产安全,我们必须坚持“预防为主,消防结合”的消防工作方针,“防”可以消灭事故于萌芽之中,减少火灾的发生,避免火灾危害。因此,我们应该积极做好火灾预防工作,建立一整套科学合理的管理体系和规章制度,并保证措施落实,消除各种火灾隐患,不留死角,防患于未然,避免或减少火灾爆炸事故的发生。

(二)火灾的主要原因

1. 用火不慎引起火灾

用火不慎常常引发的火灾包括明火和暗火,明火是指有火焰的火,比如:明火作业、厨房用火、人们吸烟用火柴或打火机等点燃的明火,也包括锅炉用火失控或焚烧产生的明火失控等。暗火是阴燃而没有火焰的燃烧,比如:烟头、炭火星等。

2. 电气设备引起火灾

电气火灾比较常见,其主要原因有:随意加大电网负荷,电气设备过负荷,电气线路接头接触不良,电气线路短路,电气设备设计安装错误,电线残旧、日久失修,乱拉乱接电器,导线连接不紧、虚松不实等是引起电气火灾的直接原因。其间接原因是电气设备故障或电气设备设置和使用不当,如将功率较大的灯泡安装在木板、纸等可燃物附近,将荧光灯的镇流器安装在可燃基座上,以及用纸或布做灯罩紧贴在灯泡表面,在易燃易爆的车间内使用非防爆型的电动机、灯具、开关等。

电气设备达到危险温度是由运行过程中设备和线路的短路、接触电阻过大、超负荷或通风散热不良等原因造成的。一旦发生上述情况,设备的发热量增加、温度急剧上升,如果极大超过允许温度范围,就有可能导致绝缘材料、可燃物质和附着的可燃灰尘燃烧,甚至使金属熔化,酿成电气火灾。

3. 高热表面引燃

各种油品、溶剂溅落在蒸汽管、内燃机排烟管、锅炉外壳等热表面上,或者电热器具靠近可燃物等,都可能引发火灾。比如:船舶主机排气管的温度高达500~800 ℃,超过一般油品的自燃点,如果排气管外包扎的隔热保护层出现破损,无论是油品本身(燃油或润滑油)接触到破损部位,还是油品的蒸气接触到该部位均会发生火灾或爆炸事故。

4. 自燃引起火灾

浸过或粘有油脂的棉纱、破布、木屑、棉麻等物,存放在闷热、通风不良的地方或火源附近,便可引起自燃火灾。此外某些性质相互抵触的化学物品装配不当也会发生自燃。

5. 火星引起火灾

撞击、摩擦、击打产生的火星接触到可燃物可能引起失火,比如:烟囱废气的火星、物质撞击摩擦产生的火星和气割电焊作业时产生的火星等。

6. 静电火花引起火灾

静电会给人们带来麻烦和危害,静电放电过程是能量转换的过程,释放时一般可将90%的电能转变成热能,如果在放电通道中存在可燃物或爆炸性混合物,且其放电能量又大于或等于可燃物的最小能量时,则其放电就会引燃或引爆间隙中的爆炸性混合物,从而酿成静电火灾或爆炸事故。

(三)日常防火防爆要求

针对可能导致火灾的原因,每一个海上设施工作人员在日常生活和工作中都应该严格遵守下列日常防火防爆要求(不局限于下列要求),防止火灾和爆炸事故的发生。

1. 禁止任何人任何时候在禁烟场所吸烟。烟头必须随手熄灭并放入注水的或带盖的烟灰缸内,不准随便乱扔。

2. 易燃易爆品不得私自携带和存放,禁止随意烧纸、放焰火、鞭炮和玩弄救生信号弹。

3. 离开房间时应随手关灯,不得用纱质或布质的灯罩。

4. 规范使用电气设备,加强设备保养,不超负荷使用。

5. 禁止私自使用明火电炉,使用电加热器时必须有人看管,离开时须关掉电源。

6. 遵守用电安全规定,不准随意接、拆电线和插座等。

7. 严格遵守热工作业等操作规程,确保作业安全。

8. 用厨房炉灶烹调食物时,必须有人看管,不得离开现场。

9. 废弃的棉纱头、破布应放在指定的金属容器内,不可随手乱扔,潮湿或油污的棉毛织品应及时处理,不能放在闷热的地方,防止自燃。

10. 机舱、泵间易积存污油,厨房排烟管易积烟垢和油垢,要经常清理。

11. 实行防火巡视值班制度,对易于发生火灾的场所要按规定检查,并做好记录。

12. 每位海上设施工作人员都应确保其居住区、值班区域、工作区域或所在区域的防火安全。

13. 塑料桶不能作为垃圾桶,可燃性垃圾不要长时间存放,应及时处理。

第二节　消防设备

有失火危险的处所一般应配备消灭初始火灾的手提灭火器和扑灭大火的固定灭火系统;有较大油类失火危险的处所还应配备推车式灭火器和/或手提式泡沫喷枪。

一、可携式灭火装置

(一)手提灭火器

1. 二氧化碳灭火器

(1)适用的火灾类型

二氧化碳灭火器适用的火灾类型为 B、C 类火灾,主要用于扑灭贵重设备、档案资料、仪器仪表、600 V 以下的电器及油脂等火灾(如图 5-2-1 所示)。

图 5-2-1　二氧化碳灭火器适用的火灾类型

(2)二氧化碳灭火器的结构

二氧化碳灭火器(如图 5-2-2 所示)多为手提式,主要由瓶体、喷射装置和开关装置等组成。瓶内装有液化二氧化碳。开启机构是由压把和压杆组成的。开启时压下压把,压杆就会下移,推动密封阀芯脱离密封座,使二氧化碳释放出来。松开压把,阀芯则会在弹簧和内部压力的作用下自动复位而关闭。所以,这种开启机构是手动开启、自动关闭型,可随开随关,多次使用。

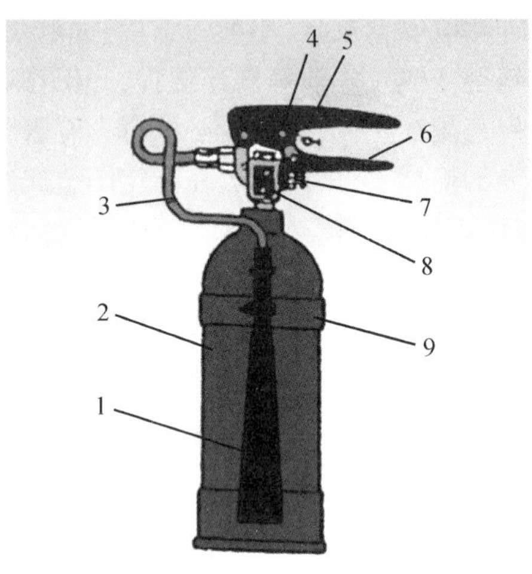

图 5-2-2　二氧化碳灭火器结构

1—喷筒;2—钢瓶;3—喷管;4—插销;5—压把;6—提把;7—安全阀;8—启闭阀;9—卡带

(3)二氧化碳灭火器的使用方法(如图 5-2-3 所示)

①在发生火警而使用二氧化碳灭火器时,应竖直提着手柄,先将灭火器提到距燃烧物 5 m 左右的地方,然后放下灭火器。对没有喷射软管的二氧化碳灭火器应翘起喷筒,将喷管口对准燃烧物质;

②拆下铅封,拔下安全销;

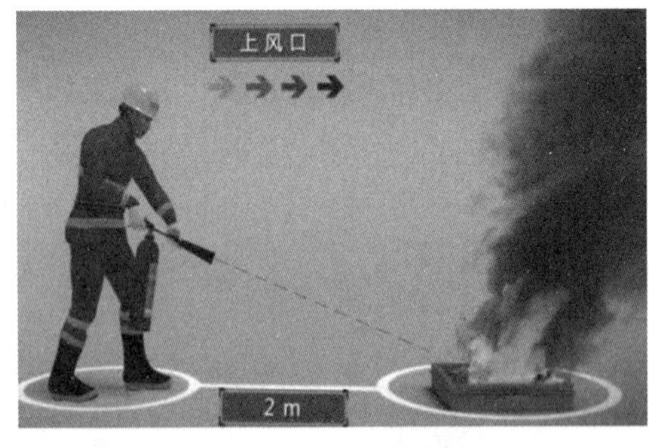

图 5-2-3　二氧化碳灭火器的使用方法

③尽可能站在上风位置,喷筒对准火焰根部;

④一只手握住喇叭筒根部的手柄,另一只手紧握启闭阀的压把,打开开关压下压把后,高压的二氧化碳气体即二氧化碳灭火器自行喷出;

⑤喷口距火焰应保持适宜距离,一般喷口距火焰 2~3 m;

⑥手握喷管手柄即可调整喷射方向;

⑦如果燃烧面积较大,应当左右摆动喷筒,直至火被彻底扑灭;

⑧停用时,将手放松,即二氧化碳灭火器自行关闭。

(4)灭火注意事项

①灭火器在喷射过程中应保持直立状态,切不可平放或颠倒使用;

②当不戴防护手套时,不要用裸手直接握喷筒或金属管,以防冻伤(如图5-2-4所示);

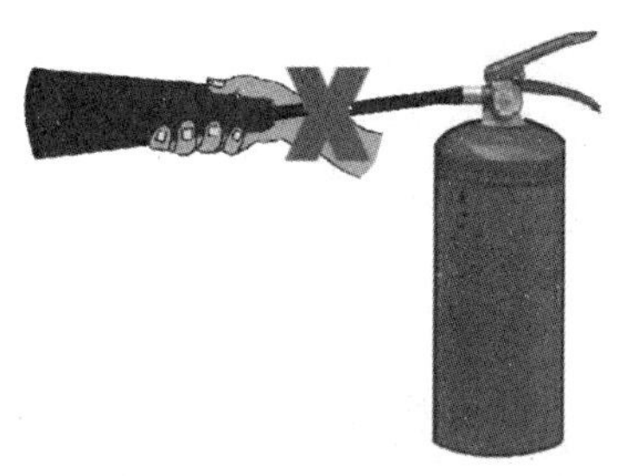

图5-2-4　防止冻伤

③室外使用时,应选择上风方向喷射。由于在下风方向喷射出的二氧化碳易被风吹散,灭火效果差;

④在狭小的室内空间使用时,灭火后操作者应迅速撤离,以防被二氧化碳窒息而发生意外;

⑤用二氧化碳扑灭室内火灾后,进入舱室前应先打开门窗通风,然后再进入;

⑥不能用来扑灭金属火。

2. 泡沫灭火器

目前使用的泡沫灭火器主要是机械泡沫灭火器。机械泡沫灭火器又称为空气泡沫灭火器,依靠驱动气体(二氧化碳、氮气)驱动并搅动空气泡沫灭火剂喷射灭火。

(1)机械泡沫灭火器适用的火灾类型

机械泡沫灭火器主要用于扑救B类火,也可以用于扑救A类初起火灾。其中,抗溶空气泡沫灭火器能够扑救极性溶剂,如甲醇、乙醚、丙酮等溶剂的火灾。空气泡沫灭火器不能扑救带电设备火灾和轻金属火灾。

(2)机械泡沫灭火器的构造

机械泡沫灭火器的结构(如图5-2-5所示)包括钢瓶、瓶盖、驱动气瓶、喷射系统和开启机构等。

(3)机械泡沫灭火器的使用方法

机械泡沫灭火器在使用时,应手提灭火器提把迅速赶到火场,在距离燃烧物6 m左右,先拔出保险销,一只手握住开启压把,另一只手握住喷管,压下压把,泡沫即从喷嘴喷出。在扑救固体物质火灾时,应对准燃烧最猛烈处喷射。

(4)灭火注意事项

①如果扑救的是可燃液体火灾,当可燃液体呈流淌状燃烧时,喷射的泡沫应由近而远地完全覆盖在燃烧液体上;

②当可燃液体在容器中燃烧时,应将泡沫喷射在容器的内壁上,使泡沫沿着内壁淌入燃烧液体表面加以覆盖。应避免将泡沫直接喷射在可燃液体表面上,以防止射流的冲击力将可燃

液体冲出容器而扩大燃烧范围，增加灭火难度；

③灭火时，应随着喷射距离的减小，逐步向燃烧物靠近，并始终让泡沫喷射在燃烧物上，直至将火扑灭。

(a)

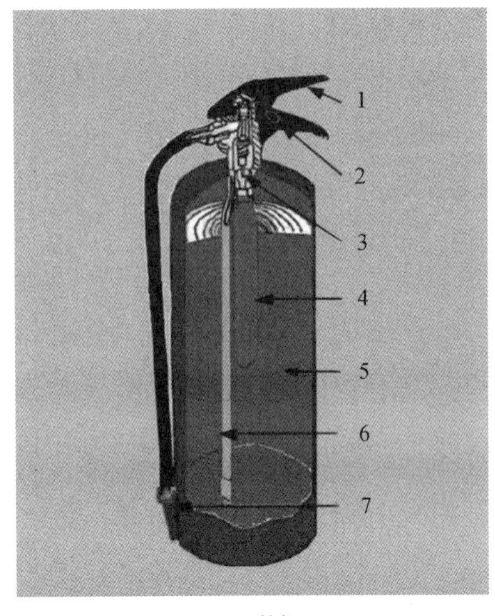

(b)

图 5-2-5　机械泡沫灭火器的结构

1—释放手柄；2—安全销；3—刺针（用于破坏二氧化碳气瓶的封膜）；4—驱动气瓶；5—灭火剂；6—虹吸管；7—喷嘴

3. 干粉灭火器

(1)适用的火灾类型

干粉灭火器主要用于易燃、可燃液体、气体、电气的火灾的扑救。

(2)干粉灭火器的结构

干粉灭火器依靠驱动气体（常用的是二氧化碳或氮气），驱动干粉喷射灭火。手提式干粉灭火器的结构如图 5-2-6 所示。

(a)

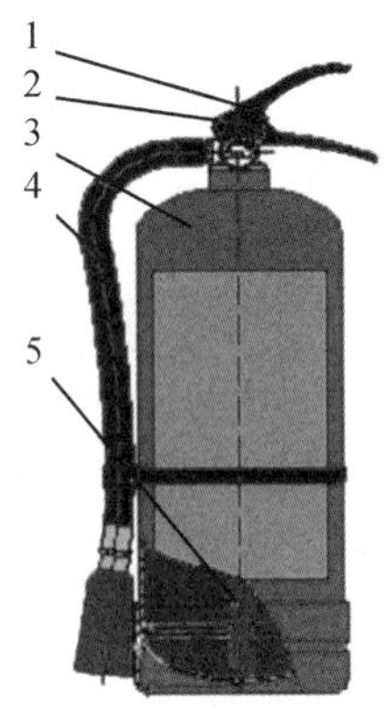

(b)

图 5-2-6　手提式干粉灭火器的结构

1—器头总成；2—保险装置；3—筒体总成；4—喷筒总成；5—虹吸管

(3)干粉灭火器的使用方法(如图 5-2-7 所示)。

①使用时应把干粉灭火器取下,检查压力表确定压力正常,提到火场距离燃烧处 5 m 左右,站在上风处;

②拔去瓶头阀处的保险销;

③一只手握住喷嘴胶管,一只手压下压把,对准火焰根部快速平稳推移前进,直至火焰熄灭。

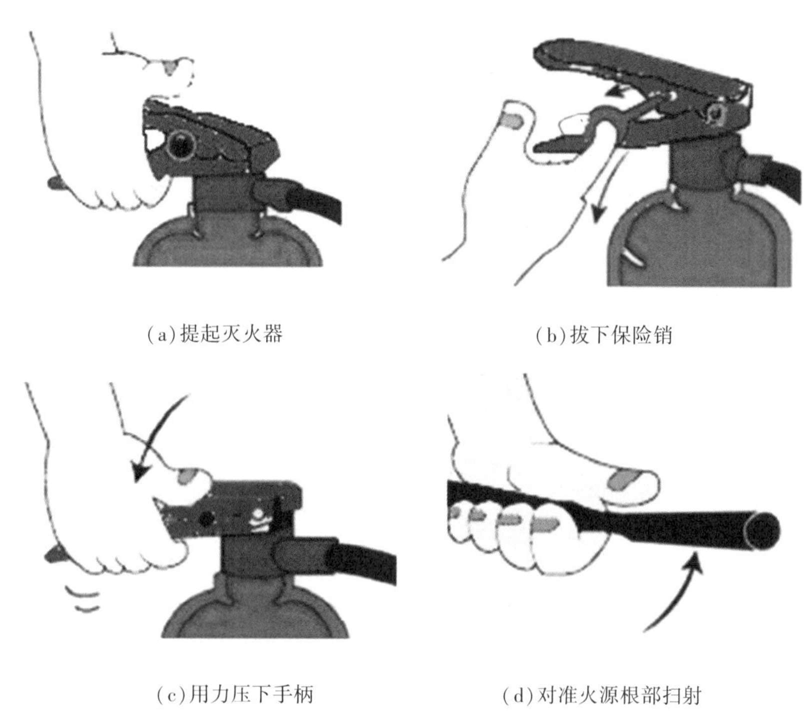

(a)提起灭火器　(b)拔下保险销

(c)用力压下手柄　(d)对准火源根部扫射

图 5-2-7　干粉灭火器的使用方法

(4)灭火注意事项

①灭火过程中,灭火器应始终保持直立状态,不能横卧或颠倒使用,否则不能喷粉。

②扑救流散液体火灾时,应从火焰侧面,对准火焰根部,水平喷射,并由近及远,左右扫射,快速推进,直至把火焰全部扑灭。

③在扑救容器内可燃液体火灾时,亦应从侧面对准火焰根部左右扫射,当火焰被赶出容器时,应快速向前,将余火全部扑灭。

④在扑救容器内火灾时,应注意不要把喷嘴直接对准液面喷射,以防干粉气流的冲击力使油液飞溅,引起火势扩大,造成灭火困难。

⑤使用磷铵干粉扑救固体物质火灾时,应使喷嘴对准燃烧最猛烈处左右扫射。并应尽量使干粉灭火剂均匀地喷洒在燃烧物表面上,直至把火全部扑灭。

⑥扑救 A 类火灾时,灭火后应注意防止复燃。

4. 灭火器的灭火性能

灭火器的灭火性能以级别表示,它的级别代号由数字和子母组成,数字表示级别数,字母表示火的类型(如图 5-2-8 所示)。

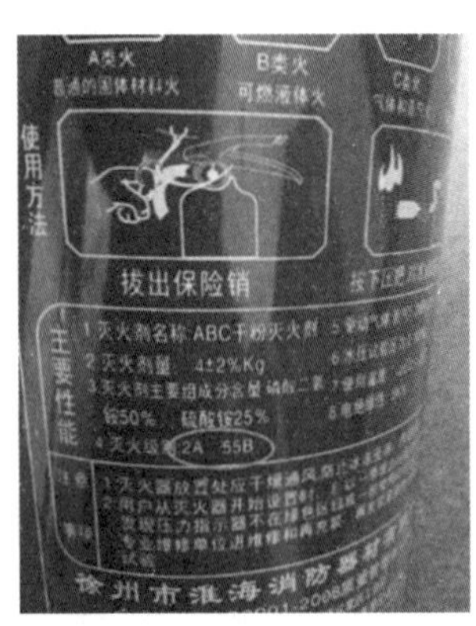

图 5-2-8　灭火器的灭火级别

灭火器灭 A 类火灾的性能，不应小于表 5-2-1 的规定。

表 5-2-1　灭火器灭 A 类火灾的性能

级别代号	干粉/kg	水基型/L	洁净气体/kg
1A	≤2	≤6	≥6
2A	3～4	>6～≤9	
3A	5～6	>9	
4A	>6～≤9		
6A	>9		

灭火器 20 ℃时灭 B 类火灾的性能，不应小于表 5-2-2 的规定。灭火器在最低使用温度时灭 B 类火灾的性能，可比 20 ℃时灭火性能降低两个级别。

表 5-2-2　灭火器 20 ℃时灭 B 类火灾的性能

级别代号	干粉/kg	洁净气体/kg	二氧化碳/kg	水基型/L
21B	1～2	1～2	2～3	
34B	3	4	5	
55B	4	6	7	≤6
89B	5～6	>6		>6～9
144B	>6			>9

灭 C 类火的灭火器，可用字母 C 表示，C 类火灾没有级别大小之分，只有干粉灭火器、洁净气体灭火器和二氧化碳灭火器才可以标有字母 C。

灭 E 类火的灭火器，可用字母 E 表示，E 类火灾没有级别大小之分，干粉灭火器、洁净气体灭火器和二氧化碳灭火器，可以标有字母 E。

（二）手提式泡沫枪

手提式泡沫枪（如图 5-2-9 所示）包括一具能以消防水带连接于消防总管的吸入式空气泡

沫枪，附有吸入器或与单独的吸入器相接，连同一只至少能装盛 20 L 泡沫液的可携式容器和一只备用容器。

图 5-2-9　手提式泡沫枪

使用时，将消防水带接入固定水系统。当消防水进入空气泡沫枪后，在枪体和喷嘴构成的空间形成负压。这个空间通过吸液管接头与吸液管连接，吸液管一端插入空气泡沫液桶，吸取空气泡沫液，使空气泡沫液与水按比例混合，当混合液流通过喷嘴时，立即扩散雾化，再次形成负压而吸入大量空气，与混合液进行混合，形成空气泡沫，经过整个枪筒产生良好的泡沫射流喷射出去（如图 5-2-10 所示）。

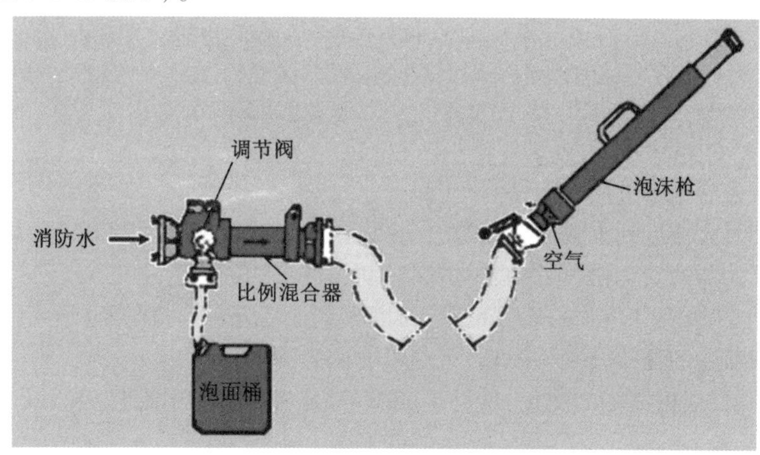

图 5-2-10　手提式泡沫枪的使用

灭火人员手持泡沫喷枪，处于失火部位的上风位置，调整喷射距离，使泡沫平稳地覆盖在着火油面或物体上。发射泡沫应连续进行，直至把火扑灭。

使用手提式泡沫枪应注意：

1. 对油类火灾，不可直接将泡沫射向油面，否则会扩大火灾，应对着火后的壁、墙等喷射，使其流下覆盖液面。

2. 喷射时如有风，应使泡沫向顺风方向喷射，避免侧风喷射。

(三)推车式灭火器

机器处所,海上设施的油、气、水处理区,生产工艺装置等会配备推车式泡沫或干粉灭火器。在靠近直升机甲板处,应在通往该甲板的通道附近配备推车式干粉灭火器和推车式二氧化碳灭火器或等效设备。

1. 推车式泡沫灭火器

推车式泡沫灭火器(如图 5-2-11 所示)设有车轮和足够长的喷射软管,喷射软管绕于卷筒上,此喷射软管能到达被保护处所的任何部位。亦可采用其他等效的大型灭火器。

(a)

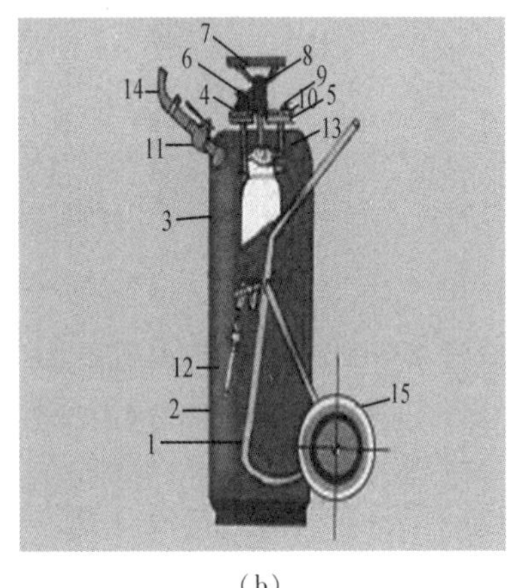

(b)

图 5-2-11 推车式泡沫灭火器

1—车架;2—筒体;3—瓶胆;4—密封垫圈;5—筒盖;6—安全阀;7—手轮;8—螺杆;9—螺母;10—垫圈;11—阀门手柄;12—喷枪;13—密封盖;14—喷射软管;15—车轮

推车式泡沫灭火器的使用方法如下:

(1)确认灭火器处于可用状态;

(2)将泡沫灭火器推到火场附近放稳,保证灭火器正对火场并保持安全距离;

(3)拔下灭火器的安全销,根据实际情况启动操作手柄;

(4)拿起释放喷嘴,并将喷射软管铺开,对准火焰根部,根据射程调整喷嘴的位置;

(5)打开喷嘴上的释放开关,并将灭火剂喷射到火源处;

(6)左右扫射,根据火场的变化,从近端(靠近操作者)向远端推进。

2. 推车式干粉灭火器

推车式干粉灭火器由筒体、筒盖、驱动气瓶、转移系统、喷射系统和开启机构等组成(如图 5-2-12 所示)。驱动气瓶也有两种设置形式:内装式和外置式。内装式的结构紧凑,外置式的则检查、修理和维护比较方便。推车式干粉灭火器使用方法和推车式泡沫灭火器的使用方法基本相同。

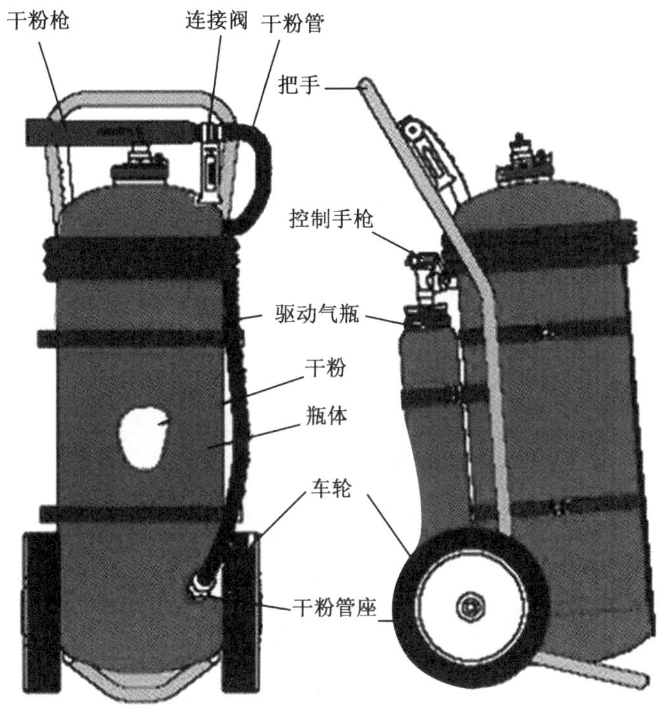

图 5-2-12　**推车式干粉灭火器**

3. 推车式二氧化碳灭火器

推车式二氧化碳灭火器结构与手提式灭火器基本相同,其主要区别在于多了一个方便移动灭火器的推车(如图 5-2-13 所示)。推车式二氧化碳灭火器使用方法与手提式二氧化碳灭火器使用方法基本相同。

图 5-2-13　**推车式二氧化碳灭火器**

二、固定灭火系统

（一）水灭火系统

水灭火系统使用比较广泛，可以为船舶或海上设施及时提供消防用水以便当火灾发生时，进行控火、灭火和冷却保护。

1. 水灭火系统的组成

水灭火系统由消防泵、消防管系、消火栓、消防水带、水枪、国际通岸接头所组成。

（1）消防泵：至少应设置两台独立的动力驱动消防泵，每台泵的布设，能直接从海水抽水并输送到固定的消防总管（如图 5-2-14 所示）。

图 5-2-14　消防泵和消防总管

（2）消防管系：消防管系包括消防总管和消防水管。消防总管和消防水管的直径应足够有效地从两个同时工作的消防泵传输所需的最大出水量。

（3）消火栓：消火栓的数目和位置，可以保证至少能有两股不是由同一个消火栓发出的水柱到达保护处所的任何部位，而其中一股应仅用一根消防水带。被保护处所的出入口处设有消火栓（如图 5-2-15 所示）。每个消火栓应配备一根消防水带（如图 5-2-16 所示）。

图 5-2-15　消火栓

（4）消防水带和水枪：消防水带（如图 5-2-16 所示）的长度应至少为 10 m，但机器处所不超过 15 m，其他处所和开敞甲板不超过 20 m，最大型宽超过 30 m 船舶的开敞甲板不超过

25 m,各消防水带接头与各水枪能互换使用,否则每个消火栓会备有 1 根消防水带和 1 支水枪;每根消防水带配有 1 支水枪和必需的接头,并存放于供水消火栓附近的明显部位,以备随时取用。水枪(如图 5-2-17 所示)的标准口径有 12 mm、16 mm 及 19 mm 等;水枪为喷水喷雾两用水枪。

图 5-2-16　消防水带

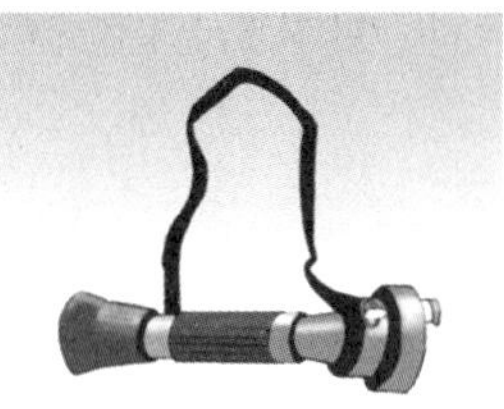

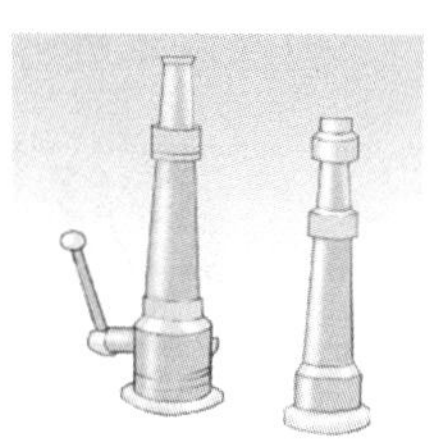

图 5-2-17　水枪

(5)国际通岸接头:国际通岸接头用钢材或其他适合的材料制成,其一端为平面法兰,另一端为配合船舶或海上设施的消火栓和消防水带的接口(如图 5-2-18 所示)。消防水国际通岸接头用于岸上或其他船舶向着火船舶或海上设施供应消防水。国际通岸接头应与能承受 1.0 MPa 工作压力的 1 只垫片及长度为 50 mm、直径为 16 mm 的 4 只螺栓、直径为 16 mm 的 4 只螺母和 8 只垫圈一起保存在船舶或海上设施上。一般通岸接头为铜质、垫片为不锈钢石墨缠绕垫、螺栓螺母及垫圈为不锈钢材质。

(a)国际通岸接头

(b)国际通岸接头存放

(c)国际通岸接头连接

图 5-2-18　国际通岸接头

2. 正确使用消防水带

(1)消防水带的铺设

消防水带有两种存放方式:转盘式和卷盘式。在用水灭火时,应在消火栓打开之前,把水带铺好,水枪接好。

①转盘式水带:首先打开水带箱门,将水枪与水带连接好,并引导水带向前铺设,直至水带全部拉出;之后将水带连接到消火栓上,供水。

②卷盘式水带:开启水带箱门,背起水枪,并拿好水带,一手卡住水带的两个接口,将水带抛开,然后将水枪连接好。如果用两条水带供水,用同样的方式将另一条水带铺设好,并和第一条水带连接,再将水枪连接好。

(2)消防队员必须熟悉船舶和海上设施结构,能准确判断火势,随时观察火场的变化,及时调整并控制水枪的喷射角度和水流形式,保证将水流喷到燃烧物体上。

3. 射水技术

(1)射水的基本姿势

射水基本姿势有立射、跪射、卧射和肩射四种(如图 5-2-19 所示)。

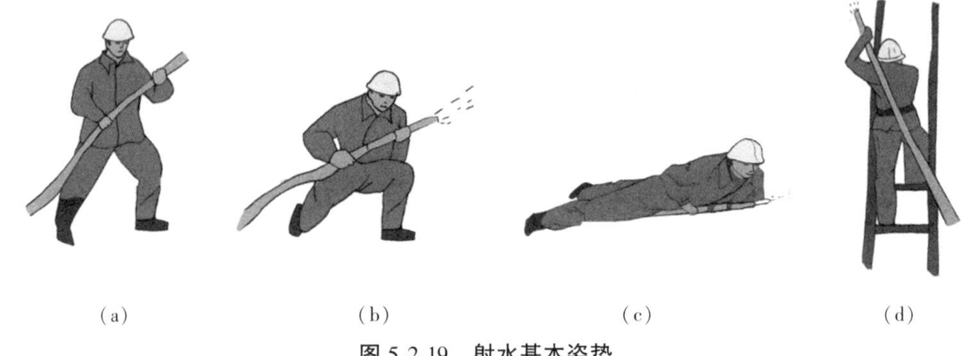

(a) (b) (c) (d)

图 5-2-19 射水基本姿势

(2)射水的形式

射水的形式很多,消防员在灭火行动中,根据火场情况和不同物质的燃烧形势,采取适合的射水姿势和水流,以达到最佳的灭火效果。射水的形式主要有以下几种:

①进攻射水:是指在灭火行动中,根据现场情况,调整水枪水花喷射角度并相互配合,排除障碍物,接近火点灭火。

②防护射水:包括自身防护射水和进入掩护射水。

③冷却射水:包括对一般场所的冷却射水、用水幕隔断热源、对金属结构冷却射水及对高温高压容器和设备冷却射水。

④射水排烟排热:包括船舶和海上设施上层建筑开口处的排热排烟、走廊的排热排烟(如图 5-2-20 所示)和室内多只雾状水流立体组合排烟(如图 5-2-21 所示)。排热排烟中不能中断供水,防止烟和热气流反扑。

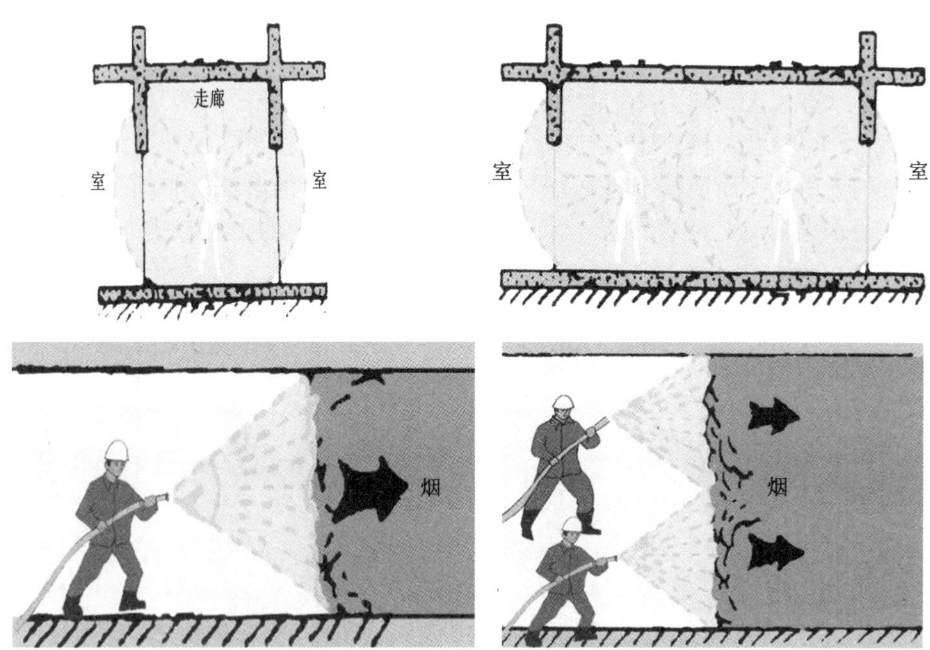

图 5-2-20　走廊的排热排烟

图 5-2-21　室内多只雾状水流立体组合排烟

⑤射水侦查：包括排除进攻路上的障碍、试探燃烧区上部建筑物结构的强度、寻找火点及判断燃烧油罐液位的高度等。

⑥破坏性射水：包括射水打开吊顶、射水打开门窗和用高压水流进行破坏性射水。

（二）固定式水喷淋系统

固定式水喷淋系统由供水泵、管路、喷嘴、雨淋阀等组成。其通常设于海上浮式装置和平台专用装备中钻井装置、生产工艺装置、原油储存罐等处所。其主要作用是为被保护处所提供冷却保护。水灭火系统中的消防泵可以代替专用的供水泵，此时水喷淋系统就与水灭火系统共用一个消防总管。雨淋阀可以设计成人工操纵和自动控制以及遥控和就地控制，感温式火灾探测器可以自动开启雨淋阀；雨淋阀设有开与关的指示器，雨淋阀设在被保护处所之外并便于到达，当被保护的区段失火时不会被阻隔。

(三)固定压力水雾灭火系统

固定压力水雾灭火系统由独立的水泵、管路、阀门、火灾报警控制器、探测器、细水雾喷嘴等组成,通常设于居住区、机器处所。其水泵及其控制设备装在被保护处所之外,不致因水雾系统所保护的处所失火而使该系统失去作用。水泵可由独立的柴油机驱动,亦可由应急发电机驱动。压力水雾阀门上会清楚标出其服务的处所;灭火系统的工作方式分为手动和自动两种(如图5-2-22所示)。每个操作地点均会张贴操作须知。

安装水雾灭火系统的舱室要求具有较好的密闭性,否则水雾变成蒸汽之后容易溢出舱外,不能起到窒息作用。

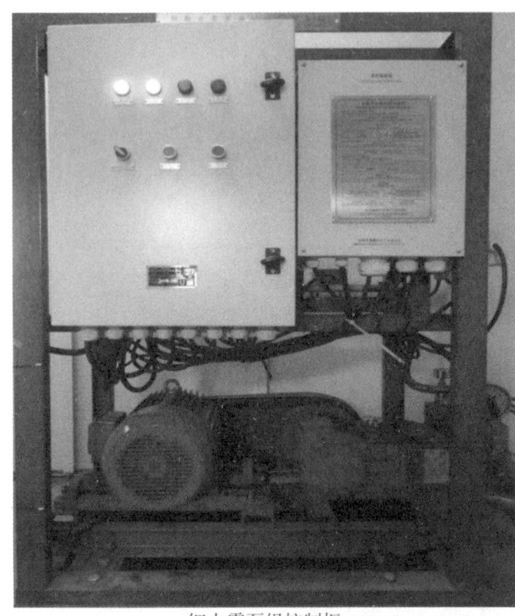

细水雾泵组控制柜

火灾报警控制器

感温、感烟和感光探测器

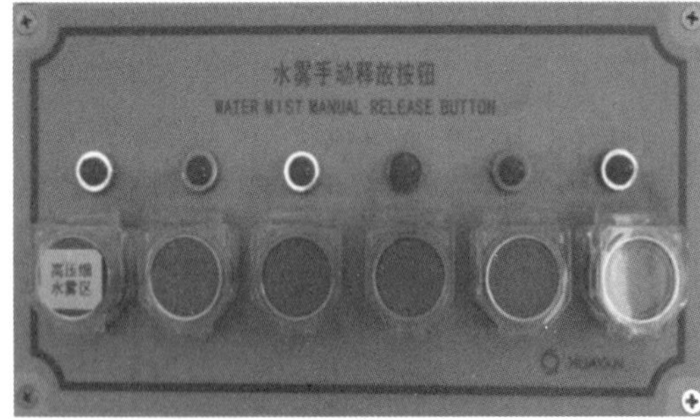

水雾手动释放按钮

细水雾喷嘴

图 5-2-22　固定压力水雾灭火系统

(四)固定式泡沫灭火系统

固定式泡沫灭火系统主要用于扑灭可能发生的油类火灾,包括甲板泡沫灭火系统和高倍膨胀泡沫灭火系统两种。海上设施的甲板,油、气、水处理区、原油储存区,直升机甲板等配备的固定式泡沫灭火系统为低倍泡沫,机器处所和燃烧设备处所配备固定式泡沫灭火系统为高倍膨胀泡沫。

1. 低倍泡沫

低倍泡沫是利用泡沫原液和水通过比例混合器按一定比例进行初步混合,再通过管路充分混合,混合液由供水泵驱动从泡沫炮(枪)喷口高速喷射并吸入空气而形成泡沫气泡,泡沫的倍数(即所产生的泡沫体积与泡沫水溶液的体积之比)一般不超过 12 : 1,气泡堆积而成的泡沫层覆盖在燃烧液面上,隔绝空气,冷却温度从而达到灭火目的。泡沫原液以动物性蛋白质加水分解物为主要成分,并添加了稳定剂和防腐剂,呈黑褐色,气味浓。固定式泡沫灭火系统主要由消防水泵、消防水源、泡沫灭火剂存储装置、泡沫比例混合器装置、泡沫产生装置、管道、泡沫炮(枪)等组成(如图 5-2-23 所示)。

图 5-2-23　固定式泡沫灭火系统

(1)泡沫炮的操作方式

泡沫炮根据配备的操作部件不同,可实现手动、电控或液控。常见的泡沫炮的手动操作包括手柄式和手轮式(如图 5-2-24、图 5-2-25 所示)。手柄式泡沫炮依靠炮身内部转动机构来调节喷管水平和俯仰角度;手轮式泡沫炮依靠炮身内部蜗轮蜗杆的回转、俯仰机构分别来调节炮管的水平和俯仰角度;电控式泡沫炮利用电机操纵蜗轮蜗杆机构运动;液控式泡沫炮利用液压马达和油缸为动力来实现炮管的俯仰和水平回转。

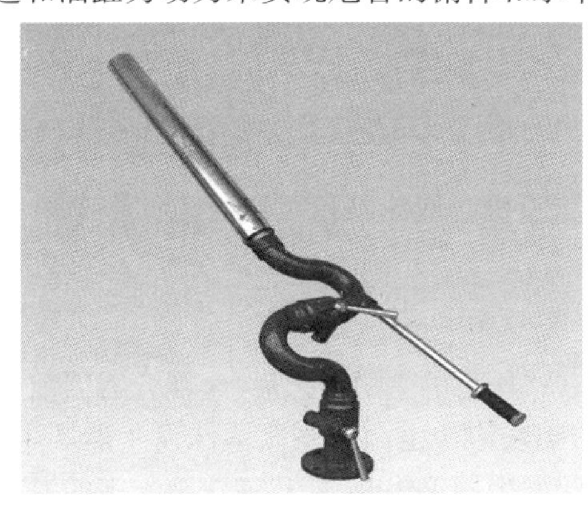

图 5-2-24　手柄式泡沫炮

图 5-2-25　手轮/电控式泡沫炮

灭火时,通过手柄、手轮或电控、液控泡沫炮控制柜,调节喷射方向和角度,让灭火介质能够达到燃烧区。

(2)泡沫炮手动操作的步骤

①使用泡沫炮,需首先启动消防泵或应急消防泵。

②操作人员握好泡沫炮操作手柄(手轮),慢慢开启泡沫炮入口阀门,注意压力表的压力。

③松开定位锁紧把手,利用炮体手柄(手轮)调节炮筒的水平和俯仰角度,使泡沫充分覆盖在燃烧物上。

④当炮身调至适当位置时,可将定位锁紧把手锁紧,进行定向喷射。

⑤火灾扑救结束后,用清水冲洗整个系统管路。

⑥关闭消防泵组;倾斜炮管倒出腔内余液,将炮管置于最低位置,定位锁紧把手锁紧。

(3)泡沫的三种布放方式(如图 5-2-26 所示)

①反弹布放:这是最好布放方式。利用泡沫炮(枪),将泡沫液喷射到火场附近的直立面上,泡沫液沿直立面自然流淌蔓延,覆盖燃烧物,达到灭火效果。

②降落布放:调整泡沫炮(枪)的仰角至合适角度,使泡沫液像下雨一样降落至燃烧物表面,最后形成稳定连续的泡沫层灭火。

③滚动布放:调整泡沫炮(枪)的喷射角度,将泡沫液喷射至燃烧物前方的地面或甲板上,泡沫在冲击力的作用下,不断地向前推进,最后形成稳定连续的泡沫层灭火。

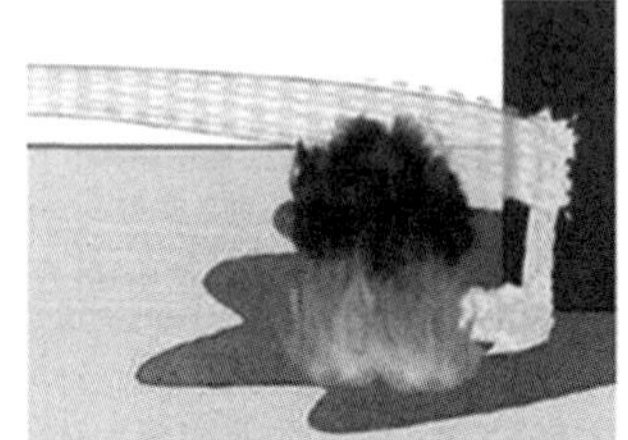

反弹布放

降落布放

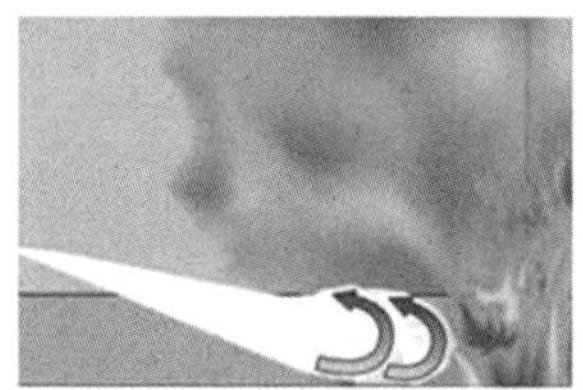

滚动布放

图 5-2-26　泡沫的三种布放方式

(4)泡沫炮操作注意事项

①经过操作培训并熟悉相关操作过程的人员才可以操作泡沫炮。

②使用泡沫炮前,应疏散炮口前所有人员。

③炮的入口压力不得大于炮的最大工作压力。

④操作泡沫炮时不可脱把,以免发生危险。

⑤操作时应顺风喷射,可以增加射程。

⑥使用泡沫炮扑灭大型油火,还需配合使用泡沫喷枪。泡沫喷枪可以对泡沫炮喷射死角的火灾进行扑救。

2. 高倍膨胀泡沫

高倍膨胀泡沫是由一个泡沫发生器将 4~7 kg/cm^2 压力的水源接入后,经混合器因缩口造成真空吸入泡沫液或者由泡沫泵输送泡沫液。高倍膨胀泡沫由高倍膨胀泡沫发生器产生,该泡沫发生器由风扇、发泡网和喷嘴等组成。当该泡沫发生器工作时,能将泡沫液与水的混合液经喷嘴喷成锥形水雾,均匀地喷洒在特制的网或金属孔板(泡沫形成网)上。同时,大量空气在风机吹送下以一定速度流向泡沫形成网,使泡沫形成网上的泡沫液和水的混合液被吹成直径 3~5 mm 的泡沫,并在风的作用下使泡沫涌向火场。高倍膨胀泡沫直径大于 10 mm,壁厚

0.1 mm,泡沫膨胀率应不超过 1 000 : 1。使用该系统灭火时可以边示警,边撤离人员,同时释放高倍膨胀泡沫。

高倍膨胀泡沫有很好的流动性;有良好的隔热作用;泡沫本身无毒,泡沫中含有大量的空气,一般不会造成被淹人员的窒息;高倍膨胀泡沫灭火后极易清除。但使用时,人员被困其中或穿越高倍膨胀泡沫也可能面临一些危险。

(1)人员穿越高倍膨胀泡沫面临的危险

①泡沫会影响人员视觉,使人员迷失方向。

②泡沫会影响人员听力,进入人员可能无法听到或听清楚周边的声音,包括船舶疏散信号、警告以及求救信号的声音等。

③泡沫覆盖层被损害,可能会造成火灾复燃。

④高膨胀泡沫间的空隙,也可能充满易燃或爆炸性气体。

(2)人员穿越高倍膨胀泡沫注意事项

①作为现场指挥人员,要了解人员穿越高倍膨胀泡沫面临的危险,并对危险做出评估。

②通常采取双人进出战术。穿越的人员应熟悉舱室的结构,包括所有的进出口、连接通道、撤离路线,熟悉救生索、通信设备等各种设备的使用。

③如果是失火舱室外部的空气形成高倍膨胀泡沫,泡沫区域中人员可将手张开,护住鼻子和嘴,之后进行呼吸,并根据呼吸的感觉调整指缝间距,以便让泡沫在指缝处破裂,使其中的空气进入呼吸道,维持呼吸。如果是失火舱室内部气体成泡,必须佩戴呼吸器穿越。

④进入高倍膨胀泡沫区域的队员,应沿着高倍膨胀泡沫舱室的左(右)舱壁行走(爬行),始终保持舱壁的位置在你左手(右手)边,用舱壁作为前进方向的参考点。用上述方法直到穿越完成。

(五)干粉灭火系统

干粉灭火系统是以氮气为动力,向干粉罐内提供压力,推动干粉罐内的干粉灭火剂,通过管路输送到干粉炮、干粉枪喷出,以达到扑救可燃气体和电气设备火灾的目的。干粉灭火系统的组成包括氮气瓶组、减压阀、干粉罐、启动装置、干粉炮/干粉枪、阀门和管系等(如图 5-2-27 所示)。

氮气瓶组是整个干粉灭火系统的动力源。减压阀能够将高压驱动气体减压并稳定输出到干粉罐;干粉罐是中压容器,由罐体、安全阀、人孔(装粉口)、进气口及出粉口等组成。干粉炮由耐压铜材和不锈钢制成,根据要求电动干粉炮可在设计角度内进行仰俯和旋转操作。干粉炮用于扑救大型火灾。干粉枪与卷盘连在一起,卷盘中的胶管长度可达 33 m,干粉枪用于扑救残火和小型火灾。

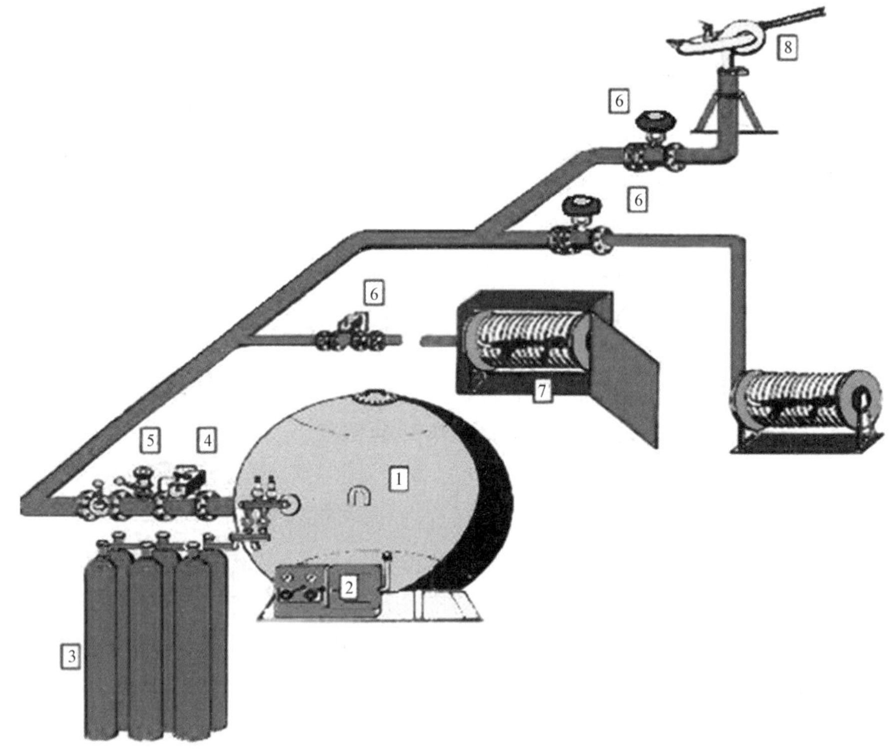

图 5-2-27　干粉灭火系统结构图

1—干粉罐；2—控制箱；3—氮气瓶组；4—减压阀；5—测试接口；6—隔离阀；7—干粉枪（包括胶管）；8—干粉炮

干粉炮（如图 5-2-28 所示）和干粉枪的使用：

1. 干粉炮的使用（如图 5-2-29 所示）

（1）打开干粉炮的闷盖，并检查各个控制手柄是否处于关闭状态。

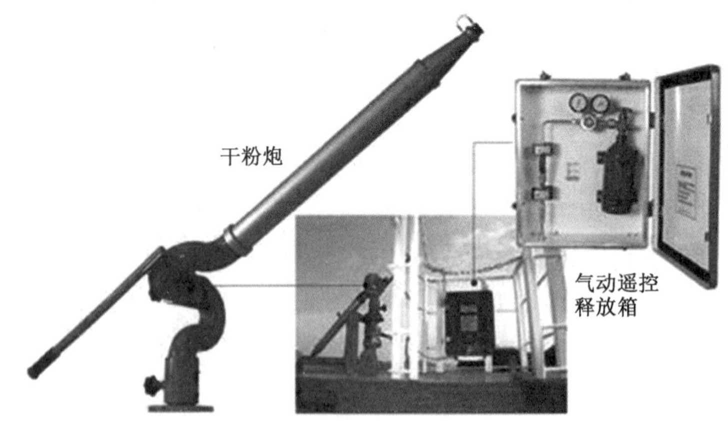

图 5-2-28　干粉灭火系统的终端

图 5-2-29　干粉炮的使用

(2)调整炮身操作手柄,将炮口对准火源。

(3)观察压力表读数,在压力达到规定值时,打开手动出粉球阀,干粉便高速喷出。

(4)喷完粉后应立即关闭出粉球阀和干粉罐进气球阀。

2. 干粉枪的使用

(1)需要使用干粉枪时,取出干粉枪,快速拉出胶管,对准火源。

(2)当罐内压力达到规定值时,打开干粉枪的出粉球阀,扣动扳机,便可以灭火。

(3)灭火后关闭出粉球阀和进气球阀。

3. 使用后清理工作

(1)喷粉结束后,分别吹扫炮、枪和胶管内的余粉。

(2)然后关闭吹扫球阀,将炮、枪和胶管复位。

(3)所有的释放球阀处在关闭状态。

(4)打开干粉罐放余气球阀,将罐内余气排出,放完后仍将放余气球阀关闭。

(5)最后打开减压阀的放气阀和集散管的瓶头阀,排完气后关闭。

(六)固定式气体灭火系统

1. 二氧化碳灭火系统

二氧化碳灭火系统由气瓶组、启动装置和通往各舱室的分配阀与导管等组成(如图 5-2-30 所示)。

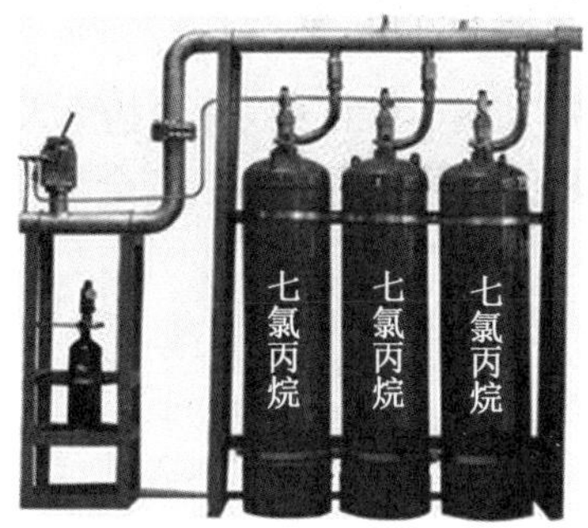

图 5-2-30　二氧化碳灭火系统

二氧化碳灭火系统可用于任何类型的船舶机舱及其他密闭空间。但经常有人在内工作或出入的处所采用二氧化碳灭火剂灭火时,设有听觉和视觉自动报警装置。听觉报警器在被保护处所内任何地点都能听到,一般也与其他听觉报警区别开来。施放预报警能自动开启,预报警时间不少于 20 s 以供人员撤离该处所。

各船舶和海上设施二氧化碳灭火系统不尽相同,在使用时要仔细阅读系统的操作方法。灭火剂释放前要确认释放处所的油源、风源以及所有开口已经关闭,并确认人员已经撤离;在使用二氧化碳灭火时,不能同时用水灭火,因水能与二氧化碳合成转化为碳酸,从而降低其灭火性能。此外,还要注意到二氧化碳灭火存在复燃风险。

2. 七氟丙烷灭火系统

七氟丙烷是无色、无味、不导电、无二次污染的气体,具有清洁、低毒、电绝缘性好,灭火效率高的特点,特别是它对臭氧层无破坏,在大气中的残留时间比较短,其环保性能明显优于卤代烷,是迄今为止研究开发比较成功的一种洁净气体灭火剂。海上设施用于扑灭控制室、电气间、钻井液处理区和机器处所的火灾。七氟丙烷灭火系统具有自动控制、手动遥控和手动应急操作 3 种启动方式。在有人工作的保护区设有不大于 30 s 的可控延时喷射,对于无人工作的保护区设置为无延时喷射。灭火剂释放后,至少应保持 20 min,以便使火完全扑灭。人员进入已释放的处所之前,应进行充分的通风,换气次数至少 5 次之后方可进入。

(七)湿化学品灭火系统

湿化学品灭火系统是海上设施配备于厨房的固定灭火系统。湿化学品灭火系统具有灭火效率高,用药量少,灭火时间短,高温燃油不会飞溅,药剂对人体和环境无害,灭火后易于清洗现场等优点。其灭火原理是:灭火剂与高温食用油表面接触,发生反应,在大量吸收热量的同时,生成泡沫覆盖层,隔绝氧气,实施灭火。系统主要包括控制箱、燃气关闭阀、探测器、喷嘴、远距离手动开关、药剂输送管道等。系统能够进行自动释放和手动释放,手动释放能在厨房出入口附近进行;灭火系统启动时能自动切断被保护设备的燃料源和动力源。

三、消防员装备

消防员装备是保护在火场中执行搜救任务的消防员人身安全的重要装备品,它不仅是火灾救助现场不可或缺的必备品,也是保护消防员身体免受伤害的防火用具。其确保消防人员安全地进入火场进行对受困人员搜救、探察火情和灭火行动等。

(一)消防员装备的配备

消防员装备(如图 5-2-31 所示)包括个人配备、认可型的呼吸器及耐火救生绳。其中个人配备包括防护服、消防靴、消防头盔、安全灯和消防斧等。每副呼吸器应至少配备 1 个相同容量的备用气瓶。

图 5-2-31　消防员装备

1. 防护服

防护服用于保护皮肤不受火焰和燃烧的热辐射,并不受蒸汽的烫伤。衣服的外表应能防火和防水(如图 5-2-32 所示)。防护服由上衣、裤子、防护手套、头罩等组成。

图 5-2-32　防护服

2. 消防靴

消防靴由橡胶或其他绝缘材料制成(如图 5-2-33 所示)。

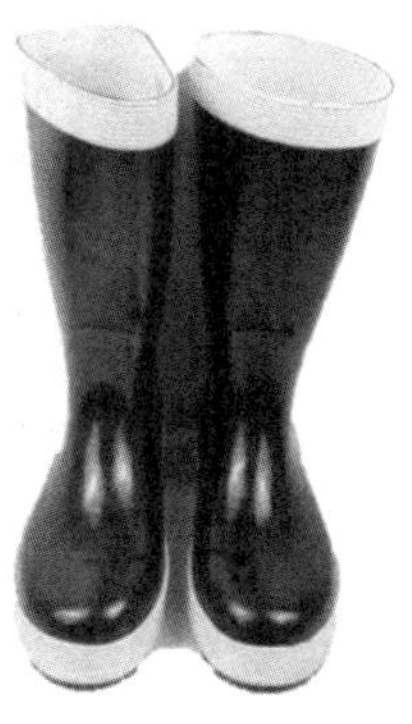

图 5-2-33　消防靴

3. 消防头盔

消防头盔坚固结实,能对撞击提供有效保护(如图 5-2-34 所示)。

图 5-2-34　消防头盔

4. 安全灯

安全灯照明时间不少于 3 h(如图 5-2-35 所示)。

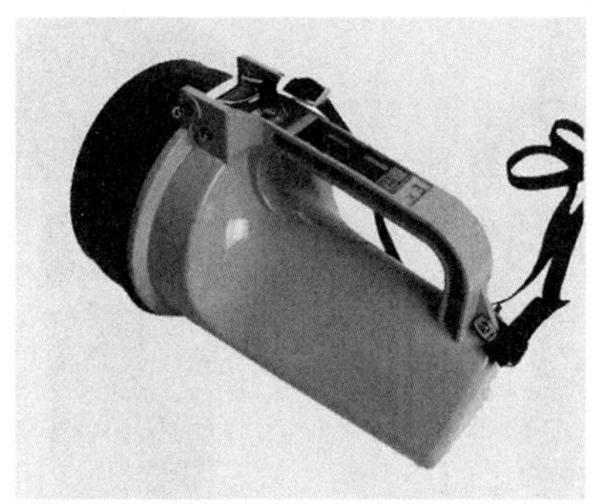

图 5-2-35　安全灯

5. 消防斧

消防斧斧柄能提供高压绝缘保护,斧头刃口用来割断电缆,尖端用来撬开门上的锁头,甚至可以撬开船舶和海上设施的舱壁门,以获得救援通道(如图 5-2-36 所示)。

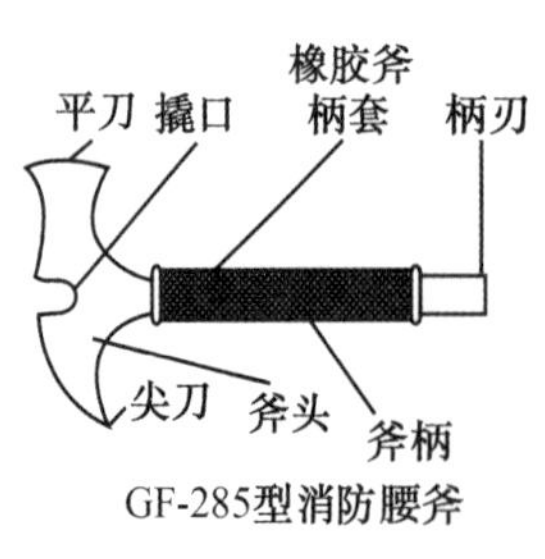

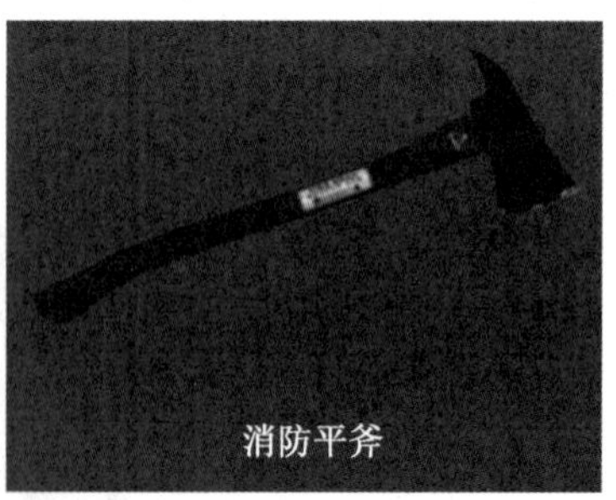

图 5-2-36　消防斧

6. 正压式空气呼吸器

正压式空气呼吸器的作用是供给新鲜空气,它由高压空气瓶、面罩及调节阀、余压报警器等组成(如图 5-2-37 所示)。这种呼吸器一般在火场持续供气时间不少于 30 min。

图 5-2-37 正压式空气呼吸器

7. 耐火救生绳

每具呼吸器均应配备长度至少为 30 m 的耐火救生绳 1 根，人员应戴好呼吸器，系妥耐火救生绳，然后才能进入火区（如图 5-2-38 所示）。耐火救生绳可以显示来时的路径，也可以作为简单的通信工具，使用前应该确定好联系信号，比如：探火员与协助者的联系信号为拉动绳子一下为放绳前进；拉动绳子两下为探火员到位；拉动绳子三下为拉紧绳索正撤离现场；拉动绳子四下以上需要援助。耐火救生绳应用弹簧卡钩系在呼吸器的背带上，或系在一条分开的腰带上，以防止在拉拽耐火救生绳时与呼吸器脱开。

图 5-2-38 耐火救生绳

（二）消防员装备的使用

因消防员装备较其他衣服稍重，穿时可以两人协作，也可以单人完成。下面是单人使用消防员装备的穿戴（如图 5-2-39 所示）。

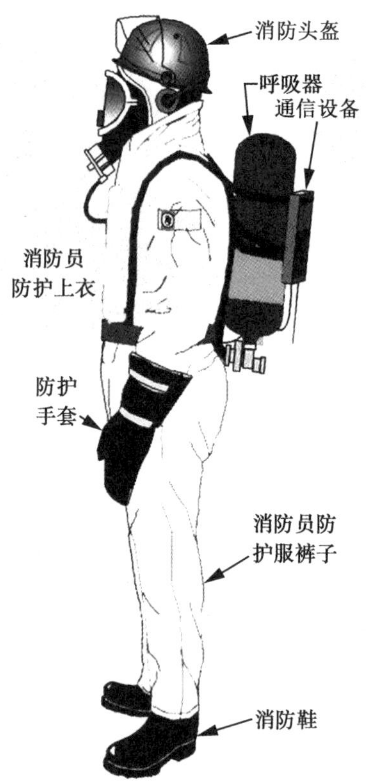

图 5-2-39　消防员装备的穿戴

1. 使用前的检查

如果时间允许,最好对正压式呼吸器进行使用前检查。使用前检查包括:检查面罩的气密性、检查中压软管的气密性、检查余压报警装置的性能。

(1)检查面罩的气密性

将手掌贴在面罩的供气阀连接接口上;深吸气后屏住呼吸几秒钟,这时如果面罩贴在脸上不动并能保持一段时间,证明没有泄漏;如果面罩滑动,说明有泄漏,需要调整面罩头带后,重新测漏,直至不漏为止。

(2)检查中压软管的气密性

将呼吸面罩接到中压软管上,然后打开空气瓶瓶头阀,观察压力表,压力表的读数应不低于 28 MPa。然后将空气瓶的瓶头阀关闭,再继续观察一段时间(不同品牌观察时间不同)。如果压力表读数基本不变,则说明中压软管的气密性符合要求。

(3)检查余压报警装置的性能

检查完中压软管的气密性后,可以轻轻地打开供气阀,或者将面罩罩在脸上轻轻呼吸,当压力表的读数降到(5.5±0.5) MPa 时,可以听到余压报警装置的报警声音。

完成上述三项检查后,就可以使用消防员装备了。

2. 消防员装备的佩戴和使用

(1)穿好衣裤。先穿消防员个人装备中的裤子。穿好裤子后调整肩带,然后穿上隔热靴,并拉上裤子拉链。裤管套在鞋筒上,扎紧裤口。穿上消防员个人装备中的上衣,并拉上拉链。

(2)背戴气瓶。通常有过肩式和交叉穿衣式两种背戴气瓶方法。过肩式方法使用较普遍:将呼吸器的瓶头阀向上放置于平地上,调整好肩带,两手肘部撑开肩带,两手握住背托,将气瓶举过头顶,并从后背滑下。之后通过肩带调节气瓶的上下位置和松紧,直到感觉舒适为止。连接腰带卡扣,然后将左右两侧的伸缩带向后拉紧,确保扣牢。最后,将供气阀上的接口对准面罩插口,用力往上推,当听到咔嚓声时,安装完毕。

(3)开瓶头阀。顺时针转动瓶头阀,将阀打开至少两圈以上。

(4)戴面罩。将面罩的上调整带子放松,拉开面罩头网;把面罩置于脸上,然后将头网从头部的前上方向后下方拉下,由上向下将面罩戴在头上;调整面罩位置,收紧下端的两根颈带,然后收紧上端的两根头带。

(5)戴好头盔,戴上防护手套后扎紧袖口。

(6)打开供气阀,深呼吸,感觉呼吸是否顺畅。

(7)系好耐火救生绳。

(8)戴好安全灯和消防斧。

3. 卸下装备

先脱去防护手套。然后关闭供气阀。摘下头盔后,右手扣住面罩下端的扣环,左手托住面罩向前一推,松开颈带,然后再松开头带,将面罩从脸部由下向上脱下。

放下安全灯和消防斧,解开耐火救生绳。解开腰带,放松肩带,将仪器从背上卸下,关闭气瓶阀。脱去上衣,脱去消防靴,最后脱去裤子。

四、呼吸防护装置

除了本节前面刚刚介绍的正压式空气呼吸器,近海供应船和海上设施还要求配备紧急逃生呼吸装置和防硫化氢呼吸装置。

(一)紧急逃生呼吸装置

紧急逃生呼吸装置(EEBD)是提供空气或氧气的装置,仅用于从有危险气体的舱室逃生的目的,紧急逃生呼吸装置不可以用于救火、进入缺氧空舱或液货舱,也不可以供消防员穿着使用。在这些场合,应使用正压式空气呼吸器。紧急逃生呼吸装置一般配备于机器处所、工作间内、在靠近脱险通道(逃生梯子)的每一层甲板或平台处、近海供应船的起居处所等,存放于易于看到的位置,随时可用。

紧急逃生呼吸装置由储气瓶、瓶头阀、头罩(或面罩)和挎带组成(如图 5-2-40 所示)。

1. 储气瓶的储气量能至少提供 10 min 的持续使用时间;

2. 头罩或面罩用于在逃生期间为眼睛、鼻子和嘴提供保护。头罩和面罩用防火材料制成,并包括一扇清洁明亮的观察窗;

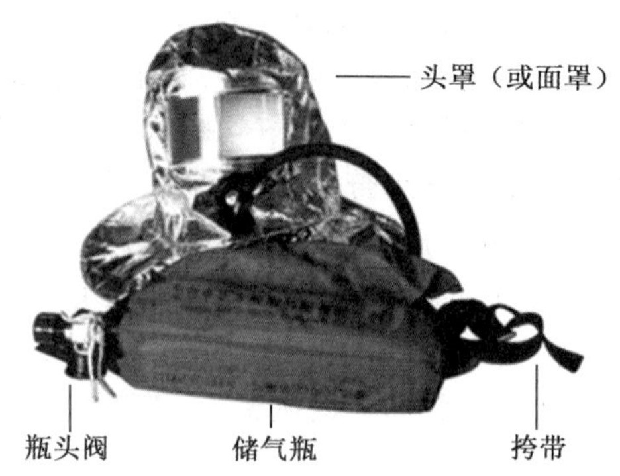

图 5-2-40　紧急逃生呼吸装置

3. 挎带可以使使用者暂时不使用紧急逃生呼吸装置时，能将其佩戴在身上而使双手保持自由。

紧急逃生呼吸装置使用方法如下：

1. 首先将挎包套挂在脖子上或斜挎在肩上，适度调整背带。

2. 打开背包的盖口，取出头罩。逆时针方向旋开气瓶阀直至完全打开，此时应有气流声。

3. 将透明视窗向前把头罩套在头上，颈口处自动紧缩在脖子上。

4. 开始自主呼吸，整理好头罩位置，使双眼能够最佳观察周围环境。

5. 尽快选择合适的路线逃离到安全地带，除非是唯一途径，否则应尽量避免通过危险区域。

6. 使用结束后，双手抓住头罩下端的松紧带并向外撑开，向上脱出头、颈部，顺时针方向关闭气瓶阀。

（二）防硫化氢呼吸装置

海上设施会为有可能遭遇到硫化氢气体的工作处所的每一位工作人员配备一套防硫化氢呼吸装置，该装置为全面罩、正压自给式，额定供气时间至少为 30 min。海上设施为位于其他区域海上设施的每位人员也配备一套全面罩、正压自给式防硫化氢呼吸装置，额定供气时间至少为 15 min。

海上设施为设施上每一人员配备的防硫化氢呼吸装置应能和固定式呼吸空气系统配合使用（如图 5-2-41 所示），固定式呼吸空气系统的供气站一般位于居住区、撤离/集合站、井口区、泥浆处理区和其他工作区域。

如果防硫化氢呼吸装置满足 EEBD 的要求，且同一处所同时要求两种呼吸装置时，则可以仅配备防硫化氢呼吸装置。

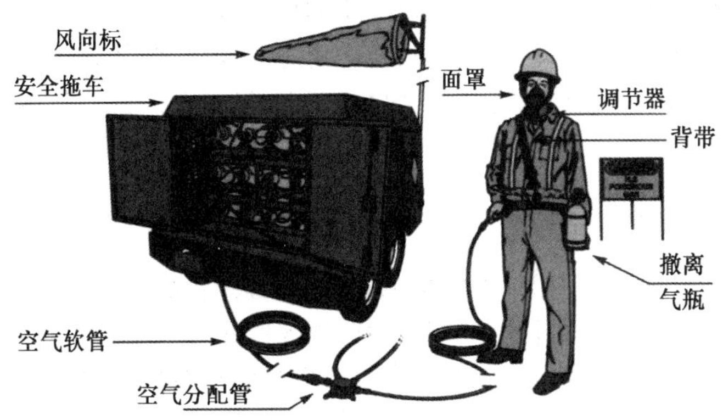

图 5-2-41 防硫化氢呼吸装置和固定式呼吸空气系统配合使用

五、火灾自动探测及报警系统

为了及早发现并将火灾消灭在萌芽状态,并确保火灾报警能够迅速发出,海上设施和近海供应船安装有火灾自动探测及报警系统,通过报警呼唤人员及时进行扑救,以最大限度地减少火灾损失。主要的火灾自动探测及报警系统包括通用报警器、探火与失火报警系统、手动火警按钮等,这些知识在第二章“安全与应急”第一节“应急应变知识和程序”中“三、船上通信与报警系统”已有介绍。

第三节 海上设施火灾扑救

一、海上设施火灾特点

海上设施由于自身的作业性质,一旦发生火灾,存在以下特点:

1. 油气共存,易燃易爆。

2. 热值高,传播速度快。

3. 海上设施面积小,结构复杂,舱室多,通道狭窄,逃生困难。

4. 燃烧产物中有毒有害物质多,对人员生命造成直接威胁。

5. 燃烧类型广泛,在很多情况下的火灾事故中,往往是爆炸、着火等多种燃烧类型同时出现,不便于控制与扑救。

6. 火灾危害大:海上设施发生火灾事故时,着火和爆炸中产生的高温、冲击波、碎片会对人员生命和设施造成严重危害。

7. 扑救手段有限:设施上人力、物力有限,距离陆地较远,得不到迅速的消防援助。

二、消防组织

船舶消防应急组织是在船舶组织基础上,按照船舶消防应急行动的要求,将人员进行重新组合并结合船舶消防设备而形成的消防应变队伍。

船舶消防应急组织不是固定的形式。根据船舶种类和定员的不同,可以形成多种不同的消防组织形式。船舶消防组织一般分为驾驶台和机舱、现场两个部分。

海上设施的消防组织可以根据海上设施自身特点,设施上人员情况等具体情况,参照船舶消防组织进行部署。

(一)驾驶台和机舱

驾驶台是消防应急的指挥机关,主要承担对整个应急行动的指挥,其最终目标是确保人、船、货物及环境安全。消防应急过程中,驾驶台应迅速收集其他几个队的信息,对整个紧急形势和发展趋势做出预判,确定合适的施救方案。如果船舶在航行期间,驾驶台还需根据船舶所处的海域情况,适当采取各种操纵措施,保障船舶航行方面的安全。具体分工如下:

1. 值班驾驶员:协助船长;瞭望;操作车钟;管理驾驶台仪器、设备及控制系统,包括火警探测系统等。

2. 值班水手:联络传令;悬挂、施放信号;管理抛绳设备;释放带烟雾信号的救生圈;操舵;协助瞭望等。

3. 无线电操作人员(或指定的负责通信的驾驶员):管理 GMDSS 设备;协助船长负责船内外通信联系;根据船长指示通知弃船集合地点。

4. 值班轮机员:管理操纵主机、副机、应急发电机、舵机和应急消防泵等。

(二)现场应急

大副担任甲板现场指挥,轮机长担任机舱现场指挥,消防队队长作为接替人。消防力量一般分为消防队、隔离队、救护队、技术队 4 队。

1. 消防队

消防队主要负责消防现场的灭火工作,实现驾驶台的战略和战术意图。消防队部署应包括:携带并穿戴消防员装备,探火,抢险;操作消火栓、水带及水枪;携带手提式灭火器;携带两只防爆型或等效安全的双向无线电话。

2. 隔离队

隔离队主要负责对火场相邻舱室的火灾蔓延途径进行有效阻断和监控。隔离队部署应包括:携带长柄消防斧;隔离火场周边易燃物;关闭防火门窗、挡火闸、舱口、孔道、通风筒等;切断有关电路,关闭风机;关闭有关油路吸口阀门;检查供随后弃船用的必要设备和装置。

3. 救护队

救护队主要负责维持现场秩序和伤员救助工作。救护队部署应包括:携带急救药箱,携带担架,向旅客示警,稳定旅客情绪,维持秩序,疏散旅客流向,救护,守卫安全。

4. 技术队

技术队部署应包括:操作固定灭火系统,按船长命令施放;操作应急消防泵;管理操纵固定式局部灭火系统;管理操纵主机、副机、应急发电机;管理国际通岸接头。

三、消防演习

消防演习是为了验证应急预案和应变部署的可行性以及符合实际情况的程度,定期举行消防演习,可以使海上设施工作人员更加了解和熟悉正确的灭火程序及应变任务,掌握实际技能,并且在思想上有充分的准备,这样才能在面对火灾危险时临危不乱,正确地开展灭火工作。

(一)消防演习制度

1. 近海供应船每名船员每月应至少参加1次消防演习。但若在一港调换船员达25%以上时,则应于该船离港后24 h内举行1次消防演习。

2. 浅海固定平台要求每人每月应至少参加1次放弃平台演习和1次消防演习。

3. 海上移动平台要求每星期应进行一次弃平台演习和一次消防演习,演习的安排应使所有人员每月至少参加1次,如果平台人员更换后有超过25%人员前一个月没有在该平台上参加放弃平台和消防演习,则应在人员更换后24 h内举行1次演习。

(二)消防演习包括主要内容

1. 向集合地点报到,并执行应变部署表中所规定的任务。
2. 启动消防泵,要求至少使用2支水枪,以显示该系统处于正常的工作状态。
3. 检查消防员装备及其他个人救助设备。
4. 检查有关的通信设备。
5. 检查演习区域内的水密门、防火门、挡火闸和通风系统的主要进口和出口的操作。
6. 检查弃船(平台)用的必要装置。
7. 演习中使用过的设备应立即放回原存放位置,保持其完整的操作状态,如在演习中发现任何故障和缺陷应尽快修补。

四、海上设施灭火基本原则与灭火程序

(一)基本原则

1. 以人为本,生命至上

发生火灾时保护人的生命是灭火工作的首要原则,火场上如果有人受到火势的围困时,灭火人员首要的任务是把被困人员从火场中抢救出来。要先确保人员安全,再考虑扑救火灾。火灾对人的伤害形式为有害气体导致人员中毒和高温引起的烧伤。无论是灭火人员,还是被困人员,都应当采取必要的措施,设法保证呼吸,防止烧伤,确保人员安全。在运用这一原则时也可视具体情况,救人与救火同时进行,以救火保证救人工作的顺利进行,通过灭火,从而更好地救人脱险。

2. 先控制,后消灭

海上设施扑救火灾时,应本着“控制火势、减少损失、集中力量、快速扑救”的原则,先控后救,针对迅速发展的火情,首先遏制火势或险情的继续发展、扩散和蔓延,为后续消除险情创造条件,在火势或险情得到有效控制和现场已经备足灭火力量时,抓住有利时机,及时集中力量展开全面的灭火行动,使用有限的人力和灭火设备彻底消灭火灾。防止火灾蔓延失控,防止造成人员和财产巨大损失。

3. 攻防并举、固移结合

在火灾扑救中,应根据火势及险情情况、火场客观环境的有利与不利因素和灭火力量条件

充分发挥火场已有的固定灭火系统和现场的可移动灭火设备的作用,科学高效地将灭火进攻与安全防御有机的结合起来,攻中设防、防中施攻、攻守兼备;以固为主、固移结合,力求使灭火手段互补、灭火成效最大化。

灭火进攻是火灾扑救中最主动、最直接和最富有成效的灭火措施和方法。消防员应根据火势和灭火力量情况,灵活采用灭火战斗措施,正确研判火场的情况,掌握火场的发展态势,分析火场潜在的危险因素,包括前沿阵地的安全性、作战环境的安全性、战斗策略的可行性、个人防护的准确性。根据现场的情况分析和准确判断实施进攻、堵截还是避险行动的可行性和必要性。在灭火力量(灭火剂、装备、人员、补给)占相对优势时,应及时、迅速组织力量实施进攻,把握战机;同时进攻又是风险最大、任务最艰巨的行动,在组织进攻时,应做好相关防御的配合,攻防并举,否则可能导致无功而返,甚至威胁救援人员的生命安全。处于劣势时,坚决遏制火势蔓延,逐渐扭转火场的不利局面,适时转为进攻;当火场恶化可能威胁救援人员的安全时,应果断采取撤退。

固定灭火系统具有移动式灭火设备无可比拟的优越性,如果初始火灾使用可携式灭火设备没有扑灭或发现时已经发展为大火,救援人员应该马上考虑使用固定灭火系统,它具有启动快,操作方便,威力大,灭火操作人员的危险性相对较小的优势,是我们应对火灾的有利武器,我们应该熟练掌握固定灭火系统的使用方法。

(二)灭火程序

1. 发现火灾后的行动

发现火灾后,在实际灭火行动开始以前应采取的最初的、最重要的行动是立即发出报警并报告火的位置。

(1)发现者的行动

①发出报警

报警信号可通过自动报警装置或手动报警装置发出,如发现火灾区域附近没有火灾报警器,可通过电话、对讲机等手段迅速报警。在发出报警前,除非有充分把握,否则发现者不应试图先去灭火。对能够随手关闭的舱室发生的火灾,发现火灾人员在离开现场去报警之前,应随手关闭房门、舱门、窗口等。如果有两个或更多的人同时发现失火,只需一个人去报警,其他的人则应留在火灾现场并努力去控制、扑灭火灾。

②报告失火位置、类型和损失程度

这对整个灭火行动的顺利实施是非常重要的。它可以为消防队提供灭火地点、火灾种类。根据失火的确切位置可以判断应关闭哪些通风系统,关闭哪些舱门和舱口,隔离哪些舱室可以防止火灾蔓延。

③采取适当的预防措施

报警后,发现火势较小,有把握将其扑灭,可立即使用附近的灭火器材先行扑救。若火势较大,个人没能力将火扑灭时,应尽可能坚守现场,监视火情发展,采取一切必要措施对火势进行有效控制,如关闭门窗、关闭通风系统、切断电源、疏散易燃易爆物品等。不要盲目地打开通往着火舱室的门。

(2)海上设施负责人的行动

①召集人员:中控室接到火灾报警后,发出火灾报警信号,召集消防队成员应急。

②联系和报告:海上设施负责人通知消防船、守护船立即到现场附近待命或实施救助;根据具体情况决定是否需要请求周围其他船舶援助。海上设施负责人向应急办公室值班室汇报所有信息,并根据需要与地方当局协调行动。

③应急关断:根据具体情况确定采取应急关断的级别。

④根据现场情况,做出对应决策,如果可能出现危害较大的爆炸、喷溅、设施坍塌、沉没、倾覆等危害时,应果断下达撤离命令,保证人员安全。若要弃海上设施,先指挥无关人员去救生艇。

(3)全体人员的行动

所有人员听到消防报警后,应迅速到达消防应急部署岗位,终止危险性较大的作业,对危险部位予以保护。各队、组负责人应保证本队、组所有准备工作就绪,并向现场负责人报告,在现场负责人的统一指挥下展开各项扑救工作。

2. 灭火行动的程序和任务

(1)现场负责人组织探察火情,立即向海上设施负责人报告。

现场负责人应尽快了解掌握以下情况:

①火灾的种类,最好指明是哪些可燃物质在燃烧,有无易燃易爆危险品,数量多少,有无爆炸可能性;失火具体位置,火势的大小。

②防止火灾蔓延的方法。

③有效的灭火剂。

④有效的扑救方法。

⑤灭火任务和所需要的人员数量。

⑥有无人员受困,如果有人员受困,说明受困人数、受困人员目前的处境和救助措施等。

(2)火势的控制

①通风控制

通风在整个灭火过程中都是非常重要的,尤其在搜救受困人员时,应根据火场的具体情况采取适当的通风方式。

②其他控制

其他控制包括切断电源、关闭油泵、输油管系和阀门;隔离或移走危险品、贵重物品、可燃物;冷却火场周围设施等。

(3)灭火行动的实施

在查明火情后,根据火灾的类型和位置,指挥海上设施消防队使用适当的消防设备开展扑救火灾行动。

3. 灭火后的行动

(1)彻底扑灭余火,防止死灰复燃。

(2)检查清理火场,对一切过火的可燃物及隐蔽的角落彻底检查,然后对火场通风换气、排烟、排水、降温。

(3)检查火灾造成的各种损失。

(4)消防设备复位。

第四节 ◎ 火场逃生

火灾逃生考验一个人的综合能力，我们平时一定要多学习、多了解一些火灾逃生自救常识。一旦发生火灾，一定要保持沉着冷静，避免惊慌失措，才有可能增加获救的机会。千万不要悲观绝望，应保持乐观的心态，积极自救。整个过程要服从指挥，才能忙而不乱，有序撤离。

火场逃生的方法多种多样，根据火场的火势大小、被围困人员所处位置和使用的器材不同，所采取的逃生方法也不一样。火场逃生主要有以下方法。

一、立即离开危险区域

一旦在火场上发现或意识到自己可能被烟火围困，生命受到威胁时，要立即放下手中的工作，争分夺秒，设法脱险，切不要为穿衣或寻找贵重物品而延误时间。脱险时，应尽量观察，判明火势情况，明确自己所处环境的危险程度，以便采取相应的逃生措施和方法。逃离着火舱室后要把门关牢，逃生时要注意随手关闭通道上的门窗、防火风闸及通风设备，以尽可能把火限制在起火舱室内。同时阻止和延缓烟雾进入供人们逃离的通道。在本人房间或值班场所撤离时，应携带救生衣。

二、正确选择火场中的脱险通道

应根据火势情况，优先选择最简便、快捷的脱险通道。所有人员上海上设施工作后应迅速熟悉设施上的基本情况，尤其记住所在处所脱险通道的具体位置及方向。按照脱险通道的路线和方向撤离才能在最短的时间内到达安全地点。不要轻易乘坐普通电梯。一方面发生火灾后，往往容易断电而造成电梯停运，给救援工作增加难度；另一方面电梯口通向舱室各层，火场上烟气涌入电梯通道极易形成烟囱效应，人在电梯里随时会被浓烟毒气熏呛而窒息。

三、正确使用防护器材

如附近有紧急逃生呼吸装置(EEBD)，要尽快正确使用。也可以准备其他防护器材。将毛巾、床单、衣服等用水浸湿，护住口鼻防止高温烟气，有利于呼吸。在不影响呼吸的情况下，毛巾可以多叠几折。但要注意，层数越多、含水量越大，也会导致透气阻力增大，因此，使用湿毛巾时，一般建议折叠 8 层为宜，含水量控制在毛巾自重的 3 倍以下。另外，在火灾的初始阶段，湿毛巾是有效的逃生用品，湿毛巾可以有效减少有害烟气的吸入，还能降低吸入空气的温度，防止呼吸道被灼伤。但在高温和浓烟条件下，湿毛巾也很难起到作用。

如果门窗、通道、梯道等已被烟火封锁，冲出危险区有危险时，可向头部、身上浇些冷水或用湿毛巾等将头部包好，用湿棉被、湿毯子将身体裹好或穿上阻燃的衣服，以减少身体的暴露，有利于冲出火场。

四、采取正确撤离姿势

沿舱壁行走可以避免身体被火焰四面包围。如果烟雾大，应选择低姿行进，尽可能以最低姿势或匍匐姿势快速前进。因火焰、烟雾和热气流均向上升,四周的冷气流向舱底补充,在舱室的底层不仅温度较低、烟雾较少、能见度较好,而且空气含氧量相对较高有利于呼吸。

如果是在黑暗中无法辨别逃生方向,这时应脚贴紧地面滑动行走,用手背探寻墙壁,沿墙壁行走找到房门。

开启应急门时,用手背试探门另一侧温度,开启时背向门外,确认安全后将门全部打开,开门时应保护好手,防止烫伤。

如果身上衣服着火,应迅速将衣服脱下,脱不下时应就地沿一个方向滚动,将火压灭。但应注意不要滚动过快,更不要身穿着火衣服跑动。

五、使用临时避险地点

如果火势太大,无法马上撤离,一时又无人救援的情况下,可以暂时选择相对安全的临时避险地点待救。比如:选择卫生间、洗脸间、洗澡间待救,这些地方有水源能进行降温、灭火、消烟,有利于避难人员生存。我们可以用湿毛巾、湿床单等物品堵住门窗缝隙或其他孔洞或挂上湿棉被等难燃或不燃物品,并不断向物品上和门窗上洒水,最后向地面洒水,淋湿房间的一切可燃物。在临时避险地点待救时要向外发送求救信号,引起救援人员的注意。因火场情况不断变化,临时避险地点也不会永远绝对安全,所以不要在有可能撤离的条件下不撤离而一味采取等待措施避难,这样可能失去逃生的机会。

六、切勿盲目跳海逃生

当各通道全部被烟火封死时,应保持镇静。可利用各种结实的绳索,拴在牢固的窗框、床架或其他室内外的牢固物体上,然后沿绳缓慢下滑到救生甲板或下层的楼层内,从而顺利逃生。

在火场逃生的时候,不要盲目跳海逃生,因为其他人正在救火或者到救生艇甲板集合,如果盲目跳海逃生,很有可能无法被其他人员及时发现并解救,使你葬身大海。

参考文献

[1] IMO. 1978 年海员培训、发证和值班标准国际公约马尼拉修正案. 中华人民共和国海事局,译. 大连:大连海事大学出版社,2011.

[2] IMO. 国际防止船舶造成污染公约(2011 年版). 中华人民共和国海事局,译. 北京:中华人民共和国海事局,2012.

[3] IMO.《国际海上人命安全公约》2016 年综合文本. (2016-10-22) [2022-02-27]. http://www. shipmg. com/html/22. html

[4] 中国船级社. 船舶保安计划编制指南. 北京:人民交通出版社,2004.

[5] 杨立军. 海上基本安全知识与应急培训. 北京:气象出版社,2018.

[6] 杨光胜. 海上石油作业安全救生知识和技能. 北京:石油工业出版社,2018.

[7] 陈秋妹. 船舶保安意识与职责. 大连:大连海事大学出版社,人民交通出版社,2012.

[8] 杜林海,戴树龙,邹熙康. 防火与灭火. 大连:大连海事大学出版社,2020.

[9] 金奎光,孙健,宋哲. 个人求生. 大连:大连海事大学出版社,2020.

[10] 戚发勇,曹铮,代俊林. 个人安全与社会责任. 大连:大连海事大学出版社,2020.

[11] 戚发勇,李明阳,陈馨. 安全熟悉培训. 大连:大连海事大学出版社,2020.

[12] 戚发勇,柯金丁,易礼标,等. 内河船舶船员基本安全知识与技能. 大连:大连海事大学出版社,2020.

[13] 戚发勇,李明阳,代俊林. 船员合格证培训实操指南. 大连:大连海事大学出版社,2021.

[14] 陈兵. 基本急救. 大连:大连海事大学出版社,2020.

[15] 李巍,项晓培. 院前急救诊疗常规和技术操作规范(2013 版). 北京:人民卫生出版社,2014.

[16] 万学红,卢雪峰. 诊断学. 9 版. 北京:人民卫生出版社,2018.

[17] 李小寒,尚少梅. 基础护理学. 6 版. 北京:人民卫生出版社,2017.

[18] 刘力生. 中国高血压防治指南(2018 修订版). 北京:中国医药科技出版社,2018.

[19] 丁文龙,刘学政. 系统解剖学. 9 版. 北京:人民卫生出版社,2018.

[20] 陈孝平,汪建平,赵继宗. 外科学. 9 版. 北京:人民卫生出版社,2018.

[21] 杨宝峰,陈建国. 药理学. 9 版 . 北京:人民卫生出版社,2018.

[22] Step Changein Safety. Marine Transfer of Personnel. https://www. marinesafetyforum. org/wp-content/uploads/2018/08/Marine-Transfer-of-Personnel-Guidelines.